《北京市机动车停车条例》
实施指南

北京市交通委员会　编

当代中国出版社
Contemporary China Publishing House

2018年·北京

图书在版编目(CIP)数据

《北京市机动车停车条例》实施指南 / 北京市交通委员会编 . -- 北京：当代中国出版社，2018.10
ISBN 978-7-5154-0876-7

Ⅰ . ①北… Ⅱ . ①北… Ⅲ . ①机动车—交通运输管理—条例—法律解释—北京 Ⅳ . ① D927.102.145

中国版本图书馆 CIP 数据核字（2018）第 223675 号

出 版 人	曹宏举
策划编辑	王延新
责任编辑	王延新
责任校对	康　莹
封面设计	信宏博
出版发行	当代中国出版社
地　　址	北京市地安门西大街旌勇里 8 号
网　　址	http://www.ddzg.net　邮箱：ddzgcbs@sina.com
邮政编码	100009
编 辑 部	（010）66572264　66572154　66572132　66572180
市 场 部	（010）66572281　66572161　66572157　83221785
印　　刷	北京宝昌彩色印刷有限公司
开　　本	787 毫米 ×1092 毫米　1/16
印　　张	37.5 印张　1 插页　插图 64 幅　307 千字
版　　次	2018 年 10 月第 1 版
印　　次	2018 年 10 月第 1 次印刷
定　　价	96.00 元

版权所有，翻版必究；如有印装质量问题，请拨打（010）66572159 转出版部。

《北京市机动车停车条例》实施指南编委会

主　　　编：李先忠

副　主　编：孟　桥

执行副主编：马伯夷

编　　　委：孙红军　李子成　王　佳　李　刚
　　　　　　李佩军　仝　进　欧阳松寿
　　　　　　王　炯　郭继孚　李　鑫　吴美娥
　　　　　　胡平南　王燕燕　宋丹丹　孙海瑞
　　　　　　周　正　张黔丰　王　婷　王竹茵

前　言

《北京市机动车停车条例》(以下简称《条例》)已由北京市第十五届人民代表大会常务委员会第三次会议于2018年3月30日通过,并于2018年5月1日起正式实施。《条例》是北京市第一部机动车停车治理的地方性法规,它的颁布实施是我市全面加强停车治理的一项重大举措,对于改善城市交通环境、提高城市精细化管理水平、改善人民群众的生活品质、增加获得感,都具有十分重要的意义。停车问题的实质是城市管理问题,是社会管理问题,是事关百姓衣食住行的重要民生问题。回顾本市机动车停车的立法过程,是对停车治理问题的认识不断深化、对停车规范不断完善的过程,也是一个治理方式不断适应停车发展要求的过程。2004年,停车的相关立法工作启动。经过多次调查研究,学习国内外的先进经验,探索我市的城市管理需求,2013年出台了市政府规章《北京市机动车停车管理办法》(以下简称《办法》),从"增加供给、盘活存量、理顺体制、规范经营、整顿秩序、抑制需求"六个方面全面加强本市停车管理,在促进行业发展、规范停车管理方面发挥了重要作用。

我市交通的突出问题就是"静态交通无序"和"动态交通拥堵"。如何维持动态交通与静态交通的综合平衡,发挥静态交通对动态交通的调控、引导作用,是停车立法重点考虑的问题。相对于动态交通,静态交通治理存在的问题更多,推进的难度更大,改善的周期更长。停车位总量历史欠账多,居住停车位缺口大,整顿停车秩序难度大。静态交通治理不到位,直接影响动态交通,必须双管齐下,同步推进,实现以静制动。因此,我市要建立综合交通治理体系,改变公众的出行观念和出行方式,落实停车治理等一系列交通管理措施,最终实现缓解交通拥堵的目标。

我们还要认识到,落实《条例》是推动社会精治、共治、法治的有效途径。《条例》和配套文件的颁布实施,为加强静态交通治理建设提供了法律、政策依据。因此,停车治理要以《条例》为依据,创新城市停车管理的体制,向管理要效益,向执法要效果,运用互联网、大数据等信息技术手段,提高停车的科学化、精细化、智能化管理水平。同时,停车问题还涉及政府、企业和社会公众等多个主体,是典型的社会共治事项。此次《条例》健全了停车共治共管、共建共享的机制,注重运用经济手段规范引导主体行为,将政府的管理方式从以往的直接管理变为引导管理、间接管理;通过激励措施调动停车相关企业、行业协会、社会公众及自治组织等各方参与共治的积极性,共同维护停车秩序。总之,解决好停车难、停车乱等问题,不是简单地沿用以往增供给、抑需求等办法,而要通过《条例》的贯彻实施,不断提高精细化管理水平,使政府各部门和社会公众共同参与,推动停车治理的精治、共治、法治,促进城市交通环境整体改善。

本书分为四大部分。第一部分收录了《条例》的完整法律条文及审议过程相关说明,读者可以从中了解《条例》立法过程中的许多焦点和争议。这部分是本书的主要内容,该部分对条文逐条进行解释,对每一条的立法原意、立法背景做了较为详细的讲解,点明了实施中需要注意的问题,同时还逐条与其他省市停车方面的规定等做了比较,力求对照条文的本意对《条例》内容进行准确、通俗、实用和详尽的解释。相信读者读了这部分后,将对《条例》内容有较为深入的了解。第二部分是审议过程文件。第三部分附录了配套《条例》出台的规范性文件,细化了重点法律制度,使读者在实践中更加具有操作性,有更加明确的规程可以遵守。第四部分附录了相关法律法规及相关文件,有助于读者更为直观地了解《条例》制定的依据。

本书的适用范围是与机动车停车相关的活动,所有参与停车活动的当事人都可以从中了解自己的权利和义务,充分运用《条例》保护自己的合法权益,自觉遵守《条例》规定的相关义务。一是政府和停车相关行政管理部门及其工作人员要掌握《条例》规定的法律制度,从而更加准确地执行法规;二是停车设施的产权、建设、运营、信息服务人员和辅助维护停车秩序的企业及其从业人员要熟悉服务规范,从而提供更高质量的停车管理和服务;三是停车人需要熟悉自己的权利和义务,从而遵守停车秩序,规范停放车辆;四是行业协会、自治组织和不特定社会公众要了解《条例》赋予的权利,通过获取信息、听取意见、自治管理、投诉举报、参加志愿服务等方式,共同维护停车秩序。

目 录

第一部分 法规条文解读

北京市人民代表大会常务委员会公告 第1号 ………… (3)

北京市机动车停车条例 ……………………………………… (4)

北京市人民代表大会常务委员会法制办公室关于《北京市机动车
停车条例(草案四次审议稿)》的说明 ………………… (16)

《北京市机动车停车条例》条文解读 …………………… (23)

第二部分 审议过程文件

北京市人民代表大会常务委员会城建环保办公室关于审议《北京
市机动车停车管理条例(草案)》有关情况的报告 …… (217)

北京市人民代表大会城市建设环境保护委员会关于《北京市
机动车停车管理条例(草案)》修改情况的报告 ……… (223)

北京市人民代表大会法制委员会关于《北京市机动车停车管理
条例(草案二次审议稿)》审议结果的报告 …………… (229)

北京市人民代表大会法制委员会关于《北京市机动车停车条例
(草案三次审议稿)》修改意见的报告 ………………… (239)

北京市人民代表大会法制委员会关于《北京市机动车停车条例（表决稿）》的说明 …………………………………………（243）

第三部分　配套文件

北京市交通综合治理领导小组办公室关于印发《加强本市核心区停车管理工作方案》的通知

　　京交综治办发〔2018〕12号 ……………………………（247）

关于印发鼓励社会资本参与机动车停车设施建设意见的通知

　　京发改规〔2014〕8号 ……………………………………（256）

关于鼓励社会资本参与机动车停车设施建设的意见 ……（257）

关于规范机械式和简易自走式立体停车设备安装及使用的若干意见

　　京交运输发〔2014〕130号 ………………………………（261）

关于本市停车收费管理有关问题的通知

　　京发改〔2015〕2688号 …………………………………（264）

北京市发展和改革委员会北京市交通委员会关于本市停车收费有关事项的通知

　　京发改〔2018〕804号 ……………………………………（271）

关于规范本市机动车停车场明码标价的通知

　　京发改规〔2018〕6号 ……………………………………（273）

北京市交通综合治理领导小组办公室关于落实交通综合治理

 领导小组第二次会议精神和工作会议部署做好道路停车

 电子收费前端设备安装有关工作的通知

  京交综治办发〔2018〕10号 ·················（276）

停车诱导系统技术要求（DB11/T 667—2009） ·········（279）

附录A（规范性附录）大型停车诱导标识外观要求 ·········（300）

附录B（规范性附录）中型停车诱导标识外观要求 ·········（304）

附录C（规范性附录）小型停车诱导标识外观要求 ·········（309）

附录D（资料性附录）停车诱导标识外观实例 ············（314）

城六区居住区机动车停车设施建设市级奖励资金

 管理办法（试行） ·································（318）

关于进一步做好城市道路规划设计有关工作的通知 ······（327）

北京市交通委员会关于北京市老旧小区停车位及其他交通设施

 改造工作的意见

  京交规发〔2012〕76号 ···························（344）

北京市交通委员会关于鼓励老旧居住区挖潜建设立体停车设施

 的意见

  京交办发〔2013〕289号 ·························（349）

关于规范机械式和简易自走式立体停车设备安装及使用的

 若干意见

  京交运输发〔2014〕130号 ·······················（352）

北京市交通委员会关于印发《北京市建设项目交通影响评价
　　管理办法》的通知
　　　京交规发〔2013〕224号 ………………………………（355）
北京市人民政府关于印发《北京市居住公共服务设施配置指标》
　　和《北京市居住公共服务设施配置指标实施意见》的通知
　　　京政发〔2015〕7号 ……………………………………（359）
北京市居住公共服务设施配置指标实施意见 ……………（360）
《北京市居住公共服务设施配置指标》说明（节选）………（366）
北京市人民政府办公厅关于印发《北京市路侧停车管理改革方案》
　　的通知
　　　京政办字〔2017〕20号 …………………………………（369）
北京市路侧停车管理改革方案 ……………………………（370）
北京市缓解交通拥堵推进小组办公室关于印发《关于政府购买
　　路侧停车管理服务的指导意见（试行）》的通知
　　　京缓堵办函〔2017〕27号 ………………………………（374）
关于政府购买路侧停车管理服务的指导意见（试行）……（375）
占道停车经营服务规范（试行）……………………………（378）
北京市缓解交通拥堵推进小组办公室关于印发《北京市路侧
　　停车动态监测和电子收费管理系统技术要求》的通知
　　　京缓堵办函〔2017〕25号 ………………………………（384）
北京市路侧停车动态监测和电子收费管理
　　系统技术要求 …………………………………………（385）

北京市交通综合治理领导小组办公室关于印发《关于加强停车协
管员力量　强化道路停车监督管理的指导意见（试行）》的通知

　　京交综治办发〔2018〕7号 …………………………………（401）

北京市交通综合治理领导小组办公室关于印发《北京市地面
停车位规划与施划工作指南（试行）》的通知

　　京交综治办发〔2018〕8号 …………………………………（407）

北京市地面停车位规划与施划工作指南（试行） …………（408）

北京市交通综合治理领导小组办公室关于印发《贯彻实施〈北京市
机动车停车条例〉工作方案》的通知

　　京交发〔2018〕77号 …………………………………………（438）

贯彻实施《北京市机动车停车条例》工作方案 ……………（439）

第四部分　相关法规及文件

中华人民共和国道路交通安全法（节选）

　　主席令第四十七号 ……………………………………………（469）

中华人民共和国物权法（节选）

　　主席令第六十二号 ……………………………………………（471）

中华人民共和国城乡规划法（节选） ……………………（473）

中华人民共和国土地管理法（节选）

　　主席令第二十八号 ……………………………………………（475）

中华人民共和国消防法（节选）

　　主席令第六号 …………………………………………………（477）

中华人民共和国道路交通安全法实施条例(节选)

  国务院令第 405 号 ………………………………………（478）

城市道路管理条例

  国务院令第 198 号 ………………………………………（479）

中华人民共和国城镇国有土地使用权出让和转让暂行条例

  国务院令第 55 号 …………………………………………（488）

物业管理条例(节选)

  国务院令第 504 号 ………………………………………（497）

城市绿化条例(节选)

  国务院第 100 号令 ………………………………………（502）

停车场建设和管理暂行规定

  (88)公(交管)字 90 号 …………………………………（503）

停车场规划设计规则(试行)

  (88)公(交管)字 90 号 …………………………………（506）

机动车驾驶证申领和使用规定(节选)

  公安部令第 123 号 ………………………………………（508）

划拨用地目录

  国土资源部令第 9 号 ……………………………………（509）

北京市实施《中华人民共和国道路交通安全法》办法(节选)

  市人大常委会第 28 号公告 ……………………………（518）

北京市城市基础设施特许经营条例

  北京市人民代表大会常务委员会公告第 42 号 ………（520）

北京市城乡规划条例(节选)

  北京市人民代表大会常务委员会公告第 4 号 …………（530）

目 录

北京市绿化条例(节选)

 北京市人民代表大会常务委员会公告第7号 ………… (532)

北京市机动车停车管理办法

 市政府令第252号 …………………………………… (535)

北京市城市道路管理办法

 市政府令第156号 …………………………………… (547)

北京市机动车公共停车场经营者监督管理暂行规定 …… (555)

中共中央国务院关于深入推进城市执法体制改革改进城市管理

 工作的指导意见

 2015年12月24日 中发〔2015〕37号 ……………… (560)

住房城乡建设部 国土资源部关于进一步完善城市停车场规划

 建设及用地政策的通知

 建城〔2016〕193号 ………………………………… (575)

编后语 ……………………………………………………… (582)

第一部分　法规条文解读

北京市人民代表大会常务委员会公告

第 1 号

《北京市机动车停车条例》已由北京市第十五届人民代表大会常务委员会第三次会议于2018年3月30日通过,现予公布,自2018年5月1日起施行。

北京市第十五届人民代表大会常务委员会

2018年3月30日

北京市机动车停车条例

第一章 总 则

第一条 为了加强本市机动车停车治理,合理引导停车需求,严格规范停车秩序,促进城市综合交通体系协调、可持续发展,根据有关法律、法规,结合本市实际情况,制定本条例。

第二条 本市行政区域内机动车停车设施规划、设置、使用,以及停车秩序、服务、收费适用本条例。

第三条 本市机动车停车坚持有偿使用、共享利用、严格执法、社会共治。全社会应当共同构建和维护机动车停车秩序,遵循停车入位、停车付费、违停受罚的基本要求。

第四条 市人民政府领导本市机动车停车工作,将停车纳入城市综合交通体系,综合运用法律、经济、行政、科技等方法,严格控制首都功能核心区、北京城市副中心机动车保有量,建立降低机动车使用强度机制,建立管理职责和管辖权限综合协调机制,推进行政执法权集中统一行使。

市交通行政主管部门统筹本市机动车停车管理工作,会同相关部门对各区停车管理工作进行综合协调、检查指导、督促考核,组织制订、宣传贯彻停车管理相关政策、标准和服务规范。

公安机关交通管理、城市管理综合执法、住房城乡建设、规划国土、发展改革、财政、质量技术监督等部门按照各自职责,负责机动车停车管理相关工作。

第五条 区人民政府负责统筹协调和组织实施本行政区域内停车设施规划、设置、使用及停车秩序、服务、收费的管理工作,推进停车区域治理,监督有关部门开展停车执法。区停车管理部门负责本行政区域内机动车停车管理的具体工作。

乡镇人民政府、街道办事处负责统筹辖区内的机动车停车管理工作,组织领导、综合协调、监督检查停车执法事项,将停车纳入网格化管理范畴,确定监督、管理人员,建立居住停车机制,指导、支持、协调开展停车自治和停车泊位共享、挖潜、新增等工作。

第六条 本市鼓励社会资本投资建设停车设施;鼓励对违法停车、违法从事停车经营、擅自设置障碍物等行为进行举报;鼓励开展维护停车秩序等停车志愿活动;倡导、宣传有位购车、合理用车、绿色出行理念。

第七条 本市有序推进停车服务、管理和执法的智能化、信息化建设,引导停车服务企业利用互联网技术提高服务水平。

第八条 本市建立停车信用奖励和联合惩戒机制。将停车设施建设单位、经营单位、停车人等的违法行为记入信用信息系统,严重的可以进行公示、惩戒。市交通行政主管部门应当按照国家和本市要求,制定停车信用机制的具体办法。

第二章 停车泊位供给

第九条 本市停车设施实行分类分区定位、差别供给,适度满足居住停车需求,从严控制出行停车需求。盘活既有停车资源,提高利用效率;新增停车泊位以配套建设为主,临时设置、独立建设、驻车换乘建设等方式为补充。

第十条 市交通行政主管部门应当会同市规划国土行政主管部门,在定期普查的基础上,依据城市总体规划和城市综合交通体系规划,结合城市建设发展和道路交通安全管理的需要,组织编制机动车停车设施专项规划。

停车设施专项规划应当确定城市停车总体发展战略,分区域发展策略,统筹地上地下,合理布局停车设施,明确控制目标和建设时序,并将停车设施与城市交通枢纽、城市轨道交通换乘站紧密衔接,经依法批准后,纳入控制性详细规划。

区人民政府根据本市机动车停车设施专项规划,制定本行政区域的停车设施规划及年度实施计划,并组织实施。

第十一条 市规划国土、市交通行政主管部门应当制定新建、改建、扩建公共建筑和居住小区等配建停车泊位的标准,明确上限、下限,并建立动态调整机制。

建设单位新建、改建、扩建公共建筑、居住小区,应当按照国家有关规定和本市确定的泊位配建标准、规划指标,配建机动车停车设施。配套建设的停车设施应当与主体工程同步设计、同步施工、同时验收、同时交付使用。

第十二条 既有居住小区内配建的停车设施不能满足业主停车需求的,按照物业管理相关法律法规并经业主同意,可以统筹利用业主共有场地设置临时停车设施。

第十三条 本市推进单位或者个人开展停车泊位有偿错时共享。停车设施管理单位应当予以支持和配合,并提供便利。

公共建筑的停车设施具备安全、管理条件的,应当将机动车停车设施向社会开放,并实行有偿使用。市人民政府应当制定具体办法,有序推进停车设施开放工作。

居住小区的停车设施在满足本居住小区居民停车需要的情况下,可以向社会开放。

第十四条 独立设置的中心城区区域配套停车设施、驻车换乘停车设施、公共汽电车场站等公益性停车设施,是城市交通基础设施,用地按照土地管理规定实行划拨或者协议出让。

独立设置的停车设施应当进行交通影响评价,重大建设项目的配建停车设施应当一并纳入项目的交通影响评价,交通影响评价结果由市交通行政主管部门向社会公示。重大建设项目的具体范围由市交通行政主管部门会同相关部门制定。

第十五条 待建土地、空闲厂区、边角空地、未移交道路等场所闲置的,可以由区人民政府负责组织协调,设置临时停车设施。

第十六条 利用地下空间资源单独选址建设公共停车设施的,建设单位可以依法单独办理规划和土地手续,并取得规划用地许可证和权属证明;市规划国土行政主管部门应当制定单独核发规划用地许可证和权属证明的具体办法。

利用人民防空工程设置停车设施,向社会开放解决居住停车需求的，可以减免相关人民防空工程使用费用。具体办法由市民防主管部门制定。

第十七条　平面停车设施进行机械式或者自走式立体化改造的，应当符合相关安全规定，与城市容貌相协调，按照要求采取隔声、减振等措施，对他人造成影响的应当依法予以补偿，符合条件的可以按照国家和本市有关规定享受鼓励政策。

设置机械式停车设备应当符合特种设备的规定，经质量技术监督部门检验合格后方可投入使用，并按照规定定期接受检验。

第十八条　确因居住小区及其周边停车设施无法满足停车需求的，区人民政府、乡镇人民政府、街道办事处可以组织公安机关交通管理、交通行政等相关部门，在居住小区周边支路及其等级以下道路设置临时居住停车区域、泊位，明示居民临时停放时段。影响交通运行的，应当及时调整或者取消。具体办法由市交通行政主管部门会同相关部门制定。

第十九条　新建、改建、扩建交通客运换乘场站、中小学校、医院及其他客流集中的公共场所，应当在项目用地内设置落客区，用于机动车临时停靠上下乘客，并与主体工程同步交付使用；公安机关交通管理部门应当在客流集中的公共场所周边道路设置临时停靠上下乘客专用车位，并明示临时停靠时长。

第二十条　设置停车设施，应当符合国家和本市停车设施设置标准和设计规范，并按照标准设置无障碍停车泊位和电动汽车充电设施。

第三章 治理与服务

第二十一条 经营性停车设施经营单位应当依法办理工商登记,并在经营前15日内到区停车管理部门办理备案,备案材料应当真实准确。具体备案材料由市交通行政主管部门规定。

实行政府定价的收费停车设施,经营单位或者管理单位应当到区发展改革部门进行价格核定及明码标价牌编号。

违反第一款规定,未如实报送停车设施设置情况的,由城市管理综合执法部门责令限期改正;逾期未改正的,处1万元罚款。违反第二款规定,未按照规定进行价格核定及明码标价牌编号的,由价格管理部门责令限期改正;逾期未改正的,处1万元罚款。

第二十二条 停车设施设置后10日内,设置单位应当将停车泊位情况报送区停车管理部门。

违反前款规定,未按照规定的时限或者未如实报送停车设施设置情况的,由城市管理综合执法部门责令限期改正;逾期未改正的,处2000元罚款。

居住小区停车自治设置的停车泊位情况,应当由乡镇人民政府、街道办事处统计后报送区停车管理部门。

第二十三条 市交通行政主管部门建立停车综合管理服务系统,对停车设施实行动态管理,向社会提供信息服务,并与公安机关交通管理、城市管理综合执法、规划国土、住房城乡建设等部门相互共享管理信息。

市交通行政主管部门应当与从事停车信息服务的经营者建立

信息共享机制。信息服务的经营者应当将相关信息接入停车综合管理服务系统,市交通行政主管部门应当对信息服务质量进行监督,制定信息服务具体规范。

市交通行政主管部门应当制定停车泊位编码规则,对停车泊位进行统一编码管理。定期组织开展停车资源普查,并将普查结果纳入停车综合管理服务系统。

违反第二款规定,信息服务的经营者未将相关信息接入停车综合管理服务系统的,由交通行政主管部门责令限期改正;逾期未改正的,处5000元以上1万元以下罚款。

第二十四条　区停车管理部门应当根据本市停车综合管理服务系统,建立区域停车诱导系统,实时公布分布位置、使用状况、泊位数量等停车设施动态信息,引导车辆有序停放。

公共停车设施应当按照标准配建停车诱导设施、进出车辆信息采集及号牌识别系统,与所在区域停车诱导系统实时对接。

违反第二款规定,公共停车设施未按照标准配建停车诱导设施、进出车辆信息采集及号牌识别系统,或者未与所在区域停车诱导系统实时对接的,由城市管理综合执法部门责令限期改正;逾期未改正的,处1万元罚款。

第二十五条　国家机关、社会团体、企事业组织、个体工商户等单位,应当做好门前停车管理责任区内的停车秩序维护工作,有权对违法停车行为予以劝阻、制止或者举报。

第二十六条　任何单位和个人不得擅自在道路上和其他公共区域内设置固定或者可移动障碍物阻碍机动车停放和通行;不得在未取得所有权和专属使用权的停车泊位上设置地桩、地锁。物业服务企业应当在物业管理协议和车位租赁协议中予以明示并统一管理。

违反前款规定,擅自设置固定或者可移动障碍物的,道路范围内由公安机关交通管理部门责令停止违法行为,迅速恢复交通;实行物业管理的居住小区公共区域内,由住房城乡建设部门依据物业管理的相关规定进行处罚;其他公共场所内,由城市管理综合执法部门责令停止违法行为,恢复原状,并处500元以上1000元以下罚款。

非电动汽车不得占用电动汽车专用泊位。违反规定的,由公安机关交通管理部门责令改正,依法给予处罚。

第二十七条 负有停车管理职责的公职人员,在停车管理中不依法履行职责,由监察机关依法予以处置。

第二十八条 本市对驻车换乘停车设施和道路停车实行政府定价,道路停车收费应当按照中心城区高于外围区域、重点区域高于非重点区域、拥堵时段高于空闲时段的原则确定,并根据高于周边非道路停车收费价格的原则动态调节。

本市对其他停车设施实行市场调节价,可以根据地理位置、服务条件、供求关系等因素自主定价。

市价格行政主管部门应当依法加强对停车收费价格的监督。

本市各类停车设施应当按照相关规定对军车停车免收停车费。残疾人持公安机关交通管理部门核发的残疾人专用通行证驾驶残疾人本人专用车辆,在本市各类非居住区停车场停放时,免收停车费。

第二十九条 调整居住小区内业主共有的停车泊位的收费价格时,应当经专有部分占建筑物总面积过半数的业主且占总人数过半数的业主同意。违反规定,未按照规定程序调整居住小区停车收费价格的,由住房城乡建设部门责令限期改正,并处10万元罚款。

第三十条　居住小区在居民委员会、村民委员会的指导下,可以成立停车自治组织,对居住小区内停车实行自我管理、自我服务。自我管理服务可以收取一定的费用,用于停车自治成本费用、停车设施建设等,费用收取和使用情况应当定期在居住小区内公示。

第三十一条　本市逐步建立居住停车区域认证机制,停车人在划定的居住停车范围内停车,可以按照居住停车价格付费。具体办法由市交通主管部门会同相关部门制定。

第三十二条　停车设施经营单位应当遵守下列规定:

(一)在显著位置明示停车设施名称、范围、编号、服务项目、收费标准、车位数量及监督电话;

(二)按照明示的标准收费,并出具专用票据;

(三)实行计时收费的停车设施,满一个计时单位后方可收取停车费,不足一个计时单位的不收取费用。

中心城区范围内的经营性停车设施,应当24小时开放。违反规定的,由城市管理综合执法部门责令限期改正,并处5000元以上1万元以下罚款。

违反第一款规定的,依照价格、税务相关法律法规进行处罚。

第三十三条　任何单位和个人不得违反规划将停车设施改作他用。

向社会开放的公共停车设施确需停止经营的,停车设施经营单位应当将处理方案提前报告区停车管理部门;决定停止经营的,停车设施经营单位应当提前 30 日向社会公告。临时停车设施停止使用的,停车设施经营单位应当在停止使用前 30 日向社会公告,并到有关部门办理相关手续。

确需改变停车设施用途的,应当依法报原审批部门办理规划变更手续,但为实现原规划用途,将临时停车设施停止使用的情况除外。

违反第一款规定,改变停车设施用途的,由城市管理综合执法部门责令限期改正、恢复原状,并处每个泊位 1 万元罚款。

第三十四条 举办大型群众性活动,承办者应当协调活动举办场所及周边的停车设施,提供停车服务,并向公安机关交通管理部门报告。

公安机关交通管理部门应当制定活动举办场所及其周边区域的机动车疏导方案,周边道路有条件的,可以设置临时停车区域,并明确停放时段。

第三十五条 本市机动车停车相关行业社团组织依照章程,建立健全行业自律制度,参与停车相关政策法规、行业标准、规范的研究制订和宣传贯彻,规范指导会员经营管理,组织开展诚信建设,维护会员合法权益,组织会员开展行业服务质量评价和培训,提高停车服务质量。

第四章　道路停车

第三十六条 公安机关交通管理部门负责设置、维护、调整道路停车泊位,确定停车泊位允许停放的时段。

设置道路停车泊位,遵循严格控制和中心城区减量化的原则,优先保障步行、非机动车、公共交通,保障机动车通行。服务半径内有停车设施可以提供停车泊位的,一般不得设置道路停车泊位;不具备停车条件的胡同,不得设置道路停车泊位。对已有的道路停车泊位,应当根据区域停车设施控制目标、交通运行状况、泊位周转使用效率和周边停车设施的增设情况及时进行调整或者取消。

除前款和本条例第十八条规定的情形外,其他单位和个人不得占用、设置、撤除道路停车泊位或者据为专用。

违反第三款规定,由公安机关交通管理部门责令停止违法行为,恢复原状,擅自占用或者据为专用的,并处每个泊位500元以上1000元以下罚款;擅自设置、撤除道路停车泊位的,并处每个泊位1000元以上2000元以下罚款;情节严重的,并处每个泊位5000元罚款。

第三十七条 道路停车收费纳入政府非税收入管理,实行收支两条线,收入全额上缴区级财政,并定期向社会公开。

第三十八条 区人民政府可以采取向社会购买服务的方式,委托专业化停车企业对道路停车进行管理。委托过程应当公开透明并签订书面协议,明确双方权利义务、不得转包、协议期限、终止协议的情形等内容。

市交通行政主管部门应当制定协议示范文本,并将不执行电子收费、议价等行为,纳入终止协议的情形。市交通行政主管部门、区人民政府应当监督协议执行情况。

第三十九条 本市道路停车实行电子收费。市交通行政主管部门和区停车管理部门应当明确推进电子收费工作时限。

新建、改建、扩建、大中修道路将要设置电子收费设施的,应当同步预留强弱电条件。

任何单位和个人不得擅自挪移、破坏或者拆除道路停车电子收费的设备设施。

违反第三款规定,擅自挪移、破坏或者拆除道路停车电子收费设备设施的,依法承担赔偿责任,并由公安机关依照《中华人民共和国治安管理处罚法》予以处理;构成犯罪的,依法追究刑事责任。

第四十条 停车人应当在停车泊位或者区域内按照规定的时段停放车辆,不得妨碍其他车辆、行人通行。违反规定的,由公安机关交通管理部门依照道路交通安全法律、法规进行处理。

机动车违法停放,驾驶人不在现场或者虽在现场但拒绝立即驶离,妨碍其他车辆、行人通行的,公安机关交通管理部门可以依法作出拖移决定。具体拖移行为可由公安机关交通管理部门或者其委托的相关拖车单位实施。

第四十一条 停车人应当按照规定缴纳道路停车费用。

违反前款规定,由区停车管理部门进行催缴,并处200元罚款;情节严重的,并处500元以上1000元以下罚款。

第四十二条 乡镇人民政府、街道办事处确定的停车监督、管理人员,以及受委托专业化停车企业人员应当协助公安机关交通管理部门维护道路停车秩序,劝阻、告知道路停车违法行为。

第五章 附 则

第四十三条 本条例自2018年5月1日起施行。

北京市人民代表大会常务委员会法制办公室关于《北京市机动车停车条例(草案四次审议稿)》的说明

市十四届人大常委会已经对《北京市机动车停车条例》进行了三次审议,为使新一届常委会委员更好了解法规情况,现就立法的过程和主要内容做以下说明:

一、立法过程

2017年7月11日,市人民政府第156次常务会议讨论通过了《北京市机动车停车管理条例(草案)》。7月20日,市十四届人大常委会第四十次会议就条例草案进行了第一次审议。8月23日,市十四届人大城建环保委员会第二十九次会议审议通过了《北京市机动车停车管理条例(草案二次审议稿)》和条例草案修改情况报告。9月21日,市十四届人大常委会第四十一次会议就条例草案进行了第二次审议。9月下旬至10月上旬,市人大常委会通过"三级代表联系群众机制"征求了16个区的三级人大代表和群众代表对条例草案的意见和建议。

11月,市委常委会专题听取了市人大常委会党组关于停车立法的汇报。强调立法要体现党的十九大精神;发挥立法的引领、推动保障和规范作用,既管当前、也管长远,显示制度预期;要将停车服务与管理纳入治理"大城市病"、保障核心区与城市副中心功能、疏解整治促提升专项行动、提高城市精细化管理水平的大局中统筹考虑;坚持社会治理的立法导向,适度满足居住停车,从严控制出行停车。市人大常委会党组还强调,立法的同时就要抓典型、立示范,待《条例》实施一段时间后就要开展执法检查,监督《条例》的落实,保证法规的实施效果。

11月10日,市十四届人大法制委员会第三十四次会议召开,对《条例》二审稿进行了审议。11月29日,市十四届人大常委会第四十二次会议分组审议了《北京市机动车停车条例(草案三次审议稿)》。

二、立法思路

此次立法的指导思想,是将停车服务与管理纳入治理"大城市病"、疏解整治促提升专项行动、提高城市精细化管理水平的大局中统筹考虑;贯彻本市加强城市精细化管理现场推进会议要求,以政府规章为基础,遵循"停车入位、停车收费、违停受罚"的总体思路;区分居住停车与出行停车、重点区域与非重点区域,以解决中心城区居住停车为重点,实施差别化措施;规范停车秩序,明确政府部门、自治组织、停车经营企业、社会单位、停车人等主体的职责、权利和义务;坚持社会治理的立法导向;促进城市静态交通和动态交通协调、可持续发展。

三、主要内容

《条例》共五章四十三条,分为总则、停车泊位供给、治理与服务、道路停车和附则。

(一)关于停车治理原则

《条例》第三条规定:"本市机动车停车治理坚持有偿使用、共享利用、严格执法、社会共治。全社会应当共同构建和维护机动车停车秩序,遵循停车入位、停车付费、违停受罚的基本要求。"其中,"有偿使用"是基于停车位的私人产品属性,不属于政府应当提供的基本公共服务范畴,停车成本应由使用者承担。规定有偿使用有利于推动共享利用,有利于减少出行,有利于为社会投资建设停车设施创造良好的市场外部环境。"共享利用"是缓解停车难的主要方法。"严格执法"保障法规的贯彻实施,让委员、代表意见和《条例》中的制度设计得到切实的执行。"社会共治"平衡多元主体利益,形成制度合力,促进停车治理现代化。

为保障停车治理的推进,在市人民政府职责条款中规定,市人民政府"将停车纳入城市综合交通体系,综合运用法律、经济、行政、科技等方法,严格控制首都功能核心区、北京城市副中心机动车保有量,逐步降低机动车使用强度,建立管理职责和管辖权限综合协调机制,推进行政执法权集中统一行使"(第四条第一款)。

(二)关于强化基层作用

在停车治理中,运用街道层面体制改革成果,有利于充分发挥基层基础性作用,推动城市治理重心下移、职能下沉。为此,《条例》在规定市区政府职责的同时,明确了基层政府的停车治理职责,"负责统筹辖区内的机动车停车管理工作,组织领导、综合协调、监督检查停车执法事项,将停车纳入网格化管理范畴,确定监督、管理人员,建立居住停车机制,指导、支持、协调开展停车自治和停车泊位共享、挖潜、新增等工作"(第五条)。同时,在设置临时停车路段的条款中规定了基层政府的职责,"确因居住小区及其周边停车设施无法满足停车需求的,区人民政府、乡镇人民政府、街道办事处可以组织公安机关交通管理、交通行政等相关部门,在居住小区周边支路及其等级以下道路设置临时居住停车路段、泊位,明示居民临时停放时段。影响交通运行的,应当及时调整或者取消"(第十八条)。

(三)关于停车设施供给原则

2017年8月,市交通委发布了《北京市机动车停车资源普查报告》。根据普查报告,本市停车泊位总数与停车需求总量接近,各区停车泊位总数与停车需求也大体平衡,但具体街道、居民小区尤其是老旧小区和平房区等局部区域停车资源供求矛盾突出,且同时存在大量公共建筑车位空闲的情形。从普查来看,本市停车资源供给矛盾主要体现在局部区域不平衡和停车资源利用率不高。立法的指导思想不能以大规模建设为主,而应在资源共享开放方面有所创新;应当加强区域治理,停车资源供给局部不平衡和停车秩序乱是当前静态交通治理急需解决的问题。

《条例》规定,本市停车设施实行分类分区定位、差别供给,适度满足居住停车需求,从严控制出行停车需求(第九条)。该原则也符合国家发改委、交通运输部、公安部等七部委出台的《关于加强城市停车设施建设的指导意见》确定的供给总体思路。为保障供给原则的实施,在停车设施专项规划中,确定"分区域发展策略"(第十条第二款);在区政府的职责中,规定了"推进停车区域治理"的内容(第五条第一款)。

(四)关于居住停车

停车难主要表现在居住停车位不足,停车资源结构性失衡,中心城区供需差距大。居住停车是停车治理和立法的重点,《条例》解决居住停车问题的思路是:

居住小区首先应当按照泊位配建标准、规划指标配建机动车停车设施(第十一条第二款)。在居住停车设施不足的情况下,《条例》规定了七种方式予以补充。一是居住小区内部挖潜。可以统筹利用业主共有场地设置临时停车设施(第十二条)。二是与周边单位错时共享。公共建筑的停车设施具备安全、管理条件的,应当向社会开放并实行有偿使用(第十三条第二款)。三是独立建设。独立设置的中心城区域配套停车设施,是城市交通基础设施,用地实行划拨或者协议出让(第十四条第一款)。四是利用临时闲置空间。待建土地、边角空地、未移交道路等场所闲置的,可以由区政府负责组织协调,设置临时停车设施(第十五条)。五是利用地下空间。利用地下空间单独选址的,可以依法办理规划和土地手续;利用人防工程的,可以减免工程使用费(第十六条)。六是平面停车设施进行机械式或自走式立体化改造。符合条件的享受鼓励政策(第十七条)。七是设置路侧临时夜间停车泊位。在上述一般性措施采取后,确实无法满足需求的,可以组织设置临时夜间停车区域、泊位(第十八条)。

(五)关于停车秩序

为更好地运用智能系统精细化管理,统筹全市停车资源,引导有位停车与合理出行,《条例》规定市交通行政主管部门建立停车综合管理系统,对停车设施实行动态管理,推进信息共享,区停车管理部门建立区域停车诱导系统(第二十三条、第二十四条);为打击停车相关违法行为,《条例》规定建立停车信用奖励和惩戒制度并可以进行公示(第八条);对实践中大量易发生的违法行为,如设置地桩地锁等障碍物,占用电动汽车充电专用泊位,擅自设置、占用、撤除停车泊位以及逃费等违法行为规定了处罚(第二十六条第二款、第二十六条第三款、第三十六条第四款、第四十一条第二款)。

(六)关于停车定价与收费

停车服务本质上是对土地空间资源的利用,通过市场价格的高低可以调节停车行为。按照现行市发展改革委的价格目录,本市驻车换乘和道路停车实行政府定价,对其他停车设施实行市场调节价。《条例》确定了中心城区高收费的定价机制,规定了道路停车收费应当按照中心城区高于外围区域、重点区域高于非重点区域、拥堵时段高于空闲时段的原则确定,并根据高于周边非道路停车收费价格的原则动态调节(第二十八条)。居住停车价格具有民生性质,应当以满足当地居民停车需求为重点。《条例》规定本市逐步建立居住停车区域认证机制,停车人在划定的居住停车范围内停车,可以按照居住停车价格付费(第三十一条)。

(七)关于社会共治机制

停车立法属于社会领域立法,停车治理涉及多方社会主体及多重法律关系,需要政府、社会、企业、社区和个人形成共同的目标定位、价值取向和方式方法,构建和谐的停车秩序。为此,《条例》在总则中明确了全社会共同构建和维护机动车停车秩序,遵循停车入位、停车付费、违停受罚的基本要求(第三条);鼓励社会资本投资建设停车设施,鼓励开展维护停车秩序等停车志愿活动,倡导、宣传有位购车、合理用车、绿色出行理念(第六条);推进单位和个人开展停车泊位有偿错时共享(第十三条第一款);各单位应当按照"门前三包"责任做好停车秩序维护工作(第二十五条);居住小区在居委会、村委会指导下可以成立停车自治组织,对居住小区内停车实行自我管理、自我服务(第三十条);停车设施经营单位应当遵守公示收费标准等相关服务规范(第三十二条);停车相关行业社团组织加强行业自律、组织开展诚信建设(第三十五条)。

(八)关于道路停车

对于道路停车,社会投诉集中,反映问题较多,《条例》对此作了专章规定。按照道路是用来通行的,停车只是其附属功能的要求,规定了设置泊位应当遵循严格控制和中心城区减量化的原则,优先保障步行、非机动车、公共交通,保障机动车通行,不具备停车条件的胡同不得设置道路停车泊位(第三十六条);针对群众对路侧停车收费的意见,按照市政府2017年4月出台的《北京市路侧停车管理改革方案》,规定了道路停车收费属于非税收入,全额上缴财政(第三十七条);区政府可以通过购买服务等方式委托专业化停车企业进行收费管理,并授权辅助管理停车秩序(第三十八条、第四十二条);对道路临时停车收费实行电子收费(第三十九条),按照改革方案,2019年底,实现全市路侧停车电子收费全覆盖。

《北京市机动车停车条例》条文解读

第一章 总 则

【本章提要】

总则是一部法律、法规的纲领性、宗旨性的规定。总则是立法指导思想和总体思路的集中体现,其他各章是总则所确定原则和主要精神的具体体现。准确理解和把握总则的内容,对正确理解和适用其他各章的具体条款至关重要,对准确把握立法精神至关重要,对构建机动车停车治理的法律规范体系、高效的法治实施体系、严密的法治监督体系、有力的法治保障体系至关重要。

《北京市机动车停车条例》(以下简称《条例》)总则共八条,主要规定了立法目的和依据、适用范围、机动车停车基本理念和要求以及本市机动车停车管理主体职责、社会性倡导措施、停车信息化和信用体系建设等内容。

第一条 为了加强本市机动车停车治理,合理引导停车需求,严格规范停车秩序,促进城市综合交通体系协调、可持续发展,根据有关法律、法规,结合本市实际情况,制定本条例。

【解读】

本条是关于立法目的和依据的说明。

一、立法背景

近年来,随着我市经济和社会的高速发展,小汽车快速进入家庭,截至2016年底,全市机动车总量约为571万辆,车位总数约为427万个,车多、位少矛盾凸显。停车供需不平衡导致停车难、停车乱现象突出,阻碍了缓解交通拥堵各项措施的实施,制约了动态交通的顺畅运行,严重影响了本市交通的快速发展。2013年出台的《北京市机动车停车管理办法》(市政府令第252号)从"增加供给、盘活存量、理顺体制、规范经营、整顿秩序、抑制需求"六个方面来全面加强本市停车管理并收到了一定的成效。但是,由于《办法》的法律层级较低且现行法律法规制度不健全,例如停车位属性定位不清晰,停车设施建设优惠政策法律支持力度不够,停车管理缺乏有效治理手段等。因此,亟须通过立法完善制度措施,为市委、市政府出台的治理交通拥堵政策措施的落实提供充分的法律支持与保障。

二、条文解读

《条例》以《北京市机动车停车管理办法》为基础,按照政府主导、科学统筹、社会共治、规范有序的管理原则,通过分类定位、差别供给、盘活资源、有偿使用、精细管理、属地负责,着力解决供需不平衡、静动不融合、权责不明确、管理不到位、秩序不规范等问题,以良好的停车秩序促进城市交通环境的改善,以顺畅的交通环境推动城市的良性运行,促进城市综合交通体系发展协调、可持续。

此次立法,围绕立法目的着重把握以下五个方面:一是统筹规划,科学供给,平衡供需矛盾;二是分类定位,精细管理,构建良好秩序;三是有偿使用,差别收费,推进以静制动;四是盘活资源,推进共享,提升使用效率;五是社会参与,合力共治,推动齐抓共管。

三、立法依据和参考资料

(一)以综合性法律法规为依据。

《条例》在上位法框架内开展制度设计,如《中华人民共和国立法法》《中华人民共和国物权法》《中华人民共和国行政处罚法》《中华人民共和国行政强制法》《中华人民共和国道路交通安全法》《中华人民共和国城乡规划法》《中华人民共和国土地管理法》《中华人民共和国消防法》《中华人民共和国监察法》等10余部法律法规规定的立法权限、处罚手段、强制手段等。

(二)以停车行业法规为基础。

《条例》在机动车停车行业实践经验和《北京市机动车停车管理办法》基础上开展制度设计,同时参考了上海、广州、深圳、南京、杭州、珠海等市的近20部地方性法规或地方政府规章的相关规定,如停车收费原则、道路停车泊位设置、停车违法行为举报、志愿服务等。

(三)以近年来国家及本市规范性文件为参考。

《条例》参考近年来国家和本市印发的规范性文件,将切实有效的政策以地方性法规的形式予以确定。如国家发展改革委等七部门联合印发《关于加强城市停车设施建设的指导意见》,住房城乡建设部与国土资源部联合印发《关于进一步完善城市停车场规划建设及用地政策的通知》,市政府印发《创新重点领域投融资机制鼓励社会投资的实施意见》《居住区公共服务设施配置指标》《关于印发北京市城六区占道停车特许经营办法的通知》等系列文件,对停车设施建设、居住区停车配置指标、经营服务管理等重点难点问题提出了有效的解决措施。

四、实施中应当注意的问题

(一)准确理解立法目的。

立法目的是《条例》欲实现的最佳社会效果,在《条例》实施中需要深刻理解、准确把握。对《条例》适用中遇到的不能直接引用《条例》条文或难以解决的问题,应当从立法目的出发,领会立法的本意和精髓,加以解决。

(二)掌握冲突解决规则。

《条例》中没有规定、国家相关法律法规有规定的,适用其规定;《条例》与部门规章均做规定的,更符合地方实际情况的,《条例》应当优先适用;《条例》与部门规章发生冲突的,遵从《中华人民共和国立法法》规定的法律适用规则,加以解决。

第二条　本市行政区域内机动车停车设施规划、设置、使用,以及停车秩序、服务、收费适用本条例。

【解读】

本条是关于《条例》适用范围的规定。

一、条文解读

(一)适用的地域范围:北京市行政区域内。

(二)适用的停车设施性质为机动车停车设施。

此处要注意区分机动车与非机动车的概念。按照《中华人民共和国道路交通安全法》第一百一十九条,"机动车"是指以动力装置驱动或者牵引上道路行驶的供人员乘用或者用于运送物品以及进行工程专项作业的轮式车辆;"非机动车"是指以人力或者畜力驱动上道路行驶的交通工具,以及虽有动力装置驱动但设计最高时速、空车质量、外形尺寸符合有关国家标准的残疾人机动轮椅车、电动自行车等交通工具。

(三)适用的主体范围:从事机动车停车设施规划、设置、使用以及从事停车相关业务和管理活动的单位和个人,主要包括:

1. 政府和相关行政管理部门及其工作人员:如市人民政府,区人民政府,乡镇人民政府,街道办事处,市交通委、市发改委、市财政局、市规划国土委、市住建委、市公安交通管理局、市城管执法局、市质监局等及其承担机动车停车监管职责的工作人员。

2. 停车设施的产权、建设、运营、信息服务和辅助维护停车秩序的企业及其从业人员:包括停车设施投资单位、停车设施建设单位、停车设施运营管理单位、停车信息归集应用单位、停车秩序辅助单位及其承担停车设施规划、设计、设置等工作人员,停车设施运营的企业管理、设施维护、收费管理等工作人员,停车信息归集应用单位的数据采集、分析、开发等工作人员,以及停车秩序辅助单位的秩序维护、证据收集、车辆清拖等工作人员。

3. 停车人:指有在各种停车设施中停放车辆需求的车辆驾驶者。分为居住(基本)停车人和出行停车人,相对应的停车需求主要包括居住(基本)停车需求和出行停车需求。居住(基本)停车人,其需求是由车辆保有量引起的停车需求,即夜间停车需求,主要是为居民或单位车辆夜间停放服务;出行停车人,其需求是由各种社会、经济活动产生的车辆出行引起的停车需求,是日间停车需求的主要组成部分。

4. 停车行业协会等社会组织：如市停车协会、静态交通业商会。

5. 停车自治组织：如居民委员会、村民委员会，业主委员会以及在居民委员会、村民委员会指导下成立的停车自治组织等。

6. 不特定社会公众：如本《条例》第六条规定的鼓励对违法停车、违法从事停车经营、擅自设置障碍物等行为进行举报，鼓励开展维护停车秩序等停车志愿活动；第二十六条、第三十三条、第三十九条规定的禁止擅自在道路上和其他公共区域内设置障碍物，禁止擅自停止使用停车设施或者将停车设施改作他用，禁止擅自挪移、破坏或者拆除道路停车电子收费的设备设施的义务等，都是针对不特定社会公众提出的行为规范。

（四）适用的客体范围：即本《条例》调整的多重权利义务关系，一是行政管理关系，包括政府部门之间的职责划分关系、政府与停车企业之间的行业监督管理关系、政府与违法行为人之间的行政处罚关系、不特定人与违法行为人之间的劝阻或举报关系如公众与违法停车人之间的关系；二是平等民事主体间的民事关系，如停车设施经营单位与停车人之间的服务关系，立体化停车设施对他人造成影响的相邻权关系，停车设施在满足本小区居民停车需要的情况下才可以向社会开放的物权关系，单位或者个人开展停车泊位有偿错时共享的债权债务关系等。

二、立法依据和参考资料

● 《中华人民共和国立法法》

第七十二条　第一款　省、自治区、直辖市的人民代表大会及其常务委员会根据本行政区域的具体情况和实际需要，在不同宪法、法律、行政法规相抵触的前提下,可以制定地方性法规。

第七十三条 第一款、第二款 地方性法规可以就下列事项作出规定:

(一)为执行法律、行政法规的规定,需要根据本行政区域的实际情况作具体规定的事项;

(二)属于地方性事务需要制定地方性法规的事项。

除本法第八条规定的事项外,其他事项国家尚未制定法律或者行政法规的,省、自治区、直辖市和设区的市、自治州根据本地方的具体情况和实际需要,可以先制定地方性法规。在国家制定的法律或者行政法规生效后,地方性法规同法律或者行政法规相抵触的规定无效,制定机关应当及时予以修改或者废止。

三、关键词解释

【停车设施】指停放和储存机动车车辆的场地,主要包括停车库、停车场、机械式停车库和路内停车泊位四种类型:

(1)停车库指停放机动车的建筑物。

(2)停车场指停放机动车的露天场所。

(3)机械式停车库指采用机械式停车设备存取、停放机动车的车库。

(4)路内停车泊位指利用道路一侧或两侧设置的机动车停车泊位。

四、实施中应当注意的问题

(一)适用范围是《条例》管辖的空间范围界限。

《条例》是北京市的地方性法规,管辖空间范围受北京行政区域的限制,不能超越北京市行政区划范围。

(二)适用范围是《条例》调整的法律关系的界限。

《条例》涉及的利益关系较为复杂,是对政府部门之间、政府和企业之间的法律关系,企业与停车人、企业与不特定主体、停车人与不特定主体以及不特定主体之间等多种法律关系的调整,实施中应当注意区分。

(三)《条例》所调整的停车设施的范围。

本条所称的"停车设施的规划、设置、使用"强调机动车停车设施,不仅包括为社会性客车的停车设施,还包括公共交通、道路客货运输车辆等专用停车场的规划、设置、管理和危险化学品运输车辆的停放管理。因此,专业车辆的停车设施的规划、设置、管理以及专业车辆的停放,也应当遵守本《条例》的规定;其他法律法规有特殊规定的,从其规定。

(四)准确理解《条例》适用范围非常重要。

一是有利于各方主体充分行使和履行法定权力、责任或权利、义务;二是避免越权执法或者有法不依。

第三条 本市机动车停车坚持有偿使用、共享利用、严格执法、社会共治。全社会应当共同构建和维护机动车停车秩序,遵循停车入位、停车付费、违停受罚的基本要求。

【解读】

本条是关于本市机动车停车治理原则和基本要求的规定。

一、立法背景

长期以来,本市鼓励汽车产业的发展,却忽略了对停车设施的建设和管理,缺乏对停车设施定位的统一认识:一是对静态交通管理重要性认识不足。多年来,在本市规划发展和交通建设过程中,重视动态交通的发展和管理而忽视了静态交通的管控,导致静态交通的供给失衡和秩序混乱,影响了静态交通的发展,也制约了动态交通的有序运行。二是停车不入位现象严重。在没有施划停车位的道路上停放车辆,尤其是老旧小区、学校、医院等周边乱停乱放严重;一些新建道路刚修好、未开通就成为"道路停车场",车辆三排五排并行停放,严重挤占了道路资源;对已施划停车位的,司机停车不入位、占用双车位、横停竖放等现象存在,扰乱了停车秩序,压缩了停车资源。三是停车付费意识不深入。由于在过去较长的一段时间内,本市将停车设施视为开放式的共享资源,部分停车位不收费,因此市民百姓产生了停车不用缴费的心理,钻胡同免费停车、在车位线外随地停车等现象屡禁不止。四是违停不一定受罚。目前常用的贴条等执法手段对占用行车道、人行便道等违停行为打击力度不够,对无号牌、号牌锁等涉牌违停起不到管控作用;再加上政府执法标准不一,主干路停车执法严格,次(支)路、胡同执法力度不够,导致违法停车向低等级道路转移,违法停车往往不能得到法律制裁。因此,有必要通过立法明确停车入位、停车付费、违停受罚的认识,统筹协调好静态交通与动态交通的关系。

  市人大一直强调构建社会共治体系。提出要推动建立社会共担、公众参与的机制,创新管理思路,充分发挥公众与社会多元主体的作用,强化社会公众共同参与治理停车问题的意识,使政府、企业、社区、居民等多元主体发挥各自优势,满足社会多样化停车需求,形成政府主导、公众参与、社会共担的良好治理局面。

二、条文解读

（一）本市机动车停车坚持有偿使用、严格执法、共享利用、社会共治。

有偿使用、严格执法、共享利用、社会共治是本市停车治理的基本原则。

1. 有偿使用。有偿使用是指停车泊位所有权人将一定时期内的停车泊位使用权提供给单位和个人使用，而停车泊位使用者按照约定，一次或分时段向停车泊位所有权人支付使用费的行为。有偿使用基于停车位不属于政府应当提供的基本公共服务范畴，停车成本应由使用者承担。停车有偿使用有利于推动共享利用，有利于减少驾车出行，有利于为社会投资建设停车设施创造良好的市场外部环境。

2. 严格执法。严格执法是要求在执行《条例》或掌握裁量基准时，不放松、不走样，做到严厉、公平、公正。严格执法体现在两个方面：一是要求执法人员必须秉公执法，严肃执法，对违反《条例》的行为，严格按照法律规定和程序办案，真正做到以事实为依据，以法律为准绳；二是要求执法人员必须尽职尽责，对发生的违法行为敢于纠正并依法处罚，不搞"态度执法""关系执法""人情执法""选择执法"，做到见违必纠，纠违必罚，处罚有据。

3. 共享利用。停车泊位共享利用是充分提高停车泊位使用效率、缓解停车难的主要方法之一。随着我国汽车保有量的持续上涨，停车位需求增大，车多位少、停车难、无序停放等问题日益突出。居民用车在上下班期间存在潮汐效应：往往日间居住小区私家停车位大量闲置，而百米之隔的商务区却一位难求，此时社会车辆可以有偿停放于居住区的闲置车位;同样,夜间商务楼宇车位空闲,周边停车需求大的居住区可将车辆停放至商务区的空闲车位。车位共享可以解决信息不对称、使用不充分等情况,有效提高停车位的使用效率,在一定程度上缓解停车难问题。

4. 社会共治。社会共治是城市管理理念的新发展,即多元社会主体在社会权力基础上共同管理公共事务,通过集体行动以实现共同利益的过程。作为全面深化改革背景下党和国家探索治国理政重要创新,在新型的社会共治格局中,政府不再是停车治理的单一主体,而只是其中的一个主体。政府的管理方式也从以往的直接管理变为引导管理、间接管理;停车相关企业及各种市场主体企业在创造利润的同时,也主动承担起对停车秩序维护的责任,积极协同政府和社会组织提供停车设施资源和服务;行业协会等社会组织发挥其开放性、社会性的横向组织特征,通过开展与政府合作,及时将成员对政府的各种要求的信息传达给政府,同时也能够把政府有关停车的政策意图及时传达给成员,在政府和企业之间起到桥梁作用;公民及自治组织也是现代国家中非常重要的管理主体,主要通过获取信息、听取意见、自治管理、投诉举报、参加志愿服务等方式,共同维护停车秩序。总体而言,停车治理要使全社会每一个单位、每一个人共同参与停车治理。

(二)全社会应当共同构建和维护机动车停车秩序。

各停车主体,包括政府和相关行政管理部门、停车相关的企业、停车人、停车行业协会、停车自治组织、其他不特定企业和个人等各个社会主体,都有构建和维护机动车停车秩序的权利和义务。

同时,基于目前停车资源的客观实际,分区域构建停车秩序。在城市建成区,重在规范和培养停车人良好行为习惯的养成;在城市新建区,合理提供车位,适度满足停车需求。《条例》中在规范停车秩序方面,规定了以下内容:

一是明确新、改、扩建的中小学校、医院及其他客流集中的公共场所设置落客区要求;二是合理设置和调整道路停车泊位,明确道路停车泊位设置要求和不得设置道路停车泊位的情况;三是规定了违停拖移车辆的处理;四是规范居住区、路侧停车管理的要求,明确资源普查、备案管理的具体要求,建立企业退出机制,明确终止协议的具体情形;五是明确社会公众、停车场管理单位、收费员、停车人行为规范以及相应罚则,并着重强调了对违反规定的停车场管理单位处以罚款;六是强化社会共治,明确各单位应当按照"门前三包"责任,做好门前责任区内的停车秩序维护工作;七是发挥基层的基础性作用,明确由乡镇人民政府、街道办事处确定的停车监督、管理人员以及停车企业人员应当协助公安交管部门维护道路停车秩序,劝阻、告知道路停车违法行为。

(三)遵循停车入位、停车付费、违停受罚的基本要求

1. 停车入位

停车入位是指机动车应当在规定地点停放并停放在停车泊位内,不得压线、跨线停车或者一个车位泊多辆车,同时遵守停车规范,按停车规则顺序停车。《条例》通过有效措施,杜绝机动车乱停乱放,让车辆在规定的地点规范停车。《条例》中从以下五个方面,对停车入位提出要求并提供服务、支持。

一是推进停车智能化、信息化管理。建立全市统一的停车管

理系统,实现与区、企业的停车管理系统三级对接,鼓励互联网+停车融合发展,支持停车 APP 的开发应用,通过信息系统建立和 APP 开发应用推进停车资源共享;二是盘活居住区停车资源,鼓励居住区在满足本居住区居民停车需要的情况下,将配建停车场向社会开放;三是盘活机关、企事业单位停车资源,鼓励机关、团体、企事业单位机动车停车场向社会开放;四是盘活个人停车资源,鼓励停车泊位所有者、使用者开展错时有偿共享;五是明确停车场禁止挪作他用和中心城收费停车场 24 小时开放。

2. 停车付费

停车付费是义务性规定,通过宣传与引导,强化市民的停车付费意识,逐步深化停车位私人产品属性的认识。《条例》中从以下六个方面,对停车付费进行了规定。

一是明确停车有偿使用原则,强化付费停车理念,引导绿色出行;二是明确公共建筑的停车设施具备安全、管理条件的,应当将机动车停车设施向社会开放;三是推行道路停车电子收费,实行人钱分离;四是明确定价方式,P+R 停车场、中心城区区域配建停车场和道路停车实行政府定价,其他停车场实行市场调节价;五是明确道路停车收费性质属政府非税收入,实行收支两条线管理并区分不同情况实行差别化收费,并建立动态调节机制;六是明确逃缴、拒缴、少缴的道路停车费由区停车管理部门进行催缴,并明确违法行为人的法律责任。

3. 违停受罚

针对车辆违法停放、影响道路安全畅通现象,行政执法部门应当全面执法、切实履责、维护停车秩序。《条例》中从以下三个方面,对违停车辆的处罚进行了规定。

一是未按照规定的时段停放车辆,公安机关交通管理部门依照道路交通法律、法规进行处理;二是公安机关交通管理部门可以委托相关拖车单位,对违法停放车辆实施清拖;三是受委托的专业化停车企业人员、社会公众、企事业单位对违法停放车辆投诉举报,一经查实的,公安机关交通管理部门可以对其进行处罚。

三、立法依据和参考资料

● 《中华人民共和国行政处罚法》

第五条 实施行政处罚,纠正违法行为,应当坚持处罚与教育相结合,教育公民、法人或者其他组织自觉守法。

第十一条 地方性法规可以设定除限制人身自由、吊销企业营业执照以外的行政处罚。

法律、行政法规对违法行为已经作出行政处罚规定,地方性法规需要作出具体规定的,必须在法律、行政法规规定的给予行政处罚的行为、种类和幅度的范围内规定。

● 《中华人民共和国道路交通安全法》

第九十三条 对违反道路交通安全法律、法规关于机动车停放、临时停车规定的,可以指出违法行为,并予以口头警告,令其立即驶离。

机动车驾驶人不在现场或者虽在现场但拒绝立即驶离,妨碍其他车辆、行人通行的,处二十元以上二百元以下罚款,并可以将该机动车拖移至不妨碍交通的地点或者公安机关交通管理部门指定的地点停放。公安机关交通管理部门拖车不得向当事人收取费用,并应当及时告知当事人停放地点。

因采取不正确的方法拖车造成机动车损坏的,应当依法承担补偿责任。

● 《中共中央国务院关于深入推进城市执法体制改革改进城市管理工作的指导意见》(中发〔2015〕37号)

(十九)优化城市交通。……加强静态交通秩序管理,综合治理非法占道停车及非法挪用、占用停车设施,鼓励社会资本投入停车场建设,鼓励单位停车场错时对外开放,逐步缓解停车难问题。

● 《市十四届人大常委会第十九次会议对"关于加强机动车停车服务与管理,构建科学完备的静态交通体系议案办理情况的报告"的审议意见》(京常审字〔2015〕1号)

一、进一步明确工作思路,尽快制订行动计划

"要积极培育停车产业、发展停车市场,明确公民停车入位、停车交费的责任,逐步形成政府主导、市场调控、社会参与、公民守法的公共治理局面。"

● 《关于"加强机动车停车服务与管理构建科学完备的静态交通体系"议案办理情况的报告》

三、停车管理工作思路

(三)建立停车公共治理制度

1. 建立法律制度。通过制定地方性停车法规,推动建立政府引导、市场运作、社会共担、公众参与、法制保障的停车公共治理制度。明确政府、企业、公众的责任、权利和义务,全面规范停车规划、投资、建设、管理、经营、使用等行为。政府负责统筹停车管理,编制规划,制定政策,加强执法;企业负责停车设施的投资、建设、运营、服务;停车人依法停车入位并付费。统筹使用停车资源。

2. 强化政府引导。完善体制、依法行政,加快建设停车管理体系。制定吸引社会资本参与停车设施建设的政策,推动产业化发展。将公共停车场作为城市基础设施进行规划、建设,采取划拨方式供地。加大政府引导和投入建设公共停车设施,按照"政府出地、市场出资"的公私合作模式及可配套一定比例商业设施测算,制定市区两级财政性资金补助和支持政策,吸引社会资本投资建设停车设施。

3. 推动建立社会共担、公众参与的机制。创新管理思路,充分发挥公众与社会多元主体的作用,通过引导居民停车自治、社区单位错时停车等多种方式,强化社会公众共同参与治理停车问题的意识,使政府、企业、社区、居民等多元主体发挥各自优势,满足社会多样化停车需求,形成政府主导、公众参与、社会共担的良好治理局面。

(六)营造良好的社会环境

结合停车立法和加强停车管理执法,大力倡导绿色出行、理性购车、合理用车、文明驾驶、规范停车、停车付费的现代交通理念。充分利用电视、广播、报刊、互联网等媒体广泛宣传和讨论,凝聚"停车应当入位,停车应当交费,违法停车受罚"的社会共识,并及时曝光违法停车行为,营造良好的社会氛围。

● 《住房城乡建设部关于加强城市停车设施管理的通知》(建城〔2015〕141号)

六、规范居住区停车管理

(三)鼓励错时共享停车

鼓励并引导政府机关、公共机构和企事业单位的内部停车场对外开放,盘活存量停车资源。推行错时停车,鼓励有条件的居住区与周边商业办公类建筑共享利用停车泊位。实行错时停车的,双方应在公平协商的基础上签订共享协议,公示泊位数量、停放区域、管理措施等信息。允许个人利用互联网信息技术,将个人所有停车设施错时、短时出租,出借,并取得相应收益。

● 住房城乡建设部《城市停车设施建设指南》

3 政策参考

3.7 内部设施开放

3.7.1 鼓励并引导政府机关、公共机构和企事业单位的内部停车场对外开放,盘活存量停车资源。

3.7.2 政府机关、公共机构和企事业单位的内部停车场,无论是内部使用或对外开放的,均应收取停车费用,收费标准参照周边公共停车设施合理确定。

3.7.3 推行错时停车,鼓励有条件的居住区与周边商业办公类建筑共享利用停车泊位。

3.7.4 实行错时停车的,双方应在公平协商的基础上签订共享协议,公示泊位数量、停放区域、管理措施等信息。

四、实施中应当注意的问题

(一)加强对基本原则的领会。

本条规定的本市停车治理的基本原则要认真领会,将原则内容贯穿于停车治理的全过程,指导停车工作的开展,细化标准规范,监督实施效果。

(二)加强对重点条款的理解和把握。

相关单位和部门要重点对停车智能化和信息化管理、机动车违法停放行为告知、停车收费价格等方面的条款进行理解和把握,在停车治理的基本原则的指导下,实现停车管理、行政执法和停车付费的全覆盖并形成闭环。

(三)加强对基本理念的贯彻和宣传。

《条例》实施后,执法部门要加强学习贯彻和宣传工作,既要提高政府部门精细化管理水平,处理好停车资源"供给和需求"的平衡,以解决结构性、区域性矛盾为重点,挖潜停车资源供给,提高资源配置效率,重点解决居住停车有序入位问题,又要发挥社会共治作用,通过宣传,培养市民树立"停车入位、停车付费、违停受罚"的理念。

第四条 市人民政府领导本市机动车停车工作,将停车纳入城市综合交通体系,综合运用法律、经济、行政、科技等方法,严格控制首都功能核心区、北京城市副中心机动车保有量,建立降低机动车使用强度机制,建立管理职责和管辖权限综合协调机制,推进行政执法权集中统一行使。

市交通行政主管部门统筹本市机动车停车管理工作,会同相关部门对各区停车管理工作进行综合协调、检查指导、督促考核,组织制订、宣传贯彻停车管理相关政策、标准和服务规范。

公安机关交通管理、城市管理综合执法、住房城乡建设、规划国土、发展改革、财政、质量技术监督等部门按照各自职责,负责机动车停车管理相关工作。

【解读】

本条是关于市人民政府、市交通行政主管部门及其他各级职能部门职责的规定。

一、立法背景

目前我市机动车保有量与停车资源不足的矛盾,在首都功能核心区表现得尤为突出,同时考虑在北京城市副中心的建设中,通过统筹规划尽量避免"城市病"的出现,因此要求市人民政府综合运用法律、经济、行政、科技等方法,严格控制首都功能核心区、北京城市副中心机动车保有量,合理引导公众形成正确的用车理念,逐步降低机动车使用强度。

本市停车管理涉及部门众多,管理边界不够明晰,相关管理部门之间缺乏有效的联动机制,难以有效形成合力。从横向管理方面看,本市停车设施规划、建设、管理和执法等工作涉及交通、发改、交管、城管、规划国土、住建等市政府11个部门,职能分散,责权交叉,管理缺位,部门之间工作协调难度大。因此,有必要与停车管理体制改革同步,通过立法进一步厘清市政府及其相关部门职责,加强市级统筹。

二、条文解读

细化政府管理职责,明确了停车治理重点涉及的行政管理主体责任,包括市政府的领导职能、市交通行政主管部门的主管责任、各级政府职能部门的依职责监管责任,建立起责任明晰、共管共治的监督管理格局。

(一)北京市人民政府:

1. 负责对本市停车工作的领导,统筹协调全市停车工作,对重大事项作出决策。

2. 负责将停车纳入城市综合交通体系,明确停车治理是城市综合交通体系一部分的法律地位。

3. 负责综合运用法律、经济、行政、科技等方法,严格控制首都功能核心区、北京城市副中心机动车保有量,逐步降低机动车使用强度。其中,法律手段包括落实国家法律法规,制定规章;经济手段包括调控停车价格、差别化收费;行政手段包括制定政策和行政管理措施、制发规范性文件、发布行政命令等,调控停车泊位数量;科技手段包括建立停车信息管理平台,推广停车诱导系统,推广停车收费电子化,鼓励互联网+停车,实行非现场执法等信息化手段。

4. 负责建立管理职责和管辖权限综合协调机制,推进行政执法权集中统一行使。要求市人民政府建立管理职责和管辖权限综合协调机制,当《条例》实施过程中,一旦出现的各个部门的权责不明、多头执法或者管理空白的问题,应当启动综合协调机制明确部门的权责,进一步规范执法、节约资源、提高效率;同时按照《中华人民共和国行政处罚法》和《中共中央国务院关于深入推进城市执法体制改革　改进城市管理工作的指导意见》,市人民政府应当推进行政执法权集中统一行使,逐步将机动车停车方面的行政处罚权及相应的行政强制权集中至一个部门统一行使,从而解决多头执法、职责交叉、重复处罚等问题,深化行政管理体制改革,探索建立符合机动车停车发展规律的行政执法机制,提高行政执法的效率和水平,保护公民、法人和其他组织的合法权益。

5. 负责制定推进公共建筑停车设施开放工作的具体办法。

(二)市交通行政管理部门:

指北京市交通委员会。负责统筹本市机动车停车管理工作,会同相关部门对各区停车管理工作进行综合协调、检查指导、督促考核,组织制订、宣传贯彻停车管理的相关政策、标准和服务规范。同时,统筹组织停车管理机构,履行好以下职责:

1. 负责制定停车信用机制的具体办法。

2. 负责会同市规划国土资源等部门组织编制机动车停车设施专项规划。

3. 负责配合市规划国土资源部门制定公共建筑和居住小区等配建停车泊位的标准并建立动态调整机制。

4. 负责独立设置停车设施和重大建设项目的配建停车设施交通影响评价的社会公示,会同相关部门制定重大建设项目的具体范围。

5. 负责会同相关部门制定居住小区周边道路设置临时居住停车路段、泊位的具体办法。

6. 负责拟定本市停车设施设置标准和设计规范并监督实施。

7. 会同相关部门制定支路及其等级以下道路设置临时居住停车区域泊位的具体办法。

8. 负责规定经营性停车设施的具体备案材料。

9. 负责建立停车综合管理服务系统,对停车设施实行动态管理并与相关部门共享管理信息;对从事停车信息服务经营者的信息服务质量进行监督,制定信息服务具体规范。

10. 负责制定停车泊位编码规则,对停车泊位进行统一编码管理。

11. 负责定期组织开展停车资源普查并将普查结果纳入停车综合管理服务系统。

12. 负责本市居住停车区域认证机制的具体办法。

13. 负责停车设施经营单位的经营服务规范。

14. 负责组织、指导停车相关行业社团组织参与停车相关政策法规、行业标准、规范的研究制定和宣传贯彻,开展诚信建设和行业服务质量评价。

15. 负责制定委托专业化停车企业道路停车管理协议示范文本并监督协议执行情况。

16. 负责明确推进电子收费工作时限。

(三)公安机关交通管理部门:

指北京市公安局交通管理局及所属各级公安交通管理部门。依法主要负责本市道路停车秩序管理、道路停车泊位的设置并对城市道路范围内的违法停车行为进行查处。

(四)城市管理综合执法部门:

指北京市及各级城管执法部门。依法主要负责对未备案停车场、未按照规定的时限或者未如实报送停车设施设置情况的行为进行查处;对擅自改变停车设施用途的行为进行查处;对中心城区范围内的经营性停车设施未 24 小时开放的行为进行查处;对除道路范围、实行物业管理的居住小区公共区域以外的其他公共场所内私设地桩地锁等障碍物的行为进行处理;对公共停车设施未按照标准配建停车诱导设施、进出车辆信息采集及号牌识别系统,或者未与所在区域停车诱导系统实时对接的行为进行查处。

(五)住房城乡建设行政管理部门:

指北京市及各区住房建设委员会。依法负责公共停车场、配建停车场的施工许可和施工安全管理,并对公共停车场以及配建停车场的设计、施工和监理活动进行监督;负责有物业的居住区停车场监督管理。

(六)规划国土资源行政管理部门:

指北京市及各区规划和国土资源管理委员会。依法负责独立建设的停车场、配建停车场的规划许可,组织开展规划验收并对规划实施情况进行监督;负责公共建筑和居住小区配建停车泊位标准的制定并对实施情况进行监督管理;负责独立建设停车场的建设用地供给管理,以及对利用地下空间资源单独选址立项建设的停车场核发地下土地使用证。

(七)发展改革行政管理部门:

指北京市及各区发展改革委员会。依法负责审批、核准和备案独立建设的停车场;统筹安排政府投资停车场项目建设资金;制定政府定价范围内的停车场收费标准;依法查处停车收费价格违法行为和价格垄断行为等。

(八)财政行政管理部门:

指北京市及各区财政局。依法负责具有公益性公共停车场建设资金的预算管理、拨付及监督。

(九)质量技术监督行政管理部门:

指北京市及各区质量技术监督局。依法负责按照特种设备相关规定,对机械式立体停车设备安装、使用、改造、维护进行监督管理。

(十)其他行政管理部门:

包括工商、税务、消防、民防等行政管理部门。其中,工商行政管理部门负责停车服务单位工商登记管理;税务行政管理部门负责停车服务单位税务登记管理;消防行政管理部门负责停车设施建设工程消防设计审核、消防验收、备案和抽查,负责对违法占用消防通道的行为进行检查和行政处罚;民防行政管理部门负责民防工程设施用于公共停车场的监督管理。

三、立法依据和参考资料

● 《中华人民共和国行政处罚法》

第十六条 国务院或者经国务院授权的省、自治区、直辖市人民政府可以决定一个行政机关行使有关行政机关的行政处罚权，但限制人身自由的行政处罚权只能由公安机关行使。

● 《中共中央国务院关于深入推进城市执法体制改革改进城市管理工作的指导意见》（中发〔2015〕37号）

（七）推进综合执法。……交通管理方面侵占城市道路、违法停放车辆等的行政处罚权；……城市管理部门可以实施与上述范围内法律法规规定的行政处罚权有关的行政强制措施。到2017年年底，实现住房城乡建设领域行政处罚权的集中行使。上述范围以外需要集中行使的具体行政处罚权及相应的行政强制权，由市县政府报所在省、自治区政府审批，直辖市政府可以自行确定。

● 《北京城市总体规划（2016年—2030年）》

3. 坚持建管并举，努力使未来北京城市副中心成为没有"城市病"的城区

创新城市综合管理体制，推进城市管理综合执法。集成应用海绵城市、综合管廊、智慧城市等新技术新理念，实现城市功能良性发展和配套完善。建设空气清新、水清岸绿、生态环境友好的城区，高标准的公交都市，步行和自行车友好的城区，密度适宜、住有所居、职住平衡、宜居宜业的城区，建成环境整洁优美有序的全国文明城区。

四、关键词解释

【首都功能核心区】是全国政治中心、文化中心和国际交往中

心的核心承载区,是历史文化名城保护的重点地区,是展示国家首都形象的重要窗口地区。该区域包括东城区和西城区,共32个街道,土地面积92.4平方公里。该区域是北京市开发强度最高的完全城市化地区,主体功能是优化开发,同时也要保护区域内故宫等禁止开发区域,适度限制与核心区不匹配的相关功能。

【北京城市副中心】北京城市副中心的建设是为调整北京空间格局、治理大城市病、拓展发展新空间的需要,也是推动京津冀协同发展、探索人口经济密集地区优化开发模式的需要而提出的。规划范围为原通州新城规划建设区,总面积约155平方公里。外围控制区即通州全区约906平方公里,进而辐射带动廊坊北三县地区协同发展。

五、实施中应当注意的问题

(一)政府要切实履职。

市政府及各级政府管理部门,尤其是市交通行政主管部门,不仅要执行如《城乡规划法》《土地管理法》《道路交通安全法》等有关停车管理的综合性法规,更要切实依照本《条例》明确的职责权限,在法治轨道上开展工作,牢固树立"有权力就有责任"的观念,创新管理体制、完善工作流程、建立工作机制,勇于负责、敢于担当,及时调整权责清单,坚持法定职责必须为、法无授权不可为,依法全面履行政府职能。

(二)建立相应的配套制度。

法律的生命力在于实施,法律的权威也在于实施。各政府部门要配套制定细化的标准、规范、程序性规定及实施办法等,将《条例》设计的法律制度详细解剖,一一分解,落到实处,构建完备的法律实施体系。

（三）建立协调沟通长效机制。

停车管理涉及的管理部门众多，因此市人民政府要全面领导全市停车工作；市交通行政主管部门，要强化对全市停车工作的统筹协调；各部门要按照《条例》规定，搭建协调沟通平台，上下联动、左右协调，建立联席会议、督查督办、联合执法等协调沟通机制，加强信息共享、情况通报、互通有无，进一步完善"部门联动、无缝衔接"的长效工作机制。

第五条 区人民政府负责统筹协调和组织实施本行政区域内停车设施规划、设置、使用及停车秩序、服务、收费的管理工作，推进停车区域治理，监督有关部门开展停车执法。区停车管理部门负责本行政区域内机动车停车管理的具体工作。

乡镇人民政府、街道办事处负责统筹辖区内的机动车停车管理工作，组织领导、综合协调、监督检查停车执法事项，将停车纳入网格化管理范畴，确定监督、管理人员，建立居住停车机制，指导、支持、协调开展停车自治和停车泊位共享、挖潜、新增等工作。

【解读】

本条是关于本市各区人民政府、各区停车管理部门以及街道办事处、乡镇人民政府职责的规定。

一、立法背景

本市停车管理从纵向方面分析，自2011年开始，停车管理重心下移，实行"市级统筹，区级主责"，街道办事处、乡镇人民政府具体实施的三级管理体制。但从实际管理效果看,由于区级管理力量不足,只有东城和海淀设有独立的静态交通科,城六区停车管理专职人员只有7人。街道办事处(乡、镇人民政府)、居委会(村委会)在停车方面的管理人员和职责尚未落实到位,停车管理人员往往是兼职,缺乏专职管理人员。与此同时,区级及基层政府的停车管理权力有限,管理责任无限,各区政府主体责任及基层政府的具体管理职责难以落实。治城务精,精在基层。因此,有必要通过立法进一步明确区级政府、各区管理部门及基层政府的停车治理职责,强化区级的属地责任,充实管理力量,突出街道和乡镇因地制宜、挖潜增效和综合协调执法,推进秩序,固化当前停车管理体制改革成果,推动停车治理重心下移、职能下沉,保证法规在基层得以落地实施。

二、条文解读

(一)各区人民政府职责。

习近平总书记在视察北京时强调:"城市管理要像绣花一样精细。"越是超大城市,管理越要精细。光凭"条条",很难走出治城最优路径,精细化最终要在"块块"上实现。打破旧有的"条块分割"模式,让"条"上的力量下沉融进"块",势在必行。

为进一步推动城市管理重心下移、职能下沉、资源下放,理顺城市管理的层级条块关系,明确市、区两级政府有关职能部门职责定位,加强机构、人员特别是执法力量的整合,健全完善依法治理的体制机制,在《北京市机动车停车管理办法》第六条"区、县人民政府负责本行政区域内停车场的规划、设置、管理及机动车停放管理的统筹协调"的基础上,进一步实现以区为主责的停车治理格局,明

确了各区人民政府停车治理职责,相比该办法增加了以下职责:

1. 负责制定本行政区域的停车设施规划及年度实施计划并组织实施;

2. 负责组织协调待建土地、空闲厂区、边角空地、未移交道路等场所闲置,设置临时停车设施;

3. 负责组织公安机关交通管理、交通行政等相关部门,在居住小区周边支路及其等级以下道路设置临时居住停车路段、泊位;

4. 负责采取向社会购买服务的方式委托专业化停车企业对道路停车进行管理,并监督委托协议执行情况。

(二)各区停车管理部门职责。

区停车管理部门负责本行政区域内机动车停车管理的具体工作,具体为:

1. 负责经营性停车设施的备案;

2. 负责归集统计停车泊位设置情况;

3. 负责建立区域停车诱导系统,实时公布停车设施的动态信息;

4. 负责接收确需停止经营的公共停车设施的处理方案;

5. 负责明确推进电子收费工作时限;

6. 负责催缴停车人欠缴的道路停车费用并对相关违法行为进行处罚。

(三)乡镇人民政府、街道办事处职责

党的十九大报告指出,要打造共建、共治、共享的社会治理格局。加强社区治理体系建设,推动社会治理重心向基层下移,发挥社会组织作用,实现政府治理和社会调节、居民自治良性互动。同时,这也是落实市委、市政府要求,要将各种执法力量下沉,增强街道在城市治理中的基础地位,做到"街乡吹哨,部门报到",即由街道对各部门的执法力量进行统筹指挥,把过去分散的力量握成拳头,直击问题症结所在。因此,在停车治理中,运用街道层面体制改革成果,有利于充分发挥基层基础性作用,推动城市治理重心下移、职能下沉。为此,在《北京市机动车停车管理办法》第六条第二款"街道办事处、乡镇人民政府在区、县人民政府的领导下做好本辖区内的停车管理工作,指导居民委员会、村民委员会在辖区内通过建立停车管理委员会等形式,依法进行机动车停车的自我管理"的基础上,进一步强化基层政府的具体管理职责,将乡镇人民政府、街道办事处基层政府的停车治理职责调整为以下几项内容:

1. 负责统筹辖区内的机动车停车管理工作;

2. 负责组织领导、综合协调、监督检查停车执法事项;

3. 负责将停车纳入网格化管理范畴;

4. 负责确定监督、管理人员;

5. 负责建立居住停车机制;

6. 负责指导、支持、协调开展停车自治;

7. 负责指导、支持、协调停车泊位共享、挖潜、新增等工作;

8. 负责组织公安机关交通管理、交通行政等相关部门,在居住小区周边支路及其等级以下道路设置临时居住停车路段、泊位;

9. 负责统计报送居住小区停车自治设置的停车泊位情况。

三、立法依据和参考资料

●《北京市委、市政府办公厅关于深化街道、社区管理体制改革的意见》

二、总体要求

(二)基本原则

坚持强化基层。从街道、社区管理体制改革入手,推动城市管理重心下移、职能下沉、资源下放,做实街道、做强社区,充分发挥街道、社区在城市管理中的基础性作用,不断提高公共服务水平。

坚持依法治理。进一步理顺城市管理的层级条块关系,明确市、区两级政府有关职能部门和街道办事处的职责定位,加强机构、人员特别是执法力量的整合,健全完善依法治理的体制机制。

坚持社会参与。充分发挥社会力量的积极作用,鼓励和支持社区居民和各类社会组织参与街道、社区管理,实现政府管理与社会自治的有效衔接和良性互动。

三、推进街道体制机制改革

(二)强化街道办事处统筹执法力度

1. 健全完善街道统筹执法机制。实行"条块结合、以块为主"的管理方式,由街道办事处牵头,负责辖区内公共安全和环境秩序等行政执法事项的组织领导、综合协调和监督检查等工作;由区政府有关职能部门负责开展具体执法工作,承担相应的执法责任。

2. 加强协管员队伍建设和管理。协管员队伍由街道办事处负责具体管理,区级政府职能部门不再负责具体管理工作。街道办事处根据实际工作需要,研究提出协管员的岗位需求,报送区级政府职能部门核定。协管员的招录工作由区政府职能部门负责。

●《中共北京市委 北京市人民政府关于深化北京市社会治理体制改革的意见》

10. 进一步把社会服务与城市管理职能下沉到街道。充分发挥街道加强区域党建、开展公共服务、统筹辖区治理、组织综合执法、指导社区建设等职能,夯实社会服务与城市管理基础,实现党和政府社会服务与城市管理工作重心的下移。街道党工委要进一步发挥在街道各类组织和各项工作中的领导核心作用;街道办事处要进一步发挥在辖区社会服务与城市管理中的综合协调作用。要健全完善街道管理委员会制度,建立健全街道政务服务中心。市、区级有关部门要加强对街道工作的宏观指导和支持帮助。

12. 加强协管员队伍建设和管理。协管员队伍由街道办事处负责具体管理,区政府职能部门不再负责具体管理工作。街道办事处根据实际工作需要,研究提出协管员的岗位需求,报送区政府职能部门核定。协管员的招录工作由区政府职能部门负责。鼓励通过购买社会服务管理岗位等方式,引导社会组织、专业社工机构承接政府辅助类工作,逐步实现专业化、社会化、市场化运作。

15. 深化完善社区居民自治。认真贯彻《中华人民共和国城市居民委员会组织法》,深入开展以居民会议、议事协商、民主听证等为主要形式的民主决策实践,以居民自我管理、自我教育、自我服务为主要目的的民主治理实践,以居务公开、民主评议为主要内容的民主监督实践,全面推进居民自治制度化、规范化、程序化。引导居民积极参加社区公共事务和活动,动员居民有序参与社会治理,鼓励和支持居民协助政府做好社会服务工作,依法保障居民对社会治理和社会服务的知情权、参与权、决策权、监督权。适应社区新形势、顺应居民新期待,不断完善党组织领导的充满活力的基层群众自治机制,推广"参与型"社区协商、社区居民代表常务委员会(居民监督委员会)等模式,拓宽居民参与范围和途径,丰富居民参与内容和形式,发挥居民在基层社会治理中的主体作用,促进政府治理与居民自治良性互动。

● 中共北京市委办公厅 北京市人民政府办公厅印发《关于加强北京市城市服务管理网格化体系建设意见》的通知(京办发〔2015〕15号)

● 中共北京市委办公厅 北京市人民政府办公厅印发《关于进一步加强街道乡镇实体化综合执法平台建设的指导意见》的通知(京办发〔2017〕42号)

四、实施中应当注意的问题

(一)区级政府要加强统筹与协调。

各区人民政府要统筹协调和组织实施本行政区域内停车管理工作,加强与市交通行政管理部门及其他相关部门的协调。各区停车管理部门在条例实施过程中,要及时将实施中发现的问题向区政府和市级停车管理部门上报。

(二)各级政府部门要加强对基层政府的协作与指导。

按照城市管理重心下移、职能下沉、资源下放的要求,街道、乡镇等基层政府要履行开展公共服务、统筹辖区治理、组织综合执法、指导社区建设等职能,推进党和政府社会服务与城市管理工作重心的下移。但是目前停车治理较为专业,仍需要市、区两级政府相关部门在制度体系、信息化管理手段、技术支撑与服务等方面,强化对相关管理人员的业务培训。建立市级领导、区级主责、街乡镇具体管理的三级管理模式,形成管理合力。

(三)要充实基层停车管理部门的力量。

按照目前《条例》设定的工作职责分工,基层停车管理部门将承担大量的日常管理工作。而目前突出的矛盾是工作职责与工作人员配备不匹配,导致很多工作无法正常开展。因此,各区政府应当加强基层管理人员的配备。

第六条 本市鼓励社会资本投资建设停车设施;鼓励对违法停车、违法从事停车经营、擅自设置障碍物等行为进行举报;鼓励开展维护停车秩序等停车志愿活动;倡导、宣传有位购车、合理用车、绿色出行理念。

【解读】

本条是关于本市机动车停车设施建设资本投入、停车秩序违法行为举报、停车相关志愿服务开展以及科学合理用车理念的鼓励性、倡导性规定。

一、立法背景

(一)停车建设社会投资吸引力小。

本市公共停车场建设成本较高,投资回收期长,特别是地下停车场,单个车位成本达到30万元左右;另外,本市在停车场设施建设方面优惠政策较少,由此造成了本市的公共停车场建设主要依靠政府直接投资,社会资本投入公共停车场建设占比很小。而在日本东京的公共停车泊位中,60%为配建停车位,37%由社会资本投资建设,政府直接投资建设的仅占3%。因此,《条例》鼓励社会资本投资建设停车设施。尽管没有明确写出具体鼓励政策,但是在实施过程中,政府可以通过投资补助、贷款贴息、容积率奖励等多种形式,吸引社会资本投资建设公共停车场。

(二)社会共治理念未得到共识。

停车管理涉及政府、企业和公民等多个主体,是典型的共同治理事项,需要通过立法健全共治共管、共建共享的机制,注重运用经济手段规范引导主体行为,通过激励措施调动社会各方参与共治的积极性。因此,《条例》鼓励公民积极举报停车违法行为,鼓励开展维护停车秩序等停车志愿活动。

(三)用车文化尚需引导培育。

近年来,个人汽车拥有率不断提高,私家车作为群众出行的交通工具日益普及,反映出随着经济社会发展,人民物质生活水平不断提高。然而,从另一个角度分析,我国的汽车文化远远跟不上汽车的发展步伐,道路还没有承载如此多机动车的能力。人们还没有做好如何合理使用刚迎进家门的汽车的心理准备。上班、下班、送小孩上学、外出购物、走亲访友开车上路自不用说,一些人出门不到1公里,也不厌其烦地驾车前往。当大量汽车涌上道路的时候,人们开始体会到拥堵的烦恼。从驾车人的角度,应当培养更加合理、有序的用车习惯。因此,《条例》倡导并宣传有位购车、合理用车、绿色出行理念。

二、条文解读

(一)鼓励社会资本投资建设停车设施。

2015年,为吸引社会资本、推进停车产业化,国家发改委印发了《关于加强城市停车设施建设的指导意见》(发改基础〔2015〕1788号),鼓励社会资本投资建设停车设施。例如,鼓励政府可以采取资本金注入、投资补助、贷款贴息等方式支持企业融集资金;对独立建设停车场的,可以配建一定比例的附属商业面积;对新建建筑超过停车配建标准建设的停车场和随新建项目同步建设的公共停车场,可以给予一定的容积率奖励;对建设独立停车场和设置临时立体停车设施的,简化建设项目审批流程等方面给予一定政策。

(二)鼓励对违法停车、违法从事停车经营、擅自设置障碍物等行为进行举报。

为号召公众参与停车治理,《条例》鼓励市民举报停车违法行为,由相关执法部门分别公布举报受理方式,及时接受举报。社会公众发现停车违法行为的,可以通过电话、手机短信息、互联网络、移动终端应用软件等方式向相关部门举报。相关管理部门对社会公众提供的证据材料进行调查核实后,能够证明违法事实的,应当依法对违法行为进行处罚。

(三)鼓励开展维护停车秩序等停车志愿活动。

志愿服务,是富有时代特色的道德实践,是弘扬社会主义核心价值观、推进社会主义精神文明建设的有效载体。其实质是指"任何人自愿贡献自己的时间和精力,在不图物质报酬的前提下,为推动人类社会发展和社会福利事业而提供的服务"。广泛开展志愿服务,有助于社会和谐稳定,形成良好的社会风尚。本条参照《深圳经济特区道路交通安全管理条例》第九十二条、九十三条、九十四条内容,鼓励社会公众参加停车志愿活动。志愿活动包括宣传停车管理相关政策法规、协助维护停车秩序、对改进停车管理工作提出意见和建议等。

(四)倡导、宣传有位购车、合理用车、绿色出行理念。

本市利用广播、电视、新闻、出版、网络等方式进行有位购车、合理用车、绿色出行理念宣传。倡导、宣传的主体包括政府和相关行政管理部门、停车设施相关企业、行业协会、停车自治组织及社会公众。倡导、宣传的内容主要为有位购车、合理用车、绿色出行理念,引导公众合理使用汽车,降低机动车使用强度。倡导、宣传的形式包括:传统形式,如摆设宣传摊点、发放宣传画册、张贴宣传海报等;常规形式,如站内广播、站外液晶屏幕显示、车载移动媒体播放以及电视、广播、报纸杂志等;新兴形式,如互联网、微信微博、微电影、动漫动画等。

其中,有位购车,即拥有停车位后,才考虑购车。根据交通科学领域的"当斯定律",交通供给的增速永远赶不上需求的增速,政府应该从调控交通需求和价格的角度出发,引导购车人在购车前就应当考虑车辆停放问题。

合理用车,即在出行时要充分考虑出行距离和出行方式,使个人的出行需求与出行条件相匹配。合理用车是先进汽车文化的具体体现,如果人们能从日益拥堵的道路交通中警醒,改变汽车的使用方式和习惯,用高效低耗的方式解决通行问题,道路交通将会进一步畅通,道路交通事故发生率也会大大降低,能源消耗和废气污染也会降低很多。从解决道路交通拥堵问题的角度看,要发挥合理使用汽车的汽车文化引领作用,以缓解政府投入大量资金修建道路、交通管理者大量艰苦工作的压力。

绿色出行,即采用对环境影响最小的出行方式。社会公众通过乘坐公共汽车、地铁等公共交通工具,合乘或者步行、骑自行车等方式出行,既节约能源、提高能效、减少污染,又益于健康、兼顾效率。政府提供舒适便捷的绿色出行条件,例如加大对公共交通的支持力度,改善公共交通服务;保障自行车道和步行道路权,"还路于行",使自行车道和步行道形成网络;等等。

三、立法依据和参考资料

● 《住房城乡建设部关于加强城市停车设施管理的通知》(建城〔2015〕141号)

三、加强停车设施经营管理

(一)推行专业化经营

促进各类经营性停车设施企业化、专业化经营。坚持市场化原则,鼓励路内停车泊位和政府投资建设的公共停车场实行特许经营,通过招标等方式,公开选择经营主体,将已经建成的停车设施项目转交社会资本运营管理。鼓励住宅配建、公建配建停车设施委托停车管理企业进行专业化管理。

培育专业化、规模化停车管理企业。允许企业跨地区、跨行业参与城市停车设施经营。鼓励城市停车管理企业连锁经营、规模化经营,提升服务,壮大规模,创立品牌。

● 《关于加强城市停车设施建设的指导意见》(发改基础〔2015〕1788号)

随着城镇化的快速发展,居民生活水平不断提升,城市小汽车保有量大幅提高,停车设施供给不足问题日益凸显,挤占非机动车道等公共资源,影响交通通行,制约了城市进一步提升品质和管理服务水平。吸引社会资本、推进停车产业化是解决城市停车难问题的重要途径,也是当前改革创新、稳定经济增长的重要举措。为此,特制定本指导意见。

一、总体思路。立足城市交通发展战略,统筹动态交通与静态交通,着眼当前、惠及长远,将停车管理作为交通需求管理的重要手段,适度满足居住区基本停车和从严控制出行停车,以停车产业化为导向,在城市规划、土地供应、金融服务、收费价格、运营管理等方面加大改革力度和政策创新,营造良好的市场化环境,充分调动社会资本积极性,加快推进停车设施建设,有效缓解停车供给不足,加强运营管理,实现停车规范有序,改善城市环境。

二、基本原则。坚持市场运作,通过政府规划引导、政策支持,按照市场化经营要求,以企业为主体加快推进停车产业化;坚持改革创新,完善管理体制机制,探索多种合作模式,有效吸引社会资本;坚持集约挖潜,鼓励既有停车资源的开放共享、有效利用、充分发掘城市地上和地下空间资源,建设立体停车设施;坚持建管同步,完善路内停车泊位管理,提升停车信息化水平,加强违法行为治理。

● 《关于"加强机动车停车服务与管理构建科学完备的静态交通体系"议案办理情况的报告》

三、停车管理工作思路

(三)建立停车公共治理制度

2. 强化政府引导。完善体制、依法行政,加快建设停车管理体系。制定吸引社会资本参与停车设施建设的政策,推动产业化发展。将公共停车场作为城市基础设施进行规划、建设,采取划拨方式供地。加大政府引导和投入建设公共停车设施,按照"政府出地、市场出资"的公私合作模式及可配套一定比例商业设施测算,制定市区两级财政性资金补助和支持政策,吸引社会资本投资建设停车设施。

四、近期工作措施

(六)营造良好的社会环境

结合停车立法和加强停车管理执法,大力倡导绿色出行、理性购车、合理用车、文明驾驶、规范停车、停车付费的现代交通理念。充分利用电视、广播、报刊、互联网等媒体广泛宣传和讨论,凝聚"停车应当入位,停车应当交费,违法停车受罚"的社会共识,并及时曝光违法停车行为,营造良好的社会氛围。

● 《中共北京市委 北京市人民政府关于深化北京市社会治理体制改革的意见》

4. 加快推进社会服务体系创新。进一步转变政府职能,改进公共服务提供方式,完善政府主导、覆盖城乡、持续发展、优质高效的基本公共服务体系。进一步引入市场机制,加大社会资本参与社会服务设施建设和运营管理的力度,推进经营性社会服务产业化,完善便民服务体系。进一步引导社会力量参与,建立政府主导、社会参与、多元供给的社会服务模式,完善社会公益服务体系。

● 《深圳经济特区道路交通安全管理条例》

第九十二条 建立道路交通安全宣传员制度。市公安机关交通管理部门可以聘请市民担任道路交通安全宣传员,向公众宣传道路交通安全法律法规和道路交通安全知识,并在交通警察指导下协助维护过街路口和公共交通站点的道路交通秩序。

第九十三条 建立道路交通安全信息员制度。市公安机关交通管理部门可以聘请市民担任道路交通安全信息员,并组织其开展下列活动:

（一）提供道路交通状况、道路以及道路交通设施完好情况等信息；

（二）就改进道路交通安全管理提出意见和建议；

（三）举报道路交通安全违法行为。

第九十四条　建立道路交通安全监督员制度。市公安机关交通管理部门应当聘请市民担任道路交通安全监督员，并组织其开展下列活动：

（一）对道路交通安全执法情况进行监督；

（二）对道路交通安全法律、法规的实施情况进行评估；

（三）对改进道路交通安全执法工作提出意见和建议。

四、实施中应当注意的问题

（一）制定能够吸引社会资本投资停车场建设的鼓励政策。

政府及相关部门在制定社会资本投资停车场建设的鼓励政策时，首先，要考虑政策的可行性。制定相关鼓励政策，要考虑政府有没有能力去执行，是不是在国家法律法规许可范围之内，是不是符合市场经济的要求，是不是能被社会公众所接受等。其次，要抓政策落实。制定了鼓励鼓励政策，就要把其落到实处。要通过切实有效的手段和措施，加强督促检查，认真加以落实，真正能够吸引社会资本投资停车场建设。

（二）制定完善停车违法行为投诉举报制度。

投诉举报是实现社会共治的方式之一，政府相关部门要进一步完善投诉举报制度，明确处理投诉举报工作的责任、原则、时限和程序，及时、公正和有效地处理群众投诉举报。同时要制定举报违法行为的具体标准、畅通相关渠道并加强对公众宣传。

(三)政府及相关部门要为公众绿色出行创造条件。

政府及相关部门在倡导、宣传绿色出行的同时,应当为公众创造舒适便捷的绿色出行条件,例如确定"公共交通在城市可持续发展中的公益性定位,在土地供应、投资保障、财政投入等方面予以支持",改善公共交通服务;保障自行车道和步行道路权,恢复被侵占自行车道和步行道系统的路权,使自行车道和步行道形成网络;鼓励公众绿色出行,对于驻车换乘、公共交通换乘和平峰时段乘坐轨道交通的,政府可以给予交通出行优惠;倡导单位错时上下班、开行班车校车、视频会议、弹性工作制、网络办公等方式,减少机动车出行总量,缓解交通拥堵。

第七条 本市有序推进停车服务、管理和执法的智能化、信息化建设,引导停车服务企业利用互联网技术提高服务水平。

【解读】

本条是关于本市机动车停车智能化、信息化的规定。

一、立法背景

目前,本市机动车停车管理缺少信息化手段,停车资源基础数据不完整不全面,停车智能化和精细化管理水平尚需进一步提高。因此,需要利用大数据优化停车资源布局,完善鼓励"互联网+停车"融合发展的具体政策,对现有车位进行唯一编码,加强信息公开和共享,进行停车资源统筹配置和精细化管理,提高信息化服务水平。

二、条文解读

（一）有序推进停车管理智能化、信息化建设。

一是建立全市统一的停车管理系统,定期开展停车资源普查,对向社会开放收费的停车场实行备案管理,对现有车位进行唯一编码,并将有关数据纳入管理系统,与相关部门共享。二是推动区、企业停车管理系统的建设,实现市、区、企业三级对接。三是鼓励"互联网+停车"融合发展,推进停车资源共享。四是创新停车收费模式,推行道路停车电子收费,利用科技手段杜绝停车收费人员擅自打折或提价等乱收费行为以及收费不上交行为等。

（二）有序推进停车服务智能化、信息化建设。

一是建设区域停车诱导系统,为社会公众提供停车诱导服务;二是鼓励市民出行前进行停车查询、预订车位,推进停车资源共享;三是推行道路停车电子收费,方便公众运用手机 APP、刷卡等方式结算。

（三）有序推进停车执法智能化、信息化建设。

强化公安交管、城管等部门的非现场执法设备设施;通过全市统一的停车管理系统,与相关部门共享企业的违法违规行为信息;通过路侧电子计时收费系统,对停车人逃费可以进行视频记录,提供执法证据。

（四）引导停车服务企业利用互联网提高技术水平。

在目前大数据管理的背景下,如果停车企业停车泊位的数量和使用状态不为服务对象所了解,必然产生资源利用不充分、服务效能低下的情况。因此,政府引导停车企业通过互联网技术运用的方式来实施管理服务,不仅能统筹全市的停车资源和使用状况,同时也能够为停车人提供高效便捷的停车服务。

三、立法依据和参考资料

● 党的十八届四中全会通过的《中共中央关于全面推进依法治国若干重大问题的决定》

三、深入推进依法行政,加快建设法治政府

(四)坚持严格规范公正文明执法。依法惩处各类违法行为,加大关系群众切身利益的重点领域执法力度。完善执法程序,建立执法全过程记录制度。明确具体操作流程,重点规范行政许可、行政处罚、行政强制、行政征收、行政收费、行政检查等执法行为。严格执行重大执法决定法制审核制度。

建立健全行政裁量权基准制度,细化、量化行政裁量标准,规范裁量范围、种类、幅度。加强行政执法信息化建设和信息共享,提高执法效率和规范化水平。

全面落实行政执法责任制,严格确定不同部门及机构、岗位执法人员执法责任和责任追究机制,加强执法监督,坚决排除对执法活动的干预,防止和克服地方和部门保护主义,惩治执法腐败现象。

● 《关于加强城市停车设施建设的指导意见》(发改基础〔2015〕1788号)

十四、推动停车智能化信息化。各地加快对城市停车资源状况摸底调查,建立停车基础数据库,实时更新数据,并对外开放共享;促进咪表停车系统、智能停车诱导系统、自动识别车牌系统等高新技术的开发与应用;加强不同停车管理信息系统的互联互通、信息共享,促进停车与互联网融合发展,支持移动终端互联网停车应用的开发与推广,鼓励出行前进行停车查询、预订车位,实现自动计费支付等功能,提高停车资源利用效率,减少因寻找停车泊位诱发的交通需求。

四、实施中应当注意的问题

(一)信息化要实现互联互通、资源共享,避免系统重复建设。

停车综合管理服务系统是一项涉及层级多、覆盖面广的系统工程,因此,系统建设要充分发挥已有资源的作用,以信息资源的开发利用为重点,坚持"统一管理、统一标准、分步实施"的原则,制定停车管理服务系统采集、存储、共享、公开、使用和信用评价等标准,确定各级平台建设规范,统一数据格式、数据接口等技术要求,实现信息互通、资源共享。

(二)智能化既要考虑管理精细化,又要考虑服务性功能。

能否做到管理服务化、服务人性化,是考量城市管理水平的一个重要标准。因此,在依托互联网建设停车综合管理服务系统时,要彻底改变粗放型管理方式,强化精细化、服务型管理职能。要综合考虑停车设施备案、共享、居住停车、路侧电子收费结算、停车信用信息、投诉咨询等相关信息,将停车大数据作为停车治理现代化的有力支撑,为管理者提供科学的决策依据,为公众提供优质高效的服务。

(三)鼓励依托利用互联网,开展"互联网+共享停车"。

政府相关部门要通过出台政策、制定规划、提供财政资金等方式,推动"互联网+共享停车",同时将共享停车泊位信息纳入管理服务平台,对备案的车位和借助共享经济释放出来的海量新增车位进行信息化管理,实施全市车位共享的有效监控。

第八条 本市建立停车信用奖励和联合惩戒机制。将停车设施建设单位、经营单位、停车人等的违法行为记入信用信息系统,严重的可以进行公示、惩戒。市交通行政主管部门应当按照国家和本市要求,制定停车信用机制的具体办法。

【解读】

本条是关于本市机动车停车信用奖励和联合惩戒机制的规定。

一、立法背景

党中央、国务院高度重视诚信建设工作。党的十八大指出:"加强政务诚信、商务诚信、社会诚信和司法公信建设。"党的十八届三中会提出:"要建立健全社会征信体系,褒扬诚信,惩戒失信",党的十八届四中、五中、六中全会都对诚信建设提出了工作要求。

为深入贯彻落实党中央、国务院的决策部署,2016年6月和12月,经中央深改组审议通过,国务院和国办分别印发了关于建立完善信用联合奖惩制度、加强政务诚信和个人诚信体系建设三个指导性文件。

社会信用体系是社会主义市场经济体制和社会治理体制的重要组成部分。它以法律、法规、标准和契约为依据,以健全覆盖社会成员的信用记录和信用基础设施网络为基础,以信用信息合规应用和信用服务体系为支撑,以树立诚信文化理念、弘扬诚信传统美德为内在要求,以守信激励和失信约束为奖惩机制,目的是提高全社会的诚信意识和信用水平。

加快社会信用体系建设是全面落实科学发展观、构建社会主义和谐社会的重要基础,是完善社会主义市场经济体制、加强和创新社会治理的重要手段,对增强社会成员诚信意识、营造优良信用环境、提升国家整体竞争力、促进社会发展与文明进步具有重要意义。

实现社会管理不要单纯依靠处罚,也要将违法违规行为纳入信用体系,约束公众。既能推动体系建设,又能依托体系实现规范化目标,以信用替代行政许可和日常监管,已是大势所趋。

二、条文解读

(一)停车信用奖励机制。

从行政性、市场性、社会性激励三个方面,建立停车信用奖励机制。在行政性方面,如对诚信典型和连续三年无不良信用记录的行政相对人实施"绿色通道"和"容缺受理";在实施财政性资金项目安排、招商引资配套优惠政策中优先考虑;对诚信停车管理企业在日常检查、专项检查中可优化检查方式或减少检查频次。在市场性方面,引导征信机构将市场主体的正面信息纳入信用记录和信用报告;对守信者加大激励性评分比重。在社会性方面,鼓励行业协会商会加大对诚信企业和从业人员的扶持力度,为其市场宣传、业务拓展、职业发展等提供支持;引导停车企业主动发布综合信用承诺等专项承诺,开展停车服务标准等自我声明公开,接受社会监督;充分发挥舆论宣传引导作用,宣传推广诚信典型和诚信事迹,褒扬诚信行为。

(二)停车联合惩戒机制。

同样,联合惩戒主要分为行政性、市场性、社会性三个方面,实施联合惩戒措施。

行政性联合惩戒方面,提高随机抽查比例和频次;限制享受财政资金补助和申请财政性资金项目;限制参与政府投资项目招标以及土地出(转)让和流转等公共资源交易活动;限制发起设立或参股金融机构以及小额贷款公司、融资担保公司、创业投资公司、互联网金融机构;限制从事互联网信息服务;对严重失信企业及其法定代表人、主要负责人和对失信行为负有直接责任的注册执业人员等实施市场和行业禁入。

市场性联合惩戒方面,包括限制出境、购买不动产、乘坐飞机、乘坐高等级列车和席次、旅游度假、入住星级以上宾馆及其他高消费行为等措施;支持征信机构采集严重失信行为信息,纳入信用记录和信用报告;鼓励市场主体对严重失信个人采取差别化服务;引导商业银行、证券期货经营机构、保险公司等金融机构提高贷款利率和财产保险费率,或限制向其提供贷款、保荐、承销、保险等服务。

社会性联合惩戒方面,包括引导行业协会商会将严重失信行为记入会员企业信用档案;支持行业协会商会对失信会员实行警告、行业内通报批评、公开谴责、不予接纳、劝退等约束和惩戒措施;发挥新闻媒体等社会舆论作用,加大对严重失信行为的曝光力度。

三、立法依据和参考资料

- 《关于建立完善守信联合激励和失信联合惩戒制度加快推进社会诚信建设的指导意见》(国发〔2016〕33号)
- 《国家发展改革委住房和城乡建设部交通运输部关于进一步完善机动车停放服务收费政策的指导意见》(发改价格〔2015〕2975号)

(十一)加强诚信体系建设。建立城市停车设施经营者、从业人员信用记录,纳入全国统一的信用信息共享交换平台,并按规定及时在"信用中国"网站上予以公开,对失信行为实施跨部门联合惩戒,逐步建立以诚信为核心的监管机制。

四、关键词解释

【联合惩戒机制】指通过信用信息公开和共享建立的跨地区、跨部门、跨领域的联合惩戒机制。要充分运用约束手段,加大对严重失信主体惩戒力度,实现"一处违法,处处受限"。

五、实施中应当注意的问题

市交通行政主管部门应当制定停车信用机制的具体办法,健全诚信典型"红名单"和严重失信主体"黑名单"制度,明确认定标准,及时动态维护,依托本市信用管理综合系统,实现发起响应、信息推送、执行反馈、信用修复、异议处理等动态协同。同时,在实施过程中,要依法保护个人信息;在信用等级评定过程中,注重发挥第三方评价机构的作用。

第二章 停车泊位供给

【本章提要】

停车泊位供给影响着我市居民的机动车出行需求和交通运行情况,在停车管理中具有十分重要的作用。

《条例》第二章停车泊位供给共十二条,主要规定了停车泊位供给原则、停车设施规划和泊位配建标准、居住区临时停车设施、错时共享及开放、公益性停车设施供地及交通影响评价、多种停车设施设置及建设以及落客区设置和停车设施设置规范等内容。

第九条 本市停车设施实行分类分区定位、差别供给,适度满足居住停车需求,从严控制出行停车需求。盘活既有停车资源,提高利用效率;新增停车泊位以配套建设为主,临时设置、独立建设、驻车换乘建设等方式为补充。

【解读】

本条是关于机动车停车泊位供给原则的规定。

一、立法背景

2015年在北京市第十四届人民代表大会常务委员会第十九次会议上,张延昆副市长在《关于"加强机动车停车服务与管理构建科学完备的静态交通体系"议案办理情况的报告》中提到,目前我市在停车方面存在人口和机动车规模增长过快、车多位少矛盾突出、出行与居住停车位比例不合理、既有资源盘活量不足等问题。

对于静态交通体系的建设问题,我市缺乏系统施策和有效引导,停车设施规划与建设、停车服务与管理水平仍旧比较滞后,在中心城及远郊区城镇地区,停车乱问题日益突出。

明确停车定位、差别化供给等内容为报告中建议停车管理的基本思路。目前,与国外发达城市相比,我市核心区出行车位较多,居住车位缺口较大;五环内区域出行和居住车位均存在缺口,其中居住车位缺口大于出行车位缺口。

另外,北京市停车资源普查显示,截至2016年底,夜间停车供需矛盾最突出的是居住区;其中,各区情况也不相同,海淀区、丰台区、朝阳区的居住区缺口较大。从停车场类型来看,居住小区、胡同区、单位大院和占道停车场的夜间车位利用率在80%左右,而公共建筑夜间车位利用率不足一半,为39%。

因此,需要适度满足居住停车需求,从严控制出行停车需求。而如何利用和新建停车位,提高停车泊位利用率,也是目前亟须解决的问题。

二、条文解读

机动车停车属于静态交通体系,而停车设施是城市交通基础设施的重要组成部分。一方面具有公共属性,应在规划、土地、投资等方面给予保障;另一方面也具有商品属性。停车设施占用了城市土地资源和空间资源,应建立反映土地资源稀缺程度和市场供需关系的价格体系,停车应当付费。通过有偿使用停车位,合理、有效、均衡地配置稀缺的土地资源。

(一)停车分类分区定位。

基于停车位的功能属性,对车位功能进行合理定位,针对居住、出行、驻车、周转、长期、临时等各种不同类型的停车位实行差别化管理，在车位供给、管理措施和收费政策上有所区别。

1. 医院、学校等停车位，主要满足患者和学生的抵达、离开需要，定位为临时上下车，强调周转性；

2. 居住区、单位办公场所等停车位，主要满足居民和单位公车的保存需要，定位为长时停放，强调驻车性；

3. 单位停车位能满足本单位公车停放的，应提供部分周转性车位供会议等到该单位公务的车辆临时停放，鼓励单位车位错时开放，供周边居民夜间停车；

4. 对路内停车，考虑所处区域、停车需求等因素，设定不同的停车标准，划分不同的停车种类，如夜间临时车位、限时停车位等。

（二）分类管理，差别供给。

严格区分居住与出行停车，按照规划性质、停车位的所有权、使用权、管理权和空间场所等不同类别，研究实施差别化政策，实行分类管理。

1. 出行停车需求弹性大，应当发挥市场配置资源作用，采取政府调控下的市场供给，对于出行车位数量进行科学调控，制定收费政策，促进市场方式发育完善，通过市场收费抑制出行需求；

2. 居住停车需求弹性小，应当整合利用公共资源，规范停车秩序，平抑市场价格，适度满足居住停车需求。

（三）盘活资源，有效利用。

在既有停车设施不足的条件下，注重盘活既有停车资源。推行错时停车，鼓励有条件的居住区与周边商业、办公等类型的建筑共享利用停车泊位。公共建筑的停车设施具备安全、管理条件的，应当将机动车停车设施向社会开放,并实行有偿使用,以提高车位利用效率。建设全市停车资源管理统一平台,允许个人在依法取得业主大会同意后,利用互联网信息技术将个人所有停车设施错时、短时出租、出借,并取得相应收益。

三、立法依据和参考资料

● 住房城乡建设部《城市停车设施规划导则》(建城〔2015〕129 号)

1.2.3 根据停车泊位的使用特点,可分为基本车位和出行车位两类。

1. 基本车位是指满足车辆无出行时车辆长时间停放需求的相对固定停车位。

2. 出行车位是指满足车辆有出行时车辆临时停放需求的停车位。

●《关于加强机动车停车服务与管理,构建科学完备的静态交通体系议案办理情况的报告》

三、停车管理工作思路

(四)实行差别化管理

按照区域和停车位性质的分类,实行差别化的车位供给和停车收费管理政策,试点小区域治理。

1. 差别化供给。进一步加强停车位设置统筹规划。全市规划停车位总量原则上应按照基本车位 1 比 1、出行车位 1 比 0.2 的标准统筹考虑。根据城市战略定位和疏解非首都功能的要求,按照分区域严控车位新增缺口,逐步改善历史欠账的原则,对基本车位建立限制供给区、适度供给区、基本供给区和宽松供给区的分区域差别化供给政策;对出行车位采取更加严格的区域控制政策。各区域的差别主要在配建指标、公共停车场建设、公共交通资源配置和缓解历史欠账等方面有所区别。以静态交通资源调控引导车辆合理使用,实现疏解功能的目标。

●《北京市十四届人大常委会第十九次会议对"关于加强机动车停车服务与管理,构建科学完备的静态交通体系议案办理情况的报告"的审议意见》

二、对居住与出行停车进行分类管理,采取差别化政策

要严格区分居住与出行停车,按照规划性质、停车位的所有权、使用权、管理权和空间场所等不同类别,研究实施差别化政策,实行分类管理。

四、关键词解释

【配建停车场】指为公共建筑、居住区配套建设的停放机动车的场所。

【临时停车场】指临时设置的用于停放机动车的场所,包括道路停车泊位和利用街坊路、胡同以及待建土地、临时空闲场地设置的停车场。

【独立建设停车场】指根据规划独立建设并向社会开放的停放机动车的场所。

【驻车换乘停车场】是一种布置在城市中心区以外、公共交通服务不足地区,为鼓励个体机动车交通方式向公共交通方式转换而设置的享受停车收费优惠补贴的停车场。

五、实施中应当注意的问题

(一)理性思考,树立正确观念。

停车需要占用空间资源,城市密度的高低决定了小汽车的拥

有和使用。显然,在高密度的城市中心区,空间资源有限,不可能无限制地满足日益膨胀地停车需求。

出行是人们参与社会经济活动的基本需求,但出行方式有很多种,开车出行并非唯一选择。因此,停车需求并非刚性需求。

大力发展公共交通,倡导公交优先和绿色出行,是我市城市综合交通发展所坚持的战略,要严控出行停车需求,促进交通方式转移,构建合理的交通结构。

(二)存量挖潜和新增设施并重。

为缓解停车供需矛盾带来的秩序混乱、交通拥堵等问题,提升服务水平,需要在一定程度上开辟资源、增加供给。根据停车普查的结果,我市停车供需的明显特征是:局部供给不足与车位闲置并存。因此,提升既有设施利用效率是增加供给的有效途径。对于存量资源确实不足的区域,才进行停车设施建设。

第十条 市交通行政主管部门应当会同市规划国土行政主管部门,在定期普查的基础上,依据城市总体规划和城市综合交通体系规划,结合城市建设发展和道路交通安全管理的需要,组织编制机动车停车设施专项规划。

停车设施专项规划应当确定城市停车总体发展战略,分区域发展策略,统筹地上地下,合理布局停车设施,明确控制目标和建设时序,并将停车设施与城市交通枢纽、城市轨道交通换乘站紧密衔接,经依法批准后,纳入控制性详细规划。

区人民政府根据本市机动车停车设施专项规划,制定本行政区域的停车设施规划及年度实施计划,并组织实施。

【解读】

本条是关于停车设施规划的相关规定。

一、立法背景

停车设施专项规划是停车设施建设的重要依据,将停车设施专项规划纳入控规是预留停车场用地、保障停车设施建设的必要手段。目前,我市停车设施建设缓慢、无序,很重要的原因是缺乏合理的停车设施专项规划和控制性详细规划。

近年来,国家各部门出台许多相关指导文件要求大力推进停车设施规划建设工作。特别是2015年以来,相续出台了多个停车设施规划建设的指导性文件,分别是《城市停车场建设专项债券发行指引》《关于加强城市停车设施建设的指导意见》《住房城乡建设部关于印发城市停车设施规划导则的通知》《住房城乡建设部关于加强城市停车设施管理的通知》《住房城乡建设部关于印发城市停车设施建设指南的通知》《关于进一步完善机动车停放服务收费政策的指导意见》《加快城市停车场建设近期工作要点与任务分工的通知》。2016年,中共中央、国务院印发《中共中央、国务院关于进一步加强城市规划建设管理工作的若干意见》,指出"合理配置停车设施,鼓励社会参与,放宽市场准入,逐步缓解停车难问题"。

二、条文解读

(一)明确了相关部门职责。

停车设施专项规划的编制,应当由市交通行政主管部门牵头,会同市规划国土资源部门、建设行政管理部门等组织编制,经报市政府批准后,纳入相应的控制性详细规划。

（二）明确了编制专项规划的主要内容。

一是要开展停车普查，掌握基础数据；二是依据城市总体规划，结合城市建设发展，组织编制专项规划；三是依法批准后，将成果纳入控规。

（三）专项规划的保证落实。

各区人民政府根据专项规划，制定本行政区域的停车设施规划及年度实施计划。

三、立法依据和参考资料

● 《中华人民共和国城乡规划法》

第四条　第一款　制定和实施城乡规划，应当遵循城乡统筹、合理布局、节约土地、集约发展和先规划后建设的原则，改善生态环境，促进资源、能源节约和综合利用，保护耕地等自然资源和历史文化遗产，保持地方特色、民族特色和传统风貌，防止污染和其他公害，并符合区域人口发展、国防建设、防灾减灾和公共卫生、公共安全的需要。

第十九条　城市人民政府城乡规划主管部门根据城市总体规划的要求，组织编制城市的控制性详细规划，经本级人民政府批准后，报本级人民代表大会常务委员会和上一级人民政府备案。

● 《北京市城乡规划条例》

第十五条　城乡规划按照以下规定组织编制：

（六）专项规划由相关行政主管部门或者市规划行政主管部门组织编制。

第十七条　城乡规划按照以下规定进行审批和备案：

（七）专项规划由市规划行政主管部门组织编制的，报市人民政府审批;由相关行政主管部门组织编制的,经市规划行政主管部门组织审查后报市人民政府审批。

● 《关于进一步完善城市停车场规划建设及用地政策的通知》(建城〔2016〕193号)

一、强化城市停车设施专项规划调控

(一)科学编制城市停车设施专项规划。依据土地利用总体规划、城市总体规划和城市综合交通体系规划,城市停车行业主管部门要会同规划部门编制城市停车设施专项规划(以下简称专项规划),合理布局停车设施。专项规划应符合《城市停车规划规范》《城市停车设施规划导则》、充电基础设施建设等相关要求。编制专项规划同时,应对建设项目停车配建标准实施情况进行评估,并适时调整,调整后的停车配建标准应及时向社会公布。

(二)专项规划要突出重点。专项规划应坚持设施差别化供给原则,按照城市中不同区域的功能要求和城市综合交通发展策略,合理确定停车设施规模。对于老旧居住区等停车设施供需矛盾突出的重点区域,应结合片区停车综合改善方案,合理确定停车方式和停车规模;对于公共交通发达地区,应合理控制停车设施建设规模。

(三)分层规划停车设施。可充分结合城市地下空间规划,利用地下空间分层规划停车设施,在城市道路、广场、学校操场、公园绿地以及公交场站、垃圾站等公共设施地下布局公共停车场,以促进城市建设用地复合利用。

(四)严格实施专项规划。经依法批准的专项规划中有关要求应及时纳入控制性详细规划,并作为城市停车场建设和管理的依据,严格执行。城市新建建筑配建停车设施应符合相应的停车配建标准。

●《关于加强城市停车设施建设的指导意见》(发改基础〔2015〕1788号)

三、科学编制规划。各地依据城市总体规划和综合交通体系规划,以配建停车为主体、路外公共停车为辅助、路内停车为补充,采用差别化的停车供给策略,修订城市建筑物配建停车泊位标准,组织编制停车设施专项规划,并及时纳入城市用地控制性详细规划,做好用地管控。规划需统筹城市功能分区的区位特征、用地属性、公共交通发展等状况,合理测算停车需求,明确阶段性适应目标,优化设施布局,制定近期实施方案,建立项目库,并及时公布。

●《上海市停车场(库)管理办法》

第六条 (规划编制)公共停车场(库)专项规划由市交通行政主管部门根据本市综合交通规划和交通需求状况,会同市规划国土、建设行政管理部门编制,经报市政府批准后,纳入相应的城乡规划。

●《杭州市机动车停车场(库)建设和管理办法》

第九条 市城乡规划主管部门组织编制城市停车设施专项规划时,应坚持设施差别供给和停车需求调控管理原则,确定停车总体发展策略、停车设施供给体系及停车设施布局和规模,充分考虑停车设施系统与城市交通枢纽、城市轨道交通换乘站的衔接。

第十条 市城乡规划主管部门在组织编制控制性详细规划时,应根据城市停车设施专项规划的相关要求,落实公共停车场的布点位置。

第十一条 市城乡规划主管部门会同市建设、城市管理行政主管部门编制公共停车场近期建设规划时,应以控制性详细规划和既有规划布局为基础,充分利用空间资源,通过立体停车、地下停车等多种方式增加停车场供应,并结合城市轨道交通线网及公交枢纽设置停车换乘设施。对停车场配套建设不足的区域,在合理的服务半径内规划适度的公共停车场用地,以弥补停车场配套建设不足。

第十二条　市建设行政主管部门应根据城市停车设施专项规划、控制性详细规划和近期建设规划,会同市发展改革、财政等行政主管部门制定公共停车场建设年度专项计划,并纳入本市城市维护建设计划体系。

四、关键词解释

【城市交通枢纽】是城市交通运输系统的重要组成部分,是不同运输方式的交通网络运输线路的交汇点,是由若干种运输方式所连接的固定设备和移动设备组成的整体,共同承担着枢纽所在区域的直通作业、中转作业、枢纽作业以及城市对外交通的相关作业等功能。

【控制性详细规划】是城市、乡镇人民政府城乡规划主管部门根据城市、镇总体规划的要求,用以控制建设用地性质、使用强度和空间环境的规划。

五、实施中应当注意的问题

(一)机动车停车设施专项规划编制原则:

1. 坚持需求管理原则,合理配置停车设施,优化和引导小汽车停车需求。

2. 坚持统筹兼顾原则,要将城市停车设施规划与用地功能、开发建设强度、道路疏解能力结合起来,科学规划停车设施布局。

3. 坚持节约资源原则,城市停车设施规划应考虑土地资源节约使用,鼓励采用立体和机械式停车设施,体现停车与其他土地功能融合的规划思想。

4. 坚持综合治理原则,在城市交通综合改善的框架下系统治理停车问题,采取街区治理、精细化设计的工作模式改善停车供需矛盾突出地区的停车问题。

(二)城市停车总体发展战略主要内容:

1. 确定城市停车总体发展方向和目标。

2. 确定停车设施资源分配利用的原则和策略。

3. 确定停车管理的政策方向。

(三)城市停车分区域发展策略主要内容:

1. 确定城市停车分区划分原则与方案。

2. 确定差别化的分区停车发展政策和规划指引。

3. 确定分区停车设施规模和供给策略。

4. 确定分区停车收费和管理策略。

(四)专项规划实施保障措施内容:

1. 提出规划实施和年度实施计划的管理机制和对策。

2. 提出保障规划实施的技术经济政策和对策。

第十一条 市规划国土、市交通行政主管部门应当制定新建、改建、扩建公共建筑和居住小区等配建停车泊位的标准,明确上限、下限,并建立动态调整机制。

建设单位新建、改建、扩建公共建筑、居住小区,应当按照国家有关规定和本市确定的泊位配建标准、规划指标,配建机动车停车设施。配套建设的停车设施应当与主体工程同步设计、同步施工、同时验收、同时交付使用。

【解读】

本条是关于停车泊位配建标准和配建停车设施建设的规定。

一、立法背景

停车位占用大量城市稀缺土地资源,随着城市发展,停车泊位数量远落后于机动车拥有量,基本停车位供给不足,中心城区老旧小区和老旧商业区停车位缺失。医院、学校等部分特殊用地和设施配建指标不足,而且配建停车位的使用缺乏指导,配建基本用于满足工作人员需要,对访客、患者等临时停车需求缺乏考虑。

基本不足和局部困难带来违章占道、秩序混乱、道路堵塞等众多"乱停车"问题。这严重影响人民生活质量,直接损害群众切身利益。

停车配建指标是对建筑物配套建设停车设施的数量要求,是政府控制停车设施建设的重要手段,配建指标的高低决定了停车设施的多少。我市的停车配建指标经历了从无到有、从少到多的变化过程。居住区的配建指标自1994年开始逐步提高,最近一版的居住区配建指标于2015年重新修订;公共建筑类配建指标目前依然沿用2003年版本,将近15年未进行修订,相关标准与现状及其他城市的标准难以匹配。因此,要重新研究确定配建指标的取值及动态调节机制,这也符合停车设施分区差别供给的原则。

二、条文解读

(一)配建指标制定。

市规划国土资源部门、市交通行政主管部门应当依据城市总体规划和综合交通体系规划,新增停车泊位以配套建设为主,临时设置、独立建设、驻车换乘建设等方式为补充,采用差别化的停车供给策略,分析现有建筑物配建停车位标准的适用性与存在问题并确定建筑物分类,预测分析不同类型建筑物的停车需求特征,从而制定新建、改建、扩建公共建筑和居住小区等配建停车泊位的标准。

同时,应对建设项目停车配建标准实施情况进行评估,并适时调整,调整后的停车配建标准应及时向社会公布。

(二)建筑物停车设施配套建设。

1. 建设单位新建、改建、扩建公共建筑和居住小区时,必须在场地规划和建筑设计时,按照本市确定的泊位配建标准、规划指标,确定配建停车设施的规模、布局、建设形式等。

2. 建筑物配建停车设施应当与主体工程同时设计、施工、验收和投入使用。建设工程竣工后,城市规划行政主管部门要依据规划设计条件和配建标准,对停车设施建设情况进行规划核实。不符合规划、不满足配建标准和有关工程建设标准的,有关部门不得通过竣工验收。

表一 北京市新建改建居住项目配建机动车停车泊位设置标准

类别		单位	旧城地区		一类地区	二类地区	三类地区
			下限	上限	下限	下限	下限
商品房		车位/户	0.8	1.1	1.1	1.2	1.3
保障性	销售类	车位/户	0.5	0.8	0.8	1.0	1.1
	租赁类	车位/户	0.3	0.5	0.5	0.6	0.9

表二　北京市建筑物配建停车位指标差别划分区范围

指标级别	范　围
旧城地区	二环路以内
一类地区	二环路至三环路之间
二类地区	三环路至五环路之间,五环路以外边缘集团,海淀山后、丰台河西集中建设区及新城建设区
三类地区	五环路以外除二类地区以外的其他地区

注:1. 不适用于历史文化街区和平房区,处于历史文化街区和平房区内居住项目的配建停车位规模,可结合具体情况,单独论证研究。

2. 旧城地区(除历史文化街区和平房区)建筑物配建指标不应超出上表规定的上限值,其他地区配建停车场不得低于上表规定的下限值,且一般不高于规定下限值的20%。若按照高于规定下限值20%以上建设配建停车场的,应开展停车方面论证工作并对社会开放使用。

3. 销售类保障性住房包括两限房、经济适用房、回迁安置房和其他政策性住房;租赁类保障性住房包括公共租赁房和廉租房,其中,廉租房配建机动车停车位指标可结合项目实际条件下浮40%~60%。

4. 居住类建筑物配建车位中包含每户0.1个访客车位。

5. 地上居民停车场(库)应满足《北京市生活居住建筑间距暂行规定》的距离要求,与邻近的住宅保持适当距离,避免干扰居民生活。

6. 地面停车泊位应集中安排用地并设置专用停车场和通道,不得在建筑物间任意设置和占用小区出入口通道设置停车位,地面停车率(小汽车地面单层停车位与居住户数地比率)按不大于10%控制。

7. 建筑物配建停车场应设置无障碍车位。

8. 居住类建筑应将18%的配建机动车停车位作为电动车停车位。

9. 建筑物配建停车场需设置机械停车设备的,机械停车泊位数不得超过停车泊位总数的90%。采用二层升降式或二层升降横移式机械停车设备的,停车场净空不得低于3.8米。

10. 建筑应按各类性质和规模分别计算并求和,多功能、综合性的建筑,配建停车场泊位的数量可考虑停车设施的共享,按各单项标准总和的80%计算。

11. 审批的重点功能区,当规划平均容积率大于2.0时,居住类建筑物建停车位指标建可按照上一级别分区管理。

12. 距离轨道交通站点出入口500米内的居住类建筑物配建停车位指标可按照上一级别分区管理。

表三　北京市建筑物机动车标准车位配建指标(建议值)

建筑物类型			计算单位	一类区 下限	一类区 上限	二类区	三类区
住宅	别墅、高级公寓		车位/户	1.0	1.3	1.3	1.5
住宅	商品房(含公寓)	S建≤100㎡	车位/户	0.4	0.6	0.8	1.0
住宅	商品房(含公寓)	100㎡<S建≤150㎡	车位/户	0.6	1.0	1.0	1.2
住宅	商品房(含公寓)	S建>150㎡	车位/户	0.8	1.1	1.3	1.5
住宅	经济适用房危改小区	S建≤100㎡	车位/户	0.3	0.4	0.4	0.6
住宅	经济适用房危改小区	100㎡<S建≤150㎡	车位/户	0.4	0.6	0.6	0.8
住宅	经济适用房危改小区	S建>150㎡	车位/户	0.6	1.0	1.0	1.2
住宅	大学生公寓、宿舍		车位/100㎡建筑面积	0.1	0.2	0.3	0.5
	酒店、宾馆		车位/客房	0.25	0.4	0.4	0.4
办公	行政办公		车位/100㎡建筑面积	0.4	0.8	1.2	1.5
办公	其他办公		车位/100㎡建筑面积	0.4	0.6	0.9	1.2
	餐饮、娱乐		车位/100㎡建筑面积	1.5	2.0	2.5	3.0
商业	大型商场		车位/100㎡建筑面积	0.4	0.6	0.8	1.0
商业	配套商业设施		车位/100㎡建筑面积	0.2	0.3	0.4	0.6
商业	大型超市、仓储型超市		车位/100㎡建筑面积	0.5	0.8	1.2	1.5
商业	综合市场、批发交易市场		车位/100㎡建筑面积	0.4	0.6	1.1	1.3
医院	三级甲等医院		车位/100㎡建筑面积	0.4	0.5	0.6	0.8
医院	其他医院		车位/100㎡建筑面积	0.3	0.4	0.5	0.7
医院	独立门诊		车位/100㎡建筑面积	1.0	1.5	2.0	2.0

续表

建筑物类型		计算单位	一类区		二类区	三类区
			下限	上限		
影剧院*		车位/100座位	2.0	4.0	5.0~15.0	5.0~15.0
博物馆、图书馆		车位/100㎡建筑面积	0.2	0.4	0.8	1.0
展览馆*		车位/100㎡建筑面积	0.3	0.5	1.0	1.2
会议中心		车位/100座位	3.0	5.0	7.0	10.0
体育场馆*		车位/100座位	2.0	3.0	3.0~5.0	5.0~8.0
学校	中小学、幼儿园	车位/100师生	0.5	1.0	1.5	2.0
	中专、职校	车位/100师生	1.0	1.5	2.5	3.0
	大专院校	车位/100师生	1.0	2.0	5.0	6.0
游览场所*	风景公园	车位/公顷占地面积	0.6	1.0	1.8	2.5
	主题公园	车位/公顷占地面积	2.0	5.0	6.0~10.0	10.0~20.0
交通枢纽*	火车站	车位/千名旅客设计量	2.0	3.0	3.0	3.0
	汽车站	车位/千名旅客设计量	2.0	3.0	3.0	3.0
	机场	车位/千名旅客设计量	–	–	–	8.0
工业*	厂房	车位/100㎡建筑面积	–	–	0.2~0.4	0.4~0.6
	仓库	车位/100㎡建筑面积	–	–	0.05	0.05

注：1. 表中一类区指标分别规定了的上限与下限，二类区、三类区指标除少数幅度值(配建指标范围)外，均为配建指标下限。

2. 有50%以上的用地面积在距离地铁站中心点500米范围内的下列开

发项目,可相应减少配建停车位供应量:
（1）一类区住宅项目可减少10%的车位供应量,二类区住宅项目可减少5%的车位供应量;
（2）一类区办公项目可减少15%的车位供应量,二类区办公项目可减少10%的车位供应量;
（3）一类区商业项目可减少10%的车位供应量,二类区商业项目可减少5%的车位供应量。
3. 三类区绿化隔离地区范围内的医院、中小学、幼儿园的机动车标准车位配建指标可参考二类区执行。

三、立法依据和参考资料

● 住房城乡建设部《城市停车设施规划导则》（建城〔2015〕129号）

4.3 建筑物配建停车位标准

4.3.1 按照各类建筑物停车需求特征的差异,确定建筑物分类,明确不同停车分区各种类型建筑物配建停车位标准。

4.3.2 主要内容：

1. 分析现有建筑物配建停车位标准的适用性与存在问题。

2. 确定建筑物分类。

3. 预测分析不同类型建筑物的停车需求特征。

4. 制定不同停车分区各种类型建筑物配建停车位标准。

●《关于加强城市停车设施建设的指导意见》（发改基础〔2015〕1788号）

三、科学编制规划。各地依据城市总体规划和综合交通体系规划,以配建停车为主体、路外公共停车为辅助、路内停车为补充,采用差别化的停车供给策略,修订城市建筑物配建停车泊位标准,组织编制停车设施专项规划,并及时纳入城市用地控制性详细规划,做好用地管控。

第一部分　法规条文解读

● 《住房城乡建设部　国土资源部关于进一步完善城市停车场规划建设及用地政策的通知》（建城〔2016〕193号）

一、强化城市停车设施专项规划调控

（一）科学编制城市停车设施专项规划。编制专项规划同时，应对建设项目停车配建标准实施情况进行评估，并适时调整，调整后的停车配建标准应及时向社会公布。

● 《住房城乡建设部关于加强城市停车设施管理的通知》（建城〔2015〕141号）

二、加强停车设施规划建设管理

（二）严格建设管理

建筑物新建、改建、扩建时，必须在场地规划和建筑设计时，按照规划设计条件和配建标准，确定配建停车设施的规模、布局、建设形式等。建筑物配建停车设施应当与主体工程同时设计、施工、验收和投入使用。

建设工程竣工后，城市规划行政主管部门要依据规划设计条件和配建标准，对停车设施建设情况进行规划核实，不符合规划、不满足配建标准和有关工程建设标准的，有关部门不得通过竣工验收。

四、实施中应注意的问题

（一）各部门之间的积极配合。

为确保条款的落实，市交通行政主管部门应当与市规划国土资源部门、市住建部门建立行之有效的工作机制，共享管理信息，共同制定配建停车泊位标准，共同参与建立动态调整机制。

（二）如何保障配建标准的落实。

要依据配建标准，对停车设施建设情况进行规划核实，不满足配建标准的,有关部门不得通过竣工验收。

第十二条 既有居住小区内配建的停车设施不能满足业主停车需求的,按照物业管理相关法律法规并经业主同意,可以统筹利用业主共有场地设置临时停车设施。

【解读】

本条是关于居住小区设置临时停车设施的规定。

一、立法背景

回顾北京市停车行业十几年来的发展进程,虽然本市从1994年开始设置居住区配建停车位指标并不断提高,但普通居住区配建指标也仅为0.3~0.5个/户。由于机动车增长速度快,目前户均拥车率约0.7辆/户,配套停车设施供给仍无法满足居民停车需求,从而导致既有居住小区停车问题突出。

居住小区夜间停车位供给不足,导致没有车位的业主将面临"有车无处停"、"抢车位"的困境,居住区周边夜间占道违法停车现象严重,停车秩序混乱,既妨碍了居民出行,也留下了交通隐患。

为了解决居住小区停车问题,应从供给侧方面充分挖掘内部停车潜力,秉承共建共用的原则,利用共有场地进行临时性停车,缓解居住区停车供需矛盾。

二、条文解读

(一)利用业主共有场地设置临时停车设施应当具备相应的条件。

并不是所有的居住小区都可以设置临时停车设施,必须具备一定的条件才可以。

1. 居住小区的配建停车设施已不能满足业主停车需求,在遵循物业管理的相关规定下,已经成立业主大会的居住区,由业主大会或者业主大会授权的业主委员会开展相关工作;已经实行物业管理、尚未成立业主大会的,由物业服务企业依据相关管理规约征求业主意见后开展相关工作;尚未成立业主大会且未实行物业管理的,由社区居民委员会征求业主意见后组织开展相关工作。

2. 建设临时停车设施的场地必须为全体业主共有。

3. 设置停车设施的程序:

一般情况下,居住小区设置临时停车设施的流程分为三步。第一,符合条件需要改造的小区,可由业主大会、业主委员会、物业服务企业或者社区居住委员会向项目所在街道办事处提出申请,街道办事处应当调查需改造的居住小区停车现状;第二,拟实施改造的居住小区,由业主大会、业主委员会、物业服务企业或者社区居委会委托具有相应资质的设计单位,编制临时停车场改造实施方案,并将临时停车场改造实施方案在居住小区的主要出入口、公告栏等位置进行现场公示,公示时间不少于7天,并须获得小区专有部分占小区建筑物总面积2/3以上的业主且占总人数2/3以上的业主同意;第三,征求意见通过后,业主大会、业主委员会、物业服务企业或者社区居委会,须将停车位改造方案和小区业主集体意见向区相关部门报备。各区可根据实际情况,组织相关部门共同审核。审核通过后,按设计方案组织实施。

(二)遵从物业管理相关规定。

在挖掘小区内部的停车潜力、整合小区内部停车资源时,必须符合相关物业管理规定,在不妨碍或者不占用消防通道以及消防设施、不影响地下市政管线使用、不影响通勤交通等涉及安全以及居民生活质量的前提下,由物业管理部门牵头(无物业管理部门的可以成立自管部门牵头),采用集体讨论的形式或者书面征求意见的形式征询全体业主意见。决定有关共有和共同管理权利的重大事项,须至少经专有部分占建筑物总面积过半数的业主且占总人数过半数的业主同意,需要改建、重建建筑以及附属设施的,应当经专有部分占建筑物总面积2/3以上的业主且占总人数2/3以上的业主同意,才可以将居住小区内共用空闲场地、待建场地、边角空地等区域,改扩建为临时性停车设施,以满足业主停车需求。

(三)居住区临时停车设施设置。

居住区临时停车设施包括划线临时停车泊位、绿荫停车场、立体式机械停车设施等。为保障用地的实现,主要可以通过增扩道路、居民活动区域安装隔离设施等方式。而新改扩建临时停车设施,具体形式包括以下两个方面:

1. 利用居住区待建土地、临时空闲场地,因地制宜施划机动车临时停车泊位、绿荫停车场、立体停车设备。

2. 利用居住区既有平面机动车停车设施,实行"平改立"改造,设置立体停车设备。

三、立法依据和参考资料

● 《物业管理条例》

第十一条 下列事项由业主共同决定:

(一)制定和修改业主大会议事规则;

(二)制定和修改管理规约;

(三)选举业主委员会或者更换业主委员会成员;

(四)选聘和解聘物业服务企业;

(五)筹集和使用专项维修资金;

(六)改建、重建建筑物及其附属设施;

(七)有关共有和共同管理权利的其他重大事项。

第十二条 业主大会会议可以采用集体讨论的形式,也可以采用书面征求意见的形式;但是,应当有物业管理区域内专有部分占建筑物总面积过半数的业主且占总人数过半数的业主参加。……业主大会决定本条例第十一条第(五)项和第(六)项规定的事项,应当经专有部分占建筑物总面积 2/3 以上的业主且占总人数 2/3 以上的业主同意;决定本条例第十一条规定的其他事项,应当经专有部分占建筑物总面积过半数的业主且占总人数过半数的业主同意。

四、关键词解释

【共用场地】指业主所共同享有,直接或者间接使用的场地或者建筑。

五、实施中应当注意的问题

(一)临时车位合理定价。

由于临时停车设施占用业主公用的场地,在有偿使用的定价问题上,应该以其公益性为主,应该把业主的实际经济水平以及承担能力纳入考虑范畴,实行差别化收费,杜绝"一刀切"政策。

(二)业主意见征询。

由于涉及业主共用场地的使用,一方面,需征询全体业主的意见,评估业主停车需求;另一方面,必须满足关于共有、共管权利以及改扩建建筑及其附属物等物业管理条例的要求。

(三)临时停车设施的设置。

临时停车设施需科学设置,建议通过专业的工程咨询,不能非法占用消防登高设施、市政地下管线等场地,以免留下安全隐患。停车设施具体的设备供给、安全质量等内容需要牵头单位严格把控,安全与合理并举。

第十三条 本市推进单位或者个人开展停车泊位有偿错时共享。停车设施管理单位应当予以支持和配合,并提供便利。

公共建筑的停车设施具备安全、管理条件的,应当将机动车停车设施向社会开放,并实行有偿使用。市人民政府应当制定具体办法,有序推进停车设施开放工作。

居住小区的停车设施在满足本居住小区居民停车需要的情况下,可以向社会开放。

【解读】

本条是对停车位有偿错时共享和停车设施开放的规定。

一、立法背景

近年来,我市大力倡导错时共享停车,但是实施效果并不十分理想。究其原因,主要有以下几点:一是错时停车缺乏动力,包括停车设施供给方和停车人;二是错时停车缺乏媒介,缺少统一发布、管理错时停车资源的平台,导致居民有意愿借用错时停车资源,但缺少获取信息的渠道;三是违约缺乏制约机制,对于错时停车资源的需求方,缺乏违约制约机制,存在使用者违约长时间占用错时停车资源(由于限号等特殊情况)的风险,给停车场的管理和正常使用带来不便;四是收费政策不明确,对于错时停车收费方法与价格没有明确规定,部分单位(如划拨用地的企事业单位、政府机关等)能否进行收费没有明确意见。个人共享停车方面,有公司进行尝试,且有一定效果。

为推动我市错时共享停车的实行,提高停车资源使用效率,缓解停车难、停车乱现象,有必要对停车位有偿错时共享和停车设施开放进行规定。

二、条文解读

(一)本市推进单位或者个人开展停车泊位有偿错时共享。

单位和个人均可以利用所属车位或取得使用权的车位进行有偿错时共享。有偿错时共享行为与经营行为不同,经营行为有两个构成要素:一是行为的内容是提供商品或者服务;二是行为的目的是营利,即提供商品或者服务的目的是赚取利润。这两个要件是缺一不可的。行为人虽然提供了商品或者服务,但不是以营利为目的的,构不成经营行为。有偿错时共享是为了提高停车资源的利用率,合理分摊车位成本,其目的不是营利,而是提高车位的使用效率。

(二)错时共享停车的实施主体。

错时共享停车的实施主体为乡镇人民政府和街道办事处。乡镇人民政府、街道办事处负责指导、支持、协调停车泊位的共享工作。

(三)公共建筑的停车设施具备安全、管理条件的,应当将机动车停车设施向社会开放,并实行有偿使用。

公共建筑,一般包括办公建筑、商业建筑、旅游建筑、科教文卫建筑、通信建筑、交通运输类建筑等,具备安全、管理条件的,应当将机动车停车设施向社会开放,实行错时共享停车并收取一定费用。

(四)市人民政府应当制定具体办法,有序推进停车设施开放工作。

为推进错时共享停车的实行,市人民政府提出错时共享停车具体实施的做法和要求,并有序推进各类公共建筑停车设施的开放工作。

(五)居住小区的停车设施在满足本居住小区居民停车需要的情况下,可以向社会开放。

居住小区的停车设施实行错时共享停车,首先应当满足本小区居民的停车需求。居住小区可以对错时共享车位进行收费,所收费用投入本小区的停车管理。

三、立法依据和参考资料

● 《中共中央国务院关于深入推进城市执法体制改革改进城市管理工作的指导意见》(中发〔2015〕37号)

(十九)优化城市交通。……加强静态交通秩序管理,综合治理非法占道停车及非法挪用、占用停车设施,鼓励社会资本投入停车场建设,鼓励单位停车场错时对外开放,逐步缓解停车难问题。

● 《住房城乡建设部关于加强城市停车设施管理的通知》(建城〔2015〕141号)

六、规范居住区停车管理

(三)鼓励错时共享停车。鼓励并引导政府机关、公共机构和企事业单位的内部停车场对外开放,盘活存量停车资源。推行错时停车,鼓励有条件的居住区与周边商业办公类建筑共享利用停车泊位。实行错时停车的,双方应在公平协商的基础上签订共享协议,公示泊位数量、停放区域、管理措施等信息。允许个人利用互联网信息技术,将个人所有停车设施错时、短时出租、出借并取得相应收益。

● 《城市停车设施建设指南》(建城〔2015〕142号)

第三部分政策参考中,明确了内部设施开放:鼓励并引导政府机关、公共机构和企事业单位的内部停车场对外开放,盘活存量停车资源;政府机关、公共机构和企事业单位的内部停车场,无论是内部使用或对外开放的,均应收取停车费用,收费标准参照周边公共停车设施合理确定;推行错时停车,鼓励有条件的居住区与周边商业办公类建筑共享利用停车泊位;实行错时停车的,双方应在公平协商的基础上签订共享协议,公示泊位数量、停放区域、管理措施等信息。

四、关键词解释

【错时共享】在一定区域内利用一天中不同时段的高峰停车特性,在各种用地性质的停车吸引点间共同使用停车位。

【公共建筑】供人们进行各种公共活动的建筑。[①] 一般包括办公建筑、商业建筑、旅游建筑、科教文卫建筑、通信建筑、交通运输类建筑等。

五、实施中应当注意的问题

(一)提高国家机关、团体、企事业单位参与共享停车的积极性。

---

① 《民用建筑设计通则》(GB50352—2005)。

通过政策引导、舆论引导等方式,明确责任主体、职责分工以及具体实施的做法和要求,推进符合条件的国家机关、团体、企事业单位的停车设施对外开放,实行有偿使用车位。

(二)有偿错时共享的车位应当为取得所有权和专属使用权的车位。

单位和个人均可以利用所属车位或取得使用权车位进行。需要强调的是,有偿错时共享的停车泊位,指单位或者个人取得所有权和专属使用权的车位,也就是我们常说的购买的车位和长期租赁的车位。利用道路公共资源设置的停车泊位,不得有偿错时共享。

(三)错时共享应充分发挥市场作用。

政府应鼓励企业开展错时共享停车信息发布,促进供给方和需求方的信息对称。同时充分发挥市场的作用,体现市场在资源配置中的决定性作用。

(四)政府制定具体办法,指导错时共享停车实施。

政府制定具体办法,对总体目标、实施范围、实施内容、体制机制、实施细则、奖惩办法以及保障措施等内容进行具体说明和要求,明确错时共享停车操作流程,保障错时共享停车的有序推进和实施。

第十四条 独立设置的中心城区区域配套停车设施、驻车换乘停车设施、公共汽电车场站等公益性停车设施,是城市交通基础设施,用地按照土地管理规定实行划拨或者协议出让。

独立设置的停车设施应当进行交通影响评价,重大建设项目的配建停车设施应当一并纳入项目的交通影响评价,交通影响评价结果由市交通行政主管部门向社会公示。重大建设项目的具体范围由市交通行政主管部门会同相关部门制定。

【解读】

本条是关于公益性停车设施供地和对停车设施进行交通影响评价的规定。

一、立法背景

中心城区由于历史欠账问题,停车供需矛盾十分突出,老旧小区的停车问题尤为突出。为解决居民的居住停车需求,需要从供给端提出策略,因此设置公益性的区域配套停车设施,是解决中心城区停车问题的重要措施。目前,驻车换乘停车设施、公共汽电车场站等公益性停车设施的建设已有实践经验并取得了有益的效果,通过建设公益性停车设施,方便了群众出行。为进一步推动公益性停车设施的建设,应当明确中心城区公益性停车设施的土地取得方式,如划拨或协议出让。

另外,独立设置的停车设施或重大建设项目的配建停车设施,势必会对周边交通产生影响,为保证周边交通运行的安全性和高效性,有必要提前做好停车设施的交通影响评价,提出可能存在的隐患或问题,制定切实可行的改善措施,将停车设施对外部交通所产生的影响尽可能地减小。

二、条文解读

(一)为解决中心城区居住停车问题,本条明确将独立设置的中心城区区域配套停车设施、驻车换乘停车设施、公共汽电车场站等公益性停车设施纳为城市交通基础设施,可享受审批"绿色通道"、政府财政补贴以及用地按照土地管理规定实行划拨或者协议出让等一系列国家优惠政策。

(二)明确独立设置的停车设施和重大建设项目的配建停车设施要进行交通影响评价,以便其从整个交通路网全局考虑,通过时空资源的调配及调整,使影响降低到最小程度。同时交通影响评价结果由市交通行政主管部门向社会公示,便于公众监督、管理部门推进落地。另外,为从源头上加强交通安全管理,对交通生成量进行控制,优化区域交通环境,授权交通行政主管部门牵头制定重大建设项目的具体范围。

三、立法依据和参考资料

● 《中华人民共和国土地管理法》

第五十四条 建设单位使用国有土地,应当以出让等有偿使用方式取得;但是,下列建设用地,经县级以上人民政府依法批准,可以以划拨方式取得:

(一)国家机关用地和军事用地;

(二)城市基础设施用地和公益事业用地;

(三)国家重点扶持的能源、交通、水利等基础设施用地;

(四)法律、行政法规规定的其他用地。

● 《北京市实施〈中华人民共和国道路交通安全法〉办法》

第五条 市和区、县人民政府领导道路交通安全管理工作,组织有关部门确定管理目标,增加对道路交通安全基础设施和科技管理手段的投入;建立、健全道路交通安全管理工作的协调机制、重大建设项目的交通影响评价制度和道路交通安全防范责任制度;制定道路交通安全设施、交通文明建设、科学研究与应用等道路交通安全管理规划和实施方案,并组织实施。

第二十五条　大型公共建筑、民用建筑以及其他重大建设项目在立项时,应当由市交通主管部门组织有关部门进行道路交通影响评价。经论证,对交通环境将造成重大不利影响的项目,立项主管部门不予立项。

第二十八条　公共停车场的建设,应当根据道路状况,本着安全、畅通的原则,合理规划并实施。公共停车场建设工程的设计,应当符合国家和本市的设计标准和规范。已经建成或者投入使用的公共停车场,不得擅自停止使用或者改作他用。

●《城市公共汽电车客运管理办法》

第十一条　航空港、铁路客运站、居住区、长途汽车站、客运码头、大型商业中心、大型文化娱乐场所、旅游景点和体育场馆等建设项目,应当按照规划标准确定配套的城市公共汽电车客运服务设施用地。

●《城市公共汽车和电车客运管理规定》

第四条　城市公共汽电车客运是城市公共交通的重要组成部分,具有公益属性。省、自治区人民政府交通运输主管部门和城市公共交通主管部门应当在本级人民政府的领导下,会同有关部门,根据国家优先发展公共交通战略,落实在城市规划、财政政策、用地供给、设施建设、路权分配等方面优先保障城市公共汽电车客运事业发展的政策措施。

●《北京市建设项目交通影响评价管理办法》京交规发〔2013〕224号

第三条　北京市域范围内符合以下条件的新建、改建、扩建项目应按政府相关办理流程规定进行交通影响评价。

（一）四环路以内新建、改建建筑规模超过5000平方米，扩建新增建筑规模超过1000平方米的项目；

（二）中心城（四环路外）或城六区（四环路外）、顺义新城、通州新城、亦庄新城、大兴新城、房山新城、昌平新城、门头沟新城建筑规模超过1万平方米的公建类及超过3万平方米的居住类项目；

（三）怀柔新城、平谷新城、密云新城、延庆新城及其他地区内建筑规模超过2万平方米的公建类及超过5万平方米的居住类项目；

（四）交通枢纽、场站、公共停车场（库）等交通设施项目；

（五）对城市交通产生显著影响的其他建设项目。

四、关键词解释

【公共汽电车场站】是车辆停放、运行调度、管理维护等活动的场所和空间，为乘客提供上下车、候车、换乘等服务。

【交通影响评价】指分析和评价建设项目投入使用后新生成交通需求对周围交通系统运行的影响程度，并对建设项目性质、规模、评价范围内的交通设施和交通组织管理等提出相应的调整意见或改善措施，优化交通资源分配和布局，减少建设项目对周边交通系统的影响，使土地利用与交通系统协调发展。

五、实施中应当注意的问题

（一）中心城区区域配套停车设施的认定。

中心城区域配套停车设施由区政府向市交通行政主管部门提出认定申请，市交通行政主管部门会同相关部门进行研究并将研

第一部分　法规条文解读　　·103·

究结果报市政府,由市政府按照"一事一议"的原则进行认定。

(二)交通影响评价结果一定要向社会公示。

向社会公示的目的主要有两点:一是表明交通行政主管部门依法履责并接受社会的监督,二是促进交通影响评价中的工作建议及措施落地实施。

第十五条　待建土地、空闲厂区、边角空地、未移交道路等场所闲置的,可以由区人民政府负责组织协调,设置临时停车设施。

【解读】

本条是关于利用空闲场所设置临时停车设施的规定。

一、立法背景

一方面,本市中心城建成区停车泊位土地供给紧张,停车资源严重不足,新改扩建项目少,难以通过正常的配建停车场建设解决停车难问题;另一方面,因种种原因,部分场地空置,未发挥作用。为解决当前停车供需矛盾,利用闲置的待建土地、空闲厂区、边角空地、未移交道路等场所设置临时停车设施,区政府负责统筹相关部门对闲置场所进行有效利用,在一定程度内满足居住停车需求,改善居住环境。因此,有必要对临时停车设施用地供给提供法律支持。

二、条文解读

(一)各区政府熟悉各区内待建土地、空闲厂区、边角空地、未移交道路等闲置场所的土地使用情况,可由各区政府统筹相关部门对这些场所进一步有效利用。

(二)由于目前和之后一段时间此类土地没有使用,为缓解停车难问题可以利用此类场所设置临时停车设施。

三、立法依据和参考资料

●《关于加强城市停车设施建设的指导意见》（发改基础〔2015〕1788号）

二、基本原则。坚持市场运作，通过政府规划引导、政策支持，按照市场化经营要求，以企业为主体加快推进停车产业化；坚持改革创新，完善管理体制机制，探索多种合作模式，有效吸引社会资本；坚持集约挖潜，鼓励既有停车资源的开放共享、有效利用、充分发掘城市地上和地下空间资源，建设立体停车设施；坚持建管同步，完善路内停车泊位管理，提升停车信息化水平，加强违法行为治理。

四、关键词解释

【边角空地】指大型建筑入口高台阶下、居民区与围墙间的空地、居民楼与马路相隔的空间、楼与围墙间的空地、旧平房前的空地、过街天桥和立交桥桥下空间、城铁下方的空间、道路三岔口形成的三角地带等。

五、实施中应当注意的问题

（一）区政府基于有效使用土地的原则，应当统筹相关部门积极推进利用闲置土地设置临时停车设施。

（二）土地恢复其使用性质时，应取消临时停车设施。

第十六条 利用地下空间资源单独选址建设公共停车设施的，建设单位可以依法单独办理规划和土地手续，并取得规划用地许可证和权属证明；市规划国土行政主管部门应当制定单独核发规划用地许可证和权属证明的具体办法。

利用人民防空工程设置停车设施,向社会开放解决居住停车需求的,可以减免相关人民防空工程使用费用。具体办法由市民防主管部门制定。

【解读】

本条是关于利用地下空间和人民防空工程建设(设置)停车设施的规定。

一、立法背景

城市的土地资源有限,地上土地资源越来越稀缺;相对而言,地下空间的利用是每个城市都在挖掘的资源。利用地下空间建设停车设施成本高,不能分层确权(难以取得产权证),难以吸引投资;有特殊用途的地下空间的利用,有明确的相关法律法规规定。如何利用好地下空间,从供给侧解决停车难的问题,是目前每个城市研究和探索的方向。同时,较多的地下人民防空工程具备设置停车设施的条件,考虑平战结合,为鼓励其开放设置停车设施,有必要对此提供法律支持。

二、条文解读

(一)地下空间可单独办理、取得权属证明。

利用地下空间单独选址建设停车设施,企业投入巨大、成本高昂。经估算,每个车位的建设成本达到了30万元。按照目前北京市的相关规定,此类停车泊位还无法取得单独产权,由于建设投入过高,如不能取得产权,没有企业愿意投资建设地下停车设施。基于以上原因,本条款规定的此类停车泊位可以依法单独取得权属证明。

目前我市正在研究推进地下空间开发利用中的分层确权相关

地方性立法工作。

（二）鼓励利用人民防空工程向居民开放设置停车设施的规定。

1. 人民防空工程是为保障人民防空指挥、通信、掩蔽等需要而建造的防护建筑。现代人防工程内部空间大，为充分发挥人防工程的战备效益、社会效益和经济效益，应因地制宜地将其利用起来，设置停车设施，增加停车泊位供给，缓解周边停车紧张问题，为城市经济建设和人民生活服务。

2. 利用人民防空工程设置停车设施，具体办法由北京市民防主管部门制定。

3. 利用人民防空工程设置停车设施，向社会开放解决居住停车需求的，可以减免相关人民防空工程的使用费用。

三、立法依据和参考资料

●《中华人民共和国物权法》

第一百三十六条　建设用地使用权可以在土地的地表、地上或者地下分别设立。新设立的建设用地使用权，不得损害已设立的用益物权。

第一百三十九条　设立建设用地使用权的，应当向登记机构申请建设用地使用权登记。建设用地使用权自登记时设立。登记机构应当向建设用地使用权人发放建设用地使用权证书。

●《中华人民共和国城乡规划法》

第三十七条　在城市、镇规划区内以划拨方式提供国有土地使用权的建设项目，经有关部门批准、核准、备案后，建设单位应当向城市、县人民政府城乡规划主管部门提出建设用地规划许可申请,由城市、县人民政府城乡规划主管部门依据控制性详细规划核定建设用地的位置、面积、允许建设的范围,核发建设用地规划许可证。

建设单位在取得建设用地规划许可证后,方可向县级以上地方人民政府土地主管部门申请用地,经县级以上人民政府审批后,由土地主管部门划拨土地。

●《中华人民共和国人民防空法》

第四条　人民防空经费由国家和社会共同负担。

中央负担的人民防空经费,列入中央预算;县级以上地方各级人民政府负担的人民防空经费,列入地方各级预算。

有关单位应当按照国家规定负担人民防空费用。

第五条　国家对人民防空设施建设按照有关规定给予优惠。

国家鼓励、支持企业事业组织、社会团体和个人,通过多种途径,投资进行人民防空工程建设;人民防空工程平时由投资者使用管理,收益归投资者所有。

●《北京市人民防空条例》

第四条　市和区、县人民政府应当将负担的人民防空经费列入同级财政预算。有关单位应当按照国家和本市的规定负担人民防空费用。

●《住房城乡建设部国土资源部关于进一步完善城市停车场规划建设及用地政策的通知》(建城〔2016〕193号)

一、强化城市停车设施专项规划调控

(三)分层规划停车设施。可充分结合城市地下空间规划,利用地下空间分层规划停车设施,在城市道路、广场、学校操场、公园绿地以及公交场站、垃圾站等公共设施地下布局公共停车场,以促进城市建设用地复合利用。

二、加强停车场建设项目的规划管理

(五)明确停车场用地性质。通过分层规划,利用地下空间建设公共停车场的,地块用地规划性质为相应地块性质兼容社会停车场用地。

● 《关于加强城市停车设施建设的指导意见》(发改基础〔2015〕1788号)

九、盘活存量土地资源。对企事业单位、居民小区、个人利用自有出让土地建设停车设施,规划部门要充分考虑停车需求的合理性,办理用地性质和容积率等规划调整手续。鼓励利用公共设施地上地下空间、人防工程等地下空间建设停车设施,增强土地的复合利用。相关部门分层办理规划和土地手续,投资建设主体依据相关规定取得停车设施的产权。

四、关键词解释

【规划用地许可证】是建设单位在向土地管理部门申请征用、划拨土地前,经城乡规划行政主管部门确认建设项目位置和范围符合城乡规划的法定凭证,是建设单位用地的法律凭证。

【人民防空工程】为保障人民防空指挥、通信、掩蔽等需要而建造的防护建筑。人防工程分为单建掘开式工程、坑道工程、地道工程和人民防空地下室等。

五、实施中应当注意的问题

(一)推动分层确权。

分层确权主要想解决的是地下停车设施的权属问题,能够有效保障地下停车设施建设企业的合法权益,也符合《中华人民共和国物权法》的相关规定。

本条例实施后,相关职能部门应当在市政府的领导下,全面研究我市地下空间使用的制度设计,积极推动相关的地方性立法工作,为地下空间的有效利用提供法律依据。

(二)减免相关人民防空工程使用费用。

为吸引、鼓励利用人防工程设置停车设施,在依法合规的前提下,能够减免相关费用的一定要减免。

第十七条 平面停车设施进行机械式或者自走式立体化改造的,应当符合相关安全规定,与城市容貌相协调,按照要求采取隔声、减振等措施,对他人造成影响的应当依法予以补偿,符合条件的可以按照国家和本市有关规定享受鼓励政策。

设置机械式停车设备应当符合特种设备的规定,经质量技术监督部门检验合格后方可投入使用,并按照规定定期接受检验。

【解读】

本条是关于平面停车场立体化改造或设置立体停车设施的规定。

一、立法背景

我市机动车保有量的激增,带来更多的停车需求。路侧划线车位经常是车满为患,机动车违章停车现象严重,不仅侵占人行道、盲道,甚至挤占消防通道,留下严重的急救、消防和交通安全隐患。交通压力正逐步从动态向静态转化,"停车难"已成为我市发展的一个难题。

目前解决停车难达成共识的观点有两个选择：要么向空中发展建立体停车楼，要么向地下发展建地下较大型停车场。参照比较接近我国城市情况的日本、韩国等国家，他们为了缓解城市交通问题，修建了大量机械式停车库。在日本，到处都可以看到上面挂着停车牌子的车库，而这些车库往往是城市里最高的建筑，住房一般都没有车库那么高。国内其他城市解决停车难，也以节省地面道路资源，将车辆引入地下、立体车库为主导思路。

目前，我市立体停车设施建设正处于大力发展阶段，对立体停车设施的竣工验收、隔声、减振以及对他人造成影响等方面还没有一个完整的规范体系，亟须出台相应的法规对立体停车设施的设置及验收做出相应规范。

二、条文解读

（一）设置立体停车设施首要是保证安全。

立体停车设施的规范设置，不仅能够有效保障停车的安全，同时，也能够有效保障周围行人的安全。因此，本条明确了设置立体停车设施首先应当符合相关安全规定。属于特种设备的，还应当经质量技术监督部门检验合格后方可投入使用。

另外，本条还明确了质量技术监督部门的职责：负责对属于特种设备的立体停车设施设置进行安装后检验和日常检验。

（二）设置立体停车设施不得影响附近的城市容貌。

（三）设置立体停车设施应当充分考虑利益相关人的合法权益，不得对周边产生噪音等影响。对于造成影响的，应当依法予以补偿。

(四)立体停车设施的鼓励政策。

《关于加强城市停车设施建设的指导意见(发改基础〔2015〕1788号)》中就明确指出鼓励建设停车楼、地下停车场、机械式立体停车库等集约化的停车设施;我市《关于规范机械式和简易自走式立体停车设备安装及使用的若干意见(京交运输发〔2014〕130号)》中也鼓励多种渠道、多种方式投资设置机械式、简易自走式立体停车设备。

三、立法依据和参考资料

●《中华人民共和国特种设备安全法》

第十三条 特种设备生产、经营、使用单位及其主要负责人对其生产、经营、使用的特种设备安全负责。

特种设备生产、经营、使用单位应当按照国家有关规定配备特种设备安全管理人员、检测人员和作业人员,并对其进行必要的安全教育和技能培训。

第十四条 特种设备安全管理人员、检测人员和作业人员应当按照国家有关规定取得相应资格,方可从事相关工作。特种设备安全管理人员、检测人员和作业人员应当严格执行安全技术规范和管理制度,保证特种设备安全。

第十五条 特种设备生产、经营、使用单位对其生产、经营、使用的特种设备应当进行自行检测和维护保养,对国家规定实行检验的特种设备应当及时申报并接受检验。

第三十三条 特种设备使用单位应当在特种设备投入使用前或者投入使用后三十日内,向负责特种设备安全监督管理的部门办理使用登记,取得使用登记证书。登记标志应当置于该特种设备的显著位置。

第四十条　特种设备使用单位应当按照安全技术规范的要求,在检验合格有效期届满前一个月向特种设备检验机构提出定期检验要求。

特种设备检验机构接到定期检验要求后,应当按照安全技术规范的要求及时进行安全性能检验。特种设备使用单位应当将定期检验标志置于该特种设备的显著位置。

未经定期检验或者检验不合格的特种设备,不得继续使用。

●《关于规范机械式和简易自走式立体停车设备安装及使用的若干意见(京交运输发〔2014〕130号)》

一、本市鼓励多种渠道、多种方式投资设置机械式、简易自走式立体停车设备。鼓励停车场产权人对既有平面停车设施进行改造,设置机械式、简易自走式立体停车设备,增加停车设施供给。

二、利用居住区内业主共有的公共场地设置机械式、简易自走式立体停车设备,应当按照《中华人民共和国物权法》第七十六条的规定,事先征得规定比例的业主及利害关系人书面同意。利用其他单位自有土地设置机械式、简易自走式立体停车设备的,应当事先征得自有土地权属单位书面同意。设置机械式、简易自走式立体停车设备需要占用居住区绿地或单位附属绿地的,应当制定绿地置换补偿方案,置换或补偿绿地面积不得低于既有绿化率指标,并取得园林绿化部门批准。

三、设置机械式、简易自走式立体停车设备应当合理选择位置,采取有效隔声、减振措施,严格按照《北京市噪声污染防治办法》有关要求,做好设备安装和使用期间的噪声污染防治。对相邻建筑物通风、采光、日照或噪声有影响的,设置单位应当与利害关系人签订协议并协商予以合理补偿。

四、利用居住区和单位自有用地设置机械式、简易自走式立体停车设备按照机械设备安装管理,免予办理建设工程规划、用地、环评、施工等许可手续;利用城市公共设施用地设置机械式、简易自走式立体停车设备仍按照原有规定,须办理建设工程规划、用地、环评、施工等许可手续。

机械式停车设备的生产、经营、使用、检验、检测应当严格遵守《中华人民共和国特种设备安全法》的有关规定,经检验检测合格且按规定办理使用登记的,方可投入使用。设置简易自走式立体停车设备还应当参照《门式钢架轻型房屋钢结构技术规程》和《钢结构设计规范》进行设计,其停车位、引道、坡道等设计应当符合国家和本市机动车停车场库设计规范要求,其安装及验收应当遵守《机械设备安装工程施工及验收通用规范》,由设置单位组织设计、安装、监理单位验收合格后方可投入使用。

五、出于城市景观、安全防护、减排降噪需要,设置机械式、简易自走式立体停车设备允许对临街立面进行封闭,其他立面和顶部可以做半封闭处理,但封闭面积不宜超过顶面与全部立面面积总和的3/5;临街立面的样式应与周边建筑物外立面和市容环境相协调,并参照《北京市施工围挡容貌景观设计规范》进行统一规范,不得利用临街立面设置户外广告,悬挂标语横幅和其他宣传品。设施产权单位应按照《北京市市容环境卫生条例》要求,对临街立面进行保洁维护。

六、机械式、简易自走式立体停车设备投资可以纳入固定资产进行管理,并依据固定资产管理有关规定,按照设备使用年限计提折旧。设置单位或者经营管理单位应当建立设备定期检验和维护制度,确保设备正常完好、使用安全。鼓励机械式、简易自走式立体停车设备设置单位或者经营管理单位投保公共责任险。

七、机械式、简易自走式立体停车设备属于临时停车资源,设置单位应当在设备验收合格后10日内,凭设置方案及车位示意图、土地权属单位同意设置的意见、利害关系人补偿协议、园林绿化部门批准意见以及设备验收合格证明向所在区停车管理部门办理停车设施资源登记。对外收费经营的,应当依法办理停车设施经营备案、价格核定、专用发票领用等手续。

四、关键词解释

【机械式停车设备】指利用地上空间,用来存取储放车辆的机械或机械设备系统。

【自走式立体停车设备】指利用地上空间,以钢结构为主体,车辆通过多层停车空间之间衔接通道直接驶入(出)停车泊位,从而实现车辆停放的停车设备。

【特种设备】指涉及生命安全的,危险性较大的锅炉、压力容器(含气瓶,下同)、压力管道、电梯、起重机械、客运索道、大型游乐设施和场(厂)内专用机动车辆等。

五、实施中应当注意的问题

(一)居住区公共场地立体化改造的前提。

利用居住区内业主共有的公共场地设置机械式、简易自走式立体停车设备的,按照《北京市物业管理办法》相关规定执行。

(二)特种设备安装的规定。

质量技术监督行政管理部门按照特种设备相关规定,负责机械式立体停车设备安装、使用、改造、维护和监督管理等工作。

(三)机械式停车设备的监管。

一是特种设备监管部门应当定期向社会公布机械式停车设备安全状况。同时,要求监管部门对依法办理使用登记的机械式停车设备建立完整的监督管理档案和信息查询系统,便于公众查询。二是任何单位和个人有权向负责特种设备安全监督管理的部门和有关部门举报涉及机械式停车设备的违法行为,接到举报的部门应当及时处理。

第十八条 确因居住小区及其周边停车设施无法满足停车需求的,区人民政府、乡镇人民政府、街道办事处可以组织公安机关交通管理、交通行政等相关部门,在居住小区周边支路及其等级以下道路设置临时居住停车区域、泊位,明示居民临时停放时段。影响交通运行的,应当及时调整或者取消。具体办法由市交通行政主管部门会同相关部门制定。

【解读】

本条是关于居住区周边临时停车设施设置的规定。

一、立法背景

目前,我市大量机动车占用小区绿地、消防通道、街巷路侧无序停放,严重影响了市民日常生活,加剧了微循环道路拥堵,也给市民生命和财产安全带来隐患。一些单位或个人私划车位、私装地锁,侵占公共资源,因停车而引发的纠纷和矛盾时有发生。

在此严峻现实情况下,充分有效利用居住区周边停车资源,作为缓解居民居住停车难的补充手段,能够有效缓解居民停车位不足的问题,提高空间利用效率,促进土地集约利用,充分挖潜利用低等级道路空间,推进道路用地的多功能复合利用。

二、条文解读

(一)居住区周边临时停车设施设置的前提是,居住小区及其周边停车设施无法满足居住小区的居住停车需求。

(二)设置的主体是区人民政府、乡镇人民政府和街道办事处。

(三)设置的要求:不得在支路等级以上道路设置,不得影响交通正常通行。

(四)街坊路及胡同属道路范畴。

根据《建设部关于印发城市建设统计指标解释的通知》(建综〔2001〕255号)规定,按照交通功能,道路分为快速路、主干路、次干路、支路和街坊路。其中街坊路,即胡同里弄路。指以服务功能为主,满足居民出行,以非机动车和行人通行为主的道路。因此,街坊路及胡同属道路范畴并属支路及其等级以下道路,其涉及的定价、收费、追缴等同样应当遵循道路停车的相关规定。

(五)市交通行政主管部门应当制定具体办法。

居住区周边停车管理工作应按照"政府主导、多措并举、因地制宜、协商确定"的原则,以保障交通畅通有序、资源优化配置、规范停车管理为目的,在最大限度用足居住区内部停车资源、停车位利用率最大化的前提下仍不能满足业主停车需求的区和街乡镇,可以组织相关部门按照规定,在居住区周边支路及其等级以下道路设置临时停车场。

（六）居住区周边临时停车设施设置的原则。

居住区周边临时停车设施设置的路段为居住小区周边支路及其等级以下道路；应当明示停放的时段及泊位数量；停车设施的设置不得影响交通正常通行及消防通道。

三、立法依据和参考资料

● 《中华人民共和国道路交通安全法》

第三十三条 第二款 在城市道路范围内，在不影响行人、车辆通行的情况下，政府有关部门可以施划停车泊位。

● 《中华人民共和国道路交通安全法实施条例》

第三十三条 城市人民政府有关部门可以在不影响行人、车辆通行的情况下，在城市道路上施划停车泊位，并规定停车泊位的使用时间。

四、关键词解释

【居住小区】指被城市道路或自然分界线所围合，并与居住人口规模（10000～15000人）相对应，配建有一套能满足该区居民基本的物质与文化生活所需的公共服务设施的居住生活聚居地，包括平房区和住宅小区。

【支路】指次干路与街坊路（小区路）的连接线，以服务功能为主。支路的设计行车速度为20～40km/h。

五、实施中应注意的问题

（一）居住区周边临时停车设施的设置条件、实施主体、设置程序等应当按规定执行。

（二）居住区周边临时停车设施的设置不得影响交通正常通行。

（三）临时停车设施原则上不设置固定车位，提高车位利用率。

第十九条 新建、改建、扩建交通客运换乘场站、中小学校、医院及其他客流集中的公共场所,应当在项目用地内设置落客区,用于机动车临时停靠上下乘客,并与主体工程同步交付使用;公安机关交通管理部门应当在客流集中的公共场所周边道路设置临时停靠上下乘客专用车位,并明示临时停靠时长。

【解读】

本条是关于落客区和临时上下客车位设置的规定。

一、立法背景

我市公共场所的上下车秩序混乱一直是引起周边交通拥堵的重要原因,尤其在学校、医院、商业区、交通场站等区域,停车、禁停等标志标识不完善,停车规则不明确。大量车辆停放于机动车道的乱停现象尤为严重,导致公共场所周边交通安全事故频发,引起社会广泛关注,成为较为严重的社会问题,亟待解决。

二、条文解读

城市公共场所因客流量大、交通流构成复杂、停车行为不规范等原因导致的局部拥堵较为严重。对此,新建、改建、扩建的客流集中场所应设置落客区,满足乘客上下车需求,达到缓解拥堵的目的。

(一)落客区和临时上下客车位设置位置的规定。

项目建设单位应在新建、改建、扩建过程中根据相关工程所处地理环境和交通环境,在项目用地范围内合理规划落客区,避免或减少上下车对道路正常通行的影响。

"项目用地范围内"强调的是应当在其规划建设用地范围内设

置落客区，不得在道路范围内设置落客区。落客区的设置应当纳入项目建设整体规划和方案，从而保证落客区建设的实施。

在客流集中场所周边道路上，应根据实际需要设置临时上下客专用车位，并设置标志标识明确停车时间。

(二)落客区建设时序的规定。

建设单位应确保落客区与项目同步交付、同步投入使用，保证落客区与主体工程的协调统一。对于未完成落客区建设的项目，建设单位应加快工程进度，验收单位督促建设单位限期完成工程。

(三)临时上下客专用车位设置主体及其职责。

公安机关交通管理部门应根据工程周边交通情况，依据相关法律法规、规范，合理设置停车区域标识与停车时间，加强执法监督，对于不遵守落客区相关规定的行为依法予以处罚。

本条进一步规定公安机关交通管理部门应参与到相关停车区域标识以及停车时长标识的设置工作中来，强调了落客区设置在法律法规层面的有效性和权威性。

三、立法依据和参考资料

● 《北京市实施〈中华人民共和国道路交通安全法〉办法》

第三十七条 出租汽车上下站、出租汽车停靠站为出租汽车专用停车地点，其他车辆不得占用。在设置出租汽车上下站的地点，出租汽车可以临时停车上下乘客，上下乘客后应当立即驶离。在设置出租汽车停靠站的地点，出租汽车可以临时停车上下乘客或者顺序排队等候。

四、关键词解读

【落客区】即用于车辆临时停车以方便乘客上下车的区域。落客区具有一定的停车时间要求,以此保证乘客下车秩序。落客区依据停车类型可分为小客车落客区和大客车落客区,两者应相互独立,在交通流线设计上避免交叉,保证不同车辆在规定区域规定时间有序停车落客。

五、实施中应当注意的问题

(一)充分结合现场实际。

本条应结合公安机关交通管理部门对于临时上下客专用车位相关标准来实行。在相关标准的基础上,要充分考虑公共场所周边的实际问题,如:校园附近学生安全问题、家长接送学生上学放学等问题;医院应为紧急通行车辆如救护车留出有效通道。停车区域以及停车时长要在满足广大居民上下车需求的同时,有效保证上下车秩序。对于临时下车的乘客,要保证其有路可走,不可因人车分离后乘客没有有效道路而造成二次拥堵。

(二)要强调落客区建设时序。

即落客区要与项目工程同时发挥效用,与项目工程同步投入使用。如果交付项目中不包含落客区或落客区延后交付,应责令整改,不准予验收通过。

(三)关于新、改、扩建公共场所时,应当把落客区的建设规划和方案纳入交通影响评价。

第二十条 设置停车设施,应当符合国家和本市停车设施设置标准和设计规范,并按照标准设置无障碍停车泊位和电动汽车充电设施。

【解读】

本条是关于停车设施设置规范的相关要求。

一、立法背景

目前,随着机动车保有量的不断增加,我市停车设施的数量也快速增长。在停车设施的建设上,虽然出台了很多推荐性的建设规范、标准,但是缺乏强制性规范、标准,导致在进行停车设施建设时缺乏统一的建设标准,使得停车设施配置不合理、设置不合规等现象屡有发生,加剧了停车难的问题。

我市积极推动电动汽车充电基础设施的建设和管理,截至2017年7月底,全市累计建成充电桩约9.75万个。其中,私人自用领域约6.87万个,配建比约为75%;社会公用领域1895处,约1.75万个;公共专用领域充换电场站1330余处,充电桩超过1.13万个。《北京市电动汽车充电基础设施专项规划(2016—2020年)》(京发改〔2016〕620号)中也明确表示到2020年底前,全市配建电动汽车充电桩要达到43.5万个;到2020年,城市核心区、通州新城、亦庄、延庆冬奥区域等重点区域要达到充电服务半径小于0.9公里,建成全国电动汽车示范推广引领区和充电设施建设样板区域。《关于进一步加强电动汽车充电基础设施建设和管理的实施意见》(京政办发〔2017〕36号)中,要求严格落实新建建筑充电设施配建指标,将充电设施配建指标纳入规划设计规程,对电动汽车充电设施进行严格的标准把控。

二、条文解读

按照本条规定,设置停车设施时,必须符合相关的设置标准和设置规范,同时也必须按照标准来设置无障碍设施和充电设施。

目前,国家和本市涉及停车场设置的标准大约有14个。《残疾人保障法》对于停车场设置无障碍停车泊位的要求是不得低于2%,按照国务院的意见,在停车场设置充电设施或预留建设安装条件的比例不得低于10%。

三、立法依据和参考资料

● 本条款中所涉及的"设置标准和设计规范"

《道路交通标志和标线》(GB 5768)、《机械式停车设备通用安全要求》(GB 17907)、《汽车库、修车库、停车场设施防火规范》(GB 50067)、《机械式停车设备类别、型式与基本参数》(JB/T 8713)、《简易升降类机械式停车设备》(JB/T 8909)、《升降横移类机械式停车设备》(JB/T 8910)、《垂直循环类机械式停车设备》(JB/T 10215)、《巷道堆垛类机械式停车设备》(JB/T 10474)、《垂直升降类机械式停车设备》(JB/T 10475)、《平面移动类机械式停车设备》(JB/T 10545)、《汽车库建筑设计规范》(JGJ 100)、《收费栏杆技术条件》(JT/T 428)、《公共停车场工程建设规范》(DB11/T 595—2008)、《电动汽车充电基础设施规划设计标准》(DB11/T 1455—2017)等。

● 《北京市实施〈中华人民共和国残疾人保障法办法〉》

第五十六条 第一款 公共停车场应当依据城市道路和建筑物无障碍设计规范,在方便通行的区域按照停车位总数2%的比例设置无障碍停车位,比例不足一个的至少应当设置1个无障碍停车位。公共停车场应当设置无障碍停车位显著标志,并采取必要措施加强对无障碍停车位使用的管理。公共停车场管理人员在残疾人停放机动车时,应当进行引导,并提供必要的便利服务。

● 《国务院办公厅提出关于加快电动汽车充电基础设施建设的指导意见》(国办发〔2015〕73号)

二、加大建设力度

(四)加强专项规划设计和指导。各地要将充电基础设施专项规划有关内容纳入城乡规划,完善独立占地的充电基础设施布局,明确各类建筑物配建停车场及社会公共停车场中充电设施的建设比例或预留建设安装条件要求。原则上,新建住宅配建停车位应100%建设充电设施或预留建设安装条件,大型公共建筑物配建停车场、社会公共停车场建设充电设施或预留建设安装条件的车位比例不低于10%,每2000辆电动汽车至少配套建设一座公共充电站。鼓励建设占地少、成本低、见效快的机械式与立体式停车充电一体化设施。

● 《北京市人民政府办公厅印发关于进一步加强电动汽车充电基础设施建设和管理的实施意见的通知》(京政办发〔2017〕36号)

二、加快推进充电基础设施建设

(三)严格落实新建建筑充电设施配建指标。

将充电设施配建指标纳入规划设计规程,明确各类新建建筑配建停车场及社会公共停车场中充电设施的建设比例或预留建设安装条件要求。其中,办公类建筑按照不低于配建停车位的25%规划建设;商业类建筑及社会停车场库(含P+R停车场)按照不低于配建停车位的20%规划建设;居住类建筑按照配建停车位的100%规划建设;其他类公共建筑(如医院、学校、文体设施等)按照不低于配建停车位的15%规划建设。(市规划国土委负责)

四、关键词解释

【无障碍停车泊位】指方便行动障碍者使用的停车位。

五、实施中应当注意的问题

（一）健全完善本市停车场设置标准体系。

在实际工作中，根据土地利用总体规划、城市总体规划和城市综合交通体系规划，城市停车行业主管部门要会同规划部门不断健全完善城市停车设施设置标准和设计规范，并通过日常的监督管理确保这些标准规范得到具体的落实。

（二）明确公共充电设施的建设重点。

公共充电设施建设应从城市中心向边缘、从城市优先发展区域向一般区域逐步推进。优先在大型商场、超市、文体场馆等建筑物周边配建停车场以及在交通枢纽、驻车换乘（P+R）等公共停车场建设公共充电设施。

第三章 治理与服务

【本章提要】

《条例》第三章是关于规范行业管理、提升行业服务水平、引导社会共治的内容。全章共十五条,主要规定了企业经营条件、政府管理部门的服务责任、单位和个人的权利义务、价格管理原则、居住停车保障以及相关处罚性条款等内容。

第二十一条 经营性停车设施经营单位应当依法办理工商登记,并在经营前 15 日内到区停车管理部门办理备案,备案材料应当真实准确。具体备案材料由市交通行政主管部门规定。

实行政府定价的收费停车设施,经营单位或者管理单位应当到区发展改革部门进行价格核定及明码标价牌编号。

违反第一款规定,未如实报送停车设施设置情况的,由城市管理综合执法部门责令限期改正;逾期未改正的,处 1 万元罚款。违反第二款规定,未按照规定进行价格核定及明码标价牌编号的,由价格管理部门责令限期改正;逾期未改正的,处 1 万元罚款。

【解读】

本条是关于经营性停车场经营前应当到相关部门办理备案和政府定价的停车收费价格核定的规定。

一、立法背景

截至 2017 年 12 月 31 日,我市共有经营性备案停车场 6967

个,经营企业近 5000 家。目前,对全市经营性备案停车场的监督管理工作效果还不理想,部分停车经营企业服务规范性差,无照或未备案擅自经营现象屡禁不止,涉及经营性备案停车场的举报投诉案件数量居高不下,各区停车管理部门在具体管理过程中执行标准尚不统一,报送数据准确性和真实性待进一步提高。因此,需要通过此次立法进一步完善对经营性停车场监督管理的制度措施,为逐步解决城市停车问题特别是经营性停车设施管理问题提供充分的法律支持与保障。

同时,经营性停车场不明码标价、不按标准收费等问题较为突出,是社会关注的焦点,直接关系到停车人的合法权益保障和停车行业规范化发展,需要在此次立法中设定明确的规定。

二、条文解读

本条按照"市级统筹、区级主责"的基本原则,规定了经营企业办理备案手续的流程,并对未按规定办理备案手续的情况设置了相应罚则。通过本条的规定,强化经营性停车资源备案管理,规范停车场经营服务秩序,促进停车资源合理利用,构建健康透明的停车行业良性发展环境。

(一)本条对经营性停车设施运营企业进行了义务性规定,明确其开展停车场经营性活动前需要按规定办理备案及价格核准事项。

(二)本条明确了经营性停车设施运营企业备案内容由市交通行政主管部门统一制定,各区停车管理部门按规定执行。

(三)本条明确了经营性停车场运营企业应在开始经营活动前 15 日内办理备案,应严格按此执行,禁止未备案擅自从事经营活动。

（四）对于实行政府定价的收费停车设施，运营企业应在办理备案手续后到区发展改革部门进行价格核准并明码标价，便于社会监督。

（五）未如实报送停车设施设置情况的，由城市管理综合执法部门进行处罚；未按规定进行价格核定及明码标价的，由价格管理部门进行处罚。其中包括五项内容：一是未依法办理工商登记擅自从事停车场经营活动的，包括无资质的"黑停车场"和个人"挎个兜"就收费的行为，均由城市管理综合执法部门或者工商行政管理部门根据职责分工依照《无证无照经营查处办法》予以处理。二是对于办理了工商登记但未按规定办理备案手续的经营性停车设施的行为，由城市管理综合执法部门处罚1万元。三是对于按照规定办理了备案手续的停车场，未按照备案登记的车位进行经营，如多划车位收费的行为，可由城市管理综合执法部门处罚1万元。四是对于个人私划车位收费行为，分两种情况：一种是在路外私划车位收费，按照前述未依法办理工商登记擅自从事停车场经营活动的情形处理；另一种是路内私划车位收费，由公安交管部门按照第三十六条进行处理。五是对于政府定价范围内的停车设施，经营单位或管理单位未按照规定进行价格核定及明码标价牌编号的，由价格管理部门责令限期改正；逾期未改正的，处1万元罚款。

三、立法依据和参考资料

● 《中华人民共和国行政处罚法》

第八条 行政处罚的种类：（一）警告；（二）罚款；（三）没收违法所得、没收非法财物；（四）责令停产停业；（五）暂扣或者吊销许可证、暂扣或者吊销执照；（六）行政拘留；（七）法律、行政法规规定的其他行政处罚。

第十一条 地方性法规可以设定除限制人身自由、吊销企业营业执照以外的行政处罚。

法律、行政法规对违法行为已经作出行政处罚规定,地方性法规需要作出具体规定的,必须在法律、行政法规规定的给予行政处罚的行为、种类和幅度的范围内规定。

●《中华人民共和国价格法》

第二十四条 政府指导价、政府定价制定后,由制定价格的部门向消费者、经营者公布。

●《中华人民共和国立法法》

第七十二条 第一款 省、自治区、直辖市的人民代表大会及其常务委员会根据本行政区域的具体情况和实际需要,在不同宪法、法律、行政法规相抵触的前提下,可以制定地方性法规。

●《关于进一步完善机动车停放服务收费政策的指导意见》(发改价格〔2015〕2975号)

四、规范停车服务收费行为

(七)严格落实明码标价规定。停车设施经营者要严格落实明码标价制度,在经营场所显著位置设置统一标价牌,标明停放服务收费定价主体、收费标准、计费办法、收费依据、投诉举报电话等,广泛接受社会监督。

(八)健全市场价格行为规则。要加强停车服务收费市场行为监管,对交易双方地位不对等的,要通过指导双方制定议价规则、发布价格行为指南等方式,合理引导经营者价格行为,维护市场正常价格秩序。

（九）严厉查处价格违法行为。加强对停车服务收费的监督检查，依法查处不执行政府定价政策，利用优势地位、服务捆绑等强制服务强行收费、只收费不服务、少服务多收费，不执行明码标价规定，不出具和使用规定收费票据，在标价之外收取未予标明的费用等违法违规价格行为，保护消费者合法权益。

●《北京市发展和改革委员会北京市交通委员会北京市住房和城乡建设委员会关于本市停车收费管理有关问题的通知》（京发改〔2015〕2688号）

三、各停车场经营单位要严格遵守《中华人民共和国价格法》、《中华人民共和国反垄断法》、《中华人民共和国村民委员会自治法》、《物业管理条例》（2007年国务院令第504号）、《反价格垄断规定》（2010年国家发展改革委令第7号）、《北京市物业管理办法》（2010年市政府令第219号）、住房城乡建设部《关于加强城市停车设施管理的通知》（建城〔2015〕141号）等法律法规及其他规定，自觉规范价格行为，合法经营。要严格落实明码标价制度，在停车场醒目位置设置明码标价牌，明示停车场经营单位名称、停车场范围（位置）、车位总数、收费时段、收费标准、行业主管单位和经营单位的服务监督电话，主动接受社会监督。要严格遵守《北京市实施〈中华人民共和国残疾人保障法〉办法》、《北京市拥军优属工作若干规定》（1997年市政府令第6号）等法律法规及国家有关规定，对军车及残疾人驾驶的本人专用车辆等特定车辆免收停车费。

四、关键词解释

【经营性停车设施】指向社会开放，为机动车提供有偿停放服务的停车设施。

五、实施中应当注意的问题

（一）市交通行政主管部门在制定全市经营性停车设施备案材料的相关规定时，一是要考虑简化备案材料的种类，减轻企业负担；二是要考虑全市的统一性和实用性；三是要考虑各区之间停车管理的差异化需求，给予区级停车主管部门一定的规范空间。

（二）除实行政府定价的收费停车设施，其他经营性备案的停车场也应进行明码标价。

（三）各区停车管理部门在办理备案手续时，应认真核查企业提交材料的真实性和合法性。

（四）各区停车管理部门要加强与城管执法部门和价格管理部门的沟通联系，实现机动车停车场备案信息与执法处罚信息共享交换。

第二十二条　停车设施设置后 10 日内，设置单位应当将停车泊位情况报送区停车管理部门。

违反前款规定，未按照规定的时限或者未如实报送停车设施设置情况的，由城市管理综合执法部门责令限期改正；逾期未改正的，处 2000 元罚款。

居住小区停车自治设置的停车泊位情况，应当由乡镇人民政府、街道办事处统计后报送区停车管理部门。

【解读】

本条是关于停车设施设置信息报送的规定。

一、立法背景

准确掌握停车资源底数，是进行停车问题治理、制定相关政策措施的基础。但是由于当前我市停车资源缺乏统筹，家底不清晰，致使城市停车资源综合利用、统筹管理难以实现，限制了停车行业市场化进程的推进，成为收费难管理、执法难开展、规划无支撑、共享难推进的关键。大规模的停车普查耗费时间长、花费成本高、投入精力大，传统的以人工统计汇总为主的管理手段和统计调查方式，数据颗粒度大、准确性有待提高，难以满足停车精细化管理发展需求。因此，亟须通过立法完善停车设施信息报送制度，建立日常的停车资源统计调查机制，及时掌握全市停车资源总量，为停车管理工作提供数据支撑。

二、条文解读

（一）本条对于全市停车设施信息报送做了普遍性义务规定，所有停车设施的设置单位都应在设置完成10日内将停车泊位情况报送区停车管理部门。

（二）此条有别于第二十一条。第二十一条所规定的备案只针对经营性停车场，此条所规定的信息报送对象为全部停车设施，包括经营性和非经营性。

（三）未按照规定的时限或者未如实报送停车设施设置情况的，城市管理综合执法部门可责令限期改正，逾期未改正的可相应进行罚款的行政处罚。

（四）考虑到建设主体、权属关系等问题的复杂性，对于小区自治挖潜、临时设置等设置单位不明晰的停车设施，应由乡镇人民政府、街道办事处统计后报区停车管理部门，实现数据报送无死角、全覆盖。

三、立法依据和参考资料

● 《中华人民共和国行政处罚法》

第十三条 省、自治区、直辖市人民政府和省、自治区人民政府所在地的市人民政府以及经国务院批准的较大的市人民政府制定的规章可以在法律、法规规定的给予行政处罚的行为、种类和幅度的范围内作出具体规定。

尚未制定法律、法规的,前款规定的人民政府制定的规章对违反行政管理秩序的行为,可以设定警告或者一定数量罚款的行政处罚。罚款的限额由省、自治区、直辖市人民代表大会常务委员会规定。

● 《中华人民共和国立法法》

第七十二条　第一款　省、自治区、直辖市的人民代表大会及其常务委员会根据本行政区域的具体情况和实际需要,在不同宪法、法律、行政法规相抵触的前提下,可以制定地方性法规。

四、实施中应当注意的问题

(一)为全面掌握城市停车资源分布,提高全市停车设施资源统计数据的准确性和覆盖率,各区停车管理部门应按规定程序收集停车设施设置数据并上报市级停车管理部门。

(二)区停车管理部门应积极宣传解读停车设施报送程序和流程,办理手续尽量方便快捷,便于提高停车设施设置单位报送信息的积极性。

(三)停车管理部门在收到停车报送信息后,应分类整理、综合分析,为停车区域治理和规划提供基础数据支撑,让停车资源信息能够有效服务于停车管理工作。

第二十三条　市交通行政主管部门建立停车综合管理服务系统,对停车设施实行动态管理,向社会提供信息服务,并与公安机关交通管理、城市管理综合执法、规划国土、住房城乡建设等部门相互共享管理信息。

市交通行政主管部门应当与从事停车信息服务的经营者建立信息共享机制。信息服务的经营者应当将相关信息接入停车综合管理服务系统,市交通行政主管部门应当对信息服务质量进行监督,制定信息服务具体规范。

市交通行政主管部门应当制定停车泊位编码规则,对停车泊位进行统一编码管理。定期组织开展停车资源普查,并将普查结果纳入停车综合管理服务系统。

违反第二款规定,信息服务的经营者未将相关信息接入停车综合管理服务系统的,由交通行政主管部门责令限期改正;逾期未改正的,处 5000 元以上 1 万元以下罚款。

【解读】

本条是关于建设停车综合管理服务系统、停车泊位编码管理及停车普查的规定。

一、立法背景

第一,由于全市停车资源管理信息化手段滞后,停车监管信息存在信息孤岛,信息分散在多个政府部门,统筹不足,因此,需要建设停车综合管理服务系统,整合全市停车系统信息资源数据并进行动静态信息管理,形成具有信息化资源支撑的管理合力。

第二,在行业的信息化基础方面,随着汽车保有量的快速增加,越来越多的企业看到停车行为背后的价值。当前,已经涌现出一批从事停车信息服务的企业,利用区域停车诱导系统、停车场智能管理系统、场内引导寻车系统、自助缴费系统等，显著提升了行业信息化水平，为建设全市停车资源综合平台提供了支撑条件。这些企业也应纳入行业管理范围。

第三，全市停车泊位尚未统一编码，无法对车位位置及性质进行精细化管理。需要建立全市统一的编码规则，对全市所有停车泊位进行统一编码，为精细化管理提供数据基础。

第四，尽管第二十一条有报送停车设施设置情况的规定，但是考虑到数据的全面性和准确性，需要在信息报送的基础上建立停车资源定期普查机制，对全市停车资源全盘摸底，将停车资源普查结果数字化录入停车资源管理信息系统并定期进行信息更新，保证停车资源信息准确可靠。

二、条文解读

本条旨在加强停车资源精细化管理，一是明确了通过建设停车综合管理服务系统，加强动态信息管理，并对政府相关部门共享管理信息提出要求；二是明确了市交通行政主管部门牵头建立信息共享机制的责任，明确了信息服务经营者接入数据的义务；三是提出要建立全市统一编码规则，实施资源的分类管理；四是通过设置定期普查的机制，解决数据采集和更新问题；五是设置了停车信息服务经营者未接入信息的处罚规定。

（一）明确停车综合管理服务系统建设主体。

明确由市交通行政管理部门建设停车综合管理服务系统，履行停车设施动静态信息管理职责。

（二）明确相关部门相互共享管理信息责任。

明确由市交通行政管理部门与公安机关交通管理、城市管理综合执法、规划国土、住房城乡建设等部门,通过停车综合管理服务系统,相互共享停车设施规划、设置、使用、空间分布以及停车场监督检查等管理信息。停车信息共享不是交通行政管理部门将信息共享给其他部门,而是相互交换共享使用,将市交通行政管理部门与公安机关交通管理、城市管理综合执法、规划国土、住房城乡建设等部门各自职责范围内的停车信息上传至停车综合管理服务系统中,信息对各部门都透明。

(三)明确面向社会共享开放信息。

明确停车综合管理服务系统相关信息应当向社会共享开放,贯彻管理信息公开的原则,促进信息的共享利用。

(四)停车信息服务共享交换。

由交通行政主管部门建立数据共享交换机制,停车场经营者以及停车信息服务经营者均有上报停车场静态及动态数据的义务,由交通行政主管部门制定相关标准规范对经营者服务质量进行监督考核。

(五)停车设施编码。

由市交通行政管理部门制定全市停车泊位统一编码规则,对在居住小区停车场、单位大院停车场、公建配建停车场、路外公共停车场、道路停车场、立交桥下停车场、驻车换乘停车场及其他停车场的所有停车泊位,按照"一车位一编码"的原则统一编码,能够通过编码定位车位的具体位置,保证编码科学唯一。

(六)定期开展停车资源普查。

停车普查是城市停车设施规划的基础,是量化分析停车供需的依据。由市交通行政管理部门每5年进行一次全市性普查,重点为城市集中建设区,每年可根据需要进行局部地区专项调查。

普查工作具体由市交通行政管理部门牵头组织,统筹各相关部门和各区协同推进。

普查主要内容包括停车设施调查、停车特征调查、相关资料收集、规划实施评估等。通过信息化手段将普查数字化,并录入停车综合管理服务系统,保证停车资源及时更新,统筹使用。

(七)处罚。

运用"互联网+停车"等方式的信息服务经营者未按规定将相关信息接入停车综合管理服务系统的,可由交通行政管理部门进行责令改正、处以罚款的行政处罚。

三、立法依据和参考资料

● 《中华人民共和国立法法》

第七十二条 第一款 省、自治区、直辖市的人民代表大会及其常务委员会根据本行政区域的具体情况和实际需要,在不同宪法、法律、行政法规相抵触的前提下,可以制定地方性法规。

● 《中华人民共和国行政处罚法》

第十八条 第一款 行政机关依照法律、法规或者规章的规定,可以在其法定权限内委托符合本法第十九条规定条件的组织实施行政处罚。行政机关不得委托其他组织或者个人实施行政处罚。

第二十三条 行政机关实施行政处罚时,应当责令当事人改正或者限期改正违法行为。

● 住房城乡建设部《城市停车设施规划导则》(建城〔2015〕129号)

5.1.1 停车普查是城市停车设施规划的基础,是量化分析停车供需的依据。各城市应每 5 年进行一次全市性普查,重点为城市集中建设区,每年可根据需要进行局部地区专项调查。

5.1.2 停车普查主要内容包括停车设施调查、停车特征调查、相关资料收集、规划实施评估。

●《北京市"十三五"时期信息化发展规划》(京政发〔2016〕57 号)

二、完善信息基础设施

(三)建设大数据和云计算基础设施

建设云服务设施。统筹建设全市统一的电子政务云平台和电子政务内网云服务平台,推动全市各部门应用系统迁移上云。统筹建设政务数据中心体系,形成以北京城市副中心、市政务服务中心、市信息安全容灾备份中心、数字北京大厦为核心节点,以若干重点领域数据中心和区级数据中心为支撑的电子政务发展格局。推动建设交通、医疗、教育、文化等重点行业的战略性公有云服务平台,在养老、健康医疗、家政服务、旅游休闲等民生领域鼓励发展公有云服务。

构建数据资源体系。梳理政务信息资源目录,健全数据采集机制,统筹建设市、区两级大数据汇聚中心,完善各级业务数据库和人口、法人、空间地理、电子证照、社会信用等基础信息库,并实现与国家基础信息库对接。建设完善重点领域主题数据库,实现信用、交通、环保、医疗、教育、旅游、养老等重点领域的数据汇聚和交叉检验。整合房屋建筑、道路交通、城管执法、园林绿化、公共安全、应急指挥、社会管理等行业数据,建立综合性城市管理数据库和市情综合数据库。

推动数据资源开放共享。升级市大数据交易服务平台,建设大数据交易中心,建立公共数据资源开放共享清单,明确公共数据共享范围和方式,健全数据资源开放共享机制,推动政务部门和事业单位间数据共享和公共数据开放。制定公共机构数据开放计划,优先开放信用、交通、医疗、卫生、地理、文化、养老、教育、环保、旅游、农业、统计、气象、市场监管等领域的政府数据,推动公共数据资源集中开放。引导企业、行业协会、科研机构、社会组织等主动采集并开放共享数据,加强公共数据与社会数据融合汇聚。

四、实施中应当注意的问题

(一)应当科学设计系统功能。

应采用成熟业务系统模块化设计思想,按照标准统一、预留接口、安全稳定等原则,科学设计停车综合管理服务系统功能,使得系统满足停车行业基础信息资源采集与管理、停车资源数据统计与管理、停车资源动态运行监测与统计分析、政府部门间数据共享交换、面向公众的数据服务等功能。系统应做好数据共享交换功能设计,按照标准(公共停车场数据接入标准)设计数据接口,便于各方面的数据接入。

系统整合全市停车动态资源,将备案、共享、居住停车、路侧电子收费结算、投诉咨询等相关信息纳入平台,掌握不同地区停车资源规模和空间分布,测算平均停车时间、车位周转率、车位利用率等技术指标,开发建设统一的数据接口,系统建设公众信息开放平台,实时公布向社会开放的停车场分布位置、使用状况、泊位数量等情况。

(二)经营性停车场数据必须接入平台。

经营性停车场应通过统一数据接口,将静态及动态停车数据接入停车综合管理服务系统,保证实时数据互联互通。通过系统数据的综合分析,实现各区对公共停车场运行实时监测,为区停车管理部门对公共停车场运营管理提供技术支持。

(三)相关政府管理部门应共享停车管理信息,要统一停车设施的基础编码并落到电子地图上,实现停车设施的规划、建设、使用"一张图"管理。

(四)鼓励引导互联网企业通过大数据分析,开展停车诱导、资源挖掘和共享利用。

鼓励企业运用互联网技术,在车位查询、停车引导、车位预订、费用支付以及错时停车等方面发挥"互联网+停车"的优势,提升停车行业信息化服务水平。停车综合管理系统做好数据共享交换,为企业信息服务提供权威的公共信息。

(五)停车编码规则要体现分类管理。

编码规则要体现目标导向,要以方便停车人识别、有助于行业分类管理为目标,同时要考虑编码在现场施划或设置的可行性。编码要细分到街乡镇、社区,与停车基层管理组织保持一致。

(六)停车普查要注意全面性和准确性。

为了保证普查数据的准确,掌握总体情况,在普查实施过程中,要通过制度和技术手段,实现对停车设施普查的全覆盖,同时还应设定普查数据的校验机制。

第二十四条 区停车管理部门应当根据本市停车综合管理服务系统,建立区域停车诱导系统,实时公布分布位置、使用状况、泊位数量等停车设施动态信息,引导车辆有序停放。

公共停车设施应当按照标准配建停车诱导设施、进出车辆信息采集及号牌识别系统,与所在区域停车诱导系统实时对接。

违反第二款规定,公共停车设施未按照标准配建停车诱导设施、进出车辆信息采集及号牌识别系统,或者未与所在区域停车诱导系统实时对接的,由城市管理综合执法部门责令限期改正;逾期未改正的,处1万元罚款。

【解读】

本条是关于建设停车诱导系统的规定。

一、立法背景

目前,在路面公共空间缺少有效的停车引导。一方面,停车人找不到停车位或者在寻找停车位上耗费相当多的时间和重复行驶,增加了交通拥堵;另一方面,停车资源使用状况不为停车人所知,导致使用效率低下。从实际的情况考虑,缓解停车难,提高停车资源利用率,利用科技手段促进现有停车设施的有效利用,提高停车精细化管理水平,已经成为当前北京市需要解决的问题。因此需要由区牵头建设区停车诱导系统,整合公共停车设施资源,实时公布全市停车设施的动态信息,引导车辆有序停放。这有助于提高现有停车设施的利用率,促进停车入位,减少停车对道路空间的占用。

二、条文解读

(一)明确了区停车管理部门建设区域停车诱导系统的责任。区域停车诱导系统是区域公共停车场动态数据对外发布的终端和窗口,应根据全市停车综合管理服务系统来建设,即全市停车综合管理服务系统负责整合公共停车场动态信息,区域停车诱导系统负责对公众发布停车场的分布位置、使用状况及泊位数量等,帮助汽车驾驶者寻找合适的停车位置,同时促进全市停车资源有效利用,改善城市整体形象,缓解道路交通拥堵。

按照《停车诱导系统技术要求》(DB11/T 667—2009)的要求,区停车管理部门建设区域停车诱导系统时,应保持诱导信息的连续性,不应出现信息间断;停车诱导标识设置应在可视距离合理、可视角度合理、无挡物的位置。在进入停车诱导区域的主要道路上应设立大型停车语导标识;在停车场(库)周边的道路上应设立中型停车诱导标识;在停车场(库)的入口附近应设置小型停车诱导标识。

(二)明确了公共停车场应当按标准配建停车诱导设施、进出车辆信息采集及号牌识别系统,并与所在区域停车诱导系统实时对接的义务。其中,停车场的诱导系统是区域停车诱导系统的基础,没有基础数据,区域诱导系统就无法发挥停车引导的服务作用。进出车辆信息采集及号牌识别系统的建立,一是维护公共安全的需要,二是与居住停车区域认证制度、推进电子收费、逐步实现车与泊位(区域)相匹配的需要。

(三)对公共停车设施设定了两种情形的罚则:一种是未按照标准配建停车诱导设施、进出车辆信息采集及号牌识别系统;另一种是未与所在区域停车诱导系统实时对接。这两种情况均由城市管理综合执法部门责令限期改正;逾期未改正的,处1万元罚款。

三、立法依据和参考资料

● 《中华人民共和国立法法》

第七十二条 第一款 省、自治区、直辖市的人民代表大会及其常务委员会根据本行政区域的具体情况和实际需要,在不同宪法、法律、行政法规相抵触的前提下,可以制定地方性法规。

● 《中华人民共和国行政处罚法》

第十八条 第一款 行政机关依照法律、法规或者规章的规定,可以在其法定权限内委托符合本法第十九条规定条件的组织实施行政处罚。行政机关不得委托其他组织或者个人实施行政处罚。

第二十三条 行政机关实施行政处罚时,应当责令当事人改正或者限期改正违法行为。

● 《停车诱导系统技术要求》(DB11/T 667—2009)

6.3.2 停车诱导信息发布内容

停车诱导系统应能发布基本内容信息和扩展内容信息。基本信息内容是:

——停车场(库)的位置信息;

——停车位信息。

可选信息内容是:

a) 停车场(库)名称。

b) 停车场(库)分布信息。

c) 运营状况信息:1)开放时间;2)目前状态;3)停车场类型;4)收费标准。

d) 出入车辆牌照:1)文字信息;2)图片信息。

e) 每个车位占用状态信息。

6.5 停车诱导标识设置安装要求

6.5.1 设置原则

6.5.1.1 系统连续

信息诱导应保持连续性,不应出现信息间断。

6.5.1.2 位置合理

停车诱导标识设置应在可视距离合理、可视角度合理、无挡物的位置。

6.5.1.2.1 大型停车诱导标识设置

在进入停车诱导区域的主要道路上应设立大型停车语导标识。

6.5.1.2.2 中型停车诱导标识设置

在停车场(库)周边的道路上应设立中型停车诱导标识。

6.5.1.2.3 小型停车诱导标识设置

在停车场(库)的入口附近应设置小型停车诱导标识。

四、名词解释

【公共停车场】指根据规划建造的以及公共建筑配套建造的经营性机动车停放场所。《公共停车场(库)信息联网通用技术要求》(GB/T 29745—2013)

五、实施中应当注意的问题

(一)建立和完善停车诱导系统标准。

要根据现场停车引导需求,考虑公共停车设施信息化现状和发展趋势,建立全市统一的停车诱导系统建设标准。

(二)建立相应配套制度。

相关部门要配套制定细化的实施办法,明确责任分工和奖惩机制,通过信用评价、监管考核等方式督促和鼓励引导企业数据报送。

(三)加强宣传引导。

政府停车管理部门有责任做好政策解读及宣传工作,提高公共停车场动态信息的发布率、准确率和覆盖面,为社会公众提供真实有效的信息。

第二十五条 国家机关、社会团体、企事业组织、个体工商户等单位,应当做好门前停车管理责任区内的停车秩序维护工作,有权对违法停车行为予以劝阻、制止或者举报。

【解读】

本条是关于门前停车管理责任区的规定。

一、立法背景

停车乱是近年来社会反响最普遍的问题之一,其成因有很多方面:公民守法意识不强,不能自觉做到停车入位和付费;政府执法力量不足,难以实现全天候、全覆盖执法;缺乏政府与社会共治制度等。停车管理是城市管理的有机组成部分,属于社会共治范畴。停车立法属于社会领域立法,停车治理涉及多方社会主体及多重法律关系,需要政府、社会、企业形成共同的目标定位、价值取向,运用共同的方式方法,构建和谐的停车秩序。在社会共治方面,各单位应积极与政府配合,按照"门前三包"责任,做好停车秩序的维护工作。

二、条文解读

停车秩序治理需要全社会共同参与。通过机关、团体、企事业单位等各负其责、划片管理,达到秩序管理无死角,这是停车专业管理的必要配合与补充。本条明确规定了各单位维护门前责任区停车秩序的义务以及劝阻、制止或举报违法停车行为的权力,推进停车管理的社会共治。

三、立法依据和参考资料

● 《北京市"门前三包"责任制管理办法》

第三条 本市"门前三包"责任制管理遵循专业管理和群众管理相结合的原则。各单位应当承担以下"门前三包"责任：

(一)包环境卫生。负责划定的责任区内环境整洁,清扫地面,清除痰迹、污物、废弃物和积水积雪,制止随地吐痰、乱扔乱倒废弃物和乱贴乱挂。

(二)包绿化。在划定的责任区内,按照园林管理部门的规划布置,种植并管护树木花草,维护绿化设施。

(三)包社会秩序。在划定的责任区内,不乱堆乱放杂物,不乱设摊点,不私搭乱建,不乱停车辆。发现其他单位或者个人违反规定的,或者发生打架斗殴等违反治安管理规定的,有权予以劝阻、制止,并应当向有关行政管理部门报告。

四、实施中应当注意的问题

(一)门前停车管理责任区的划定范围。

《北京市"门前三包"责任制管理办法》中规定了各单位"门前三包"责任区的规划原则,具体范围是由所在地街道办事处或者乡、镇人民政府划定,其在范围划定上有一定的自由裁量。因此,在具体操作过程中,主要由相关街道、乡镇政府划定各单位责任区范围。

(二)举报反应。

接到单位的举报后,相关责任管理部门应当及时反应,对于举报事项及时开展调查,对于核实的违法停车行为及时依法处置。

第二十六条　任何单位和个人不得擅自在道路上和其他公共区域内设置固定或者可移动障碍物阻碍机动车停放和通行；不得在未取得所有权和专属使用权的停车泊位上设置地桩、地锁。物业服务企业应当在物业管理协议和车位租赁协议中予以明示并统一管理。

违反前款规定，擅自设置固定或者可移动障碍物的，道路范围内由公安机关交通管理部门责令停止违法行为，迅速恢复交通；实行物业管理的居住小区公共区域内，由住房城乡建设部门依据物业管理的相关规定进行处罚；其他公共场所内，由城市管理综合执法部门责令停止违法行为，恢复原状，并处500元以上1000元以下罚款。

非电动汽车不得占用电动汽车专用泊位。违反规定的，由公安机关交通管理部门责令改正，依法给予处罚。

【解读】

本条是关于禁止设置障碍物阻碍车辆停放和通行、占用电动汽车专用泊位及相关罚则的规定。

一、立法背景

（一）擅自设置障碍物。

近年来，随着本市机动车保有量的急剧增加，中心城区特别是胡同、街巷、老旧小区内，私设地桩、地锁呈愈演愈烈之势，成为群众反映的焦点，此类问题已成为城市管理工作中的一个突出问题。就目前状况来看，私装地桩、地锁主要存在于胡同内、老旧小区公共区域以及周边道路上，其特点主要有分布面广、损坏形象、影响

第一部分　法规条文解读

秩序、造成隐患等。私设地桩、地锁严重损害了群众利益,引起群众不满,群众对相关部门和组织管理不善、治理不力很有意见,影响政府的威信。因此,对私自设置地桩、地锁等障碍物的治理亟须解决。

(二)占用电动汽车专用泊位。

随着本市电动汽车的保有量逐渐增大,电动汽车的停放问题也成为需要引起重视的问题。从鼓励电动汽车发展的角度出发,按标准为电动汽车设置专用停车泊位是必要措施之一。通过立法对于保障电动汽车泊位的专属使用进行规定是十分必要的。

二、条文解读

(一)禁止性规定。

本条明确规定任何单位和个人不得擅自在道路、公共区域设置障碍物,阻碍机动车停放和通行,这里的障碍物包括地桩、地锁等固定式障碍物和废旧桌椅、自行车等可移动障碍物。

不得在全市域范围内未取得所有权和专属使用权的停车位上设置地桩地锁。

非电动汽车不得占用电动汽车专用泊位。

(二)义务性规定。

物业服务企业有义务将不得设置障碍物的禁止性规定,通过服务协议等方式向服务相对人明示并做好日常管理。在实行物业服务的居住小区发生擅自设置障碍物的,可以先由物业服务企业按照服务协议规定的方式进行处理,也可由住房城乡建设部门依据物业管理的相关规定进行处罚。

(三)责任性规定。

对道路范围内设置障碍物及擅自占用电动汽车专属泊位的

违法行为,由公安交管部门依法处置;对有物业管理小区内设置障碍物的违法行为,由住房城乡建设部门依法处置;对其他公共场所内擅自设置障碍物的违法行为,由城市管理综合执法部门依法处置。

三、立法依据和参考资料

● 《中华人民共和国道路交通安全法》

第九十三条 对违反道路交通安全法律、法规关于机动车停放、临时停车规定的,可以指出违法行为,并予以口头警告、令其立即驶离。

机动车驾驶人不在现场或者虽在现场但拒绝立即驶离,妨碍其他车辆、行人通行的,处20元以上200元以下罚款,并可以将该机动车拖移至不妨碍交通的地点或者公安机关交通管理部门指定的地点停放。公安机关交通管理部门拖车不得向当事人收取费用,并应当及时告知当事人停放地点。

因采取不正确的方法拖车造成机动车损坏的,应当依法承担补偿责任。

● 《物业管理条例》

第五十条 业主、物业服务企业不得擅自占用、挖掘物业管理区域内的道路、场地,损害业主的共同利益。

因维修物业或者公共利益,业主确需临时占用、挖掘道路、场地的,应当征得业主委员会和物业服务企业的同意;物业服务企业确需临时占用、挖掘道路、场地的,应当征得业主委员会的同意。

业主、物业服务企业应当将临时占用、挖掘的道路、场地,在约定期限内恢复原状。

第六十三条 违反本条例的规定,有下列行为之一的,由县级以上地方人民政府房地产行政主管部门责令限期改正,给予警告,并按照本条第二款的规定处以罚款;所得收益,用于物业管理区域内物业共用部位、共用设施设备的维修、养护,剩余部分按照业主大会的决定使用:

(一)擅自改变物业管理区域内按照规划建设的公共建筑和共用设施用途的;

(二)擅自占用、挖掘物业管理区域内道路、场地,损害业主共同利益的;

(三)擅自利用物业共用部位、共用设施设备进行经营的。

个人有前款规定行为之一的,处1000元以上1万元以下的罚款;单位有前款规定行为之一的,处5万元以上20万元以下的罚款。

● 《住房城乡建设部关于加强城市停车设施管理的通知》建城〔2015〕141号

七、开展重点地区停车综合治理

(三)居住区停车综合治理

以整顿停车秩序和消除安全隐患为重点,开展居住区停车治理。禁止任何单位或个人擅自在未取得所有权的停车位上设置地桩地锁。停车服务企业或物业服务企业要进一步加强秩序管理,配合有关部门清理私设地桩地锁、占用人行道和消防通道停车等现象,切实维护停车秩序。居住区停车综合治理工作,可结合老旧居住区有机更新,同步进行。

四、关键词解释

【道路范围内】指公路、城市道路和虽在单位管辖范围但允许社会机动车通行的地方,包括广场、公共停车场等用于公众通行的场所范围内。

【其他公共区域内】如绿地、无物业管理的老旧小区公共场所等。

五、实施中应当注意的问题

(一)按规定各部门分工负责。

对设置障碍物的违法行为进行处罚时,根据不同情况分别由公安机关交通管理部门、住房城乡建设部门和城市管理综合执法部门执法。道路范围内的划分严格按照《中华人民共和国道路交通安全法》的规定进行界定;无物业管理的居住小区应属于"其他公共场所",实行"准物业管理方式"的居住小区参照住房城乡建设部门有关规定执行。

(二)对所有权和专属使用权的界定。

一般来说,取得所有权主要指停车泊位的产权归其所拥有;取得专属使用权指尽管不拥有停车泊位的产权,但通过租赁等方式取得了该停车泊位的长期专属使用权。在实际操作中,"长期"一般是指一年以上。

(三)非电动汽车占用电动汽车专用泊位的处罚。

非电动汽车占用电动汽车专用泊位的行为,参照违法停车行为的处置,由公安交通管理部门依法处罚。

第二十七条 负有停车管理职责的公职人员,在停车管理中不依法履行职责,由监察机关依法予以处置。

第一部分　法规条文解读

【解读】

本条是关于建立政府机关公职人员追责制度的规定。

一、立法背景

行政法规的贯彻落实,主要基于政府机关公职人员的依法履责,同时通过广泛的宣传促进行政管理相对人对于行政法规的理解、支持和自觉遵守。因此,在本《条例》的贯彻落实中,负有停车管理职责的公职人员依法履责是关键。

二、条文解读

公权力相对于私权利,在行政法律法规体系中一直占据着较为强势的地位。究其原因,公权力设立的出发点是维护公共利益,因此,在公权力实施的过程中,强调的是公开、公正、公平。法规设定的政府部门的管理责任如果得不到完全的履行,其客观侵害的是公共利益。因此,在行政法体系中,行政追责是不可或缺的组成部分。

本条的设定,主要是强调对行政机关公职人员不履责、乱履责的追责规定,解决有法不执、执法不严、选择性执法等问题。

三、立法依据和参考资料

●《中华人民共和国监察法》

第十一条　监察委员会依照本法和有关法律规定履行监督、调查、处置职责:

(一)对公职人员开展廉政教育,对其依法履职、秉公用权、廉洁从政从业以及道德操守情况进行监督检查;

(二)对涉嫌贪污贿赂、滥用职权、玩忽职守、权力寻租、利益输送、徇私舞弊以及浪费国家资财等职务违法和职务犯罪进行调查;

（三）对违法的公职人员依法作出政务处分决定；对履行职责不力、失职失责的领导人员进行问责；对涉嫌职务犯罪的，将调查结果移送人民检察院依法审查、提起公诉；向监察对象所在单位提出监察建议。

● 《中华人民共和国刑法》

第三百九十七条 【滥用职权罪；玩忽职守罪】国家机关工作人员滥用职权或者玩忽职守，致使公共财产、国家和人民利益遭受重大损失的，处三年以下有期徒刑或者拘役；情节特别严重的，处三年以上七年以下有期徒刑。本法另有规定的，依照规定。

国家机关工作人员徇私舞弊，犯前款罪的，处五年以下有期徒刑或者拘役；情节特别严重的，处五年以上十年以下有期徒刑。本法另有规定的，依照规定。

● 《中华人民共和国公务员法》

第五十三条 公务员必须遵守纪律，不得有下列行为：

（一）散布有损国家声誉的言论，组织或者参加旨在反对国家的集会、游行、示威等活动；

（二）组织或者参加非法组织，组织或者参加罢工；

（三）玩忽职守，贻误工作；

（四）拒绝执行上级依法作出的决定和命令；

（五）压制批评，打击报复；

（六）弄虚作假，误导、欺骗领导和公众；

（七）贪污、行贿、受贿，利用职务之便为自己或者他人谋取私利；

（八）违反财经纪律，浪费国家资财；

(九)滥用职权,侵害公民、法人或者其他组织的合法权益;

(十)泄露国家秘密或者工作秘密;

(十一)在对外交往中损害国家荣誉和利益;

(十二)参与或者支持色情、吸毒、赌博、迷信等活动;

(十三)违反职业道德、社会公德;

(十四)从事或者参与营利性活动,在企业或者其他营利性组织中兼任职务;

(十五)旷工或者因公外出、请假期满无正当理由逾期不归;

(十六)违反纪律的其他行为。

●《北京市行政问责办法》

第八条 行政人员有下列应当履行而未履行行政职责情形之一,导致国家利益、公共利益或者公民、法人和其他组织的合法权益受到损害,或者造成不良影响的,应当进行行政问责:

(一)对依申请、请求、申诉的行政行为,未按照规定受理、审查、决定的;

(二)未按照规定检查、检验、检测、检疫的;

(三)对发现的违法行为未制止、纠正的;

(四)对依法应当给予行政处罚或者采取行政强制措施的违法行为,未予处理的;

(五)收到公民、法人或者其他组织的投诉、举报后,未按照规定调查、处理的;

(六)应当履行保护公民、法人和其他组织人身权和财产权等法定职责,而未履行的;

(七)行政相对人询问有关行政许可、行政给付条件、程序、标

准等事项,拒绝答复的;

(八)未履行行政复议职责、行政诉讼应诉职责、行政赔偿或者行政补偿职责,损害政府与行政相对人关系的;

(九)未履行信息公开义务、告知义务或者保密义务的;

(十)国家和本市规定的其他不履行行政职责的情形。

第九条 行政人员有下列违法履行行政职责情形之一,导致国家利益、公共利益或者公民、法人和其他组织的合法权益受到损害,或者造成不良影响的,应当进行行政问责:

(一)违反议事规则,个人或者少数人对重大事项作出决定,或者改变集体作出的决定的;

(二)无依据实施影响公民、法人和其他组织合法权益或者增加公民、法人和其他组织义务的行政行为的;

(三)违反规定的步骤、顺序、方式、形式等规定程序实施行政行为的;

(四)超过法定时限或者合理时限履行职责的;

(五)超越法定权限实施行政行为的;

(六)隐瞒、截留、挪用、私分或者变相私分行政征收征用款物的;

(七)违法查封、扣押、没收、征收、征用财物的;

(八)不具有行政执法资格或者违反规定使用执法证件的;

(九)违反规定乱收费,或者要求行政相对人接受有偿服务、购买指定商品以及承担其他非法定义务的;

(十)违反规定制作法律文书、使用票据的;

(十一)违法委托其他组织或者个人履行职责的;

（十二）实施行政行为无事实根据，或者主要事实不清，主要证据不足的；

（十三）国家和本市规定的其他违法履行行政职责的情形。

第十条　行政人员有下列不当履行行政职责情形之一，导致国家利益、公共利益或者公民、法人和其他组织的合法权益受到损害，或者造成不良影响的，应当进行行政问责：

（一）工作作风懈怠、工作态度恶劣的；

（二）对于明显相同情况的相对人不同对待，歧视特定相对人，或者为实现行政管理目标采取的行政方法、手段明显失当等滥用自由裁量权履行行政职责的；

（三）国家和本市规定的其他不当履行行政职责的情形。

四、实施中应当注意的问题

对于负有停车管理职责公职人员的认定，应当按照《中华人民共和国监察法》第十五条，监察机关对下列公职人员和有关人员进行监察：

（一）中国共产党的机关、人民代表大会及其常务委员会机关、人民政府、监察委员会、人民法院、人民检察院、中国人民政治协商会议各级委员会机关、民主党派和工商联机关的公务员，以及参照《中华人民共和国公务员法》管理的人员；

（二）法律、法规授权或者受国家机关依法委托管理公共事务的组织中从事公务的人员；

（三）国有企业管理人员；

（四）公办的教育、科研、文化、医疗卫生、体育等单位中从事管理的人员；

（五）基层群众性自治组织中从事集体事务管理的人员；

（六）其他依法履行公职的人员。

因此，上述六类凡是在停车管理中不依法履行职责的公职人员，监察机关均有权依法予以处置。

第二十八条 本市对驻车换乘停车设施和道路停车实行政府定价，道路停车收费应当按照中心城区高于外围区域、重点区域高于非重点区域、拥堵时段高于空闲时段的原则确定，并根据高于周边非道路停车收费价格的原则动态调节。

本市对其他停车设施实行市场调节价，可以根据地理位置、服务条件、供求关系等因素自主定价。

市价格行政主管部门应当依法加强对停车收费价格的监督。

本市各类停车设施应当按照相关规定对军车停车免收停车费。残疾人持公安机关交通管理部门核发的残疾人专用通行证驾驶残疾人本人专用车辆，在本市各类非居住区停车场停放时，免收停车费。

【解读】

本条是关于停车收费价格、政府定价原则和免收停车收费的规定。

一、立法背景

为解决当前停车位缺口问题，应充分发挥价格杠杆的作用，建立反映土地资源稀缺程度和市场供需关系的价格体系，按照不同区域、时段和车位性质，实行差别化的停车收费政策并建立动态调节机制，逐步缩小政府定价范围；对停车收费加强引导和监管，放开路外停车场收费价格,建立由市场自主定价、政府监管指导的价格机制。

2015年12月4日,北京市发展和改革委员会、北京市交通委员会和北京市住房和城乡建设委员会联合印发了《关于本市停车收费管理有关问题的通知》(京发改〔2015〕2688号),文件明确规定了本市驻车换乘停车场、占道停车场(含立交桥下停车场)停车计时收费实行政府定价管理,其他各类停车场停车收费实行市场调节价。本市停车价格的确定,对于充分发挥市场作用,通过经济手段调整市民出行方式、缓解交通拥堵,具有十分重要的意义。

二、条文解读

(一)本条明确了停车收费价格的两种定价方式及范围:一种是政府定价,其范围为驻车换乘、道路停车的收费;另一种是市场调节价,其范围为除政府定价外的其他停车收费。

(二)本条明确了市价格行政主管部门具有依法对停车收费价格进行监督的职责,不仅对政府定价的停车收费行为进行监督管理,对市场调节价,比如居住小区停车收费价格行为也具有指导、监督的职责。

(三)本条明确了军车在本市停放免费,明确了持有本市公安局公安交通管理局核发的残疾人专用通行证的残疾人,驾驶残疾人本人专用车辆在本市各类非居住区停车场停放时,一律免收停车费。

三、立法依据和参考资料

● 《中华人民共和国价格法》

第十八条 下列商品和服务价格,政府在必要时可以实行政府指导价或者政府定价:

(一)与国民经济发展和人民生活关系重大的极少数商品价格;

(二)资源稀缺的少数商品价格;

(三)自然垄断经营的商品价格;

(四)重要的公用事业价格;

(五)重要的公益性服务价格。

第十九条　政府指导价、政府定价的定价权限和具体适用范围,以中央的和地方的定价目录为依据。

中央定价目录由国务院价格主管部门制定、修订,报国务院批准后公布。

地方定价目录由省、自治区、直辖市人民政府价格主管部门按照中央定价目录规定的定价权限和具体适用范围制定,经本级人民政府审核同意,报国务院价格主管部门审定后公布。

省、自治区、直辖市人民政府以下各级地方人民政府不得制定定价目录。

● 《北京市实施〈中华人民共和国残疾人保障法〉办法》

第五十六条　各级人民政府和有关部门应当依法为残疾人办理各项车务手续、使用残疾人专用车辆提供便利。

公共停车场应当依据城市道路和建筑物无障碍设计规范,在方便通行的区域按照停车位总数2%的比例设置无障碍停车位,比例不足一个的至少应当设置1个无障碍停车位。公共停车场应当设置无障碍停车位显著标志,并采取必要措施加强对无障碍停车位使用的管理。公共停车场管理人员在残疾人停放机动车时,应当进行引导,并提供必要的便利服务。

残疾人持公安机关交通管理部门核发的残疾人专用通行证驾驶

残疾人本人专用车辆在本市各类非居住区停车场停放时,免收停车费。

● 《国务院办公厅、中央军委办公厅关于免收军车通行费和军队生产经营车辆改挂地方牌问题的通知》国办发〔1997〕7号

一、对军车免收过路过桥等费用,确保军队顺利履行职责。从1997年8月1日起,各地无论以何种投资方式修建和何种经营方式管理的各种公路、桥梁、渡口、隧道及各类停车场,对军车(含武警部队车辆)免收通行费和停车费。任何收费站、停车场不得以任何理由对军车收取费用。有条件的收费站要设立有明显标志的军车通道,没有条件设立军车通道的收费站,要优先保证军车的顺畅通行。军队有关部门要加强对军车的管理,积极协助地方交通部门维护好收费站的秩序。

● 《关于进一步完善机动车停放服务收费政策的指导意见》发改价格〔2015〕2975号

三、推进政府定价管理制度化科学化

(五)规范政府定价行为。对具有自然垄断经营和公益性特征的停车设施服务收费,需要实行政府定价管理的,要纳入地方定价目录,明确管理权限,规范定价办法和程序,有效约束政府定价行为。对纳入政府定价管理范围的停车设施服务,要综合考虑停车设施等级、地理位置、服务条件、供求关系及社会各方面承受能力等因素确定收费标准。要通过政府网站公布本行政区域范围内实行政府定价管理的停车设施名称、收费标准、收费依据等信息。

(六)加快推行差别化收费。鼓励各地结合实际情况,推行不同区域、不同位置、不同车型、不同时段停车服务差别收费,抑制不合理停车需求,缓解城市交通拥堵,有效促进公共交通优先发展与

公共道路资源利用。

对不同区域的停车设施服务收费,要根据停车供需状况差异,并考虑道路路网分布、公共交通发展水平、交通拥堵状况等因素,划分不同区域,实行级差收费。供需缺口大、矛盾突出区域可实行较高收费,供需缺口小、矛盾不突出区域可实行低收费。对城市外围的公共交通换乘枢纽停车设施服务,应当实行低收费。

同一区域停车设施,区分停车设施所在位置、停车时段、车辆类型等,按照"路内高于路外、拥堵时段高于空闲时段"的原则,制定差别化服务收费标准。适当扩大路内、路外停车设施之间的收费标准差距,引导更多使用路外停车设施。对交通场站等场所及周边配套停车设施服务,鼓励推行超过一定停放时间累进式加价的阶梯式收费。要根据不同车型占用停车资源的差别,合理确定停放服务收费标准。鼓励对新能源汽车停车服务收费给予适当优惠。要合理制定停车服务收费计时办法,逐步缩小计费单位时长,加快推行电子缴费技术,鼓励对短时停车实行收费优惠。

四、关键词解释

【政府定价】指由政府价格主管部门或者其他有关部门,按照定价权限和范围制定的价格。

【市场调节价】指由经营者自主制定,通过市场竞争形成的价格。

五、实施中应当注意的问题

(一)建立道路停车政府定价的动态调整机制。

按照"城市中心区域高于外围区域、重点区域高于非重点区域、拥堵时段高于空闲时段"的定价原则,建立道路停车收费价格的动态调整机制并做好落实和后续监管工作。

其中,城市中心区域、重点区域停车需求较大,为控制中心城区、重点区域机动车使用量,同时保障拥堵时段道路畅通,路侧停车收费价格可适当高于相对应的外围区域、非重点区域,以减少部分路侧停车。

(二)关于政府定价的范围。

按照本条的规定,目前本市只有驻车换乘停车场和道路(含支路等级以下的街坊路及胡同)停车实施政府定价。实际上,从价格法的立法本意来考虑,具有公益性的停车场应当实施政府定价。本《条例》第十四条明确规定了"中心城区区域配套停车设施"也具有公益性,尽管目前本市没有此类设施,但考虑到停车设施建设的发展,可能会建设此类停车设施。此类停车设施运营时,也应当实施政府定价。

如《条例》第十八条解读内容所述,根据《建设部关于印发城市建设统计指标解释的通知》(建综〔2001〕255号)规定,按照交通功能,道路分为快速路、主干路、次干路、支路和街坊路。其中街坊路,即胡同里弄路。指以服务功能为主,满足居民出行,以非机动车和行人通行为主的道路。因此,街坊路及胡同属道路范畴,在街坊路及胡同内停车同样占用道路资源,收费也应当实行政府定价,所收费用上缴区级财政。

(三)免收停车费的情形。

1. 明确对军车(含武警部队车辆)免收停车费。

2. 明确持交管部门核发的残疾人专用通行证驾驶残疾人本人专用车辆,在本市各类非居住区停车场停放时,免收停车费。需要说明的是,免收残疾人停车费时需要满足三个条件:一是残疾人驾驶的专用车辆应当随车携带交管部门核发的残疾人专用通行证；二是残疾人专用车辆由残疾人本人驾驶；三是在本市各类非居住区停车场停放。残疾人车辆在本市居住区停车场停放时，应该按照标准缴纳停车费。

3. 根据《北京市院前医疗急救服务条例》第三十六条的规定，院前救护车执行院前医疗急救任务受法律保护，免交收费停车场停车费和收费公路车辆通行费。因此，救护车在执行院前医疗急救任务时，免交停车费。

（四）关于夜间停车收费标准问题。

《北京市发展和改革委员会、北京市交通委员会、北京市住房和城乡建设委员会关于本市停车收费管理有关问题的通知》（京发改〔2015〕2688号）及《北京市发展和改革委员会、北京市交通委员会关于本市停车收费有关事项的通知》（京发改〔2018〕804号）规定了我市占道停车场停车收费标准，如下表：

占道停车场		一类地区		二类地区		三类地区	
		小型车	大型车	小型车	大型车	小型车	大型车
白天 （7:00—19:00）	首小时内 （元/15分钟）	2.5	5	1.5	3	0.5	1
	首小时后 （元/15分钟）	3.75	7.5	2.25	4.5	0.75	1.5
夜间[19:00（不含）—次日7:00]（元/2小时）		1	2	1	2	1	2

（夜间收费时段已由21:00—次日7:00调整为19:00—次日7:00）

按照上述标准，无论是出行停车还是居住停车，夜间停车费用小型车最多为6元，大型车最多为12元，费用相对较低。《条例》

的供给原则分类定位、差别供给,这里应当包括价格差别化。按照目前的标准,夜间停车收费无法实现居住与出行的差别。因此,按照目前夜间收费标准,将与《条例》的原则相悖。同时,《条例》第三十一条规定的居住停车区域认证机制也将无法实施。建议相关部门在《条例》实施过程中应当予以考虑并及时调整收费标准。

(五)关于大型车辆收费标准问题。

按照《城市道路路内停车泊位设置规范》(GAT850—2009)规定路内停车泊位设计分大、小两种尺寸。大型泊位长15.6米、宽3.25米;小型泊位长6米、宽2.5米,条件受限时,宽度最小不低于2米。由此看出,大型泊位需占用50.7平方米,小型泊位则占用12平方米,面积相差4.23倍。此外,部分大型客车在路内小型泊位停放时,有可能在长度上占用两个车位、在宽度上超出泊位线,有的甚至在长度上需要占用三个车位。因此,大型车按照两倍的小型车收费标准收费,有失公平;同时在执法方面,若其宽度超出停车泊位,未在线内停放,应当属违法停车。相关部门在《条例》实施过程中应当予以考虑并及时调整相关标准。

(六)关于缩短道路停车计时单位问题。

本市占道停车场白天停车收费以15分钟为1个计时单位,夜间停车收费以2小时为1个计时单位,满1个计时单位后方可收取停车费,不足1个计时单位的不收取费用。

《条例》明确了差别化收费原则,并建立动态调节机制,通过经济手段调节市民的出行方式,以静制动,从而疏解非首都功能,缓解交通拥堵。因此,建议按照二环内、二环至三环、三环至四环、四环至五环、五环以外等五个区域,以二环内收费标准为基准,缩短道路停车的计时单位,由 15 分钟统一调整为 5 分钟。如白天 1 元/5 分钟,夜间 0.8 元/5 分钟;首小时后提高每个计时单位的收费标准,如白天 1.5 元/5 分钟。

(七)关于利用居住小区周边支路及其等级以下道路设置的居住停车泊位收费标准问题。

为适度满足居住停车需求,保证居住停车区域认证机制的落实,建议相关部门对于停车资源紧张、停车矛盾突出的部分居住区,经区、街道、乡镇组织在居住小区周边支路及其等级以下道路设置的临时居住停车区域、泊位,并且经过区域认证的车辆,其收费标准可不执行政府定价标准,由各区、街道、乡镇自行确定。

(八)停车收费行为的投诉举报处理。

对于停车收费价格的投诉举报,市价格行政主管部门应当建立反应办理机制,加强对停车收费市场的监督,有效化解矛盾。

第二十九条 调整居住小区内业主共有的停车泊位的收费价格时,应当经专有部分占建筑物总面积过半数的业主且占总人数过半数的业主同意。违反规定,未按照规定程序调整居住小区停车收费价格的,由住房城乡建设部门责令限期改正,并处 10 万元罚款。

【解读】

本条是关于居住小区停车价格调整原则的规定。

一、立法背景

本市对除驻车换乘停车设施和道路停车外的其他停车设施实行市场调节价后,部分居住小区停车泊位管理单位未经业主同意擅自调整收费价格,引起业主强烈不满,相关投诉逐渐增多,造成不良社会影响。因此,应对居住小区停车价格调整原则做出明确规定。

二、条文解读

为规范居住小区业主共有的停车泊位收费价格,保障居民合法权益,明确了调整居住小区停车泊位收费价格时,必须符合"双过半"的规定,并确定了由住房城乡建设部门对相关违法行为责令改正并处罚款的行政处罚。

三、立法依据和参考资料

● 《中华人民共和国物权法》

第七十六条　下列事项由业主共同决定:

(一)制定和修改业主大会议事规则;

(二)制定和修改建筑物及其附属设施的管理规约;

(三)选举业主委员会或者更换业主委员会成员;

(四)选聘和解聘物业服务企业或者其他管理人;

(五)筹集和使用建筑物及其附属设施的维修资金;

(六)改建、重建建筑物及其附属设施;

(七)有关共有和共同管理权利的其他重大事项。

决定前款第五项和第六项规定的事项,应当经专有部分占建筑物总面积三分之二以上的业主且占总人数三分之二以上的业主同意。决定前款其他事项,应当经专有部分占建筑物总面积过半数的业主且占总人数过半数的业主同意。

● 《物业管理条例》

第十一条　下列事项由业主共同决定:

（一）制定和修改业主大会议事规则；

（二）制定和修改管理规约；

（三）选举业主委员会或者更换业主委员会成员；

（四）选聘和解聘物业服务企业；

（五）筹集和使用专项维修资金；

（六）改建、重建建筑物及其附属设施；

（七）有关共有和共同管理权利的其他重大事项。

第十二条　业主大会会议可以采用集体讨论的形式，也可以采用书面征求意见的形式；但是，应当有物业管理区域内专有部分占建筑物总面积过半数的业主且占总人数过半数的业主参加。

业主可以委托代理人参加业主大会会议。

业主大会决定本条例第十一条第（五）项和第（六）项规定的事项，应当经专有部分占建筑物总面积 2/3 以上的业主且占总人数 2/3 以上的业主同意；决定本条例第十一条规定的其他事项，应当经专有部分占建筑物总面积过半数的业主且占总人数过半数的业主同意。

业主大会或者业主委员会的决定，对业主具有约束力。

业主大会或者业主委员会作出的决定侵害业主合法权益的，受侵害的业主可以请求人民法院予以撤销。

四、实施中应当注意的问题

（一）业主共有停车泊位的范围。

除业主专有、市政公用部分或者其他权利人所有外，建筑区划内依法由业主共同享有建设用地使用权的区域设置的停车泊位，为业主共有停车泊位。

(二)新建小区定价。

新建居住小区的业主共有停车泊位,停车收费定价按照本条执行。

第三十条 居住小区在居民委员会、村民委员会的指导下,可以成立停车自治组织,对居住小区内停车实行自我管理、自我服务。自我管理服务可以收取一定的费用,用于停车自治成本费用、停车设施建设等,费用收取和使用情况应当定期在居住小区内公示。

【解读】

本条是关于居住小区内停车实行自我管理及收费的规定。

一、立法背景

居住区停车面临的最大难点是老旧小区和胡同的停车管理。因为车位少、收费低、环境乱等多重原因,专业停车公司和物业服务企业不愿意提供有效的停车服务,很多老旧小区处于停车不收费、无管理的状态,居民很不满意。因此,居民小区在村民委员会、居民委员会的指导下,成立停车自治组织,充分发挥社区居民自治管理的作用,对居住小区内停车实行自我管理、自我服务,提高居民在居住区停车设施设置、改造和管理等方面的参与度,成为老旧小区和胡同停车管理的可行、可持续模式。

二、条文解读

(一)居住小区停车自我管理的组织主体。

村民委员会、居民委员会是居住小区停车自我管理的组织主体,在其指导下成立居住小区停车自治组织,对小区停车开展自我管理、自我服务。

(二)停车自治组织可以收取费用。

停车自治组织通过自治规则约定,直接对居住小区停车泊位建设、秩序、收费等进行管理并可以收取一定费用。所收费用可以用于停车自治成本支出和小区内停车设施的建设、维护等,收费及使用情况应当在小区内公示。

三、立法依据和参考资料

● 《中华人民共和国村民委员会组织法》

第二十二条　召开村民会议,应当有本村十八周岁以上村民的过半数,或者本村三分之二以上的户的代表参加,村民会议所作决定应当经到会人员的过半数通过。法律对召开村民会议及作出决定另有规定的,依照其规定。

召开村民会议,根据需要可以邀请驻本村的企业、事业单位和群众组织派代表列席。

第二十四条　涉及村民利益的下列事项,经村民会议讨论决定方可办理:

(一)本村享受误工补贴的人员及补贴标准;

(二)从村集体经济所得收益的使用;

(三)本村公益事业的兴办和筹资筹劳方案及建设承包方案;

(四)土地承包经营方案;

(五)村集体经济项目的立项、承包方案;

(六)宅基地的使用方案;

(七)征地补偿费的使用、分配方案;

（八）以借贷、租赁或者其他方式处分村集体财产；

（九）村民会议认为应当由村民会议讨论决定的涉及村民利益的其他事项。

村民会议可以授权村民代表会议讨论决定前款规定的事项。

法律对讨论决定村集体经济组织财产和成员权益的事项另有规定的，依照其规定。

● 住建部《城市停车设施建设指南》建城〔2015〕142号

3.6.5 充分发挥社区居民自治管理的作用，加大居民在居住区停车设施设置、改造和管理等方面的参与程度。

四、实施中应当注意的问题

（一）把握自治的范围。

为充分发挥社区居民自治管理的作用，加大居民在居住区停车设施设置、改造和管理等方面的参与程度，此次《条例》增加了停车自治的规定，可由成立的停车自治组织对居住小区内停车实行自我管理、自我服务。在实践过程中，目前停车自治存在问题较多，情况纷繁复杂，应当根据实际情况因地制宜。同时，在《条例》实施过程中需要进一步探索。因此，目前原则上鼓励居住小区引入专业的停车管理公司进行停车管理，在尚无物业管理的平房区和未成立业主委员会的住宅小区内，可在居委会、村委会的指导下成立停车自治组织。

（二）居委会、村委会的指导不可缺少。

居住小区的停车自治组织，应在居委会、村委会的指导下成立。居委会、村委会应按照有关规定予以指导，制定符合居住小区具体情况的自治管理规定。

（三）停车收费管理。

《条例》中规定自我管理服务可以收取一定的费用。该收费不属于经营性行为，由居民委员会或者村民委员会解决发票问题。停车自治组织在成立时应明确收费标准、收费资金用途并在居住小区内公示。

第三十一条 本市逐步建立居住停车区域认证机制，停车人在划定的居住停车范围内停车，可以按照居住停车价格付费。具体办法由市交通主管部门会同相关部门制定。

【解读】

本条是对我市建立居住停车区域认证机制进行规定。

一、立法背景

本市停车资源存在缺口是不争的事实，"适度满足居住停车需求，从严控制出行停车需求"是本《条例》立法的基本原则之一。通俗地讲，在一定程度上，能够让群众把居住停车停下来、通过价格杠杆（提高出行停车成本）把机动车使用强度降下来，是我们立法的目的之一。

相对于紧张的停车资源，尤其是首都核心区居住的开放空间，如何做好制度设计在抑制核心区机动车使用强度的同时，优先满足居民基本的居住停车需求，维护居住区停车秩序，缓解居住区停车供需矛盾，促进静态交通与动态交通相平衡，缓解城市交通病，达到立法目标，是我们立法需要思考的问题。

近年来，属地在解决停车社会矛盾的过程中，采取了居住停车认证的措施，优先满足居住停车基本需求，从严控制出行停车需求,起到了较好的效果。此次立法,就是要将这些经验与做法固定下来,缓解居住区停车问题。

二、条文解读

(一)居住停车区域认证机制是落实差别化供给原则的具体体现。

"居住停车区域"是一个新的概念,居住停车区域认证的目的是规范本市居住区停车秩序,从而缓解停车供需矛盾造成的交通拥堵,有效改善居住区停车环境。此外,通过建立居住停车区域认证机制,能够有效地区分居住区的本地停车需求和外来停车需求,促进停车资源和停车需求的分类管理。

(二)明确了居住停车享有的权利。

针对居住区停车难的问题,实施居住停车区域认证机制。对基本的居住停车需求,原则上应当通过居住区配套停车设施解决;在居住区配套停车设施不足的区域,经属地停车管理部门统筹居住区周边可利用的停车资源,通过对居民的车辆行驶证、驾驶证、房产证、身份证及户口簿等证件进行核实认证后,在居住区附近一定区域内,居民名下第一辆车可以享受较低的居住停车收费标准且只能认证一次,让居民在居住停车时享受较低价格。为从严控制出行停车需求,当车辆驶出经过认证的、享受优惠居住停车收费的区域后,应当按出行停车标准交费。

(三)规定了市交通行政主管部门制定居住停车区域认证机制的职责。

三、立法依据和参考资料

● 《关于进一步完善机动车停放服务收费政策的指导意见》

（发改价格〔2015〕2975号）

第六条 加快推行差别化收费。鼓励各地结合实际情况，推行不同区域、不同位置、不同车型、不同时段停车服务差别收费，抑制不合理停车需求，缓解城市交通拥堵，有效促进公共交通优先发展与公共道路资源利用。

对不同区域的停车设施服务收费，要根据停车供需状况差异，并考虑道路路网分布、公共交通发展水平、交通拥堵状况等因素，划分不同区域，实行级差收费。供需缺口大、矛盾突出区域可实行较高收费，供需缺口小、矛盾不突出区域可实行低收费。对城市外围的公共交通换乘枢纽停车设施服务，应当实行低收费。

同一区域停车设施，区分停车设施所在位置、停车时段、车辆类型等，按照"路内高于路外、拥堵时段高于空闲时段"的原则，制定差别化服务收费标准。适当扩大路内、路外停车设施之间的收费标准差距，引导更多使用路外停车设施。对交通场站等场所及周边配套停车设施服务，鼓励推行超过一定停放时间累进式加价的阶梯式收费。要根据不同车型占用停车资源的差别，合理确定停放服务收费标准。鼓励对新能源汽车停车服务收费给予适当优惠。要合理制定停车服务收费计时办法，逐步缩小计费单位时长，加快推行电子缴费技术，鼓励对短时停车实行收费优惠。

●《关于加强城市停车设施管理的通知》（建城〔2015〕141号）

第五条 第二款 路内停车原则上实施收费管理，路内停车泊位的价格属于政府定价范围，要健全政府定价规则，根据区位、设施条件等推行差别化停车收费。实行从城市中心区向城市外围由高到低的停车级差价格，利用价格杠杆引导形成中心区域高于外围区域、交通拥堵严重地区高于普通地区的需求调控格局。

●《关于"加强机动车停车服务与管理,构建科学完备的静态交通体系"议案办理情况的报告》

(四)实行差别化管理

2.差别化价格。以反映土地资源稀缺程度和市场供需关系建立新的停车价格体系。按照不同区域、时段和车位性质,依据"中心高于外围、出行高于居住、白天高于夜间"的原则,实行差别化定价并实现动态调节。逐步建立市场定价、政府监管并指导的价格机制。对居住车位收费加强引导和监管。对路侧占道停车实行收支两条线,规范停车管理和收费。

建立静态交通与动态交通执法联动机制。通过停车管理信息系统,将静态交通与动态交通管理信息共享,实现停车管理执法信息与动态交通管理执法信息互联互通,并依法实现联动处罚。

四、关键词解释

【居住停车区域】指各区政府在辖区内根据居住区的分布情况划定的若干个区域。该区域内符合一定条件的居民,在规定的范围内停车时,可以按照居住停车价格付费。

【居住停车区域认证】指将居住停车区域内的车辆与该区域进行信息绑定并将绑定信息纳入市级停车管理服务平台,进行全市统一管理。

五、实施中应当注意的问题

(一)居住停车区域的认证体系设计。

居住停车区域认证机制的建立,按照"人与区域对应,车与区域对应,人、车、区域绑定,一车只绑一区域"的原则,由全市统一加强行驶证等证件的统筹;由各区、街道(乡镇)或者社区通过其他因素因地施策。具体办法由市交通行政主管部门组织制定,由各区、街道(乡镇)或者社区具体落实。

(二)居住停车区域认证应在做好调查研究、摸清底数的基础上开展。

一是要摸清居住区及周边停车资源情况,做到停车设施底数清;二是要摸清居住区范围内的停车需求和停车现状,做到对居住区范围内现状停车底数清;三是要将车辆与居住地的关系梳理清楚,建立关联关系。

(三)以技术手段保障认证制度的实施。

停车认证制度实施的难点在于如何保证人车匹配、一车只能认证到一个区域。解决这一难点问题,应当充分依托北京市停车综合管理服务系统,通过系统掌握车辆认证的基本信息,甄别"一车绑多区域"的现象,保障居住停车区域认证的实施。

第三十二条 停车设施经营单位应当遵守下列规定:

(一)在显著位置明示停车设施名称、范围、编号、服务项目、收费标准、车位数量及监督电话;

(二)按照明示的标准收费,并出具专用票据;

(三)实行计时收费的停车设施,满一个计时单位后方可收取停车费,不足一个计时单位的不收取费用。

中心城区范围内的经营性停车设施,应当24小时开放。违反规定的,由城市管理综合执法部门责令限期改正,并处5000元以上1万元以下罚款。

第一部分　法规条文解读

违反第一款规定的,依照价格、税务相关法律法规进行处罚。

【解读】

本条是关于停车设施经营规范的规定。

一、立法背景

尽管《北京市机动车停车管理办法》对停车场经营者的经营行为进行了规范,但在实际运行中,其服务质量参差不齐,存在不按规范提供服务的现象,导致停车相对人合法权益受损,同时也影响了正常的停车秩序。

二、条文解读

停车场经营者应当遵守以下规定:

(一)在显著位置明示停车场信息。

应在停车场显著位置,如入口、收费处,明示停车场名称、范围、编号、服务项目、收费标准、车位数量及监督电话等信息。

(二)按明示标准收费并出具专用票据。

经营性停车场必须按照明示的收费价格标准进行收费,并提供专用票据。路侧停车收费应提供政府非税收入票据。

(三)不足一个计时单位的不收取费用。

按照明示的收费价格标准,若计时单位为小时,对于停车不满一个小时的停车人不得收取费用。原则上按照发改部门规定的15分钟为一个计时单位,若停车不满15分钟的,不收取停车费用。

(四)经营性停车场应当24小时开放。

在中心城区范围内的经营性停车场,必须24小时开放经营。否则,由城管执法部门处以罚款的行政处罚。

(五)违反经营规范的处罚。

对于不公示收费信息、不按规范进行收费的,由价格主管部门依法处罚;对于不按规范出具收费票据的,由税务部门依法处罚。

三、立法依据和参考资料

● 《中华人民共和国价格法》

第十三条 经营者销售、购买商品和提供服务,应当按照政府价格主管部门的规定明码标价,标明商品的品名、产地、规格、等级、计价单位、价格或者服务的项目、收费标准等有关情况。

经营者不得在标价之外加价出售商品,不得收取任何未予标明的费用。

第三十四条 政府价格主管部门进行价格监督检查时,可以行使下列职权:

(一)询问当事人或者有关人员,并要求其提供证明材料和与价格违法行为有关的其他资料;

(二)查询、复制与价格违法行为有关的账簿、单据、凭证、文件及其他资料,核对与价格违法行为有关的银行资料;

(三)检查与价格违法行为有关的财物,必要时可以责令当事人暂停相关营业;

(四)在证据可能灭失或者以后难以取得的情况下,可以依法先行登记保存,当事人或者有关人员不得转移、隐匿或者销毁。

第四十二条 经营者违反明码标价规定的,责令改正,没收违法所得,可以并处五千元以下的罚款。

● 《中华人民共和国发票管理办法》

第十九条 销售商品、提供服务以及从事其他经营活动的单位和个人,对外发生经营业务收取款项,收款方应当向付款方开具发票;特殊情况下,由付款方向收款方开具发票。

第三十五条 违反本办法的规定,有下列情形之一的,由税务机关责令改正,可以处 1 万元以下的罚款;有违法所得的予以没收:

(一)应当开具而未开具发票,或者未按照规定的时限、顺序、栏目,全部联次一次性开具发票,或者未加盖发票专用章的;

(二)使用税控装置开具发票,未按期向主管税务机关报送开具发票的数据的;

(三)使用非税控电子器具开具发票,未将非税控电子器具使用的软件程序说明资料报主管税务机关备案,或者未按照规定保存、报送开具发票的数据的;

(四)拆本使用发票的;

(五)扩大发票使用范围的;

(六)以其他凭证代替发票使用的;

(七)跨规定区域开具发票的;

(八)未按照规定缴销发票的;

(九)未按照规定存放和保管发票的。

● 《政府非税收入管理办法》

第二十条 非税收入票据是征收非税收入的法定凭证和会计核算的原始凭证,是财政、审计等部门进行监督检查的重要依据。

第二十一条 非税收入票据种类包括非税收入通用票据、非税收入专用票据和非税收入一般缴款书。具体适用下列范围:

（一）非税收入通用票据,是指执收单位征收非税收入时开具的通用凭证。

（二）非税收入专用票据,是指特定执收单位征收特定的非税收入时开具的专用凭证,主要包括行政事业性收费票据、政府性基金票据、国有资源(资产)收入票据、罚没票据等。

（三）非税收入一般缴款书,是指实施非税收入收缴管理制度改革的执收单位收缴非税收入时开具的通用凭证。

第二十四条　除财政部另有规定以外,执收单位征收非税收入,应当向缴纳义务人开具财政部或者省级财政部门统一监(印)制的非税收入票据。

对附加在价格上征收或者需要依法纳税的有关非税收入,执收单位应当按规定向缴纳义务人开具税务发票。

不开具前款规定票据的,缴纳义务人有权拒付款项。

● 《北京市发展和改革委员会　北京市交通委员会　北京市住房和城乡建设委员会关于本市停车收费管理有关问题的通知》京发改〔2015〕2688号

三、要严格落实明码标价制度,在停车场醒目位置设置明码标价牌,明示停车场经营单位名称、停车场范围(位置)、车位总数、收费时段、收费标准、行业主管单位和经营单位的服务监督电话,主动接受社会监督。

四、实施中应当注意的问题

停车场相关信息公示的位置应是显著位置。如:车场入口、交费处,所有明示的信息必须保持一致;收费标准应明确计时单位,必须按照明示的收费标准进行收费。

第三十三条 任何单位和个人不得违反规划将停车设施改作他用。

向社会开放的公共停车设施确需停止经营的,停车设施经营单位应当将处理方案提前报告区停车管理部门;决定停止经营的,停车设施经营单位应当提前30日向社会公告。临时停车设施停止使用的,停车设施经营单位应当在停止使用前30日向社会公告,并到有关部门办理相关手续。

确需改变停车设施用途的,应当依法报原审批部门办理规划变更手续,但为实现原规划用途,将临时停车设施停止使用的情况除外。

违反第一款规定,改变停车设施用途的,由城市管理综合执法部门责令限期改正、恢复原状,并处每个泊位1万元罚款。

【解读】

本条是关于禁止改变停车设施规划用途的规定,同时明确了经营性停车场停止经营和改变停车设施用途的程序性规定。

一、立法背景

目前,本市停车难问题凸显,停车设施供给严重不足。在此背景下,擅自改变停车设施规划用途以及擅自停止经营性停车设施的经营,必将加大停车资源的供给不足。因此,通过立法禁止此类行为的产生是十分必要的。另一方面,对于确需停止使用经营性停车设施和改变停车设施用途的,应依法办理相关手续。

二、条文解读

(一)禁止将停车设施挪作他用。

停车设施是城市交通基础设施的重要组成部分。为了在现有状况下最大限度地解决停车难问题,同时有效利用已建停车场,缓解交通压力,本条明确规定,任何单位和个人不得违反规划将停车设施改作他用。

(二)公共停车设施停止经营提前公示的规定。

公共停车设施作为城市交通基础设施的重要组成部分,在保障城市交通正常运行方面发挥了不可或缺的作用。公共停车设施确需停止经营的,停车设施经营单位应在停车设施停止使用前30日向全社会告知。

(三)改变停车设施用途的规定。

确需改变停车设施用途的,涉及土地使用性质的变更,因此需要依法报原审批部门办理规划变更手续;不涉及改变土地原规划用途的除外。

(四)对于擅自改变停车设施用途的违法行为,由城管部门依本条款处罚。

三、立法依据和参考资料

● 《中华人民共和国物权法》

第一百四十条　建设用地使用权人应当合理利用土地,不得改变土地用途;需要改变土地用途的,应当依法经有关行政主管部门批准。

● 《中华人民共和国城乡规划法》

第三十五条　城乡规划确定的铁路、公路、港口、机场、道路、绿地、输配电设施及输电线路走廊、通信设施、广播电视设施、管道设施、河道、水库、水源地、自然保护区、防汛通道、消防通道、核电站、垃圾填埋场及焚烧厂、污水处理厂和公共服务设施的用地以及其他需要依法保护的用地,禁止擅自改变用途。

● 《中华人民共和国道路交通安全法》

第三十三条　第一款　新建、改建、扩建的公共建筑、商业街区、居住区、大(中)型建筑等,应当配建、增建停车场;停车泊位不足的,应当及时改建或者扩建;投入使用的停车场不得擅自停止使用或者改作他用。

● 《北京市实施〈中华人民共和国道路交通安全法〉办法》

第二十八条　公共停车场的建设,应当根据道路状况,本着安全、畅通的原则,合理规划并实施。公共停车场建设工程的设计,应当符合国家和本市的设计标准和规范。已经建成或者投入使用的公共停车场,不得擅自停止使用或者改作他用。

● 《国土资源部关于进一步完善城市停车场规划建设及用地政策的通知》建城〔2016〕193号

(十七)加强城市停车场建成后的监管。不符合规划、不满足配建标准、充电基础设施和有关工程建设标准的,不得通过规划核实。城市停车行业主管部门要会同城市规划、国土资源部门,加强停车场建成后的使用监管,对未经批准、挪作他用的停车设施,应限期进行整改,并恢复停车功能。

四、实施中应注意的问题

对停车设施擅自挪作他用的违法行为进行处罚时,应注意是对每一个车位罚款,罚款额可累计处罚。

第三十四条　举办大型群众性活动,承办者应当协调活动举办场所及周边的停车设施,提供停车服务,并向公安机关交通管理部门报告。

公安机关交通管理部门应当制定活动举办场所及其周边区域的机动车疏导方案,周边道路有条件的,可以设置临时停车区域,并明确停放时段。

【解读】

本条是关于举办大型活动时提供停车服务的规定。

一、立法背景

大型活动举办期间所引发的短时期内的集中出行,往往给举办场所的周边停车带来巨大的压力,可能引发一定程度的交通拥挤,造成安全隐患,损害人民的生命财产安全。因此,为确保大型活动举办场所周边停车系统的稳定运行,保障交通系统的顺畅及安全,确保参加活动的车辆顺利、安全地到达、停放和离开,最大限度地减少大型活动对城市正常生产生活的影响,大型活动的承办者及公安机关交通管理部门应当针对大型活动引发的短时剧增的停车需求采取相应措施,提供停车服务。

二、条文解读

大型群众性活动会在短时间内诱发局部地区高强度的停车需求,大型活动承办者和公安机关交通管理部门应采取相应对策,保障停车设施的供应。

(一)大型活动承办者职责。

举办大型群众性活动,应当明确临时停车需求的组织管理,明确活动主办方及实际承办者在停车管理上的责任。

申请大型活动前,承办者应当对参加活动的人数和车辆数进行预估。预估人数应当是进入大型活动现场的人员数量总和,包括活动现场工作人员和入场观众。预估车辆数应当根据交通组织方式(包括驾车、地铁、公交等)对到现场车辆数进行预估。根据预估的人数和车辆数来协调活动举办场所及周边的停车设施,提供基本满足需求的停车服务,保障活动的顺利进行,同时履行提前向社会公示和向公安机关交通管理部门报告的义务。

(二)公安交管部门职责。

针对各类大型活动的特点,强调大型活动配套停车的秩序管理。大型活动举办前,公安机关交通管理部门应当制定活动举办场所及其周边区域的机动车疏导方案,采取多种交通管制措施,并在制定的机动车疏导方案实施前向社会公告。

公安机关交通管理部门可根据大型活动举办场所周边交通状况、道路条件,在周边道路有条件或允许的情况下,按规范设置临时停车区域或临时停车泊位并明确机动车停放时段。

三、立法依据和参考资料

●《北京市大型社会活动安全管理条例》

第八条　大型活动场所提供者应当履行下列安全职责:

(五)对停车设施不得挤占、挪用,并维护安全秩序;

第十三条　大型活动安全工作方案应当包括以下内容:

(五)车辆停放、疏导措施;

●《北京市大型群众性活动安全管理条例》

第八条　申请大型活动前,承办者应当对参加活动的人数和车辆数进行预估。预估人数应当是进入大型活动现场的人员数量总和,包括活动现场工作人员和入场观众。

预估车辆数应当根据交通组织方式(包括驾车、地铁、公交等)对到现场车辆数进行预估。

四、关键词解释

【大型群众性活动】也称大型活动,指法人或其他组织面向社会公众举办的每场次预计参加人数达到1000人以上的活动,包括体育比赛、演唱会、音乐会、展览、游园、庙会、花会、焰火晚会等,以及人才招聘会、现场开奖的彩票销售等活动。

五、实施中应当注意的问题

大型活动承办者在举办大型活动时应当提供停车服务,避免因停车秩序混乱导致的影响交通通行、危害公共秩序和安全的状况发生。

第三十五条 本市机动车停车相关行业社团组织依照章程,建立健全行业自律制度,参与停车相关政策法规、行业标准、规范的研究制订和宣传贯彻,规范指导会员经营管理,组织开展诚信建设,维护会员合法权益,组织会员开展行业服务质量评价和培训,提高停车服务质量。

【解读】

本条是关于行业自律和行业社团组织参与社会共治的规定。

一、立法背景

为化解社会矛盾,带领机动车停车行业的有序发展,机动车停车相关行业社团组织应运而生。这些社团组织作为政府联系企业和企业之间相互沟通、交流合作、共同发展的重要平台和载体,充分发挥了社会团体、行业协会和中介机构的作用,不仅有利于协调具体利益关系,而且还有利于化解社会危机因素,更好地建设和谐社会。

与此同时,加强机动车停车相关行业社团组织的自律性管理显得愈发重要。这些社团组织是机动车停车相关行业中相互之间具有竞争关系的经营者的联合体,社团组织内部的矛盾和摩擦不可避免。社团作为会员的行业组织,必须规范会员的经营行为,调和会员之间的矛盾,共同应对外部竞争,实现行业内企业的共赢。

目前,我市机动车停车相关行业社团组织的纽带作用还有待进一步加强,通过加强行业自律不仅可使行业社团组织的纽带作用进一步提高,同时也能将行业社团组织吸纳到停车管理社会共治当中来。

二、条文解读

(一)加强自律,维护行业秩序。

行业自律是为了规范行业行为,协调同行利益关系,维护行业间的公平竞争和正当利益,促进行业发展。自律就是自我约束,本市机动车停车相关行业社团组织应当依照章程,建立健全行业自律制度。提倡公平竞争、诚信经营,反对不正当竞争行为;配合政府主管部门加强行业管理,督促本行业经营者守法经营;制定行规行约,推进行业自律机制,监督和规范会员的经营管理行为。

(二)明确职责,发挥积极作用。

本市机动车停车相关行业社团组织有责任、有义务配合政府主管部门参与停车相关政策法规、行业标准、规范的研究制定及宣传贯彻工作,以及按要求开展有关统计、调查研究等工作。

(三)规范管理,提高服务质量。

1. 引导行业社团组织建立行业服务评价制度,采取多种方式加大对停车服务经营单位的自我管理,促进停车产业化发展。

2. 协调会员之间及其内外关系,维护本行业和会员正当经营的合法权益,指导、协助会员健全质量、服务等基础管理。

3. 加强质量监督检查,组织开展优质服务评比活动,逐步完善协会的管理服务职能,在政府和会员之间发挥桥梁纽带作用,促进北京停车行业持续、快速、健康发展。

三、立法依据和参考资料

● 《国务院办公厅关于加快推进行业协会商会改革和发展的若干意见》(国办发〔2007〕36号)

二、积极拓展行业协会的职能

(四)加强行业自律。行政执法与行业自律相结合,是完善市场监管体制的重要内容。行业协会担负着实施行业自律的重要职责,要围绕规范市场秩序,健全各项自律性管理制度,制订并组织实施行业职业道德准则,大力推动行业诚信建设,建立完善行业自律性管理约束机制,规范会员行为,协调会员关系,维护公平竞争的市场环境。

四、实施中应当注意的问题

(一)机动车停车相关行业社团组织参与停车相关政策法规、行业标准、规范的研究制定和宣传贯彻时,必须遵守相应法律、法规和国家政策,遵守社会道德风尚,贯彻实施政府的有关规定,处理好政府与协会之间的关系,在政府与经营者间积极发挥桥梁和纽带作用。

(二)停车行业协会要根据《条例》的规定,依法积极开展工作,围绕规范市场秩序,健全各项自律性管理制度,制定并组织实施行业职业道德标准,大力推动行业诚信建设,建立完善行业自律管理约束机制,规范会员行为,协调会员关系,维护公平、竞争的市场环境。

第四章　道路停车

【本章提要】

道路停车是增加停车资源供给的重要补充手段,在解决出行停车需求方面发挥着重要的作用。同时,道路停车是占用道路资源来临时实现停车功能,必将对道路的通行产生影响。因此,如何科学规范路侧停车,在停车管理体系中具有十分重要的作用。

《条例》第四章道路停车共七条,主要规定了道路停车泊位设置、维护及调整,道路停车收费性质,经营方式,实行电子收费,按规定停放,依法缴纳停车费以及协助执法等内容。

第三十六条　公安机关交通管理部门负责设置、维护、调整道路停车泊位,确定停车泊位允许停放的时段。

设置道路停车泊位,遵循严格控制和中心城区减量化的原则,优先保障步行、非机动车、公共交通,保障机动车通行。服务半径内有停车设施可以提供停车泊位的,一般不得设置道路停车泊位;不具备停车条件的胡同,不得设置道路停车泊位。对已有的道路停车泊位,应当根据区域停车设施控制目标、交通运行状况、泊位周转使用效率和周边停车设施的增设情况及时进行调整或者取消。

除前款和本条例第十八条规定的情形外,其他单位和个人不得占用、设置、撤除道路停车泊位或者据为专用。

违反第三款规定,由公安机关交通管理部门责令停止违法行为,恢复原状,擅自占用或者据为专用的,并处每个泊位500元以上1000元以下罚款;擅自设置、撤除道路停车泊位的,并处每个泊位1000元以上2000元以下罚款;情节严重的,并处每个泊位5000元罚款。

【解读】

本条文是关于设置、维护及调整道路停车泊位的规定。

一、立法背景

目前,我市道路停车管理主要存在以下两方面问题:

(一)道路违法停车现象严重。

在没有施划停车位的道路上违法停放车辆,尤其是老旧小区、学校、医院等周边乱停乱放严重。同时,胡同里也有大量车辆无序停放,占用了人行道和非机动车道。还有部分新建道路刚修好未开通就成为了"道路停车场",车辆三排五排并行停放,严重挤占了道路资源。

(二)私划车位违规收费现象严重。

经常是交管部门涂掉私划的车位线不久后,由于私划容易且缺乏有力惩戒手段,占道停车场经营者或收费员就又在原来基础上重新私划车位收费,导致私划现象层出不穷,严重侵害了停车人的利益。

道路停车泊位的设置具有两面性:一方面能有效地增加停车泊位供给,解决"停车难"问题;另一方面,过度地设置又会影响到道路通行功能的发挥,特别是不具备条件的路段设置停车泊位,会造成道路通行不畅。因此,如何平衡、科学合理地设置和动态调整道路停车泊位是非常必要的。

二、条文解读

（一）明确了公安机关交通管理部门是道路停车泊位设置的主体。

（二）明确了设置道路停车泊位的原则：严格控制和中心城区减量化。

（三）明确了设置道路停车泊位时，必须优先保障道路的通行功能。主干路原则上不得设置停车泊位，次干路、支路白天原则上仅设置出行停车泊位，不设置居住停车泊位。

（四）明确了有其他停车设施可以提供服务的、不具备停车条件的，不得设置道路停车泊位。道路停车只是停车的补充方式，如果路外有足够的停车设施可以提供，为保证道路的通行功能以及车位的利用效率，就不得在道路上再设置停车位。

（五）建立道路停车泊位设置的动态调整机制，应当根据控制目标、交通状况、泊位使用率和周边停车设施状况等，对已设置的道路停车泊位及时进行调整，包括增加和取消道路停车位。

（六）明确了除本《条例》规定的情形外，任何单位和个人不得私设、占用、撤除道路停车泊位或者据为专用。对于有上述违法行为的，由公安交管部门依本条款进行处罚。

三、立法依据和参考资料

● 《中华人民共和国道路交通安全法》

第二十九条　第一款　道路、停车场和道路配套设施的规划、设计、建设，应当符合道路交通安全、畅通的要求，并根据交通需求及时调整。

●《北京市人民政府办公厅关于印发〈北京市路侧停车管理改革方案〉的通知》(京政办字[2017]20号)

设置道路停车泊位要综合考虑行人、车辆通行条件和安全等因素,统筹兼顾机动车、非机动车以及行人的通行权力;中心城区特别是核心区路侧停车泊位要按照减量化原则进行设置,对已有的路侧停车泊位,根据区域交通运行状况和周边停车设施等实际情况统筹调整安排。市公安交通管理部门负责路侧停车泊位设置、调整以及标线、编号初划工作;各区政府负责组织实施本行政区域内路侧停车泊位标线、编号的复划工作,复划周期为一年。

四、实施中应当注意的问题

(一)除公安交管部门外,其他单位无权设置道路停车泊位。

条文明确了道路停车泊位设置的主体为公安机关交通管理部门,即在实施过程中除了交管部门外,其他单位和部门不得设置、调整停车泊位;如果为了解决居住停车问题,必须设置停车泊位时,应该由区、街乡镇政府组织交管、交通行政部门划定。

(二)正确理解"减量化原则"。

本条实施过程中应注意对"减量化原则"的正确理解。对"减量化原则"的理解主要有以下几点:一是在中心城区道路停车泊位要逐渐减少;二是要明确还路于行的原则,设置路侧停车泊位不得影响道路通行能力;三是在不具备停车条件(宽度小于5米)的胡同不得设置临时停车泊位;四是明确动态调整机制的重点是保证通行为主,如果设置的停车泊位干扰了道路通行功能的实现,则必须调整停车泊位,同时随着道路的改扩建具备了设置停车泊位条件的,也可增设停车泊位;五是在出现周边有新的停车泊位供给、现有交

第一部分　法规条文解读

通拥堵影响通行及停车泊位使用率低等情况时,可减少停车泊位。

(三)正确解读本条与第十八条的关系。

本条实施过程中应注意其与《条例》第十八条的关系。本条是关于设置、维护及调整道路停车泊位的规定,而第十八条是为解决核心居住小区停车难、停车需求不足而制定的规定;第十八条可作为本条的例外。这两条的正确实施既能规范道路停车泊位的设置,保障道路畅通,还能在一定程度上解决一些居民小区的停车难问题。

(四)提前告知路侧停车位调整信息,及时开展道路停车位规范治理专项活动。

在实施过程中应提前向社会发布路侧车位设置及调整信息,及时增设路侧停车区与禁停区的标志标识,避免市民因不了解路侧停车位调整或撤销情况造成违法停车。同时,应在全市组织开展对非法施划的路侧停车位逐一确认,进行专项清理。

第三十七条　道路停车收费纳入政府非税收入管理,实行收支两条线,收入全额上缴区级财政,并定期向社会公开。

【解读】

本条明确了路侧停车泊位收费性质。

一、立法背景

目前,北京市路侧停车收费模式的状况是:政府通过特许经营等方式将路侧停车资源交由停车企业经营,停车企业向政府缴纳道路资源占用费;同时,停车企业在经营中向停车人收取停车费。这种运行模式存在以下弊端:

（一）政府的道路资源占用费收不上来。

按照目前的操作模式，停车费收入先进入企业账户，企业再向政府缴纳资源占用费。由于管理不规范以及企业趋利的经营性质，导致停车企业经常以种种理由（如逃缴费过多、人工成本高、车位使用率低等）不缴纳或少缴纳相关费用，导致政府的道路资源占用费收不上来，广受社会质疑。

（二）层层转包、不规范经营时有发生。

有的企业取得道路资源停车经营权后不是自己经营，而是转包给其他企业经营，这样会导致经营主体不确定、管理责任心不强，从而引发停车乱等乱象。另外，出于企业趋利的性质，在经营中经常发生不按标准收费、不给发票等乱象。一是侵害了停车人的合法权益，二是导致政府差别化收费政策无法落实。

二、条文解读

本条明确了收费性质，道路停车收费属于政府非税收入，属道路资源占用费，应当严格实行收支两条线。明确了道路停车收费的征收主体是政府，收费对象为具体停车人，所收费用直接上缴财政专用账户。

考虑到各区人民政府及区级停车管理部门在全市停车管理工作中具体承担了大量的工作，为保障、支持停车管理具体工作的顺利开展，本条规定，道路停车收费直接上缴区级财政，由区政府统筹安排使用，定期向社会公示。

三、立法依据和参考资料

● 《政府非税收入管理办法》

第二条　非税收入设立、征收、票据、资金和监督管理等活动，适用本办法。

第三条 第一款 本办法所称非税收入,是指除税收以外,由各级国家机关、事业单位、代行政府职能的社会团体及其他组织依法利用国家权力、政府信誉、国有资源(资产)所有者权益等取得的各项收入。具体包括:

(一)行政事业性收费收入。

● 《北京市行政性事业性收费管理条例》

第二章 项目设置和标准制定

第六条 行政性收费项目的设置,必须依照法律、法规以及特定管理行为的需要,从严控制。

行政性收费标准的制定,属于管理性收费的,必须依据特定管理行为的合理支出制定;属于证照收费的,必须依据制发证照的工本费用制定,法律、法规另有规定的从其规定;属于资源性收费的,依据国家有关规定制定。

四、关键词解释

【非税收入】指除税收以外,由各级政府、国家机关、事业单位、代行政府职能的社会团体及其他组织依法利用政府权力、政府信誉、国家资源、国有资产或提供特定公共服务、准公共服务取得的财政性资金,是政府财政收入的重要组成部分。

五、实施中应当注意的问题

(一)道路停车收费的具体征收主体。

非税收入的征收主体是政府,按照本《条例》明确的区级政府负责本行政区域内的停车管理工作,道路停车所收费用由区政府统筹使用,因此,道路停车收费的具体主体是各区人民政府。

(二)非税收入发票问题。

1. 财政部门应当通过加强非税收入票据管理,规范执收单位的征收行为,从源头上杜绝乱收费,并确保依法合规的非税收入及时足额上缴国库。

2. 对附加在价格上征收或者需要依法纳税的有关非税收入,执收单位应当按规定向缴纳义务人开具税务发票。不开具前款规定票据的,缴纳义务人有权拒付款项。

3. 北京市路侧停车电子收费发票统一实行电子票据。

(三)占道费收费标准调整问题。

道路停车收费性质的改变,将道路资源占用费的征收对象由停车企业变为停车人,将征收方式由停车企业经营后按照收费标准缴纳变为停车人直接上缴区财政。但我市目前执行的停车占道费收费标准是《关于调整本市非居住区停车占道收费标准的通知》(京发改〔2010〕2291号)中确定的,收费标准较低,具体标准如下表。

(元/车位·日)

占道性质	占道类别		
	一类道路	二类道路	三类道路
非居住区停车占道收费	35	15	3.6

由此看来,若由停车人按照上述标准缴纳道路停车费,显然是不现实的,并且与目前政府定价的道路停车收费标准不一致。因此,需要相关部门进一步研究,按照《北京市行政性事业性收费管理条例》规定的程序修订相关收费标准并收取。

第一部分　法规条文解读

第三十八条　区人民政府可以采取向社会购买服务的方式,委托专业化停车企业对道路停车进行管理。委托过程应当公开透明并签订书面协议,明确双方权利义务、不得转包、协议期限、终止协议的情形等内容。

市交通行政主管部门应当制定协议示范文本,并将不执行电子收费、议价等行为,纳入终止协议的情形。市交通行政主管部门、区人民政府应当监督协议执行情况。

【解读】

本条是关于各区人民政府可以通过购买服务的方式将道路停车委托给专业企业进行管理的相关规定。

一、立法背景

截至2017年12月底,北京市共有经营性备案路侧占道停车场496个,路侧占道停车位37526个(其中,城六区备案路侧占道停车位36701个),占全市经营性停车位总数的1.82%。目前,全市道路停车位由各区停车管理部门自行委托停车企业进行经营,企业主要采取经营目标责任制和经营承包责任制两种模式,对停车管理人员设置业绩目标或者直接将经营路段承包给第三方经营。由于停车运营企业众多且缺乏有效的监管手段,管理部门一方面无法及时获悉企业的真实经营收入情况,另一方面在面对诸如议价、乱收费、逃费等停车乱象时,出现管理成效不佳、屡禁不止的现象。随着北京市人民政府办公厅印发的《北京市路侧停车管理改革方案》的实施,全市4086个路侧电子收费停车位已于2017年12月26日上线试运行,传统的特许经营方式,以及由一大批水平参差不齐、规模大小不一、实力有强有弱的停车企业共同运营道路停车位的管理模式,已不能适应目前城市管理的新形势、新要求。

二、条文解读

(一)明确了政府可以通过购买服务的方式,委托专业企业对道路停车进行日常管理,委托的方式应当公开透明。

此管理模式与目前本市道路停车收费模式最大的区别是:目前停车收费先入企业账户,企业再向政府缴纳道路资源占用费;按照《条例》的规定,政府委托企业管理后,停车人所交费用不入被委托管理企业的账户,直接进入政府财政账户,避免了中间可能发生的"截留"环节。至于专业管理企业的经营利润,以政府部门通过申请预算取得购买服务的财政支出,付给企业管理费。

(二)创新占道停车经营管理模式,实现专业化管理。

依托改革后的停车管理体制,现有直接委托运营模式转变为由各区停车管理部门通过招投标等方式采用政府购买服务形式,由中标的企业进行日常经营服务管理。改变现有占道停车企业"小、散、乱"的局面,加强对中标企业的约束和监管,有利提升政府在道路停车管理方面的行政效率。

(三)明确了政府部门应当建立清退机制,确保向公众提供优质、连贯的服务。

市交通行政主管部门要求停车企业按协议内容进行规范管理,把明确禁止的行为纳入协议内容,如擅自转包、不执行电子收费、议价等行为。对于未按协议要求履行管理职责的停车管理企业要进行及时清退,保证企业按时完成服务项目任务,确保服务质量和效果。

三、立法依据和参考资料

●《政府采购法》

第三条 政府采购应当遵循公开透明原则、公平竞争原则、公正原则和诚实信用原则。

第五条 任何单位和个人不得采用任何方式,阻挠和限制供应商自由进入本地区和本行业的政府采购市场。

第二十二条 供应商参加政府采购活动应当具备下列条件:

(一)具有独立承担民事责任的能力;

(二)具有良好的商业信誉和健全的财务会计制度;

(三)具有履行合同所必需的设备和专业技术能力;

(四)有依法缴纳税收和社会保障资金的良好记录;

(五)参加政府采购活动前三年内,在经营活动中没有重大违法记录;

(六)法律、行政法规规定的其他条件。

采购人可以根据采购项目的特殊要求,规定供应商的特定条件,但不得以不合理的条件对供应商实行差别待遇或者歧视待遇。

●《中华人民共和国合同法》

第六章 合同的权利义务终止

第九十三条 当事人协商一致,可以解除合同。

当事人可以约定一方解除合同的条件。解除合同的条件成就时,解除权人可以解除合同。

第九十四条 有下列情形之一的,当事人可以解除合同:

(一)因不可抗力致使不能实现合同目的;

(二)在履行期限届满之前,当事人一方明确表示或者以自己

的行为表明不履行主要债务;

(三)当事人一方迟延履行主要债务,经催告后在合理期限内仍未履行;

(四)当事人一方迟延履行债务或者有其他违约行为致使不能实现合同目的;

(五)法律规定的其他情形。

●《国务院办公厅关于政府向社会力量购买服务的指导意见》(国办发〔2013〕96号)

三、规范有序开展政府向社会力量购买服务工作

(一)购买主体。

政府向社会力量购买服务的主体是各级行政机关和参照公务员法管理、具有行政管理职能的事业单位。

(二)承接主体。

承接政府购买服务的主体包括依法在民政部门登记成立或经国务院批准免予登记的社会组织,以及依法在工商管理或行业主管部门登记成立的企业、机构等社会力量。

(三)购买内容。

政府向社会力量购买服务的内容为适合采取市场化方式提供、社会力量能够承担的公共服务,突出公共性和公益性。

(四)购买机制。

各地要按照公开、公平、公正原则,建立健全政府向社会力量购买服务机制,及时、充分向社会公布购买的服务项目、内容以及对承接主体的要求和绩效评价标准等信息,建立健全项目申报、预算编报、组织采购、项目监管、绩效评价的规范化流程。

● 北京市人民政府办公厅《北京市路侧停车管理改革方案》〔京政办字〔2017〕20号〕

(二)改革路侧停车管理模式

3. 强化属地管理。各区政府按照政府购买服务的模式,通过招投标选取有规模、有实力、组织规范的专业化停车管理企业,负责辖区内路侧停车管理工作。每区原则上选取停车管理企业1—2家。

四、实施中应当注意的问题

(一)应通过正规招投标流程进行委托。

区人民政府向社会购买服务时,应按照《中华人民共和国政府采购法》的有关规定,采用公开招标、邀请招标等方式确定专业化的停车企业作为承接主体,对道路停车进行管理。通过招标,一方面有利于鼓励停车企业公平竞争,发挥经济调节杠杆,降低政府支出经费,另一方面有助于提高停车企业管理水平,向公众提供更加优质的停车服务。

(二)协议内容应明确合同终止情形,保证服务质量和效果。

委托协议应明确所购买服务的范围、标的、数量、质量要求,以及服务期限、资金支付方式、权利义务和违约责任等,特别是终止协议的有关情形,如擅自转包、不执行电子收费、议价等行为。对无法达到要求的企业应及时进行清退,确保按时完成服务项目任务,保证服务数量、质量和效果。

(三)政府应科学测算企业管理成本,合理确定委托服务的招标金额。

区人民政府应科学测算企业运营成本,充分考虑社会经济发展预期、停车管理服务水平、人员工资水平区域差异、区域停车供需矛盾和土地资源稀缺程度等因素,统筹考虑确定招投标金额及协议期限。

(四)市交通主管部门、区人民政府应发挥监督作用。

按照"市级统筹,各区主责"的原则,市交通主管部门、区人民政府应充分发挥监督作用,严格执行"收支两条线"、严格落实退出机制。同时,建立政府购买服务绩效管理机制,将绩效管理的要求贯穿于购买路侧停车管理服务预算编制、执行、监督、评价和问责的全过程,并作为后续编制购买服务预算、购买计划和选择承接主体的重要参考依据。

第三十九条 本市道路停车实行电子收费。市交通行政主管部门和区停车管理部门应当明确推进电子收费工作时限。

新建、改建、扩建、大中修道路将要设置电子收费设施的,应当同步预留强弱电条件。

任何单位和个人不得擅自挪移、破坏或者拆除道路停车电子收费的设备设施。

违反第三款规定,擅自挪移、破坏或者拆除道路停车电子收费设备设施的,依法承担赔偿责任,并由公安机关依照《中华人民共和国治安管理处罚法》予以处理;构成犯罪的,依法追究刑事责任。

【解读】

本条是关于本市道路停车实行电子收费和保障实施电子收费的规定。

一、立法背景

北京市的道路停车管理服务水平有待提高,挂靠经营、层层转包、以包代管等经营模式比较普遍,基本以人工管理和现金收费为主,技术手段落后,停车议价行为普遍存在,部分停车人存在少缴费、逃费的行为,与停车收费员因缴费发生的纠纷时有发生。

为缓解交通拥堵、治理路侧停车秩序和规范路侧停车收费,按照"停车入位、规范收费、人钱分离、违停受罚"的思路,本市于2016年开始推行路侧停车电子收费,通过"试点先行、逐步覆盖"的工作步骤,提升本市路侧停车管理水平,改善道路通行环境。

《北京市行政性事业性收费管理条例》道路停车电子收费的设备设施是道路停车电子收费系统的重要组成部分,也是道路附属设施的重要组成部分,所以在道路的新改扩建过程中要同步考虑电子收费设备的建设和维护工作。同时,对电子收费设备设施的损坏和干扰将会影响停放秩序和道路的正常使用。

二、条文解读

(一)明确了道路停车实行电子收费。

规定道路停车的收费方式由传统的人工收费转变为电子收费。停车人通过使用银行卡、市政交通一卡通卡、电子不停车收费卡(ETC)、移动支付客户端等多种支付方式实现停车缴费。

(二)市、区两级停车管理部门负有制定具体推进工作时限的责任。

明确市、区两级停车管理部门负有制定推进道路电子收费工作时限的责任。这些部门应当根据市政府的相关要求,结合本市实际情况,制定明确的工作推进时限,保障电子收费顺利实行。

（三）对道路停车设备设施建设的要求

明确了施工建设过程中，应当预留设备设施用电条件以满足电子收费的需要。

对新建道路拟设置电子收费设备设施的，相关企业（政府部门）应当同步预埋布线管道。对已经设置电子收费设备设施的道路，拟改建、扩建或者需要进行修缮的，相关企业（政府部门）应当在建设过程中对已有的布线管道进行同步改造，保证电子收费设备设施的正常供电不受影响。

（四）设置了损害道路停车电子收费设备设施的罚则。

对违反本条规定的个人，造成道路停车电子收费设备设施损坏的，据实赔偿给道路停车电子收费设备设施的产权单位；情节较重但尚不构成犯罪的，由公安机关依照《中华人民共和国治安管理处罚法》的规定予以处罚。对任何单位或个人实施了本条所规定的禁止行为，情节严重、构成犯罪的，应当由公安机关备案并依法追究其刑事责任。这里所说的"构成犯罪"，主要是指构成我国刑法第一百一十七条、第一百一十九条规定的破坏交通设施罪。

三、立法依据和参考资料

● 《中华人民共和国行政处罚法》

第八条　行政处罚的种类：（一）警告；（二）罚款；（三）没收违法所得、没收非法财物；（四）责令停产停业；（五）暂扣或者吊销许可证、暂扣或者吊销执照；（六）行政拘留；（七）法律、行政法规规定的其他行政处罚。

● 《中华人民共和国治安管理处罚法》

第三十七条　有下列行为之一的，处5日以下拘留或者500

元以下罚款;情节严重的,处 5 日以上 10 日以下拘留,可以并处 500 元以下罚款:

(一)未经批准,安装、使用电网的,或者安装、使用电网不符合安全规定的;

(二)在车辆、行人通行的地方施工,对沟井坎穴不设覆盖物、防围和警示标志的,或者故意损毁、移动覆盖物、防围和警示标志的;

(三)盗窃、损毁路面井盖、照明等公共设施的。

●《中华人民共和国刑法》

第一百一十七条 破坏轨道、桥梁、隧道、公路、机场、航道、灯塔、标志或者进行其他破坏活动,足以使火车、汽车、电车、船只、航空器发生颠覆、毁坏危险,尚未造成严重后果的,处三年以上十年以下有期徒刑。

第一百一十九条 破坏交通工具、交通设施、电力设备、燃气设备、易燃易爆设备,造成严重后果的,处十年以上有期徒刑、无期徒刑或者死刑,过失犯前款罪的,处三年以上七年以下有期徒刑;情节较轻的,处三年以下有期徒刑或者拘役。

●《北京市机动车停车管理办法》(市政府令第 252 号)

第二十五条 市交通行政主管部门和区、县停车管理部门有计划地对道路停车泊位内的停车实行电子计时收费。

●《北京市人民政府办公厅关于印发〈北京市路侧停车管理改革方案〉的通知》(京政办字〔2017〕20 号)

二、主要任务

4. 改革路侧停车收费方式。路侧停车收费属政府非税收入,实行政府定价和收支两条线管理,停车收入全额上缴区财政。改革路侧停车人工现场收付现金的收费方式,由停车管理人员指导停车人利用银行卡、市政交通一卡通卡、电子不停车收费卡(ETC)、移动支付客户端等进行缴费,实现人钱分离。各区政府负责按照全市统一的技术标准建设、运营和管理本行政区域内路侧停车电子收费系统。

四、实施中应当注意的问题

(一)道路停车电子收费工作的具体推进时限由市交通行政管理部门依据停车管理改革方案,结合本市实际情况统筹规划;市、区两级停车管理部门,应明确各自职责,严格按要求、时限开展工作,同时保障停车设施建设和电子收费工作高效、有序进行。

(二)道路停车收费设备设施的管理部门(受委托的管理企业)应当根据管理的需要和实际情况,建立巡查制度,定期检查维护道路停车设备设施的安全运行状况。如发现本条所规定的违法行为,应当及时制止并交相关部门依法处罚。

(三)道路建设和养护单位应当与市停车管理部门建立长效信息通报机制,确保沟通及时,信息畅通。市停车管理部门应当向道路养护部门及时通报将要开通电子收费的道路信息,道路养护部门应当向市停车管理部门及时通报道路建设养护计划,保证在新建、改建、扩建、大中修道路的过程中,同步完成强弱电条件的预留。道路停车电子收费设备设施需要进行占道施工建设时,路政管理部门应当配合支持。

(四)加强执法力度。市区停车管理部门加强与执法部门协调联动,配合公安部门收集相关证据和记录。

第四十条 停车人应当在停车泊位或区域内按照规定的时段停放车辆，不得妨碍其他车辆、行人通行。违反规定的，由公安机关交通管理部门依照道路交通法律、法规进行处理。

机动车违法停放，驾驶人不在现场或者虽在现场但拒绝立即驶离，妨碍其他车辆、行人通行的，公安机关交通管理部门可以依法作出拖移决定。具体拖移行为可由公安机关交通管理部门或者其委托的相关拖车单位实施。

【解读】

本条是关于停车人义务和违停执法的相关规定。

一、立法背景

近年来我市停车难、停车乱现象较为突出，供给不足是原因之一；但在很多情况下，停车人乱停乱放、执法管理无法做到全覆盖是主要原因。我市大量的占道违法停车，影响动态交通运行，造成交通拥堵，挤压了慢行系统的通行空间。虽然交管部门每年进行大量的执法工作，但是由于处罚力度、频次、方式受限，我市仍存在大量占道违法停车问题。因此，明确停车人义务和强化执法管理是解决我市停车难、停车乱的主要途径之一。

二、条文解读

（一）明确了停车人的义务。

停车人应当按规定停放车辆，不得妨碍其他车辆、行人通行。

（二）明确了道路范围内对违停行为管理的主体。

按照《中华人民共和国道路交通安全法》的规定，对于道路范围内的违法停车行为，由公安交管部门依法管理。

(三)规定了对违停车辆可以依法拖移。

拖移违停车辆的条件:违停车辆已妨碍其他车辆、行人通行且驾驶人不在现场,或者虽然在现场但是拒绝驶离。

拖移违停车辆的主体:公安交通管理部门或者受其委托的相关单位。

三、立法依据和参考资料

● 《中华人民共和国行政处罚法》

第十八条 行政机关依照法律、法规或者规章的规定,可以在其法定权限内委托符合本法第十九条规定条件的组织实施行政处罚。行政机关不得委托其他组织或者个人实施行政处罚。

委托行政机关对受委托的组织实施行政处罚的行为应当负责监督,并对该行为的后果承担法律责任。

受委托组织在委托范围内,以委托行政机关名义实施行政处罚;不得再委托其他任何组织或者个人实施行政处罚。

第十九条 受委托组织必须符合以下条件:

(一)依法成立的管理公共事务的事业组织;

(二)具有熟悉有关法律、法规、规章和业务的工作人员;

(三)对违法行为需要进行技术检查或者技术鉴定的,应当有条件组织进行相应的技术检查或者技术鉴定。

● 《中华人民共和国行政强制法》

第八条 公民、法人或者其他组织对行政机关实施行政强制,享有陈述权、申辩权;有权依法申请行政复议或者提起行政诉讼;因行政机关违法实施行政强制受到损害的,有权依法要求赔偿。

公民、法人或者其他组织因人民法院在强制执行中有违法行为或者扩大强制执行范围受到损害的,有权依法要求赔偿。

● 《中华人民共和国道路交通安全法》

第九十三条 对违反道路交通安全法律、法规关于机动车停放、临时停车规定的,可以指出违法行为,并予以口头警告,令其立即驶离。机动车驾驶人不在现场或者虽在现场但拒绝立即驶离,妨碍其他车辆、行人通行的,处二十元以上二百元以下罚款,并可以将该机动车拖移至不妨碍交通的地点或者公安机关交通管理部门指定的地点停放。公安机关交通管理部门拖车不得向当事人收取费用,并应当及时告知当事人停放地点。因采取不正确的方法拖车造成机动车损坏的,应当依法承担补偿责任。

● 《中华人民共和国道路交通安全法实施条例》

第一百零八条 交通警察按照简易程序当场作出行政处罚的,应当告知当事人道路交通安全违法行为的事实、处罚的理由和依据,并将行政处罚决定书当场交付被处罚人。

● 《北京市实施〈中华人民共和国道路交通安全法〉办法》

第八十条 公安机关交通管理部门及其交通警察对道路交通安全违法行为,应当及时纠正并依法予以处罚。对情节轻微,未影响道路通行的,指出违法行为,给予口头警告后放行。

四、实施中应当注意的问题

(一)公安交管部门应当加强管理,逐步实现对全市道路违法停车行为的执法全覆盖。

(二)拖移违法停放车辆应当注意以下几点:

1. 由公安机关交通管理部门对机动车是否违法停放进行确定。

2. 对于情节轻微、未影响道路通行的,指出违法行为,给予口头警告后促其立即驶离。

3. 驾驶人不在现场,或者虽在现场但拒绝立即驶离,妨碍其他车辆、行人通行的,由公安机关交通管理部门可以依法做出拖移决定。

4. 拖移行为可由公安机关交通管理部门或其委托的相关拖车单位实施。

5. 委托的拖车单位只能在公安机关交通管理部门做出拖移决定后进行拖车,不得擅自进行拖移。

6. 将机动车拖移至不妨碍交通的地点或者公安机关交通管理部门指定的地点停放。

第四十一条 停车人应当按照规定缴纳道路停车费用。

违反前款规定,由区停车管理部门进行催缴,并处200元罚款;情节严重的,并处500元以上1000元以下罚款。

【解读】

本条是关于道路停车付费义务及逃缴收费处置的规定。

一、立法背景

长久以来,我市道路停车收费的模式是停车人向停车企业交纳停车费,停车企业再向政府缴纳道路资源占用费。在这种模式下,停车人不向停车企业交纳停车费的行为,是涉及两个平等民事主体之间的民事法律关系,行政法规体系无法对解决民事法律关系的事项作出规定。停车人拒交、逃交停车费,一方面是停车企业的合法权益受到损害,但更重要的,是导致政府制定的差别化收费政策及实施目的无法得到落实,严重影响城市静态交通管理。

二、条文解读

(一)规定了停车人停车缴费的义务。

按照本《条例》第三十七条的规定,道路停车收费属于政府非税收入,停车人有依法交费的义务,不交费需要承担相应的法律责任。

(二)明确了区停车管理部门的责任。

对于违反规定不交纳道路停车费的停车人,由区停车管理部门进行催缴并处罚款的行政处罚。

三、立法依据和参考资料

● 《中华人民共和国立法法》

第七十二条　第一款　省、自治区、直辖市的人民代表大会及其常务委员会根据本行政区域的具体情况和实际需要,在不同宪法、法律、行政法规相抵触的前提下,可以制定地方性法规。

● 《中华人民共和国行政处罚法》

第八条　行政处罚的种类:(一)警告;(二)罚款;(三)没收违法所得、没收非法财物;(四)责令停产停业;(五)暂扣或者吊销许可证、暂扣或者吊销执照;(六)行政拘留;(七)法律、行政法规规定的其他行政处罚。

第十一条　地方性法规可以设定除限制人身自由、吊销企业营业执照以外的行政处罚。

法律、行政法规对违法行为已经作出行政处罚规定,地方性法规需要作出具体规定的,必须在法律、行政法规规定的给予行政处罚的行为、种类和幅度的范围内规定。

● 《政府非税收入管理办法》

第十五条　公民、法人或者其他组织(以下简称缴纳义务人)应当按规定履行非税收入缴纳义务。

四、实施中应当注意的问题

(一)建立执法队伍、制定执法程序性规定。

本条明确了对道路停车逃缴费行为的管理责任主体是区停车管理部门,并赋予其罚款的行政处罚职责。因此,区停车管理部门应当建立执法队伍、取得行政执法资格并制定执法程序性规定。

(二)加强宣传引导。

政府停车管理部门有责任做好本条的解读及宣传工作,使社会公众特别是停车人知晓道路停车应当依法付费的义务。

(三)关于催缴处罚。

由于道路停车的停车人基本上是不确定的主体,难以取得其身份信息和联系方式,催缴及行政处罚难以落实。在这种情况下,区停车管理部门应当充分依托路侧停车电子收费管理系统,一是采集存在欠缴行为的当事人和车辆信息,将相关信息进行公示;二是在当事人再次使用电子停车收费设施时,对当事人进行催缴和处罚;三是把多次逃缴收费的当事人(车辆)纳入信用信息系统管理。

第四十二条　乡镇人民政府、街道办事处确定的停车监督、管理人员,以及受委托专业化停车企业人员应当协助公安机关交通管理部门维护道路停车秩序,劝阻、告知道路停车违法行为。

第一部分　法规条文解读

【解读】

本条是关于协助维护停车秩序的规定。

一、立法背景

2011年以来,我市初步实行"市级统筹,区级主责,街道办事处、乡镇人民政府具体实施"的停车管理体制,各区在停车管理工作中,形成了区(相关部门)-街(乡镇)-社区的管理格局。但在停车执法(特别是道路违法停车执法)工作中,执法力量严重不足,造成道路停车监督管理、执法巡查、宣传引导工作不足,执法效果有限。

二、条文解读

(一)按照本条款规定,两类人员应当协助维护道路停车秩序:一是乡镇人民政府、街道办事处确定的停车监督、管理人员,如街巷长、网格管理员等;二是受委托专业化停车企业人员,如区政府通过购买服务方式委托的专业化道路停车管理企业人员。

(二)协助执法的内容包括劝阻道路停车违法行为和告知道路停车违法行为。

三、立法依据和参考资料

● 《北京市实施〈中华人民共和国道路交通安全法〉办法》

第七十八条　第三款 市和区、县人民政府组建的道路交通安全协管员队伍,协助交通警察维护道路交通秩序,劝阻、告知道路交通安全违法行为。

● 《北京市路侧停车管理改革方案》

改革路侧停车管理模式。取消路侧停车管理特许经营,由各区政府采取购买服务方式,通过招标委托1至2家有规模、有实力、规范经营的专业化停车管理企业,负责本行政区域内路侧停车管理工作。

四、实施中应当注意的问题

(一)做好队伍建设。

区政府对其委托的专业化道路停车管理企业人员进行管理;停车监督、管理人员队伍由乡镇人民政府、街道办事处进行管理。公安交通管理部门应当组织对停车监督、管理人员及受委托专业化停车企业人员进行业务培训、考核和登记编号,提出上述人员配备的服装式样和装备标准要求并做好业务指导工作。

(二)关于告知道路违法停车行为。

停车监督、管理人员及受委托专业化停车企业人员,具有"贴条权",可以对违停车辆张贴书面告知单,按照公安机关交通管理部门取证要求拍照取证后,上传至公安交通管理部门。

(三)具体实施。

相关人员的道路违法停车"贴条权"的实施,应当在公安交通管理部门的指导下开展。

第五章 附 则

第四十三条 本条例自2018年5月1日起施行。

【解读】

本条是关于《条例》施行日期的规定。

一、条文解读

施行日期的作用在于确定法律、法规、规章从什么时间开始对社会产生作用,以及公民、法人和其他组织从什么时候开始行使法律、法规、规章赋予的权利和履行规定的义务。立法实践对施行实践的规定主要分为两种,一种自公布之日起开始施行;另一种自公布后某一特定时间开始施行。本《条例》采取了第二种方式,规定本条例自2018年5月1日起施行。

二、立法依据和参考资料

● 《中华人民共和国立法法》

第五十七条 法律应当明确规定施行日期。

三、实施中应当注意的问题

(一)认真做好宣传、学习《条例》的工作。

《条例》作为我市第一部全面规范机动车停车行为的地方性法规,内容丰富。各单位应当认真组织《条例》的宣传、学习工作,既要积极开展政府有关部门及其工作人员的学习活动,也要认真组织从事停车业务的单位和个人的学习活动,还要通过各种方式在全社会进行宣传,做到家喻户晓,为《条例》的正式实施打下良好基础。

(二)认真做好《条例》配套性规定的起草制定工作。

《条例》主要是从地方性法规层面上对机动车停车涉及的各种关系进行规范,具有基础性、原则性、框架性等特点,许多操作性的规范,需要进一步的具体化。相关部门应当充分运用《条例》施行前的这段时间,抓紧起草制定相关配套性规定,争取与《条例》同步实施;同时,相关部门应当认真清理与《条例》规定不一致的规范,通过立、改、废等方式,清除那些与本《条例》相抵触的规章及规范性文件,保证《条例》的顺利施行。

第二部分　审议过程文件

北京市人民代表大会常务委员会城建环保办公室关于审议《北京市机动车停车管理条例(草案)》有关情况的报告

——2017年7月19日在北京市第十四届人民代表大会常务委员会第四十次会议上

市人大常委会城市建设环境保护办公室主任　郝志兰

主任、各位副主任、秘书长、各位委员：

为了加强本市机动车停车管理,构建科学完备的静态交通体系,2016年6月,市人大常委会主任会议研究讨论了关于制定《北京市机动车停车管理条例》(以下简称条例)的立项论证报告,决定同意立项,2017年,常委会将制定条例列入立法计划。为了协助常委会做好条例草案的审议工作,常委会办公厅、城建环保办公室会同市统计局社情民意调查中心,开展了较为广泛的立法民意调查;与此同时,城建环保办公室和法制办公室一道,就立法相关问题多次与市政府相关部门进行沟通协调,到东城、朝阳、海淀、石景山等区,就地下和立体停车场建设、居住区停车资源挖潜、路侧停车管理改革等方面内容开展实地调研。7月4日,李伟主任带领部分常委会组成人员、市人大代表,到五棵松地下停车场和首钢静态交通研发示范基地进行了专题调研,听取了市交通委、市政府法制办关于立法工作情况的汇报,对立法工作提出了明确要求。7月6日,常委会主任会议讨论了城建环保办公室关于审议条例草案有关情况的报告。受主任会议委托,现将条例草案审议情况报告如下:

一、制定条例的总体考虑

近年来我市机动车保有量持续快速增长,停车设施规划与建设、停车管理与服务水平相对滞后,居住停车位供给不足、地铁站周边驻车换乘停车位供不应求、停车资源利用率不高、停车收费政策不完善、电动车充电专用车位被挤占、停车市场缺乏有效监管等问题,亟需通过地方立法予以规范解决。停车管理立法涉及政府、企业、公民等多个主体,不仅有行政管理关系,还有较多民事关系需要调整,要在现有政府规章的基础上,完善制度设计,凝聚社会共识,明确各方权责,规范各方行为,构建公共治理体系。

缓解停车难、停车乱,不仅是交通管理亟需解决的问题,更是与群众切身利益密切相关的重要社会问题、民生问题。必须把停车服务与管理纳入到提高城市精细化管理水平和治理"大城市病"的大局中统筹考虑。此项立法的基本思路是:充分发挥立法对改革的引领、推动和保障作用,按照"车位分类、停车入位、合理收费、严格执法"的工作思路,坚持治理静态交通与规范动态交通相结合,严格区分居住与出行停车实施差别化政策,科学平衡供给与需求的原则,制定一个集停车设施规划、建设、经营、管理等于一体的综合性法规。

二、对条例草案的总体评价

城建环保办公室认为,市政府提请审议的条例草案贯彻了立项论证的基本思路与总体要求,从停车规划、建设、管理和服务的现状及存在的突出问题出发,总结和提炼了实践经验和有效做法,提出了较为可行的解决方案。

1. 明确了停车定位和管理原则。强调停车是综合交通体系的组成部分,停车管理坚持政府主导、社会共治、统筹规划、属地负责的原则。明确本市停车设施实行分类定位、差别供给、合理使用,逐步形成配套建设为主、独立建设为辅、临时设置为补充的格局。明确严格控制路侧停车泊位设置,保障道路通行功能,在服务半径内有停车设施可以提供泊位的情况下,原则上不得设置路侧停车泊位。

2. 实施了车位统筹规划和差别供给政策。要求科学编制停车设施专项规划,鼓励利用地下空间开发建设停车场、对平面停车设施进行立体化改造;明确适度优先满足居住停车,严格管控出行停车,对既有居住区配建停车场不能满足停车需求的,可以利用业主共有场地设置临时停车设施,在居住区周边设置夜间临时停车路段。

3. 推动和保障了路侧停车管理改革。将改革的实践做法予以制度化,明确路侧停车收费实行政府定价和电子收费,收费标准按照市中心区域高于外围区域、重点区域高于非重点区域、拥堵时段高于空闲时段的原则确定。所收费用纳入政府非税收入全额上缴财政,实行收支两条线,通过政府购买服务的方式委托专业企业进行管理。规范了委员代表和市民反映最为集中的路侧停车秩序问题。

4. 构建了政府与社会各方的公共治理体系。一方面明确了市、区、街乡和政府相关部门在规划、建设、管理各个环节的职责,建立了停车管理综合协调机制;另一方面明确了全社会应当共同构建和维护机动车停车秩序,遵循停车入位、停车付费、违停受罚的基本要求,规定了停车设施管理单位和停车人应遵守的行为规范。

三、需要进一步研究解决的重点问题

根据调研了解的情况,我们认为条例草案中还存在一些需要进一步研究解决的问题,建议在审议过程中予以重点关注:

1. 进一步强化停车分类定位的原则和要求。缓解停车供给与需求的突出矛盾,既要着眼于全市范围内供需总量上的平衡,更要区分基本停车与出行停车、中心城区与外围区域、建成区域与新建区域的不同情况,根据各自在综合交通体系中的不同功能,实施差别化的引导政策和管控措施。建议进一步明确"适度满足基本停车需求,科学调控出行停车"的原则,发挥政府主导作用,加大基本停车位的供给,严格管控出行停车需求,通过静态交通调控出行方式的选择,降低机动车使用强度;进一步细化对不同区域停车设施建设和管理的具体措施,提高立法的针对性和可操作性。

2. 进一步加大居住区停车资源供给。立法民意调查结果显示,本市居民反映最为集中的停车管理问题是机动车无处停放。提高人民群众的获得感,下大力气解决居住停车有序入位问题,有效增加居住区停车资源供给是当务之急,也是停车有序管理的重要基础。调研中了解到,东城区都市馨园社区、朝阳区团结湖中路北社区和劲松八区等社区,在属地街道办事处的综合协调和指导下,发挥居民停车自治作用,通过开展停车综合设计、拆除地桩地锁等方式,增加了停车泊位设置,提高了车位利用率,有效缓解了社区停车难问题。这些成功的经验说明,解决居住停车问题,需要进一步发挥属地街道办事处和乡镇政府的主导作用,加强居民自治,结合老旧小区综合改造、车位平改立、周边道路单行单停等方式,不断挖潜加大居住停车资源供给。

3. 进一步明确停车场建设程序和鼓励政策。在与相关停车企业座谈时了解到,由于停车设施建设项目报批时间长、投资回报周期长、权属不明确、不能抵押融资,难以吸引社会资本投资建设。为提高对社会资本的吸引力,建议明确提出本市应优先鼓励开发地下空间资源建设停车场,市政府相关部门应当出台分层核发规划用地使用证和权属证明的程序和办法;要进一步明确优化临时停车设施和立体停车设施的设置标准和审批程序,细化停车场建设的相关鼓励政策,提高可操作性。

4. 进一步统筹提高停车资源利用率。根据停车普查数据,本市中心城区停车位缺口85万个,而夜间公共建筑闲置空余车位63万个。东城区朝阳门SOHO、西城区建工三建公司、石景山区首钢医院等企事业单位,在属地街道办事处和区相关部门的统筹协调下,与周边居民实行错时共享停车,取得了较好效果。建议在进一步摸清底数的情况下,加强停车管理的区域统筹,由属地街道办事处、乡镇政府负责推进错时共享停车,搭建供需信息平台,利用行政手段和经济手段,推动机关、企事业单位共享车位、错时开放,提升停车资源使用效率,特别是应该发挥好各级政府机关在车位开放共享方面的示范带头作用。此外,本市部分居住小区由于地下停车收费高于地面停车,地面停车秩序疏于管理,导致出现地下车位空置浪费而地面停车混乱无序的现象。建议通过价格机制解决地下停车资源空置和地面停车超负荷的问题。

5. 进一步提高精细化管理水平。目前，本市机动车停车管理较为粗放，停车资源基础数据不完整不全面，停车智能化和信息化管理水平尚需进一步提高。建议要总结居住停车区域平衡试点经验，按照一区域一对策的要求进行停车资源统筹配置和精细化管理，尽可能实现区域内居住停车的供需平衡。完善鼓励"互联网+停车"融合发展的具体政策，对现有车位进行唯一编码，加强信息公开和共享，利用大数据优化停车资源布局，提高信息化服务水平。落实停车资源登记制度，进一步严格停车管理单位应及时和如实报送停车泊位设置情况的要求。

6. 进一步完善公共治理机制。停车管理涉及政府、企业和公民等多个主体，是典型的公共治理事项，需要通过立法健全共治共管、共建共享的机制，注重运用经济手段规范引导主体行为，通过激励措施调动社会各方参与共治的积极性。建议完善社会投诉举报制度，明确投诉举报受理责任单位，鼓励公民通过各种途径积极举报停车违法行为和停车场经营管理不规范行为；进一步发挥行业协会在监督行业自律、维护行业整体利益等方面的作用，由协会履行开展质量信誉考核、指导企业合理定价等职责。

7. 进一步健全法律责任体系。要完善政府追责制度，明确对规划、建设、管理和执法不作为、不到位的追究行政责任，对公民的投诉举报不进行核实的予以处分。建议增加对停车人路侧停车逃缴费行为的处罚，路侧停车收费已纳入政府非税收入，停车人逃缴费的行为已非民事合同范畴，涉及违反行政管理秩序，建议明确由政府相关部门予以催缴，并规定相应的法律责任。

以上意见，供常委会组成人员审议时参考。

北京市人民代表大会城市建设环境保护委员会关于《北京市机动车停车管理条例（草案）》修改情况的报告

——2017年9月21日在北京市第十四届人民代表大会常务委员会第四十一次会议

市人大城市建设环境保护委员会主任委员　郝志兰

主任、各位副主任、秘书长、各位委员：

7月20日，市十四届人大常委会第四十次会议对《北京市机动车停车管理条例（草案）》（以下简称条例草案）进行了审议。共有18位常委会组成人员和3位市人大代表，围绕立法理念和思路、加大停车资源供给、提高停车管理信息化水平、停车收费价格、道路停车管理、监管和执法等方面提出了89条审议意见。

会后，城建环保委员会围绕常委会的审议意见组织召开了一系列专题座谈会，充分听取了停车企业、行业协会、基层政府、居民自治组织、人大代表和专家学者等社会各方对条例草案的修改意见和建议；同时，书面征求了市政府相关部门和十六个区人大常委会的意见,并在市人大机关门户网站征求了社会公众的意见。社会各方分别从不同角度出发,对条例草案提出了近200条修改意见。

城建环保委员会与法制委员会、市政府法制办、市交通委,共同研究常委会组成人员一审时的审议意见,并根据调研、座谈和征求意见的情况,对《条例(草案)》进行了修改。8月17日,城建环保办公室组织召开了立法协调会,牛有成副主任听取了立法起草各相关单位对法规修改情况的汇报,并对修改的思路和主要内容提出了明确要求。8月23日,城建环保委员会召开第二十九次会议,研究讨论了《北京市机动车停车管理条例(草案二次审议稿)》,现将有关情况报告如下:

一、修改的总体情况

按照常委会第一次审议时提出的进一步理顺逻辑结构、突出重点内容的要求,城建环保委员会以缓解停车需求与停车秩序的主要矛盾为重点,以便于公众守法和政府执法为原则,对条例草案的章节设置和条款顺序进行了调整,将第二章"规划与设置"修改为"停车泊位供给",第三章"管理与治理"修改为"服务与管理",增设第四章"道路停车",将条例草案第四章"法律责任"相关条款内容与行为规范条款进行整合。

城建环保委员会共对条例草案55条中的44条进行了修改,删除和简化了部分条款。一是相关法律法规已有规定的,删除了草案第三十条、第三十五条第二款、第四十三条、第四十六条、第五十二条;二是可以通过行政管理措施或者民事合同解决的,删除了草案第三十七条,简化了第二十七条、第三十六条、第三十九条;三是需要协调政府间部门职责的,通过明确市政府职责的方式解决,删除了草案第四十一条、第五十三条。经条款删减和整合后,《北京市机动车停车管理条例(草案二次审议稿)》共五章39条,比原草案减少16个条款。

二、修改的重点内容

1. 关于明确停车泊位供给原则

缓解停车供给与需求的突出矛盾,首先要区分居住停车与出行停车的不同情况,实施差别化的引导政策和管控措施;其次,本市部分既有停车设施利用率不高,挖潜空间巨大,需要将盘活现有资源与新增停车资源并重。建议单设一条明确停车泊位供给原则,表述为"本市停车设施实行分类定位、差别供给,基本满足居住停车需求,科学调控出行停车需求。盘活既有停车资源,提高利用效率;新增停车泊位以配套建设为主、独立建设为辅、临时设置为补充。"(二次审议稿第十一条)

加强停车管理的区域统筹,加大居住区停车资源挖潜,推动机关、企事业单位共享车位错时开放,可以有效缓解居住停车困难,提升停车资源使用效率。建议在草案第五条中增加乡镇人民政府、街道办事处的职责:"组织居住区停车资源内部挖潜,推动开展错时共享"(二次审议稿第六条第二款);在草案第三十三条第一款增加"市人民政府应当制定具体办法,有序推进停车设施开放工作"的内容,增加一款作为第三款:"利用人民防空工程设置停车设施,向社会开放解决居住停车需求的,可以减免相关人民防空工程使用费用。具体办法由市人民防空主管部门制定。"(二次审议稿第二十二条)

2. 关于鼓励利用地下空间资源建设停车设施

条例草案第十一条规定了可以利用地下空间资源建设停车设

施,在本市土地资源稀缺的客观情况下,为将利用地下空间资源建设停车设施的要求落到实处,提高对社会资本的吸引力,建议在条例草案第十一条增加一款,表述为"本市鼓励优先利用地下空间资源建设公共停车设施。市规划国土资源部门应当制定单独核发规划用地许可证和权属证明的具体办法。"(二次审议稿第十六条第一款)

3. 关于提高精细化管理水平

停车管理涉及多个政府部门,为了解决管理职责界定不清晰和行政执法职责不明确的问题,市政府正在研究停车管理职责协调机制和行政执法权集中统一行使工作,建议在草案中增加原则性要求,表述为"市人民政府领导本市停车管理工作,建立管理职责和管辖权限综合协调机制,推进行政执法权集中统一行使。"(二次审议稿第五条第一款)

为严格落实停车资源登记要求,建议增加相应法律责任,表述为"违反前款规定,未按照规定的时限或者不如实报送停车设施设置情况的,由城市管理综合执法部门责令限期改正,逾期不改正的处以2000元罚款。"(二次审议稿第二十一条第二款)

本市停车智能化和信息化管理水平尚需进一步提高,要完善和强化"互联网+停车"融合发展的具体要求。建议将条例草案第八条修改为:"本市有序推进停车的智能化、信息化建设,引导停车产业与互联网有序融合发展,提高停车服务、管理和执法的科技化水平。"(二次审议稿第九条)

在条例草案第二十三条、第二十四条中增加"停车综合管理系统相关信息应当向社会开放","市交通行政主管部门应当制定停车泊位编码规则,对停车泊位进行统一编码管理","鼓励停车设施实行电子收费","违反规定的,由城市管理综合执法部门责令限期改正,逾期不改正的处以1万元罚款"等内容。(二次审议稿第二十四条、第二十五条)

为了规范本市停车服务收费行为,根据国家有关规定,应当加强对自主定价行为的监督。建议在条例草案第二十五条中增加相关内容,表述为"市价格行政主管部门应当依法加强对自主定价行为的监督,合理引导停车设施经营者价格行为,维护市场正常价格秩序。"(二次审议稿第二十六条第一款)

4. 关于加强道路停车管理

为了严格控制道路停车泊位设置,保障道路通行功能,应当利用价格机制解决道路停车超负荷和地下停车资源空置的问题,同时应当明确定期将道路停车收入情况向社会公开。建议在条例草案第二十五条第一款增加:"道路停车收费政府定价标准,除本条例第十九条第二款规定的情形外,应当高于周边非道路停车收费价格";"收入全额上缴财政,并定期向社会公开"的内容。(二次审议稿第三十五条)

为进一步规范区人民政府委托停车企业对道路停车进行管理的行为,体现公开公平公正,建议将条例草案第二十七条修改为"区人民政府向社会购买服务应当采取公开透明的方式,委托专业化停车设施管理单位对道路停车进行管理,并签订书面协议,明确双方权利义务、协议期限、终止协议的情形等内容。市交通行政主管部门应当制定协议示范文本,指导区人民政府开展委托管理工作。"(二次审议稿第三十六条)

5. 关于完善公共治理机制

进一步完善公众举报制度,建议将条例草案第三十五条与第六条进行整合,并增加一款表述为"市人民政府有关部门应当向社会公开举报受理单位的电话、网址等,受理单位在接到举报后,应当依法及时处理,并将处理结果向举报人反馈。举报内容经查证属实的,有关部门可以给予举报人表彰或者奖励。"(二次审议稿第四条第三款)

对擅自挪移、破坏或者拆除道路停车电子收费设备设施的行为,建议增加法律责任,表述为"违反第二款规定,擅自挪移、破坏或者拆除道路停车电子收费设备设施的,依法承担赔偿责任,并由公安机关依照《中华人民共和国治安管理处罚法》予以处理;构成犯罪的,依法追究刑事责任。"(二次审议稿第三十七条第三款)

为了加大对违法停车行为的执法力度,建议增加"道路停车管理人员可以协助公安机关交通管理部门维护道路停车秩序,劝阻、告知道路停车违法行为"的内容。同时,建议增加对停车人逃缴道路停车费行为的法律责任,表述为"违反第一款规定,未按照规定缴纳道路停车费用的,由区停车管理部门进行催缴,并可处200元罚款;情节严重的,处以1000元罚款,纳入个人信用征信系统。停车设施管理单位可以拒绝为其提供停车服务。"(二次审议稿第三十八条第二款、第四款)

此外,根据常委会审议意见和其他方面的意见,城建环保委员会对条例草案一些条款的文字表述作了完善性的修改。

《北京市机动车停车管理条例(草案二次审议稿)》和以上报告,请常委会各位组成人员予以审议。

北京市人民代表大会法制委员会关于《北京市机动车停车管理条例（草案二次审议稿）》审议结果的报告

——2017年11月29日在北京市第十四届人民代表大会常务委员会第四十二次会议上

市人大法制委员会副主任委员　李小娟

主任、各位副主任、秘书长、各位委员：

9月21日，市十四届人大常委会第四十一次会议对《北京市机动车停车管理条例（草案二次审议稿）》（以下简称二审稿）进行了审议。会上，市人大城建环保委员会作了草案修改情况的报告，24位常委会组成人员和1位人大代表发言，对二审稿给予了充分肯定，认为二审稿基本上吸收了一审意见，在体例结构和制度设计方面作了较大调整，回应了停车资源供给和道路停车管理等社会普遍关注的问题；同时围绕条例名称、立法指导思想、停车设施利用、停车收费等提出了73条审议意见。

9月下旬至10月上旬，市人大常委会通过"三级代表联系群众机制"征求了16个区的三级人大代表和群众代表对条例的意见和建议。各级代表普遍认为制定机动车停车条例很有必要,条例规定比较全面,涵盖了治理停车乱象的问题,很有针对性。各级代表提出各类意见建议1128条,内容主要集中在加强精细化、高科技和信息化管理,促进社会共治和居民停车自治,鼓励停车资源共享开放,综合运用信用惩戒,加强价格和停车收费管理,注意条例的落实,加强执法检查和监督等。

常委会后法制委员会召开了执法部门座谈会,对东城区、西城区停车治理的实践情况进行了调研;对常委会审议意见和社会各方意见进行了深入分析研究;与常委会城建环保办、市政府法制办、市交通委充分沟通研究修改意见。

市委常委会专题听取了市人大常委会党组关于停车立法的汇报。强调立法要体现党的十九大精神;发挥立法的引领、推动、保障和规范作用,既管当前、也管长远,显示制度预期;要将停车服务与管理纳入治理"大城市病"、保障核心区、城市副中心功能、疏解整治促提升专项行动、提高城市精细化管理水平的大局中统筹考虑;坚持社会治理的立法导向,适度满足居住停车,从严控制出行停车。市人大常委会党组还强调,立法的同时就要抓典型、立示范,待条例通过一段时间后就要开展执法检查,监督条例的落实,保证法规的实施效果。

11月10日,法制委员会召开会议,对二审稿进行了审议。根据市委常委会、市人大常委会党组、常委会委员及人大代表意见,以及其他各方面的意见,在二审稿的基础上从进一步突出立法导向、理顺条款顺序、增强可操作性及文字表达等方面进行了修改。

现将主要修改情况报告如下：

一、关于法规名称和停车治理原则

条例二审稿名称为"管理"条例，其中第三条第二款规定："本市机动车停车管理坚持政府主导、统筹规划、社会共治、属地负责的原则。"有的委员和代表提出，二审稿规定的许多措施已经超出政府管理的范畴，条例名称"管理"已经不能完全涵盖。法制委员会认为，停车立法属于社会领域立法，需要政府、社会、企业、社区和个人等多元主体的参与，运用包括市场调节、自我服务、行政管理、民事合同、行业自律等多种方式，而且二审稿也包含社会共治的内容。因此，建议根据委员和代表的意见删去法规名称中的"管理"，修改为《北京市机动车停车条例》。

同时，概括整合二审稿中停车治理的主要方法，体现社会治理的思路，表述为"本市机动车停车坚持有偿使用、严格执法、共享利用、社会共治。全社会应当共同构建和维护机动车停车秩序，遵循停车入位、停车付费、违停受罚的基本要求"。（三审稿第三条）其中"有偿使用"是基于停车位的私人产品属性，不属于政府应当提供的基本公共服务范畴，停车成本应由使用者承担。规定有偿使用有利于推动共享利用，有利于减少出行，有利于为社会投资建设停车设施创造良好的市场外部环境。"严格执法"有利于法规内容的落实。"共享利用"是缓解停车难的主要方法。

为保障停车治理的推进，建议在市人民政府职责中，增加"将停车纳入城市综合交通体系，综合运用法律、经济、行政、科技等方法，严格控制核心区、城市副中心机动车保有量，逐步降低机动车使用强度"的规定（三审稿第四条第一款）。

二、关于强化基层作用

二审稿第六条第二款规定了基层政府职责。有的委员和代表提出,停车治理应当注重发挥基层的基础性作用,推动城市治理重心下移、职能下沉,原有规定还不够完善。据此,法制委员会建议将职责条款修改为:"乡镇人民政府、街道办事处负责统筹辖区内的机动车停车管理工作,组织领导、综合协调、监督检查停车执法事项,将停车纳入网格化管理范畴,确定监督、管理人员,建立居住停车机制,指导、支持、协调开展停车自治和停车泊位共享、挖潜、新增等工作。"(三审稿第五条第二款)同时,建议在设置临时停车路段的条款中,增加基层政府的职责,表述为:"确因居住小区及其周边停车设施无法满足停车需求的,区人民政府、乡镇人民政府、街道办事处可以组织公安机关交通管理、交通行政等相关部门,按照规定在居住小区周边支路及其等级以下道路设置临时居住停车路段、泊位,明示居民临时停放时段。影响交通运行的,应当及时调整或者取消。"(三审稿第十八条)

三、关于停车设施供给原则

二审稿第十一条规定:"本市停车设施实行分类定位、差别供给,基本满足居住停车需求,科学调控出行停车需求。"有的委员和代表提出,根据目前本市停车资源分布和使用状况,基本满足居住停车需求很难做到,需要转换治理思路,确定分区域治理的原则,不同区域采取不同的治理方式。据此,法制委员会建议修改为"本市停车设施实行分类分区定位、差别供给,适度满足居住停车需求,从严控制出行停车需求。"(三审稿第九条)该原则也符合国家发改委、交通运输部、公安部等七部委出台的《关于加强城市停设施建设的指导意见》确定的供给总体思路。为更好执行分区域治理,建议在制定停车设施专项规划,确定城市停车总体发展战略的同时,增加"分区域发展策略"的表述(三审稿第十条第二款);在区人民政府的职责中,增加"推进停车区域治理"的内容(三审稿第五条第一款)。

四、关于居住停车

停车难主要表现在居住停车位不足,停车资源结构性失衡,中心城区供需差距大。因此居住停车是停车治理和这次立法的重点。为了使重点解决居住停车问题的思路更加清晰,法制委员会对二审稿的有关条款从顺序上进行了调整。调整后的思路是:居住小区首先应当按照泊位配建标准、规划指标配建机动车停车设施(三审稿第十一条第二款)。在居住停车配建设施不足的情况下,条例规定了七种方式予以补充,一是居住区内部挖潜,可以统筹利用业主共有场地设置临时停车设施(三审稿第十二条);二是与周边单位错时共享,公共建筑的停车设施具备安全、管理条件的,应当向社会开放,并实行有偿使用(三审稿第十三条第二款);三是独立建设,独立设置的中心城区域配套停车设施,是城市交通基础设施,用地实行划拨或者协议出让(三审稿第十四条);四是利用临时闲置空间,待建土地、边角空地、未移交道路等场所闲置的,可以由区政府负责组织协调,设置临时停车设施(三审稿第十五条);五是利用地下空间,利用地下空间单独选址的,可以依法办理规划和土地手续,利用人防工程的,可以减免工程使用费(三审稿第十六条);六是平面停车设施进行机械式或自走式立体化改造,符合条件的享受鼓励政策(三审稿第十七条);七是设置路侧临时居住停车路段和泊位,在上述一般性措施采取后,确实无法满足停车需求的,可以由区政府、街乡组织设置临时停车路段、泊位(三审稿第十八条)。

对上述利用公共建筑配建的停车位开展错时共享,二审稿第二十二条第一款规定:"国家机关、团体、企事业单位有条件的可以将机动车停车设施向社会开放,并可以实行有偿使用。"有的委员和代表提出,停车设施开放应当考虑不同性质单位对安全和管理等方面要求,在满足要求的前提下,配建的停车位"应当"开放共享。据此,法制委员会认为,按照市交通委组织的停车资源普查的数据显示,目前各类停车资源夜间利用不充分,居住区的车位利用基本饱和或者严重不足,公共建筑的车位利用仍有空间,约占60%的车位可供使用。因此建议将该款修改为:"公共建筑的停车设施具备安全、管理条件的,应当将机动车停车设施向社会开放,并实行有偿使用。"(三审稿第十三条第二款)

五、关于停车定价与收费

停车服务本质上是对土地空间资源的利用,通过市场价格高低可以调节停车行为。二审稿第二十六条第一款规定了停车价格机制,对驻车换乘停车设施和道路停车设施实行政府定价,对其他停车设施实行市场调节价。有的委员和代表提出,停车价格机制应当体现中心城区高于周边的原则。据此,法制委员会建议将有关价格的条款统一表述为:"本市对驻车换乘停车设施和道路停车实行政府定价,道路停车收费应当按照城市中心区域高于外围区域、重点区域高于非重点区域、拥堵时段高于空闲时段的原则确定,并根据高于周边非道路停车收费价格的原则动态调节。""本市对其他停车设施实行市场调节价,可以根据地理位置、服务条件、供求关系等因素自主定价。""市价格行政主管部门应当依法加强对价格行为的监督。"(三审稿第二十八条)

有的委员和代表提出,居住停车价格具有民生性质,应当以满足当地居民停车需求为重点,并在停车收费价格方面予以考虑。据此,法制委员会建议增加一条,表述为:"本市逐步建立居住停车区域认证机制,停车人在划定的居住停车范围内停车,可以按照居住停车价格付费。"(三审稿第三十一条)

六、关于社会共治机制

停车立法属于社会领域立法,停车治理涉及多方社会主体及多重法律关系,需要政府、社会、企业、社区和个人形成共同的目标定位、价值取向和方式方法,构建和谐的停车秩序。为此,三审稿在总则中明确了全社会共同构建和维护机动车停车秩序,遵循停车入位、停车付费、违停受罚的基本要求(三审稿第三条);鼓励社会资本投资建设停车设施,鼓励开展维护停车秩序等停车志愿活动,倡导、宣传有位购车、合理用车、绿色出行理念(三审稿第六条);推进单位和个人开展停车泊位有偿错时共享(三审稿第十三条第一款);居住小区在村委会、居委会指导下可以成立停车自治组织,对居住小区内停车实行自我管理、自我服务(三审稿第三十条);停车设施经营单位应当遵守公示收费标准等相关服务规范(三审稿第三十二条);停车行业社团组织加强行业自律、组织开展诚信建设(三审稿第三十五条)。

有的委员和代表提出,在社会共治方面,应当将现行的各单位按照"门前三包"责任做好停车秩序维护工作的内容加上。据此,法制委员会建议增加此内容,表述为:"国家机关、社会团体、企事业组织、个体工商户等单位,应当做好门前停车管理责任区内的停车秩序维护工作,有权对违法停车行为予以劝阻、制止或者举报。"(三审稿第二十五条)

七、关于道路停车收费

二审稿第三十六条按照《北京市路侧停车管理改革方案》,规定了路侧停车收费采取政府向社会购买服务的方式。有的委员和代表提出,目前道路停车经营企业收费不规范,存在转包、议价等行为,实行电子收费后,应避免出现类似的情形影响改革实施效果。据此,法制委员会建议增加相关内容,表述为:"市交通行政主管部门应当制定协议示范文本,并将擅自转包、不执行电子收费、议价等行为,纳入终止协议的情形。市交通行政主管部门、区人民政府应当监督协议执行情况。"(三审稿第三十八条第二款)

二审稿第三十七条规定了道路电子收费的内容。有的委员提出,电子收费应当明确具体推进的时限;市交通委提出,推进电子收费工作需要相关道路预留电子收费的设施条件。据此,法制委员会建议将该条款修改为:"本市道路停车实行电子收费。市交通行政主管部门和区停车管理部门应当明确推进电子收费工作时限。"(三审稿第三十九条第一款)按照停车改革方案,2019年底,实现全市路侧停车电子收费全覆盖。同时建议增加预留电子收费条件的内容,表述为:"新建、改建、扩建、大中修道路将要设置电子收费设施的,应当同步预留强弱电条件。"(三审稿第三十九条第二款)

八、其他修改内容

除上述修改之外,法制委员会对几个条款都有信用记录的内容进行了整合(三审稿第八条)。还对一些条款内容进行具体化,增强可操作性,如在利用闲置空间设置停车设施中,增加"未移交道路"的规定(三审稿第十五条);经营性停车设施的"备案材料应当真实准确"(三审稿第二十一条);公共停车设施应当安装"进出车辆信息采集及号牌识别系统"(三审稿第二十四条第二款);"非电动汽车不得占用电动汽车充电专用泊位"(三审稿第二十六条第三款);"不具备停车条件的胡同,不得设置道路停车泊位"(三审稿第三十六条第二款)等。

九、需要说明的问题

(一)关于《北京市机动车停车资源普查报告》

审议过程中,有的委员提出应当对2017年8月市交通委发布的《北京市机动车停车资源普查报告》作些说明。

据市交通委介绍,为"摸清底数、服务决策",自2015年10月起开展全市机动车停车资源普查工作。普查工作由市交通委牵头组织,委托专业公司调查。资源普查将全市16个区下辖的331个街、乡、镇划分为2006个普查小区,细分为6.6万个基本单元,逐一编号进行调查。此次普查采取了广泛性的调研分析的方法,专业公司调查为主、各区补充复核为辅、社会广泛参与。调查组多次邀请停车管理、统计分析、政府管理等领域专家学者召开咨询会,研讨方案、推敲调研方法、分析数据和结果,还多次征求人大代表、政协委员意见,各方认为此次普查数据可信度较高,基本符合本市停车现状。

根据普查报告,本市停车泊位总数与停车需求总量接近,各区停车泊位总数与停车需求也大体平衡,但具体街道、居民小区尤其是老旧小区和平房区等局部区域停车资源供求矛盾突出,且同时存在大量公共建筑车位空闲的情形。从普查来看,本市停车资源供给矛盾主要体现在局部区域不平衡和停车资源利用率不高。立法的指导思想不能以大规模建设为主,而应在资源共享开放方面有所创新;应当加强区域治理,停车资源供给局部不平衡和停车秩序乱是当前静态交通治理急需解决的问题。

(二)关于条例的实施

法律的生命力在于实施,法律的权威也在于实施。条例规定市政府及其相关部门应当制定相关配套细则,如"市规划国土资源部门应当制定单独核发规划用地许可证和权属证明的具体办法"(三审稿第十六条第一款),利用人民防空工程设置停车设施的"具体办法由市人民防空主管部门制定"(三审稿第十六条第三款),"市交通行政主管部门应当制定停车泊位编码规则"(第二十三条第二款)等,市政府相关部门应当及时制定出台,保证条例可操作和停车治理工作的推进。

法制委员会按照上述意见,提出《北京市机动车停车条例(草案三次审议稿)》,提请本次常委会会议进行审议。

草案三次审议稿和以上意见是否妥当,请审议。

北京市人民代表大会法制委员会关于《北京市机动车停车条例（草案三次审议稿）》修改意见的报告

——2018年3月29日在北京市第十五届人民代表大会常务委员会第三次会议上

市人大法制委员会副主任委员　邹维萍

主任、各位副主任、秘书长、各位委员：

2017年7月20日、9月21日和11月29日，市十四届人大常委会已对《北京市机动车停车条例》进行了三次审议。在立法过程中，市交通委、市政府法制办、市人大常委会城建环保办、法制办等部门，通过座谈会、论证会、现场调研、公开征求意见等方式征求了社会各方面意见。9月下旬至10月上旬，市人大常委会通过"三级代表联系群众机制"征求了16个区的三级人大代表和群众代表对条例的意见和建议。10月26日，市人大常委会召开党组会作了专题研究。11月15日，市委常委会专题听取了市人大常委会党组关于停车立法的汇报，并强调立法要体现党的十九大精神；发挥立法的引领、推动、保障和规范作用，既管当前、也管长远，显示制度预期；要将停车服务与管理纳入治理"大城市病"、保障首都功能核心区、北京城市副中心功能、疏解整治促提升专项行动、提高城市精细化管理水平的大局中统筹考虑；坚持社会治理的立法导向，适度满足居住停车，从严控制出行停车。市人大常委会党组还强调，立法的同时就要抓典型、立示范，待条例通过一段时间后就要开展执法检查，监督条例的落实，保证法规的实施效果。11月29日，市十四届人大常委会第四十二次会议对条例进行了第三次审议。共有13位常委会组成人员发表了意见，认为这次条例的制定反复征求和充分吸收了社会各方面的意见，集中了大家的智慧，条例内容已经比较成熟；同时围绕停车泊位供给原则、停车收费、信用奖惩、增强条例的可操作性、执法力度及文字表述等方面提出了意见和建议。

12月15日，主任会议对条例进行了讨论，考虑到停车立法社会关注度高，为更加广泛地凝聚共识，拟在新一届人大常委会继续审议。在此之后，法制办会同城建环保办、市政府法制办、市交通委等部门，对常委会的审议意见、市十五届人大一次会议上代表建议中有关机动车停车的意见、涉及机动车停车内容的舆情，以及其他方面的意见进行了梳理和深入研究，进一步完善了条例内容。

2018年3月21日，法制委员会召开会议，对条例三审稿进行审议，现将主要修改情况报告如下：

一、关于法规的操作和实施

关于法规的可操作性，有的委员提出三审稿中有的条款规定不够具体，缺乏可操作性，建议出台配套的具体实施办法。据此，法制委员会建议区分不同情况作如下处理：一是对已经制定了配套办法的，如公共停车场服务规范、鼓励社会资本参与机动车停车设施建设、建设项目交通影响评价管理、机械式及简易自走式立体停车设备安装及使用规范、停车场设置标准和设计规范、停车诱导系统技术要求等,就不在条例中增加制定配套规定的表述;二是对条例未作明确规定,但对条例实施具有重要支撑作用的制度补充提出制定要求,具体包括在三审稿第八条的信用机制、第十八条的施划临时居住停车路段、第三十一条的居住停车认证机制等条款后,增加要求市交通主管部门制定或者会同相关部门制定具体实施办法的表述。条例要求制定相关配套实施办法的,建议相关部门按照立法法的要求,在法规施行之日起一年内作出规定。

关于条例的实施,法制委员会认为,机动车停车治理是依法推动建设国际一流和谐宜居之都的迫切需要,也是推动解决民生问题的迫切需要。条例通过后,建议执法部门要加强学习宣传和贯彻工作,让市民了解这个条例。同时本市各级政府及其相关部门要抓典型、立示范,真正落实"停车入位、停车付费、违停受罚"的基本要求。建议市人大常委会在条例实施一段时间后,对条例的贯彻实施情况进行检查、监督,推动法规落实。

二、关于具体的修改内容

有的委员提出,法规中对"核心区、城市副中心"的表述不够确切。据此,法制委员会根据《北京市城市总体规划(2016年—2035年)》,修改为"首都功能核心区、北京城市副中心"的表述。(四审稿第四条第一款)

为促进政府停车管理服务信息与停车服务平台经营者之间的信息互通,避免信息孤岛,法制委员会建议增加规定"市交通行政主管部门应当与从事停车信息服务的经营者建立信息共享机制。信息服务的经营者应当将相关信息接入停车综合管理服务系统"。

(四审稿第二十三条第二款)

有的委员提出,三审稿第二十六条规定了对违法占用电动汽车专用泊位的行为进行处罚,但没有明确执法部门。据此,法制委员会建议修改为"违反规定的,由公安机关交通管理部门责令改正,依法给予处罚。"(四审稿第二十六条第三款)

有的委员提出,三审稿第二十八条规定了对军车和残疾人驾驶本人专用车辆的停车收费实行减免,应根据相关法律法规和政策文件分别加以规定。据此,法制委员会建议按不同种类特别车辆分别规定,表述为"本市各类停车设施应当按照相关规定对军车停车免收停车费。残疾人持公安机关交通管理部门核发的残疾人专用通行证驾驶残疾人本人专用车辆,在本市各类非居住区停车场停放时,免收停车费。"(四审稿第二十八条第四款)

有的委员提出,三审稿第三十六条规定的道路停车泊位设置原则,应当处理好与步行交通、非机动车交通、公共交通之间的关系。据此,法制委员会建议增加"优先保障步行、非机动车、公共交通,保障机动车通行"的内容。(四审稿第三十六条第二款)

有的委员提出,三审稿中部分条款规定的罚款幅度过大,给执法机关过宽的自由裁量权。据此,法制委员会建议按照过罚相当的原则调整罚款数额,修改了三审稿第二十六条第二款、第三十六条第四款的罚款数额。(四审稿第二十六条第二款、第三十六条第四款)

此外还作了许多文字表述方面的修改。

根据上述意见,法制委员会提出《北京市机动车停车条例(草案四次审议稿)》。

条例四次审议稿和以上意见是否妥当,请审议。

北京市人民代表大会法制委员会关于《北京市机动车停车条例(表决稿)》的说明

——2018年3月30日在北京市第十五届人民代表大会常务委员会第三次会议上

市人大法制委员会副主任委员 邹维萍

主任、各位副主任、秘书长、各位委员:

3月29日,市十五届人大常委会第三次会议对《北京市机动车停车条例(草案四次审议稿)》进行了审议,有11位常委会组成人员和1位列席人大代表发表了意见。根据委员意见,法制委员会建议将四审稿中"规划国土资源部门"的表述修改为"规划国土";将第二十七条修改为"负有停车管理职责的公职人员,在停车管理中不依法履行职责,由监察机关依法予以处置";在第三十六条第四款中增加"情节严重的,并处每个泊位5000元罚款";在第三十八条第一款中增加"不得转包"的内容。

据此,法制委员会提出《北京市机动车停车条例(表决稿)》,建议本次常委会会议通过,并自2018年5月1日起施行。

第三部分　配套文件

北京市交通综合治理领导小组办公室关于印发《加强本市核心区停车管理工作方案》的通知

京交综治办发〔2018〕12号

各区政府,市发展改革委、市教委、市经济信息化委、市公安局、市财政局、市人力社保局、市规划国土委、市住房城乡建设委、市卫生计生委、市国资委、市体育局、市园林绿化局、市民防局、市城管执法局、市公安局公安交通管理局:

《加强本市核心区停车管理工作方案》(以下简称"《工作方案》")已经北京市交通综合治理领导小组第一次审议通过,4月3日杨斌副市长专题会议进行了部署。结合东城区、西城区停车综合治理试点情况,并按北京市交通综合治理领导小组第二次会议精神,对《工作方案》进行了修改完善,现印发给你们,请东城区、西城区抓好落实,同时请其他各区参照本方案开展综合治理工作。现将有关事项和要求通知如下:

一、加强组织、强化治理。要按照"市级统筹、各区主责"的原则,市级部门做好规划导则制定、政策研究、执法统筹和综合保障,各区政府发挥主体作用,组织好属地街道和社区,结合街巷长制度,做好区域静态交通综合治理。在治理工作中,坚持"条块结合、以块为主",注重片区治理和道路停车执法协调推进,尽量减少路侧停车位和硬隔离设施。通过治理,规范停车秩序、提高停车服务能力和管理水平。

二、分步实施、压茬推进。加强停车管理工作,要按照耐心细致、逐步推开的要求,按照"依法依规、试点先行、蹄疾步稳、压茬推进"的总体考虑,分阶段、分批次开展,阶段结束后进行效果评估,优化调整后推进下一阶段工作。其中:东城区、西城区年内基本完成;西城区、朝阳区、海淀区、丰台区先期重点安排本市七个一级堵点开展停车治理工作,即:中央商务区(CBD)、上地软件园区域、五道口区域、植物园区域、木樨地南里滨河区域、窑洼湖桥区域、天坛医院新址区域。

三、紧抓关键、综合施策。抓住停车管理工作的三个关键环节:规划施划是基础,电子收费是保障,严格执法是核心。同时,注重堵疏结合,综合施策,在加强执法和管理的同时,通过错时共享、资源挖潜、设施建设等举措适度拓展停车资源、缓解居住停车供需矛盾。

四、注重落实、把握节点。东城区、西城区按照《工作方案》的相关要求持续推进;朝阳区、海淀区、丰台区、石景山区和通州区参照《工作方案》并结合辖区电子收费系统建设同步开展停车区域综合治理工作,其他各区参照《工作方案》并结合辖区电子收费系统建设统筹安排本辖区停车区域综合治理工作。

五、精心谋划、注重宣传。市交通委、市公安局公安交通管理局等部门和各区政府结合《北京市机动车停车条例》实施制定宣传方案,把握好宣传节奏,为治理工作营造良好的社会舆论氛围。各相关部门应开展广泛宣传活动,既要覆盖社会面,也要覆盖各级政府管理部门及停车行业从业人员,促进依法行政、强化规范经营、引导有序停车。

特此通知。

附件:加强本市核心区停车管理工作方案

北京市交通综合治理领导小组办公室

2018年7月25日

附件

加强本市核心区停车管理工作方案

为深入贯彻落实党的十九大精神,坚持以习近平总书记两次视察北京重要讲话精神为根本遵循,依据北京市交通综合治理领导小组第一次和第二次会议要求,结合北京城市发展战略定位,努力提高核心区停车管理能力和服务水平,优化区域静态交通秩序和环境,特制定本方案。

一、工作目标和范围

（一）工作目标

一是实现停车秩序明显改善;二是实现管理能力、服务水平明显提升;三是实现城市静态交通环境面貌焕然一新。

（二）工作范围

核心区停车管理的工作范围为东城区、西城区行政区域,重点区域为二环以内(含二环路外环辅路及朝阳、丰台局部地区),整治范围为除居住小区、单位自有用地、路外公共停车场之外的道路及商户、单位门前车辆停放区域。

其他区结合交通堵点治理和重点区域,开展治理工作。

二、工作思路

加强核心区停车管理按照"依法依规、试点先行、蹄疾步稳、压茬推进"的原则,实施停车秩序整治、疏堵结合、完善政策并统筹推进其他领域的停车治理工作。

一是紧抓停车综合治理三个关键环节。即规划施划、电子收费和严格执法。逐步实现三个转换，即停车观念转换，树立"停车入位、停车付费、违停受罚"观念；收费模式转换，由人工现金收费向电子收费（无感支付）转换；收费性质转换，由经营性收费向行政事业性收费转换。

二是堵疏结合。通过整治停车秩序、深入挖掘既有空间潜力、提升存量利用率以及适度增建停车设施等多措并举，改善核心区停车乱象、缓解核心区停车矛盾。同时结合相关工作要求，统筹推进旅游客车停放、共享自行车和社会停车场等其他领域的停车治理工作。

三是完善政策。研究停车建设和管理的相关政策，出台错时共享停车、停车设施建设、停车自治、居住停车区域认证、差别化停车收费等办法措施，巩固停车综合治理成果。

三、工作内容

（一）紧抓停车综合治理三个关键环节

1. 规划施划环节

一是路内、路外、胡同停车统筹规划。支路以上道路停车位，由各区提出意见，公安交通管理部门确认后进行施划；路外公共空间和胡同停车位由各区按标准施划。

二是行政收费、经营收费、自治管理分清。实行行政事业性收费的支路以上道路停车，全部实行电子收费，统一纳入区级财政；实行经营收费的路外公共空间停车场，依法依规实行市场调节价；实行自治管理的支路以下道路（含胡同）车位，主要用于居住停车，协商确定收费标准。

三是标志、标线、标牌简洁明了。按照《停车标志标线设置图集》，精准合理施划停车区和限停区，对白实线、白虚线、蓝实线、蓝虚线统一。为停车人服务，明确哪里可以停，哪里不能停。公安机关公安交通管理部门负责确定和施划禁停区，设置禁停标志，黄色实线和禁停标志路段严格禁停。

四是自行车停放区规划与设置。由各区负责，在地铁站、公交站、学校、医院等共享自行车出行聚集区，根据客流量，合理确定区域车辆运营规模，结合疏堵工程等，研究采用多种方式规划设置自行车停放区，开展自行车聚集区车辆规模和停放秩序管理。

2. 电子收费环节

一是道路停车电子收费前端技术路线以高位视频为主，过渡期可以暂时使用手持 pos 机。

二是高位视频设备安装实行"借杆、借电、借沟"，各区会同相关部门，按照《北京市交通综合治理领导小组办公室关于落实交通综合治理领导小组第二次会议精神和工作会议部署 做好道路停车电子收费前端设备安装有关工作的通知》（京交综治办发〔2018〕10 号），采用简易程序加快办理。

三是按时间节点推进。东城区、西城区和通州区要抓紧着手招标和安装前端设备，于 2018 年 11 月底前实现辖区内全部道路停车泊位电子收费。其他区现在就可以开始招标采购，加快推进电子收费实施进度，争取提前实现"人工现金收费"向"电子收费"的转变和实现"经营性收费"向"行政事业性收费"的转变。

四是市发展改革委牵头，根据电子收费系统运营情况，制定精细化、分层次的差别化收费政策。

3. 执法环节

一是组建区级停车协管员队伍。按照"区招区管、队训队认"和"三统一、一纳入"的基本原则,由各区政府招募组建本辖区停车协管员队伍,并负责协管员队伍的日常管理,各区政府财政预算保障。按照公安机关公安交通管理部门的标准统一培训、统一服装、统一装备,并纳入公安机关交通管理部门的执法体系,形成全市一支停车协管员队伍。

二是完善停车执法科技设备,提高执法效率。公安机关公安交通管理部门要整合路口视频监控、路段治安、街道社区等视频资源,纳入机动车非现场执法平台。各区停车协管员队伍可以按照公安机关公安交通管理部门监控设备的标准,使用电子巡逻车开展移动协助执法取证。

三是加大巡查和执法力度。压茬推进治理的路段,实现15分钟巡查一遍的执法巡查频次,提高拖车、现场处罚、贴条等显性执法比例,保持执法高压态势。每月定期统计和通报执法巡查和执法量。

四是加强价格执法力度。由市价监部门加强统筹,加大协调指导力度和价格执法力度;各区停车管理部门加强对从业人员、企业的教育培训,研究建立"黑名单"制度,对有违规经营行为的停车企业及其主要经营者,限制其参与本市道路停车管理经营活动。

五是加强经营执法力度。由市城管执法局做好对违法经营停车场和违法设置停车位的执法管理工作,严厉查处和打击未办理工商登记、未按照规定对停车泊位进行备案,擅自从事停车场经营活动,乱收费、不按规定收费,以及擅自在道路、实行物业管理的居住区以外的其他公共场所设置地桩、地锁等障碍物的行为。

(二)缓解居住停车供需矛盾

1. 通过周边单位停车场错时停车

由各区政府结合公共建筑停车设施使用情况,按照《北京市机动车停车条例》第十三条相关要求,组织街道、社区协调开展错时共享服务。

2. 因地制宜,挖潜资源

各区政府按照"疏一批、挤一批、增一批"的思路,即通过疏解整治促提升工作,疏解一批停车需求;通过停车自治和建立居住停车区域认证机制,挤出一批停车需求;通过适度挖潜建设,增加一批停车位。

(三)统筹推进其他领域的停车治理工作

1. 旅游客车治理

结合核心区旅游客车整治工作方案,东城区、西城区按要求加强对旅游客车停车治理工作。

2. 共享自行车治理

推进北京市共享自行车监管与服务平台建设,完成全部企业动静态数据接入,持续监测活跃车辆比例,压实企业主体责任,实现减量发展。各区合理规划自行车停放区和禁停区,建设电子围栏,规范企业运营和骑行人停放行为,完善信用体系。

3. 社会停车场服务提升

逐步实现无感支付,提高进出场效率。建立全市停车资源平台,推动社会停车场信息接入市级平台,加大监督力度,逐步完善动态信息发布、停车诱导等服务。

四、保障措施

(一)高度重视,落实责任

深入贯彻落实市交通综合治理领导小组工作要求,由主管副市长牵头,市交通委、市规划国土委、市公安局公安交通管理局等有关部门和各区政府主管领导参加,组建工作专班,统筹组织加强核心区停车管理工作,协调解决重点难点问题,组织开展工作,督促检查重要工作落实情况。

(二)资金保障、政策支持

各级财政部门应做好停车管理的资金保障工作。有关部门研究出台地下空间分层规划政策、简化规划审批流程、落实分层供地、加大资金支持力度。研究出台居住区停车自治指导意见,明确停车自治管理主体、管理流程等。

(三)统筹资源、重点突破

核心区停车综合治理在秩序整治、挖潜空间、新增设施工作中,利用拆违腾退空间、规划用地建设停车设施用于居民停车,推动违停车辆清拖以及错时停车等事项,各部门和区政府应做好资源统筹。

北京市交通综合治理领导小组办公室

2018年7月25日印发

关于印发鼓励社会资本参与机动车停车设施建设意见的通知

京发改规〔2014〕8号

各相关单位：

为缓解城市停车难，推动停车设施市场化建设，依据《北京市城市基础设施特许经营条例》、《北京市机动车停车管理办法》，我们制定了《关于鼓励社会资本参与机动车停车设施建设的意见》，已经市政府同意，现印发给你们，请认真贯彻执行。

特此通知。

北京市发展和改革委员会　北京市规划委员会
北京市国土资源局　北京市交通委员会
2014年12月5日

关于鼓励社会资本参与机动车停车设施建设的意见

停车设施是城市交通基础设施的重要组成部分,加快机动车停车设施建设,是解决特大城市停车难、缓解交通拥堵的有效措施,也是首都在新阶段做好"四个服务",提升城市运行管理和服务水平的必然要求。鼓励社会资本参与机动车停车设施建设是推进交通基础设施投融资改革创新的重要举措。依据《北京市城市基础设施特许经营条例》《北京市机动车停车管理办法》,制定本意见。

一、总体思路和基本原则

以十八届三中全会精神为指导,立足首都城市战略定位,以中心城区为重点,统筹郊区新城,突出缓解机动车停车设施供需矛盾。坚持市场化方向,坚持政策创新,开放机动车停车设施投资、建设、运营市场,充分发挥市场主体作用,形成多元化投资建设、规模化经营的格局。积极培育机动车停车投资市场和消费市场,带动和促进机动车停车产业发展。提升交通精细化管理水平,保障城市高效安全运行,逐步形成解决特大城市机动车停车管理的成熟模式。在积极推进社会资本进入机动车停车设施工作中,坚持以下基本原则。

（一）坚持政策创新和集成。深化停车规划和土地供应政策改革创新，解决停车设施建设空间不足的矛盾，降低土地使用成本；深化投融资改革和价格改革，加强停车规范管理，提高停车设施盈利能力，形成预期稳定的回报机制。

（二）由区县政府作为主体。根据《北京市机动车停车管理办法》，由区、县人民政府负责属地范围内停车设施项目审批及投资、建设和运营。增强解决停车需求的针对性，提高市场的开放性。

（三）坚持资源共享。鼓励利用公共设施地下空间建设停车设施，在满足设施自身停车需求的同时，兼顾周边停车和电动车充电设施建设需求，最大限度利用城市空间；鼓励在公共停车设施项目中合理利用空间适当提供配套服务内容，提高公共停车设施综合服务水平。

（四）带动停车产业发展。充分把握停车设施经营性特点，发挥对社会投资吸引力强的优势，将建设停车设施与发展停车产业结合起来，在解决停车难问题的同时，促进智能停车、运营管理等产业发展。

二、重点任务

（一）核心区停车设施建设。

重点解决行政功能聚集区和胡同停车难问题。充分利用行政办公区自有空间建设停车设施，利用边角地建设简易机械式停车设施。利用周边公共设施、城市绿地的地下空间科学合理建设立体化停车设施。

（二）医院停车设施建设。

重点挖掘医院自有空间资源建设停车设施。充分利用周边公共设施和城市绿地的地下空间、规划用地科学合理建设停车设施。

（三）世界文化遗产周边停车设施建设。

重点加强商业、景点周边停车设施管理，控制小汽车停车需求，鼓励公共交通出行。结合世界文化遗产周边公交场站立体化改造，兼顾旅游大巴停车功能，适度满足旅游停车需求。

（四）居住区停车设施建设。

既有居住区配建停车设施不能满足停车需求的，挖掘居住区内部平面停车设施等自有公共空间或边角地，建设简易机械式停车设施。充分利用周边公共设施和城市绿地的地下空间、规划用地科学合理建设停车设施。

三、政策措施

（一）加强规划引导。

强化停车设施统一规划，统筹考虑自身停车和周边停车需求。鼓励规划建设立体化、智能化的停车设施和电动车充电设施。

鼓励利用自有空间资源，以及综合交通枢纽、公交场站等公共设施和城市绿地的地下空间，科学合理规划建设停车设施，提高土地资源利用效率。

利用地下空间规划停车设施，可以分层办理规划手续。

（二）分类保障土地供应。

利用自有用地建设停车设施。在原划拨方式供地的医院、学校等公共服务性设施用地内建设停车设施，采取划拨方式供地；在原出让用地内建设停车设施，依规应办理供地手续的，可采取变更出让合同方式完善用地手续；在居住区内部及周边空间建设，并备案为居住区停车场的简易机械及平面停车设施，不再办理土地供应手续。

利用公共用地建设停车设施。按规划独立建设的,利用综合交通枢纽、公交场站、城市绿地等地下空间以及城市边角地建设的公益性停车设施,采取划拨方式供地。

利用其他用地建设停车设施,原则上采取招拍挂方式供地。

(三)创新投融资模式。

公益性停车设施,按照"政府出地、市场出资"的公私合作模式(PPP),吸引社会投资人参与。参考一般基础设施项目,特许经营期不超过30年,内部收益率一般不超过8%。根据市政府批准同意的停车场建设专项规划,区、县政府制定本行政区域的实施方案,区、县交通行业主管部门牵头编制特许经营方案,报区、县人民政府批准。区、县政府交通行业主管部门通过招标等公平竞争方式选择特许经营企业。根据市政府价格主管部门确定的收费标准和停车场利用率等指标,测算收益水平。当测算收益水平高于约定收益,高出部分由区、县政府统筹;当测算收益水平低于约定收益,由区、县政府给予支持,市政府重点支持中心城区的三甲医院、行政功能聚集区、世界文化遗产等区域公益性停车设施建设,资金补助比例不超过项目总投资30%。

其他停车设施,采取完全市场化方式建设。鼓励单位和个人通过租赁、合作、建设－经营－移交(BOT)等方式,投资、建设和经营停车设施。

本意见自印发之日起施行。

北京市发展和改革委员会办公室
2014年12月25日印发

关于规范机械式和简易自走式立体停车设备安装及使用的若干意见

京交运输发〔2014〕130号

各有关单位：

为缓解城市停车难，加快推进本市停车设施立体化改造和建设，规范机械式、简易自走式立体停车设备安装及使用，依据《北京市机动车停车管理办法》，特制定本意见。

一、本市鼓励多种渠道、多种方式投资设置机械式、简易自走式立体停车设备。鼓励停车场产权人对既有平面停车设施进行改造，设置机械式、简易自走式立体停车设备，增加停车设施供给。

本意见中机械式停车设备指利用地上空间，用来存取储放车辆的机械或机械设备系统。

简易自走式立体停车设备指利用地上空间，以钢结构为主体，车辆通过多层停车空间之间衔接通道直接驶入（出）停车泊位，从而实现车辆停放的停车设备。

二、利用居住区内业主共有的公共场地设置机械式、简易自走式立体停车设备，应当按照《中华人民共和国物权法》第七十六条的规定，事先征得规定比例的业主及利害关系人书面同意。利用其他单位自有土地设置机械式、简易自走式立体停车设备的，应当事先征得自有土地权属单位书面同意。设置机械式、简易自走式立体停车设备需要占用居住区绿地或单位附属绿地的,应当制定绿地置换补偿方案,置换或补偿绿地面积不得低于既有绿化率指标,并取得园林绿化部门批准。

三、设置机械式、简易自走式立体停车设备应当合理选择位置,采取有效隔声、减振措施,严格按照《北京市噪声污染防治办法》有关要求,做好设备安装和使用期间的噪声污染防治。对相邻建筑物通风、采光、日照或噪声有影响的,设置单位应当与利害关系人签订协议并协商予以合理补偿。

四、利用居住区和单位自有用地设置机械式、简易自走式立体停车设备按照机械设备安装管理,免予办理建设工程规划、用地、环评、施工等许可手续;利用城市公共设施用地设置机械式、简易自走式立体停车设备仍按照原有规定,须办理建设工程规划、用地、环评、施工等许可手续。

机械式停车设备的生产、经营、使用、检验、检测应当严格遵守《中华人民共和国特种设备安全法》的有关规定,经检验检测合格且按规定办理使用登记的,方可投入使用。设置简易自走式立体停车设备还应当参照《门式钢架轻型房屋钢结构技术规程》和《钢结构设计规范》进行设计,其停车位、引道、坡道等设计应当符合国家和本市机动车停车场库设计规范要求,其安装及验收应当遵守《机械设备安装工程施工及验收通用规范》,由设置单位组织设计、安装、监理单位验收合格后方可投入使用。

五、出于城市景观、安全防护、减排降噪需要,设置机械式、简易自走式立体停车设备允许对临街立面进行封闭,其他立面和顶部可以做半封闭处理,但封闭面积不宜超过顶面与全部立面面积总和的3/5;临街立面的样式应与周边建筑物外立面和市容环境相协调,并参照《北京市施工围挡容貌景观设计规范》进行统一规范,不得利用临街立面设置户外广告,悬挂标语横幅和其他宣传品。设施产权单位应按照《北京市市容环境卫生条例》要求,对临街立面进行保洁维护。

六、机械式、简易自走式立体停车设备投资可以纳入固定资产进行管理,并依据固定资产管理有关规定,按照设备使用年限计提折旧。设置单位或者经营管理单位应当建立设备定期检验和维护制度,确保设备正常完好、使用安全。鼓励机械式、简易自走式立体停车设备设置单位或者经营管理单位投保公共责任险。

七、机械式、简易自走式立体停车设备属于临时停车资源,设置单位应当在设备验收合格后10日内,凭设置方案及车位示意图、土地权属单位同意设置的意见、利害关系人补偿协议、园林绿化部门批准意见以及设备验收合格证明向所在区县停车管理部门办理停车设施资源登记。对外收费经营的,应当依法办理停车设施经营备案、价格核定、专用发票领用等手续。

北京市交通委员会　　　北京市规划委员会
北京市国土资源局　　　北京市住房和城乡建设委员会
北京市园林绿化局　　　北京市环境保护局
北京市市政市容管理委员会　北京市质量技术监督局
北京市城市管理综合行政执法局

2014 年 9 月 27 日

关于本市停车收费管理
有关问题的通知

京发改〔2015〕2688号

各区发展改革委、市政市容委(交通委、交通局)、住房城乡建设委、房管局,各停车场经营单位:

为贯彻落实党的十八届三中、四中、五中全会精神,按照国家推进价格改革的工作要求,并结合本市实际,经报请市政府同意,本市停车收费实行差别化价格管理政策,充分发挥市场在停车资源配置、车辆使用调节中的作用。现将有关事项通知如下:

一、本市驻车换乘停车场、占道停车场(含立交桥下停车场,下同)停车计时收费实行政府定价管理,按照现行程序办理相关手续,并按属地进行明码标价牌统一编号。其他各类停车场停车收费实行市场调节价,不再办理停车收费相关手续。

二、本市驻车换乘停车场对规定时间内停放的驻车换乘车辆,收费标准保持每次2元不变;对非换乘车辆和规定时间外停放的车辆,执行所在区域占道停车场收费标准。占道停车场仍划分为3类区域(详见附件1),收费政策保持不变(详见附件2);大型社会活动期间,占道停车场停车收费仍可实行计次收费(详见附件3)。

三、各停车场经营单位要严格遵守《价格法》、《反垄断法》、

《村民委员会自治法》、《物业管理条例》(2007年国务院令第504号)、《反价格垄断规定》(2010年国家发展改革委令第7号)、《北京市物业管理办法》(2010年市政府令第219号)、住房城乡建设部《关于加强城市停车设施管理的通知》(建城〔2015〕141号)等法律法规及其他规定,自觉规范价格行为,合法经营。要严格落实明码标价制度,在停车场醒目位置设置明码标价牌,明示停车场经营单位名称、停车场范围(位置)、车位总数、收费时段、收费标准、行业主管单位和经营单位的服务监督电话,主动接受社会监督。要严格遵守《北京市实施〈中华人民共和国残疾人保障法〉办法》、《北京市拥军优属工作若干规定》(1997年市政府令第6号)等法律法规及国家有关规定,对军车及残疾人驾驶的本人专用车辆等特定车辆免收停车费。

四、市区价格主管部门会同相关部门,要做好对停车场经营单位停车收费政策告知、疑难问题解释解答等政策服务工作,提高经营单位对收费等政策的认识和理解;要依法加强对停车场经营单位的监督检查,坚决依法查处不明码标价、串通涨价、价格欺诈、利用优势地位强制服务强制收费等价格违法行为,维护正常市场价格秩序,保障市场主体合法权益;要将重点停车场收费标准纳入价格监测范围,加强对辖区内停车场收费标准的监测工作。

五、市区停车行业主管部门要建立停车场(位)信息公开制度,主动公开停车场相关信息,方便社会查询;要健全停车管理服务标准规范,完善行业准入和退出机制,加强停车服务行为监管;要督促停车场经营单位做好收费价格公示和法定免费停车政策的落实工作。

六、市区房屋行政主管部门要积极开展物业管理政策法规的宣传和教育活动,规范物业服务单位经营行为,将居住区地面停车是否收费和收费标准调整作为重大物业管理事项,纳入《管理规约》,并指导街道办事处、乡镇人民政府协助相关业主依法共同决定本居住区地面停车收费事项。

七、本通知自2016年1月1日起执行。以往有关规定与本通知不一致的,以本通知为准。

原北京市物价局《关于调整我市机动车停车场收费标准的通知》(京价(收)字〔2002〕194号),原北京市物价局《关于居住小区机动车停放收费有关问题的批复》(京价(收)字〔2002〕324号),原北京市物价局《关于修订关于调整我市机动车停车场收费标准的通知的通知》(京价(收)字〔2002〕326号),原北京市物价局《关于我市机动车停车场收费标准有关问题的通知》(京价(收)字〔2003〕106号),北京市发展和改革委员会《关于调整我市机动车停放收费计时单位的通知》(京发改〔2004〕495号),北京市发展和改革委员会《关于北京首都国际机场停车收费标准(试行)的批复》(京发改〔2004〕1860号),北京市发展和改革委员会《关于事故车停车场停车收费管理的函》(京发改〔2005〕1217号),北京市发展和改革委员会《关于首都机场三号航站楼前停车收费标准(试行)的批复》(京发改〔2008〕181号),北京市发展和改革委员会《关于加强本市机动车停放收费管理的通知》(京发改〔2009〕1707号),北京市发展和改革委员会《于调整本市重点区域非居住区停车场收费标准的通知》(京发改〔2010〕144号)、北京市发展和改革委员会《关于调整本市非居住区停车场白天收费标准的函》(京发改〔2010〕2222号)、北京市发展和改革委员会《关于北京首都机场航站区停车场有关事项的函》(京发改〔2010〕2128号),北京市发展和改革委员会《关于做好本市非居住区停车场白天收费标准调整相关工作的通知》(京发改〔2011〕199号),北京市发展和改革委员会《关于进一步做好本市非居住区停车场白天收费标准调整相关工作的通知》(京发改〔2011〕404号),北京市发展和改革委员会《关于进一步做好本市停车收费标准调整工作的通知》(京发改〔2011〕474号),北京市发展和改革委员会《关于本市停车收费管理有关问题的通知》(京发改〔2011〕611号),北京市发展和改革委员会、北京市交通委员会、北京市残疾人联合会《关于残疾人专用车辆免费停车有关事项的通知》(京发改〔2011〕2035号),北京市发展和改革委员会《关于进一步加强本市机动车停车收费管理的通知》(京发改〔2011〕2422号)同时废止。

特此通知。

附件:1. 本市占道停车场区域划分
　　　2. 本市占道停车场停车收费标准
　　　3. 大型社会活动期间占道停车场计次收费标准

北京市发展和改革委员会　　　　北京市交通委员会
北京市住房和城乡建设委员会

2015年12月4日

附件 1

本市占道停车场区域划分

本市占道停车场划分为 3 类区域。一类地区为三环路（含）以内区域及中央商务区（CBD）、燕莎地区、中关村西区、翠微商业区等 4 个重点区域（具体范围详见下表）。二类地区为五环路（含）以内除一类地区以外的其他区域。三类地区为五环路以外区域。

重点区域名称	四至范围			
	东	南	西	北
中关村西区	中关村大街东侧	海淀南路南侧	苏州街西侧	北四环路北侧
中央商务区（CBD）	西大望路东侧	通惠河北岸	东三环西侧	朝阳路北侧
燕莎地区	麦子店路东侧	麦子店西街南侧	东三环西侧	亮马桥路北侧
	天泽路东侧	亮马桥路南侧	东三环西侧	霄云路北侧
翠微商业区	西三环东侧	复兴路南侧	翠微路西侧	玉渊潭南路北侧

注：上述区域范围指四至界线道路内的全部区域（四至界线道路除标明不含的，均属于一类区域），不含道路外的区域。

附件 2

本市占道停车场停车收费标准

占道停车场		一类地区		二类地区		三类地区	
		小型车	大型车	小型车	大型车	小型车	大型车
白天 (7:00— 21:00)	首小时内 (元/15分钟)	2.5	5	1.5	3	0.5	1
	首小时后 (元/15分钟)	3.75	7.5	2.25	4.5	0.75	1.5
夜间[21:00(不含)— 次日7:00](元/2小时)		1	2	1	2	1	2

注：1. 本市占道停车场白天停车收费以15分钟为1个计时单位，不足15分钟按15分钟计算；夜间停车收费以2小时为1个计时单位，不足2小时按2小时计算。

2. 对机动车跨昼夜分界点停放且停放时间不足昼夜分界点前的1个计时单位的停车收费，按分界点前的收费标准和计时单位收费，不得拆分为两个时段计收停车费。

3. 中型(含)以下载客汽车及轻型(含)以下载货汽车按小型车收费标准执行，大型载客汽车及轻型以上载货汽车按大型车收费标准执行。

4. 对停车资源紧张、停车矛盾突出的部分居住区，经区县有关部门确认并公示，可以在居住区周边占道停车场划定一定区域，当地居住区的居民凭有效证明在此停车，收费标准按照不高于夜间收费标准执行，具体实施操作细则按各区县规定执行。

附件 3

大型社会活动期间占道停车场计次收费标准

单位:元/次

	小型车	大型车
四环路(含)内	20	40
四环路外	10	20

注:1. 对在计次时段之前进入实行计次收费区域内的车辆,在计次时段内仍实行计时收费。

2. 对在实行计次收费区域内办理了长期停放手续的车辆,停车场经营企业不得另行收取停车费。

3. 举办大型社会活动期间,机动车停车场应按规定明码标价。

4. 大型社会活动事项、执行时间和范围,由活动举办地区、县价格主管部门会同相关部门确定并事先公告。

北京市发展和改革委员会北京市交通委员会关于本市停车收费有关事项的通知

京发改〔2018〕804号

各区发展改革委、各区市政市容委(交通委、交通局),各有关单位:

根据《北京市机动车停车条例》有关规定,为进一步规范本市停车收费行为,特调整停车场计时收费有关政策。现就相关事项通知如下:

一、本市占道停车场白天(7:00—19:00)停车收费以15分钟为1个计时单位,夜间〔19:00(不含)—次日7:00〕停车收费以2小时为1个计时单位,满1个计时单位后方可收取停车费,不足1个计时单位的不收取费用。其他实行计时收费的停车设施需按《北京市机动车停车条例》及时调整计费规定。

二、各区发展改革、停车管理部门会同相关部门,要做好对停车场经营单位停车收费政策告知、疑难问题解释等政策服务工作;加强对停车场经营单位的监督检查,依法查处相关违法行为。

三、各停车场经营单位要做好员工政策培训,自觉规范价格行为;按规定做好明码标价工作,主动接受社会监督。

四、本通知自 2018 年 5 月 1 日起执行。以往有关规定与本通知不一致的,以本通知为准。

特此通知。

北京市发展改革委员会　北京市交通委员会

2018 年 4 月 24 日

关于规范本市机动车停车场明码标价的通知

京发改规[2018]6号

各区发展改革委,各有关单位:

根据《北京市机动车停车条例》《关于商品和服务实行明码标价的规定》(中华人民共和国国家发展计划委员会令第8号)、《北京市商品和服务明码标价的规定》(京发改〔2009〕955号)等有关规定,现就本市机动车停车场明码标价有关事项通知如下:

一、明码标价方式。本市机动车停车场经营者应当在经营场所出入口、收费地点等醒目位置,使用标价牌或电子信息屏等方式进行明码标价。

二、明码标价内容。明码标价内容包含收费时段、收费标准(包括计价单位、不足一个计时单位不收取费用、军车残疾车按规定免费等内容)、服务单位监督电话、行业主管部门电话和价格举报电话、经营单位名称、停车场范围(位置)、编号、车位总数等。经营者参照附件样式自行制作明码标价牌,实行政府定价的收费停车场明码标价牌编号按《北京市机动车停车条例》规定执行,新设置的实行市场调节价的收费停车场明码标价牌编号为北京市公共停车场经营备案证的备案号。

三、明码标价要求。明码标价应当做到标价内容真实明确、字迹清晰、标示醒目;收费标准变动时应当及时调整;不得在标价之外另外加价,不得收取任何未予标明的费用。

四、价格监督检查。经营者如不执行明码标价规定,或者利用标价形式、价格手段进行价格欺诈的,由辖区价格监督检查部门依据《中华人民共和国价格法》《价格违法行为行政处罚规定》(中华人民共和国国务院令第585号)、《北京市机动车停车条例》《关于商品和服务实行明码标价的规定》(中华人民共和国国家发展计划委员会令第8号)、《禁止价格欺诈行为的规定》(中华人民共和国国家发展计划委员会令第15号)等依法查处。

本通知自印发之日起执行。以往有关规定与本通知不一致的,以本通知为准。北京市发展和改革委员会《关于进一步规范本市机动车停车场明码标价有关问题的通知》(京发改〔2016〕782号)和北京市发展和改革委员会《关于本市修改非居住区停车场明码标价牌式样的通知》(京发改〔2011〕203号)同时废止。

特此通知。

附件:收费停车场明码标价牌参考式样

北京市发展和改革委员会

2018年6月29日

附件

收费停车场明码标价牌参考式样

正面 反面

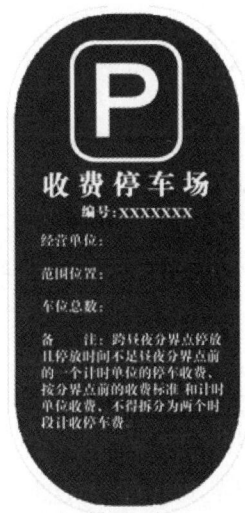

北京市交通综合治理领导小组办公室关于落实交通综合治理领导小组第二次会议精神和工作会议部署做好道路停车电子收费前端设备安装有关工作的通知

京交综治办发〔2018〕10号

各区人民政府,市规划国土委、市城市管理委、市园林绿化局、市公安交管局、市城管执法局、市交通委路政局,市公交集团,国网北京市电力公司,各相关通讯运营单位:

为贯彻落实2018年6月26日陈吉宁市长主持召开的市交通综合治理领导小组第二次会议精神,2018年7月12日杨斌副市长主持召开市交通综合治理工作会对工作进行了全面部署,其中,就道路停车电子收费系统前端设备安装涉及的高位视频安装"借杆、借电、借沟"等的工作程序进行了部署并提出了要求。为做好此项工作,现就有关事项通知如下:

一、道路停车电子收费系统前端设备安装以各区政府为责任主体。各区政府要按全市统一部署在规定时间节点内高质量完成任务。市交通委、市城市管理委、市规划国土委、市园林绿化局、市公安交管局、市城管执法局、市交通委路政局等有关部门和相关企业要给予大力支持和配合。

二、道路停车电子收费前端设备安装以充分利用现有线杆、电路、管沟等资源为主,提高现有资源利用率。各有关部门和相关企业要按照各自职责、加强配合,建立设备安装相关工作审批绿色通道,简化工作流程,缩短审批周期;各区政府要加强与各有关部门和相关企业的沟通协调,按照以下工作机制推进设备安装实施工作。

(一)借杆工作流程

1. 借用路灯杆

各区组织进行实地勘查,梳理借杆需求,制定借杆实施方案,组织第三方检测机构进行安全检测后,将实施方案报送至市停车管理中心(仝进,18515206577),2个工作日内由市交通委向市城市管理委发函,市城市管理委在7个工作日审核并向照明中心下达工作指令,照明中心(陈壬贤,15810251338)与各区停车管理部门(名单附后)对接后配合开展高位视频设备借杆安装工作。

2. 借用其他杆体

各区组织进行实地勘查,梳理借杆需求,制定借杆实施方案,组织第三方检测机构进行安全检测后,将实施方案直接报送至杆体产权单位审核(相关单位及联系人附后),市城市管理委、市公安交管局、公交集团、各相关通讯运营单位等杆线产权单位在借杆安装高位视频设备工作中予以支持。

(二)借电工作流程

各区组织进行实地勘查,提出取电点位置需求,制定实施方案,向国网电力部门报送实施方案和电表安装申请,国网北京市电力公司审核和取电电源单位根据现场实际情况,确定取电点位和路由,指导、支持就近借用不间断电源,安装电表实施分表缴费,加快工程施工,保障各区工作进度。

(三) 借沟工作流程

各区组织进行实地勘查,提出借沟需求,制定实施方案,委托具有资质的第三方检测机构检测或聘请专家论证后,将实施方案报送管井产权部门审核,管井产权部门7个工作日内反馈审核意见,市城市管理委、各通讯运营单位、北信基础公司等在施工过程中予以指导、支持。

(四) 临时占掘路、占用绿地工作流程

各区组织企业实地勘查,提出临时占掘路、占用绿地需求,制定施工方案,报送方案至路政、园林等主管部门。路政、园林等主管部门7个工作日内按简易程序予以审批,市规划国土委、市园林绿化局、市交通委路政局、市公安交管局、市城管执法局等相关单位在施工过程中给予指导、支持。

请各区政府抓紧制定完善道路停车电子收费前端设备安装施工方案,尽快办理相关手续,加快设备安装工作;请各有关部门和相关企业简化工作流程、加快手续办理,共同做好全市道路停车电子收费前端设备安装工作。

特此通知。

北京市交通综合治理领导小组办公室

2018年7月13日

停车诱导系统技术要求

(DB11/T 667—2009)

The technical requirements of parking guidance system

北京市质量技术监督局　发布

前　言

本标准按照 GB/T 1.1—2009 给出的规则起草。本标准由北京市交通委员会运输管理局提出。

本标准由北京市交通委员会归口。

本标准由北京市交通委员会组织实施。

本标准负责起草单位:北京市交通委员会运输管理局、北京市世纪新运交通运输科技应用研究所。

本标准主要起草人:刘通亮、王春强、潘波、马燕明、李佩军、马琳、王靖静、兰普、王义生、杨劲夫、梁燕红。

停车诱导系统技术要求
（DB11/T 667—2009）

1 范围

本标准规定了停车诱导系统的系统总体结构与功能、要求及测试标准。

本标准适用于停车诱导系统的建设和运行。

2 规范性引用文件

下列文件对于本文件的应用是必不可少的。凡是注日期的引用文件，仅所注日期的版本适用于本文件。凡是不注日期的引用文件，其最新版本（包括所有的修改单）适用于本文件。

GB/T 3453　数据通信基本型控制规程

GB/T 5080.7　设备可靠性试验 恒定失效率假设下的失效率与平均无故障时间的验证试验方案

GB 5768.2　道路交通标志和标线 第2部分：道路交通标志

GB/T 7922　照明光源颜色的测量方法

GA/T 484—2004　LED道路交通诱导可变标志

JT/T 279　公路交通标志板

JT/T 431　高速公路LED可变信息标志技术条件

3　术语和定义

下列术语和定义适用于本标准。

3.1

停车诱导系统 parking guidance system(PGS)

通过停车诱导标识、交通信息显示板、无线通讯设备等方式向车辆驾驶者提供停车场位置、使用状况、行车路线、交通状况变化的系统。

3.2

系统响应时间 system response time

从停车场(库)采集数据,经过停车诱导控制中心处理,发送到停车诱导显示屏显示出相应内容所用的时间。

3.3

特定用户 specified user

停车诱导系统外部的,具有某一共性的相关信息使用者。

3.4

授权用户 authorized user

停车诱导系统内部的,被系统赋予特定权限的系统管理者和信息使用者。

4　系统架构及说明

4.1　停车诱导系统总体架构

停车诱导系统由信息采集设备、通信网络、停车诱导控制中心、停车诱导标识组成,总体架构见图1。

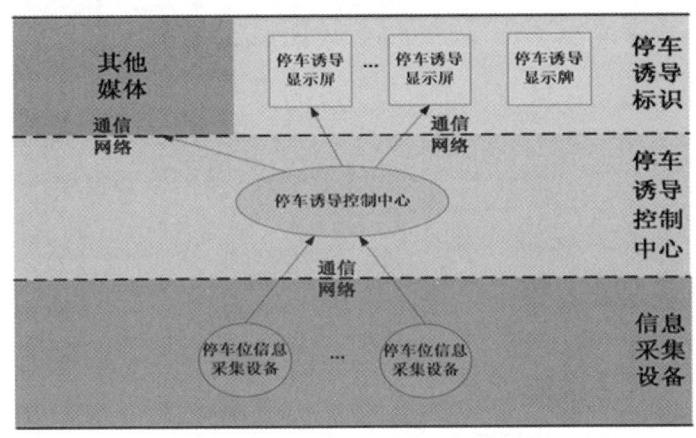

图1 停车诱导系统总体架构图

4.2 停车诱导系统总体架构说明

4.2.1 信息采集设备

采集停车场(库)停车位信息,并上传至停车诱导控制中心的装置。

4.2.2 通信网络

通信网络在信息采集设备、停车诱导控制中心、停车诱导标识之间建立的安全、可靠的数据传输通道。

4.2.3 停车诱导控制中心

停车诱导控制中心对所辖范围内停车场(库)信息进行采集和汇总处理,并通过停车诱导显示屏进行发布。该中心应具备为其他系统提供共享数据的功能,为交通信息显示板、互联网、广播电台、电视台、电话、传真、车载终端、移动终端等其他发布媒体的接入提供共享接口,并提供规范格式的数据信息。

4.2.4 停车诱导标识

停车诱导标识分为停车诱导显示屏和停车诱导显示牌两大类,停车诱导显示屏能显示停车场(库)的名称、位置、空车位数量及相关信息,停车诱导显示牌能显示停车场(库)的名称、位置及相关信息。

5 系统功能

5.1 信息采集功能

5.1.1 自动数据采集

设备自动采集停车场(库)剩余空车位信息,向停车诱导控制中心发送该信息。

5.1.2 人工数据采集

人工辨识采集停车场(库)剩余空车位信息,向停车诱导控制中心发送该信息。

5.1.3 数据存储功能

设备具有数据存储功能。在断电的情况下,原始数据及系统参数应完全保存。

5.1.4 远端控制功能

操作人员可远程对系统设备进行操作控制。

5.1.5 系统积累误差校正

系统应具有本地手动矫正误差和远程遥控矫正误差的功能。

5.1.6 数据传送功能

应具有将采集到的信息向停车诱导控制中心传送的功能。

5.1.7 异常状态显示

在信息采集设备不能正常运行时,停车诱导控制中心应能采集到异常状态信息并进行显示或报警。

5.1.8 状态查询

系统应具备设备状态查询功能,应支持:

——停车诱导控制中心对相关联的信息采集设备进行状态查询和控制;

——信息采集设备对状态查询请求应答和控制请求的处理。

5.2 信息传输功能

系统应支持有线或无线信息传输功能。

5.3 信息处理功能

系统应具有对采集到的数据进行处理,生成可发布的信息的功能。

5.3.1 信息存储

系统应具有对采集到的原始数据和生成的发布信息进行存储备份的功能。

5.3.2 信息管理

系统应具有对系统内信息进行收集、传输、加工等操作的功能。

5.3.3 信息查询

系统应具有查询以下信息的功能:

——停车场和信息发布设备的分布信息;

——某停车场当前车位信息、收费标准、工作状态等信息;

——指定范围内的停车场和车位信息;

——距离某地最近的停车场和车位信息;

——查询停车诱导显示屏当前数据信息。

5.3.4 预测

系统可支持通过分析停车位历史数据来预测停车高峰时间、停车时长、停车位预期数量等数据的功能。

5.3.5 报警

系统中的设备不能正常工作或出现异常时,系统应具有报警提示的功能。

5.4 信息发布功能

系统应具有把诱导信息转换成规范格式的可发布信息,通过停车诱导显示屏进行发布的功能。停车诱导系统应为其他系统平台提供接口支持。

5.4.1 停车诱导信息发布方式

停车诱导控制中心控制停车诱导显示屏的信息发布并为交通信息显示板、互联网、广播电台、电视台、电话、传真、车载终端、移动终端等媒体提供数据接口。

5.4.2 信息交换共享功能

停车诱导控制中心为其他系统提供信息的交换和共享功能,对特定用户提供数据推送、信息查询等定制服务。各个停车诱导控制中心之间具有信息交换和共享功能,能够响应授权用户的服务请求。

5.4.3 停车诱导显示屏功能

5.4.3.1 手动功能

停车诱导显示屏在脱离系统控制时,通过人工方式能显示7.3.4.2 的信息。

5.4.3.2 自动功能

停车诱导显示屏接入系统后,应能接受停车诱导控制中心的控制,按停车诱导控制中心的指令正确显示相应的信息并把工作状况上传至停车诱导控制中心。

5.5 设备管理功能

系统应能对采集设备、发布设备、通讯设备进行管理。

5.5.1 信息采集设备管理

应对各停车场的信息采集设备实施状态管理、设备参数和剩余车位计算逻辑设定,及时发现和排除故障。

5.5.2 信息发布设备管理

系统应具有为授权用户提供对特定信息发布设备进行故障诊断及定位分析,并提供管理操作支持的功能。

5.5.3 通讯设备管理

系统应具备对系统内各通讯设备工作状态实施管理、参数设定、故障发现和排除的功能。

5.5.4 停车场与信息发布设备的对应关系管理

停车诱导控制中心应建立和维护各停车场信息与信息发布设施的对应关系和控制逻辑。

5.5.5 停车场状态切换

停车诱导控制中心根据用户需求随时改变停车场工作状态信息。

6 要求

6.1 信息采集要求

6.1.1 信息分类

信息采集设备所采集的信息分为基本信息和可选信息。

6.1.1.1 基本信息

基本信息是信息采集设备为满足最低需求而采集的：

——停车场空位；

——进场；

——出场；

——特定信息等。

6.1.1.2 可选信息

可选信息是除基本信息以外的：

——车位预定需求；

——车牌信息等。

注：可选信息种类可根据需要扩充。

6.1.2 信息的表述方式

6.1.2.1 停车场空余车位

停车场空余车位描述提供服务的空余车位总数，结构见表1。

表1 空余车位信息描述

停车场编号	空车位数
4个字节	4个字节

6.1.2.2 车辆进场信息

车辆进场信息描述单个车辆进入停车场的状态，结构见表2。

表2 车辆进场信息描述

停车场编号	进场标记
4个字节	1个字节

6.1.2.3 车辆出场信息

车辆出场信息描述单个车辆驶出停车场的状态,结构见表3。

表3 车辆出场信息描述

停车场编号	出场标记
4个字节	1个字节

6.1.2.4 特定信息

特定信息描述停车场正常运营、关闭、系统故障等状态,结构见表4。

表4 特定信息描述

停车场编号	信息代码
4个字节	1个字节

6.1.3 信息上传周期

信息采集设备向停车诱导控制中心上传信息时,两次上传信息的时间间隔应不大于5分钟。

6.2 信息传输要求

6.2.1 通讯接口

至少能提供 RS-232 或 RS-485 通讯接口。

6.2.2 通信规程

按 GB/T 3453 的规定。

6.2.3 数据通道

按 JT/T 431 的规定。

6.2.4 系统响应时间

在系统正常运行情况下,信息从数据采集设备到达停车诱导控制中心的时间应小于5秒;从停车诱导控制中心到达停车诱导显示屏的时间应小于5秒。

6.2.5 传输可靠性

丢包率应不大于2%,误码率应不大于0.2%。

6.2.6 特殊安全保障

系统控制信号与相关信息的传输需要特殊安全保障时,网络上应设置隔离网闸,保障信息安全。

6.3 信息发布要求

6.3.1 停车位信息发送周期

6.3.1.1 停车位信息变化时,应至少每5分钟发送一次。第一次出现空车位数量为0时,应即时发送。

6.3.1.2 停车位信息未变化时,每5分钟应发送一次。

6.3.2 停车诱导信息发布内容

停车诱导系统应能发布基本内容信息和扩展内容信息。

基本信息内容是:

——停车场(库)的位置信息;

——停车位信息。

可选信息内容是:

a)停车场(库)名称;

b)停车场(库)分布信息;

c)运营状况信息:

    1)开放时间;

    2)目前状态;

    3)停车场类型;

4)收费标准。

d)出入车辆牌照:

1)文字信息;

2)图片信息。

e)每个车位占用状态信息。

注1:基本内容信息是全部发布手段都能描述的信息;注2:可选内容信息是除基本信息外的停车诱导信息。

6.3.3 停车诱导标识外观

停车诱导显示牌外观要求符合 JT/T 279 的规定。

停车诱导显示屏外观要求:

——构件应完整,装配牢固,结构稳定,表面光洁;

——安装连接件应设置可调节显示屏视认角度的部件;其活动零件应灵活、无卡滞现象,外壳及安装连接件应无明显变形、凹凸等缺陷;

——外壳(包括控制箱及连接件)的防护层色泽应均匀、无划伤、无裂痕、无基体裸露等缺陷。

6.3.4 停车诱导标识显示文字内容

6.3.4.1 一般要求

版面设计应避免信息过量或信息不足,显示表达方式简明准确。

6.3.4.2 地名描述

停车诱导标识上的道路名称和地名应采用经地名管理机关确认的标准地名,无标准地名的地方可采用历史沿用、公众认知度高的名称。

6.3.4.3 显示空车位的格式

停车诱导显示屏上应以不少于三位数字显示停车场(库)空车

位,数字字符格式应符合 GB 5768.2 要求。

6.3.5 停车诱导显示屏自发光部分

6.3.5.1 光源

自发光光源应采用 LED。

6.3.5.2 亮度

停车诱导显示屏像素应由多粒 LED 组成的,单粒 LED 在额定电流时的法向发光强度:

——红色不小于 3000mcd;

——绿色不小于 4000mcd;

——黄色不小于 4500mcd。

像素的结构排列可根据单位面积的发光强度调整,自发光部分单位面积的平均计算发光强度应不小于 $9000cd/m^2$。

6.3.5.3 LED 基色主波长规定

对于 LED 组成的停车诱导显示屏,其基色主波长范围和同一停车诱导显示屏的主波长偏差规定如下:

——红色主波长范围 620nm~630nm,主波长偏差应不大于 ±5nm;

——绿色主波长范围 520nm~530nm,主波长偏差应不大于 ±5nm;

——黄色主波长范围 585nm~595nm,主波长偏差应不大于 ±5nm。

6.3.5.4 视认性能

6.3.5.4.1 视认角

停车诱导显示屏的视认角应不小于 35°。

6.3.5.4.2 视认距离

停车诱导显示屏的视认距离：

a)静态视认距离应不小于 150m；b)动态视认距离应不小于 120m。

6.3.5.4.3 发光均匀性

停车诱导显示屏内各像素应发光均匀，必要时应剔除性能差异较大的发光单元。在额定工作电流时，显示模块范围内像素与橡塑件的法向发光强度的不均匀度应不大于 1%，像素内 LED 之间的不均匀度应不大于 10%。

6.3.5.4.4 停车诱导显示屏刷新率

停车诱导显示屏像素的驱动方式宜采用静态驱动方式，在保证视认性能的前提下，可采用动态扫描驱动方式，每屏刷新率应按 JT/T 431 要求。

6.3.6 停车诱导标识反光部分按 GB 5768.2 的规定。

6.3.7 停车诱导显示屏可靠性

在正常工作条件下，标识像素的年失控率应不大于 1‰，停车诱导显示屏的平均无故障时间应不小于 30000h。

6.3.8 停车诱导标识机械力学性能

停车诱导标识机械力学性能按 JT/T 431 要求。

6.4 信息交换共享要求

6.4.1 信息交换共享内容

停车诱导控制中心共享的信息内容是：

——停车场(库)的名称、地理位置描述、建设形式、开放时段、收费方式、收费标准、停车位总数、空车位数等；

——停车管理单位的名称、资质、联系人姓名和联系方式、咨询及投诉电话、上级主管部门等；

——停车场(库)相关设备的名称、数量、运行状态、维护保养记录等；

——区域内停车诱导标识的位置、形式、发布的信息内容、所属单位、管理单位等。

6.4.2 信息交换共享的描述

6.4.2.1 信息交换交换共享形式

停车诱导控制中心的信息交换共享的形式描述见表5，表5可根据实际共享应用需求进行扩充。

表5 停车诱导信息交换共享描述表

停车场编号	停车场名称	车位总数	空车位数	时间信息
4个字节	20个字节	4个字节	4个字节	14个字节

6.4.2.2 特定信息内容

特定信息描述停车场以下状态：

——正常运营；

——关闭；

——故障；

——未知。

6.4.3 共享方式相关指标

6.4.3.1 对特定用户进行定时推送的信息共享方式，间隔周期应不大于5分钟。

6.4.3.2 对授权用户实行即时应答的信息共享方式，应答的响应时间应不大于 5 秒钟。

6.4.4 信息传输

信息传输方式应按 5.2 要求,通讯接口应按 6.2.1 要求。

6.5 停车诱导标识设置安装要求

6.5.1 设置原则

6.5.1.1 系统连续

信息诱导应保持连续性,不应出现信息间断。

6.5.1.2 位置合理

停车诱导标识设置应在可视距离合理、可视角度合理、无遮挡物的位置。

6.5.1.2.1 大型停车诱导标识设置

在进入停车诱导区域的主要道路上应设立大型停车诱导标识。

6.5.1.2.2 中型停车诱导标识设置

在停车场(库)周边的道路上应设立中型停车诱导标识。

6.5.1.2.3 小型停车诱导标识设置

在停车场(库)的入口附近应设置小型停车诱导标识。

6.5.2 停车诱导标识外观要求及实例

单独用途的停车诱导标识,外观要求见附录 A、附录 B、附录 C,显示图形及布局设计可参考附录 D。与其他标志混合使用的停车诱导标识,其文字与图形要求应不低于附录 A、附录 B、附录 C 的相关规定。

6.6 电气安全性能

电气安全性能应符合 GA/T 484 相关要求。

6.7 气候环境适应性要求

气候环境适应性应符合 GA/T 484 相关要求。其中耐低温性应符合 GA/T 484—2004 中 B 级耐温性诱导标志要求。

7 测试

7.1 信息采集测试

7.1.1 信息保持要求测试

人为使设备断电 24 小时,然后恢复供电,应符合 5.1.3 规定。

7.1.2 信息采集准确性测试

先设定系统初值空车位数,人工模拟车辆进出检测区域,采集设备获取的数据误差应小于 5‰。

7.1.3 设备参数修改测试通过通讯除数的方式对设备进行参数修改,检测设备应按照预定的方式工作。

7.1.4 远程控制测试

通过通讯平台向采集设备发送控制命令,检测设备是否正确的响应。结果应符合 5.1.4 规定。

7.1.5 信息上传测试

采用人工的方式在采集设备中产生变化信息,如空车位的变化、停车场特定信息,检测设备及时准确的应将信息上传到中心服务器。

7.2 信息传输测试

7.2.1 接收数据测试

从停车场数据采集设备到停车诱导控制中心的数据传输,应用不少于 100 组数据进行测试,准确性应大于 98%。

7.2.2 发送数据测试

从停车诱导控制中心发送到停车诱导显示屏上,应用不少于

100组数据进行测试,数据准确率应大于98%。

7.3 信息发布测试

7.3.1 外观质量

停车诱导标识的外观用目测和手感法检测。

7.3.2 结构尺寸

停车诱导标识的结构尺寸应用分辨力0.5mm、精度A级的钢板尺和圈尺,分辨力0.02mm、精度0.02mm的游标卡尺测量。

7.3.3 色度性能

7.3.3.1 停车诱导显示屏颜色

停车诱导显示屏的外壳、显示屏基底以及像素未发光时的颜色为主观检测项目,应用目测法。

7.3.3.2 像素颜色

像素发光时颜色的测量可按照GB/T 7922用三刺激值法测得,也可在标准暗室中用色测量仪器直接读取色品坐标;将测试结果表示在LED可变信息标志像素发光颜色色品坐标图,看其是否在规定的界限内。本标准规定在边界点上的测量结果也应判为合格。

7.3.3.3 像素不均匀度

测量像素不均匀度时,被测像素的数量应不少于总量的10%,按照JT/T 431中的方法进行检测。

7.3.4 视认性能

7.3.4.1 测试条件

将停车诱导显示屏安装完毕通电后,置于手动状态,应以主观检测为主。

7.3.4.2 测试图案

应以 000、111、222、333、444、555、666、777、888、999 为测试图案。

7.3.4.3 测试人员

应分为两组,一组为发显示 7.3.4.2 图案的控制者,一般为两人;另一组为认读图案的视认者,一般为三人或五人。

7.3.4.4 视认角测试方案

控制者将 7.3.4.2 规定的图案按任意顺序,每 30s 间隔显示,顺序和内容不得事先通知视认者。视认者在规定的视认角内,视读停车诱导显示屏的显示内容,应按表 6 记录评定。

7.3.4.5 静态视认距离测试方案

控制者将 7.3.4.2 规定的图案按任意顺序,每 30s 间隔显示,顺序和内容不得事先通知视认者。视认者在规定的视认角和视认距离内,视读停车诱导显示屏的显示内容,应按表 6 记录评定。

7.3.4.6 动态视认距离的测试方案

从 7.3.4.2 中任选三个图案,在视认者通过最大视认距离 120m 之前显示在标志上,每次显示一个图案;共进行三次,应按表 6 的格式进行评定记录。

表6 停车场(库)信息诱导标识视认性能主观评定表

序号	发布内容	很清楚	清楚	不清楚	备注
1					
2					

续表

序号	发布内容	很清楚	清楚	不清楚	备注
3					
4					
小计					
结论					

7.3.4.7 视认性测试结果

测试结果分为合格、不合格,应以多数视认者的结论为最终结果。停车诱导显示屏内容正确,很清楚、清楚应为合格;停车诱导显示屏内容错误或不清楚应为不合格。

7.3.5 停车诱导显示屏结构稳定性

对于停车诱导显示屏架构稳定性应按 JT/T 431 规定。

7.3.6 可靠性检测

可靠性检测应按 GB/T 5080.7 的规定。

7.4 系统可靠性检测

系统各项设备应连续工作 30 天以上,系统功能正常。

7.5 电气安全测试

电气安全测试应按 GA/T 484 规定。

7.6 气候环境适应性测试

气候环境适应性测试应按 GA/T 484 规定。

7.7 测试结果的获得

除特殊规定,应对可重复的客观检测项目进行三次测试,取算术平均值应为测试结果;对于主观检测项目,检测人员应不少于三批,检测结果应为"合格"或"不合格"。

附录 A
（规范性附录）大型停车诱导标识外观要求

A.1 大型停车诱导标识图形

大型停车诱导标识的标识内容布局和尺寸比例应按图 A.1 要求设计，其中图案区用做布置区域道路简图、停车场（库）名称、LED 数字等图案。

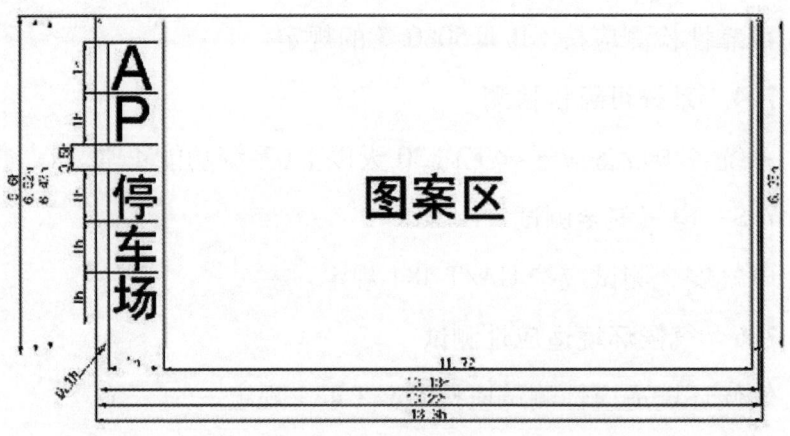

图 A.1　大型停车诱导标识图形

A.2　大型停车诱导标识版面布置

具体内容布置应按表 A.1 要求设计。

表 A.1　布置要求

内容名称	布置区域	布置方式
停车场(库)标志	P	居中
指示方向区	A	居中
图案区	图案区	居中

A.3　大型停车诱导标识尺寸

具体设计中尺寸比应例按表 A.2 要求设计,其中参考尺寸为最小尺寸要求,可根据实际需求等比例放大。

表 A.2　设计要求

内容名称	尺寸比例	参考尺寸
A	1h 高×1h 宽	300mm×300mm
P	1h×1h	300mm×300mm
屏宽	13.3h	3990mm
屏高	6.6h	1980mm

A.4　大型停车诱导标识版面文字

版面文字符号比例关系应按表 A.3 要求设计,版式应按表 A.4 要求设计。

表 A.3　其他文字与汉字高度的关系

其他文字		与汉字高度(h)的关系
拼音字、拉丁字或少数民族字高	大写	1/2 h
	小写	1/3 h
阿拉伯数字	字高	h
	字宽	0.6 h
	笔划粗	1/6 h
公里符号高	k	1/2 h
	m	1/3 h

表 A.4　文字的间隔、行距等的规定

文字设置	与汉字高度(h)关系
字间隔	1/10 h 以上
笔划粗	1/10 h
字行距	1/3 h
距标志边缘最小距离	2/5 h

A.5　标识显示内容颜色和格式

显示内容颜色和格式应按表 A.5 设计制作

表 A.5　颜色和格式

内容	颜色	格式
向导图形	白(按 GB 5768.2 规定)	按 GB 5768.2 规定
汉字	白(按 GB 5768.2 规定)	黑体
拉丁字母	白(按 GB 5768.2 规定)	按 GB 5768.2 规定
停车场标志	白(按 GB 5768.2 规定)	按 GB 5768.2 规定
背景	蓝(按 GB 5768.2 规定)	按 GB 5768.2 规定
边框	白(按 GB 5768.2 规定)	按 GB 5768.2 规定

A.6 LED 颜色

LED 颜色按表 A.6 规定。

表 A.6 LED 颜色

状态	内容	颜色	含义
发光	数字"000"	红色	当前停车场没有空车位
发光	空车位数量	绿色	当前停车场的空车位数量
发光	其他文字	红、绿、黄	停车诱导的相关信息

A.7 大型停车诱导标识安装高度

大型停车诱导标识安装高度应符合北京市道路标志悬挂要求,见图 A.2。安装时应注意避让架空电线、其他标志、树枝等遮挡物。

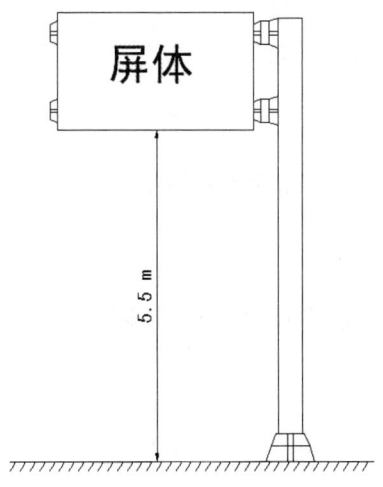

图 A.2 大型停车诱导标识安装高度

附录 B
（规范性附录）中型停车诱导标识外观要求

B.1 带点阵的中型停车诱导标识图形

带点阵的中型停车诱导标识的标识内容布局和尺寸比例场应按图 B.1 要求设计。

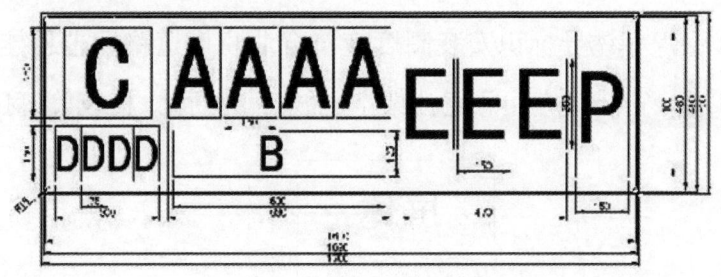

图 B.1 停车场用带点阵的中型停车诱导标识图形

B.2 带点阵的中型停车诱导标识版面布置

具体内容布置应按表 B.1 要求设计。

表 B.1　布置要求

内容名称	布置区域	布置方式
停车场(库)汉语名称	A	居中
停车场(库)英语名称	B	居中
导向图	C	居中
距离数字(米数)	D	居中
LED 可变数字	E	居中
停车场(库)标志	P	居中

B.3　带点阵的中型停车诱导标识尺寸

具体设计中尺寸比例应按表 B.2 要求设计,其中参考尺寸为最小尺寸要求,可根据实际需求等比例放大。

表 B.2　设计要求

内容名称	尺寸比例	参考尺寸
A	1h 高 ×0.6h 宽	250mm×150mm
B	0.5h(单个字母高)	125mm
C	1h×1h	250mm×250mm
D	0.6h 高 ×0.3h 宽	150mm×75mm
E	1h 高 ×0.6h 宽	250mm×150mm
屏宽	6.8h	1700mm
屏高	2h	500mm
P	1.5 高 ×0.6h 宽	375mm×150mm

B.4　带点阵的中型停车诱导标识版面文字

应按本标准 A.4 部分内容规定。

B.5 静态中型停车诱导标识图形

静态中型停车诱导标识的标识内容布局和尺寸比例应按图 B.2 要求设计。

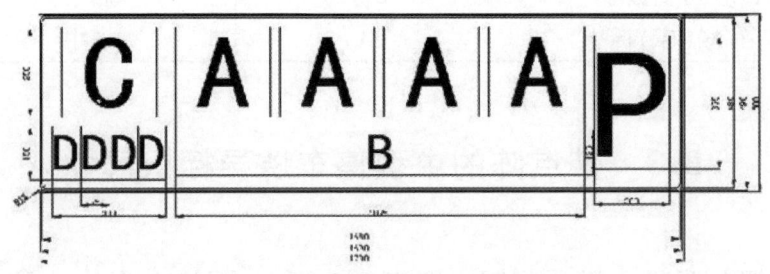

图 B.2　停车场用静态中型停车诱导标识图形

B.6 静态中型停车诱导标识版面布置

具体内容布置应按表 B.3 要求设计。

表 B.3　布置要求

内容名称	布置区域	布置方式
停车场(库)汉语名称	A	居中
停车场(库)英语名称	B	居中
导向图	C	居中
距离数字(米数)	D	居中
停车场(库)标志	P	居中

B.7 静态中型停车诱导标识尺寸

具体设计中尺寸比例应按表 B.4 要求设计,其中参考尺寸为最小尺寸要求,可根据实际需求等比例放大。

表 B.4 设计要求

内容名称	尺寸比例	参考尺寸
A	1h 高 ×1h 宽	250mm 宽 ×250mm 高
B	0.5h(单个字母高)	125mm
C	1h×1h	250mm×250mm
D	0.6h 高 ×0.3h 宽	150mm×75mm
屏宽	6.8h	1700mm
屏高	2h	500mm
P	1.5 高 ×0.8h 宽	375mm×200mm

B.8 静态中型停车诱导标识版面文字

应按本标准 A.4 部分内容规定。

B.9 标识显示内容颜色和格式

中型停车诱导标识显示内容颜色和格式应按 A.5 规定。

B.10　LED颜色

LED颜色应按表B.5规定。

表B.5　LED颜色

状态	内容	颜色	含义
发光	数字"000"	黄色	当前停车场没有空车位
发光	空车位数量	黄色	当前停车场的空车位数量

B.11　中型停车诱导标识安装高度

中型停车诱导标识安装高度应符合北京市道路标志悬挂要求,见图B.3。安装时应注意避让架空电线、其他标志、树枝等遮挡物。

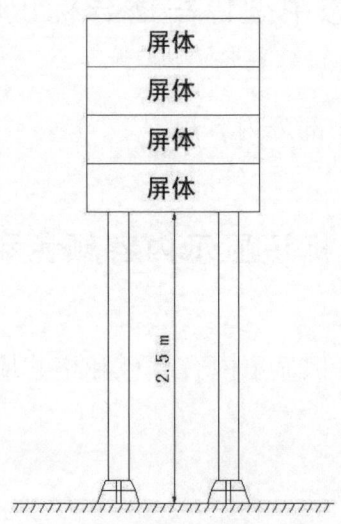

图B.3　中型停车诱导标识安装高度

附录 C
（规范性附录）小型停车诱导标识外观要求

C.1 带点阵的小型停车诱导标识图形

带点阵的小型停车诱导标识的标识内容布局和尺寸比例应按图 C.1 要求设计。

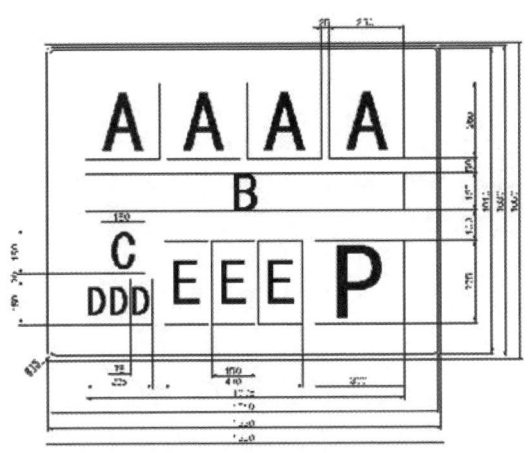

图 C.1 停车场用带点阵小型停车诱导标识

C.2 带点阵的小型停车诱导标识版面布置

具体内容布置应按表 C.1 要求设计。

表 C.1　布置要求

内容名称	布置区域	布置方式
停车场(库)汉语名称	A	居中
停车场(库)英语名称	B	居中
导向图	C	居中
距离数字(米数)	D	居中
LED 可变数字	E	居中
停车场(库)标志	P	居中

C.3　带点阵的小型停车诱导标识尺寸

具体设计中尺寸比例应按表 C.2 要求设计，其中参考尺寸为最小尺寸要求，可根据实际需求等比例放大。

表 C.2　设计要求

内容名称	尺寸比例	参考尺寸
A	1h	250mm×250mm
B	0.5h(单个字母高)	125mm
C	0.6h	150mm×150mm
D	0.6h 高×0.3h 宽	150mm×75mm
E	1.1h 高×0.6h 宽	275mm×150mm
屏宽	5.4h	1350mm
屏高	4.2h	1050mm
P	1.1h 高×1.2h 宽	275mm×300mm

C.4　带点阵的小型停车诱导标识版面文字

应按本标准 A.4 部分内容规定。

C.5　静态小型停车诱导标识图形

静态小型停车诱导标识的标识内容布局和尺寸比例应按图 C.2 要求设计。

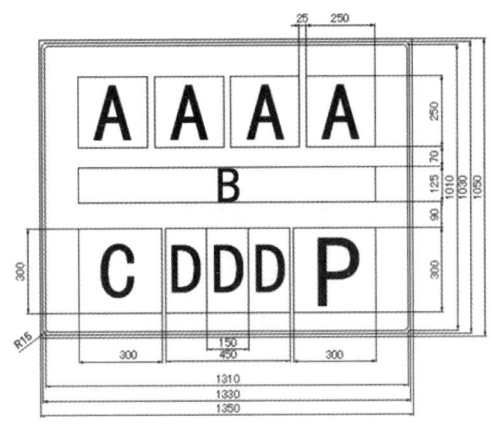

C.2　停车场用静态小型停车诱导标识

C.6　静态小型停车诱导标识版面布置

具体内容布置应按表 C.3 要求设计。

表 C.3　布置要求

内容名称	布置区域	布置方式
停车场(库)汉语名称	A	居中
停车场(库)英语名称	B	居中
导向图	C	居中
距离数字(米数)	D	居中

续表

内容名称	布置区域	布置方式
停车场(库)标志	P	居中

C.7 静态小型停车诱导标识尺寸

具体设计中尺寸比例应按表 C.4 要求设计,其中参考尺寸为最小尺寸要求,可根据实际需求等比例放大。

表 C.4 设计要求

内容名称	尺寸比例	参考尺寸
A	1h	250mm×250mm
B	0.5h(单个字母高)	125mm
C	1.2h	300mm×300mm
D	1.2h 高×0.6h 宽	300mm×150mm
屏宽	5.4h	1350mm
屏高	4.2h	1050mm
P	1.2h 高×1.2h 宽	300mm×300mm

C.8 静态小型停车诱导标识版面文字

应按本标准 A.4 部分内容规定。

C.9 标识显示内容颜色和格式

小型停车诱导标识显示内容颜色和格式按 A.5 规定。

C.10 LED 颜色

LED 颜色应按表 C.5 规定。

表 C.5　LED 颜色

状态	内容	颜色	含义
发光	数字"000"	黄	当前停车场没有空车位
发光	空车位数量	黄	当前停车场的空车位数量

C.11　小型停车诱导标识安装高度

小型停车诱导标识安装高度应符合北京市道路标志悬挂要求，见图 C.3。安装时应注意避让架空电线、其他标志、树枝等遮挡物。

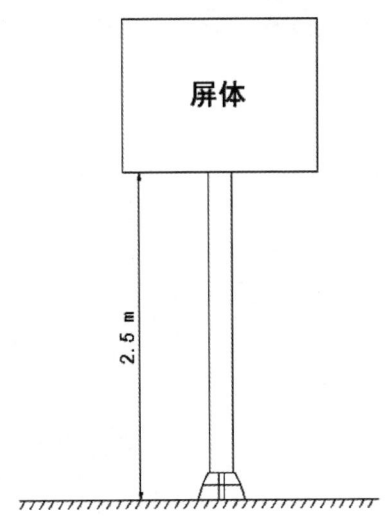

图 C.3　小型停车诱导标识安装高度

附录 D
（资料性附录）停车诱导标识外观实例

D.1 大型停车诱导标识实例

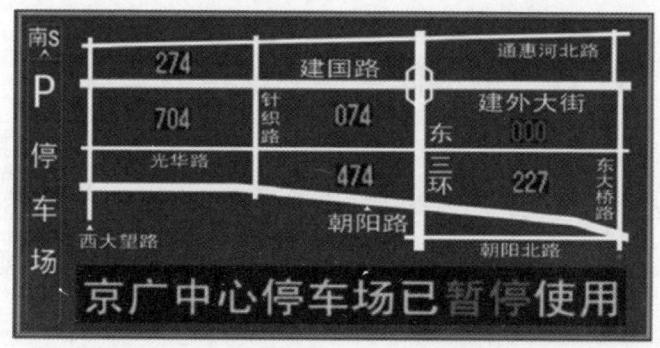

图 D.1 带点阵的复合式大型停车诱导标识

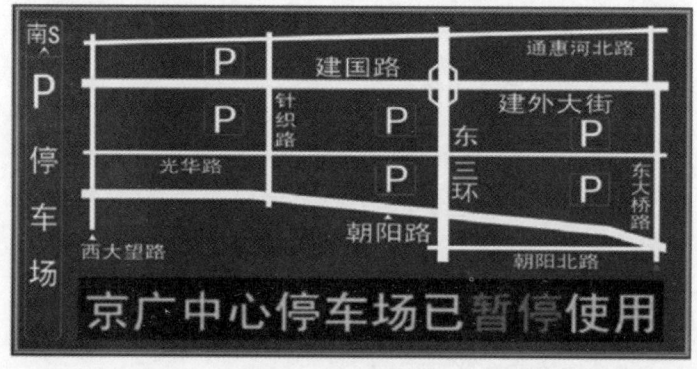

图 D.2 带点阵的大型停车诱导标识

图 D.3　复合式大型停车诱导标识

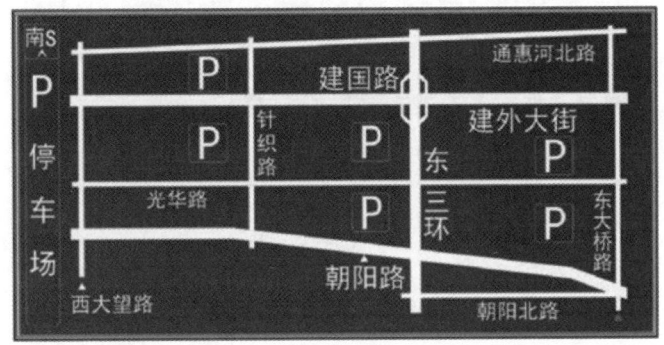

图 D.4　静态大型停车诱导标识

D.2　带点阵的中型停车诱导标识实例

图 D.5　停车场用带点阵的中型停车诱导标识

D.3　静态中型停车诱导标识实例

图 D.6　停车场用静态中型停车诱导标识

D.4　带点阵的小型停车诱导标识实例

图 D.7　带点阵的小型停车诱导标识

D.5 静态小型停车诱导标识实例

图 D.8 停车场用静态小型停车诱导标识

城六区居住区机动车停车设施建设市级奖励资金管理办法(试行)

为进一步缓解城六区居住区停车难,着力提高居民生活质量,加快推进本市居住区停车设施新建相关工作,改善城市交通运行环境,根据《北京市人民政府办公厅关于印发推进城六区居住区机动车停车设施新建工作的通知》(京政办函〔2012〕15号)的有关工作要求,对城六区居住区机动车停车设施新建项目将给予一次性奖励。为规范市级奖励资金申领程序,管好用好奖励资金,依据《中华人民共和国预算法》和《中华人民共和国预算法实施条例》,制定本办法。

一、奖励范围及对象

(一)利用居住区待建土地、临时空闲场地,因地制宜施划机动车临时停车泊位或设立绿荫停车场。

(二)利用居住区既有平面机动车停车设施,实行"平改立"改造,设置立体停车设备。

(三)利用居住区待建土地、临时空闲场地或综合利用绿化用地,设置立体停车设备。

(四)奖励对象为城六区实施居住区机动车停车设施建设项目

的居委会、业主委员会或建设单位。

二、奖励标准及资金来源

按照"区配市奖"的原则，对经市交通委运输局审核合格的居住区机动车停车设施新建项目，由市财政按照每新增一个停车泊位2000元的标准给予一次性奖励，区配套资金标准由区政府确定。

市级奖励资金从疏堵资金中安排。

三、资金申报及拨付程序

（一）市级奖励资金申请受理每年两批，时间为每年的5月30日前、9月30日前。

（二）居住区机动车停车设施新建项目竣工，并依照相关程序验收合格后，由街道办事处、乡镇政府负责提出居住区机动车停车设施建设奖励资金申请，经区交通委对奖励资金申请进行审核汇总后，报市交通委运输局审核。

（三）市交通委运输局审核后，向市财政局提出奖励资金预算安排建议。

（四）市财政局对奖励资金预算审核后，将奖励资金及项目明细下达到有关区财政局，同时抄送市交通委运输局。

（五）区财政局及时将奖励资金下达到相关街道办事处、乡镇政府，并采取措施，保障奖励资金安全、有效使用。

居住区机动车停车设施项目建设和竣工验收的具体流程见附件1。

四、市级奖励资金申领需提交的材料

（一）居住区停车设施项目建设申请材料

1. 居住区既有机动车停车设施数量、位置情况，提供居住区既有机动车停车设施平面图；

2. 拟新建机动车停车设施数量、位置情况,填报《居住区停车设施项目建设申请表》(附件2)。

(二)居住区停车设施新建项目竣工验收材料

1. 经区政府批准后的居住区机动车停车设施新建总体实施方案；

2. 停车设施项目竣工自验报告；

3.《居住区机动车停车设施新建项目竣工验收申请表》(附件3)；

4. 建成后该居住区停车设施平面图以及反映停车设施建设竣工后现状的有关资料和照片；

5. 立体停车设备新建项目需提供建设单位、施工单位、监理单位和质检部门验收报告。

(三)其他材料

《居住区停车设施新建项目市级奖励资金申请表》(附件4)、《居住区机动车停车设施新建项目市级奖励资金申请汇总表》(附件5)。

立体停车设备另有规定的,按相关部门标准执行。

五、资金监督管理

(一)居住区机动车停车设施新建项目市级政府奖励资金应当专款专用。任何单位和个人不得截留、挤占和挪用。

(二)市、区两级财政部门要加强下拨奖励资金使用的监督检查。对违反规定,截留、挤占和挪用奖励资金等行为,要严格按照《财政违法行为处罚处分条例》的有关规定进行处理。

六、其他

本办法自发布之日起 30 日后施行。具体由市财政局、市交通委负责解释。

附件：

    1. 居住区机动车停车设施项目建设申请和竣工验收流程

    2. 居住区机动车停车设施项目建设申请表

    3. 居住区机动车停车设施项目竣工验收申请表

    4. 居住区机动车停车设施项目市级奖励资金申请表

    5. 居住区机动车停车设施项目市级奖励资金申请汇总表

附件1

居住区机动车停车设施项目建设申请和竣工验收流程

一、居住区停车设施项目建设申请流程

居住区停车设施项目建设按照居委会、业主委员会或建设单位申请,街道办事处、乡镇政府初审,区交通委审核,区政府批准的方式进行。具体流程如下:

(一)居委会、业主委员会或建设单位等到居住区停车设施拟建项目所属街道办事处、乡镇政府提出申请,填写《居住区停车设施项目建设申请表》(见附表2);

(二)街道办事处、乡镇政府自收到申请材料后7个工作日内对申请单位提出的居住区停车设施建设项目进行初审,形成初审意见,报所属区交通委;

(三)区交通委自收到街道办事处、乡镇政府初审意见后15个工作日内组织相关部门对提出申请的居住区停车设施项目建设进行审核,形成审核意见,报区政府批准后通知街道办事处、乡镇政府。

立体停车设备设置申请另有规定的,按相关部门规定执行。

二、居住区停车设施新建项目竣工验收流程

居住区停车设施新建项目竣工验收,按照《北京市交通委员会运输管理局关于城六区居住区机动车停车设施新建项目竣工验收有关工作的通知》(京交运停发〔2012〕143号)的规定执行。

立体停车设备的验收,还需符合特种设备检验检测和监督检查相关标准。

附件 2

居住区机动车停车设施项目建设申请表

项目名称			
项目地址		项目造价	
开工时间		报送时间	
项目类别		设施数量	
新建平面停车位			
"平改立"新建停车位			
新建立体停车位			
单位类别	单位名称	法定代表人	联系电话
建设单位			
监理单位			
初审意见 街道办事处、乡镇政府	（单位盖章） 年　月　日		
区交通委审核意见	（单位盖章） 年　月　日		
区政府批准意见	（单位盖章） 年　月　日		

备注：没有设计单位和监理单位的可不填表中"设计单位"和"监理单位"一栏。

附件3

居住区机动车停车设施项目竣工验收申请表

项目名称			
项目地址		项目造价	
开工时间		竣工时间	
项目类别		设施数量	
新建平面停车位			
"平改立"新建停车位			
新建立体停车位			
单位类别	单位名称	法定代表人	联系电话
建设单位			
监理单位			
竣工初验意见 区交通委	（单位盖章） 年　月　日		
区政府意见	（单位盖章） 年　月　日		
竣工验收审核意见 市停车管理工作小组 办公室	（单位盖章） 年　月　日		

附件 4

居住区机动车停车设施项目市级奖励资金申请表

街道办事处、乡镇政府名称(盖章)：　　　　填表日期:年　月　日

项目情况		停车设施类型	建设前既有车位数量	建成后车位数量	净增加数量	奖励金额
项目情况	居住区名称	平面停车位				
		"平改立"停车位				
		新建立体停车位				
审核情况	初审意见 区交通委					
	审核意见 市交通委 运输局					

（初审意见栏）(单位盖章)　　　　年　月　日

（审核意见栏）(单位盖章)　　　　年　月　日

附件 5

居住区机动车停车设施项目市级奖励资金申请汇总表

区交通委(盖章)：　　　　　　　　　　填报日期：年　月　日

序号	街、乡名称	居住区名称	停车位新增数量	奖励金额
	区合计			
一	街、乡小计			
1				
2				
……				
二	街、乡小计			
1				
2				
……				

关于进一步做好城市道路规划设计有关工作的通知

各有关单位：

2014年北京市地方标准《城市道路空间规划设计规范》(DB11/1116—2014)发布以来，全市城市道路规划设计工作有了进一步提升。为落实市委市政府关于在城市道路建设中实行步行、自行车、公交等绿色交通优先的要求，满足人民群众改善出行环境的愿望，进一步做好城市道路规划设计有关工作，结合近年来技术规范的执行情况，提炼出以下19条重要条款，要求各有关管理部门和设计单位严格执行。

市勘办在设计方案审查中应逐条审查落实。2015年以前已经批复但尚未实施的项目，应进行规划复审。市规划国土委标办会同市交通委交标委，每年从市勘办审核结束以及建设竣工的项目中抽取30%进行审核，提出审核报告。

1. 城市道路横断面应尽可能采用多幅路形式。主、次干路因空间条件所限设置一幅路的，应报市级规划主管部门，由市级规划主管部门组织相关专家论证后核准。

1) 主干路横断面应采用四幅路，空间不足的应采用三幅路或两幅路，不应采用单幅路。横断面选取的优先次序为四幅路→三幅路→两幅路。

2）次干路横断面应采用四幅路或三幅路,空间不足的应采用两幅路,不应采用单幅路。横断面选取的优先次序为四幅路或三幅路→两幅路。

3）支路横断面红线较宽的应采用三幅路,较窄的应采用两幅路或单幅路。横断面选取的优先次序为三幅路→两幅路→单幅路。

2. 中央分隔带、外侧分隔带应延伸至交叉口停车线。中央分隔带除快速路主路外,宽度不宜小于2.5m,不应小于2.0m;外侧分隔带设置公交车站的,宽度不应小于2.5m,不设置公交车站的,不宜小于2.5m,不应小于2.0m。行道树树池应紧贴路缘石设置。

3. 各级城市道路两侧均应设置人行道和自行车道。自行车道不得与人行道共板设置。人行道和自行车道内不得设置妨碍行人和自行车通行的设施。交叉口处的人行道和自行车道宽度不得小于路段宽度。

4. 城市道路两侧的人行道最小宽度应符合下表的规定。

项 目	人行道最小宽度（m）	
	一般值	最小值
快速路辅路、主干路	4.0	3.0
次干路	3.5	2.5
支路	3.0	2.0
商业或公共场所集中路段	5.0	4.0
火车站附近路段	5.0	4.0
长途汽车站附近路段	4.0	3.0

5. 城市道路两侧的非机动车道宽度,快速路辅路、主干路应为3.5m;次干路应为3.5m,困难情况下可为3.0m;支路应为2.5m。

6. 机动车道与非机动车道之间应设置物理隔离,支路及以上等级城市道路应采用绿化隔离带隔离,空间不足的应采用机非隔离护栏,护栏应插入路面并紧固。

7. 城市道路应实现完整林荫道。中央隔离带、外侧隔离带、行道树设施带均应种植高大乔木,行道树在路段及交叉口范围均应按间距要求连续种植。地下管线等地下设施安排应充分考虑绿化种植需要。

8. 城市道路应尽量采用平面过街方式。快速路以及铁路必须设置立体过街设施,其他城市道路应以平面过街方式为主,立体方式为辅。横过交叉口的一个路口的行人过街流量大于5000人次/h,且同时进入该路口的当量小汽车交通量大于1200辆/h的,可设置立体过街设施。设置立体过街设施的,应同步设置或预留电动扶梯和电动直梯。

9. 道路交叉口路缘石半径一般应为5~8m,并应设置机动车右转限速标志。

10. 公交车站一般应设置在交叉口范围出口道,紧邻交叉口人行横道,并避免等候进站的公交车辆溢出。

11. 沿道建筑基地的地面竖向高程应确保与人行道接续平顺。除公交场站、消防队等大型车辆的基地以外,基地的机动车出入口宽度,单向的不应大于5m,双向的不应大于7m。

12. 各级城市道路,应根据空间条件设置自行车停放区。停放区可利用行道树之间、机非隔离带及其他空间设置。停放区与人行道之间应设置停车控制线,停车控制线宜以白色步道砖予以明示。人行道剩余宽度不符合相关标准的,不得设置自行车停放区。

13. 对于有自行车停车需求的重点路段、重点区域,应在次干路(含)以上等级城市道路的自行车停放区增设自行车停车架。场地受限时,应建设立体停车设施。

14. 新建道路不得占用非机动车道设置机动车路侧停车位。

15. 非机动车道、人行道、步行街、人行广场、绿道等均应采用透水铺装。居民区、交通枢纽周边道路的人行道,宜采用透水沥青路面,以方便轮椅、行李箱、推车等通行。

16. 人行道上的工程管线井盖应采用双层井盖,上盖板应与道路颜色与图案相统一,消除对景观和盲道的影响。上盖板宜设置为方形,以利于步道砖的铺砌。

17. 主次干路的交叉口均应施划自行车左转待转线或自行车引导线。路面自行车标识应增加骑行方向的箭头。

18. 道路交叉口、铁路道口、轨道交通车站出入口、急弯路、桥梁、陡坡、隧道以及距离上述地点 50m 以内的路段,以及公共汽车站、急救站、加油站、消防栓或者消防队(站)门前以及距离上述地点 30m 以内的路段禁止停车,并应以黄色路缘石予以明示。

19. 新建道路应预埋交通强弱电管道,以解决公交站台、公租自行车、停车等必要的交通附属设施用电。

(附件:各级城市道路典型横断面示意图)

北京市规划与国土资源管理委员会　北京市交通委员会
2018 年 4 月 15 日

附件：各级城市道路典型横断面示意图

（特别注意：图中人行道宽度采用的是最小值，在实际工作中应尽可能采用更高的值！！！）

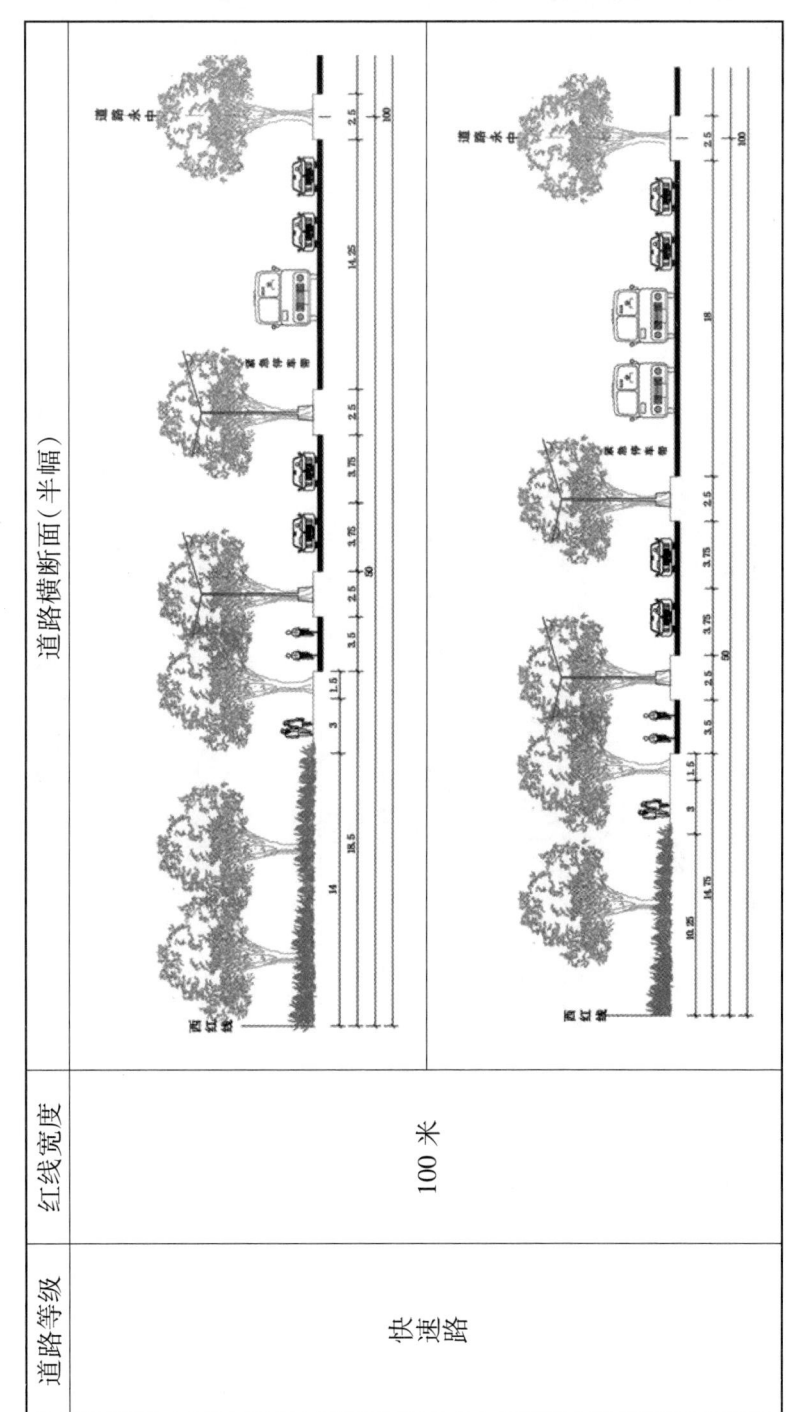

续表

道路等级	红线宽度	道路横断面（半幅）
快速路	80米	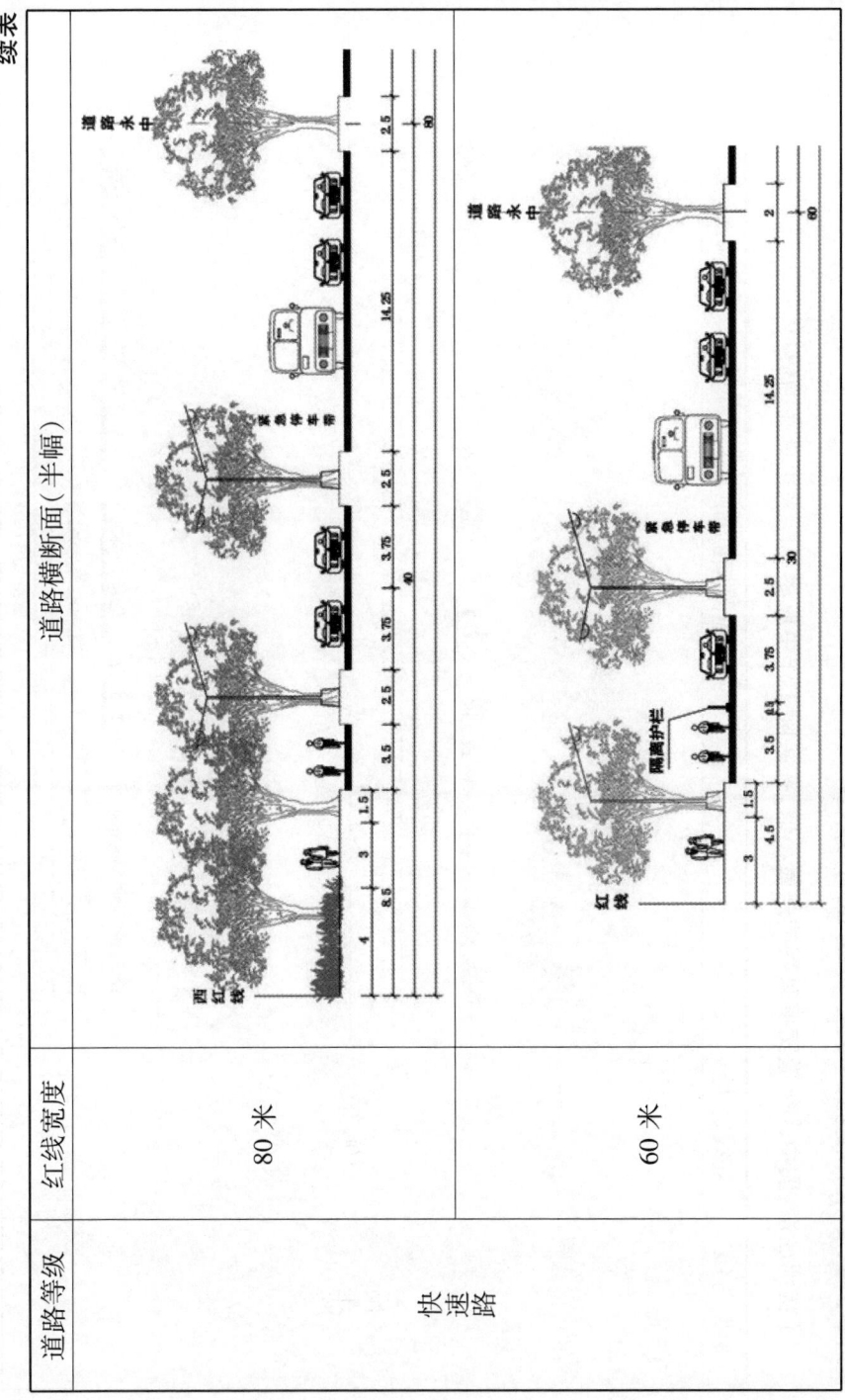
快速路	60米	

续表

道路等级	红线宽度	道路横断面（半幅）
主干路	60 米	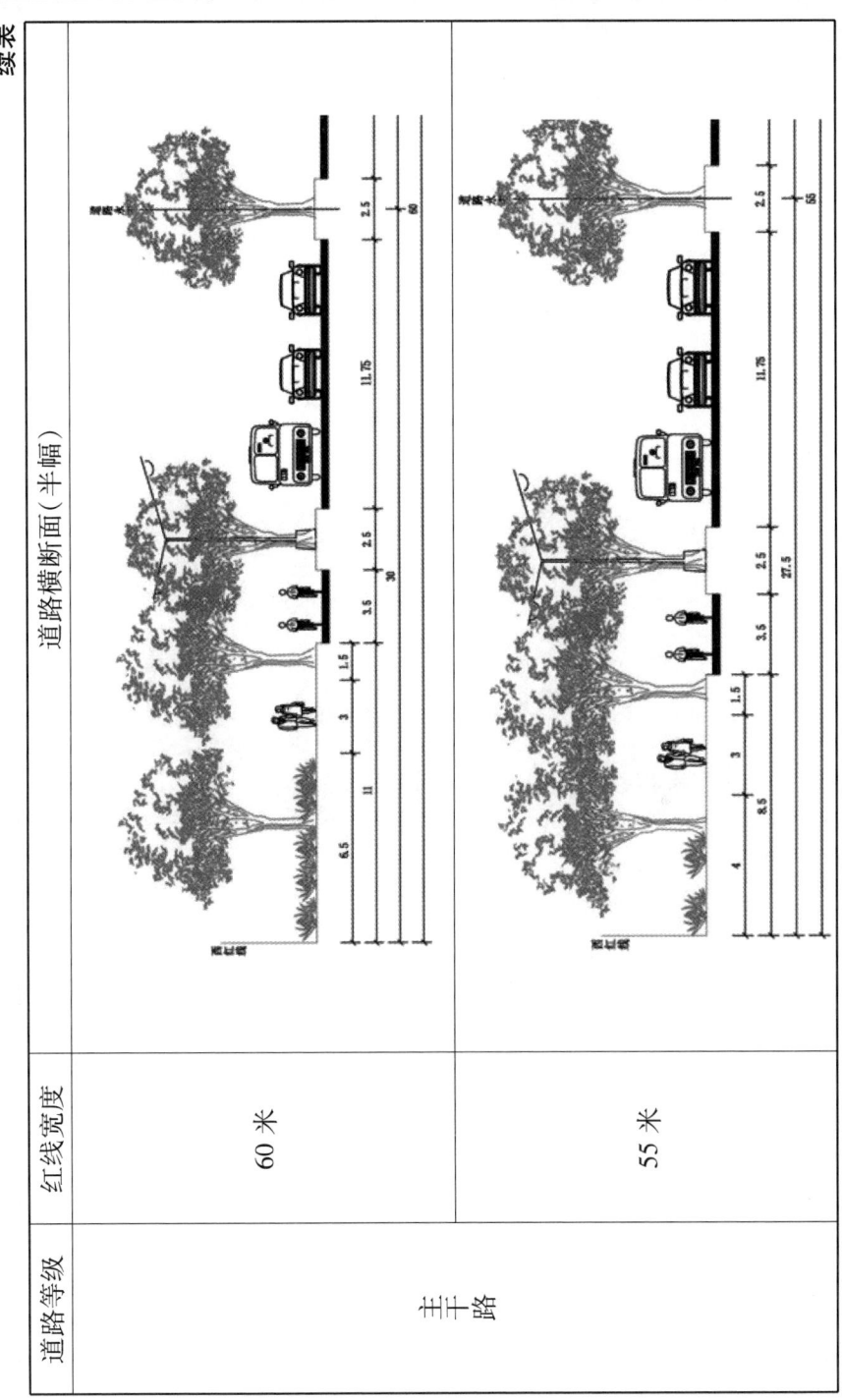
主干路	55 米	

续表

道路等级	红线宽度	道路横断面（半幅）
主干路	50米	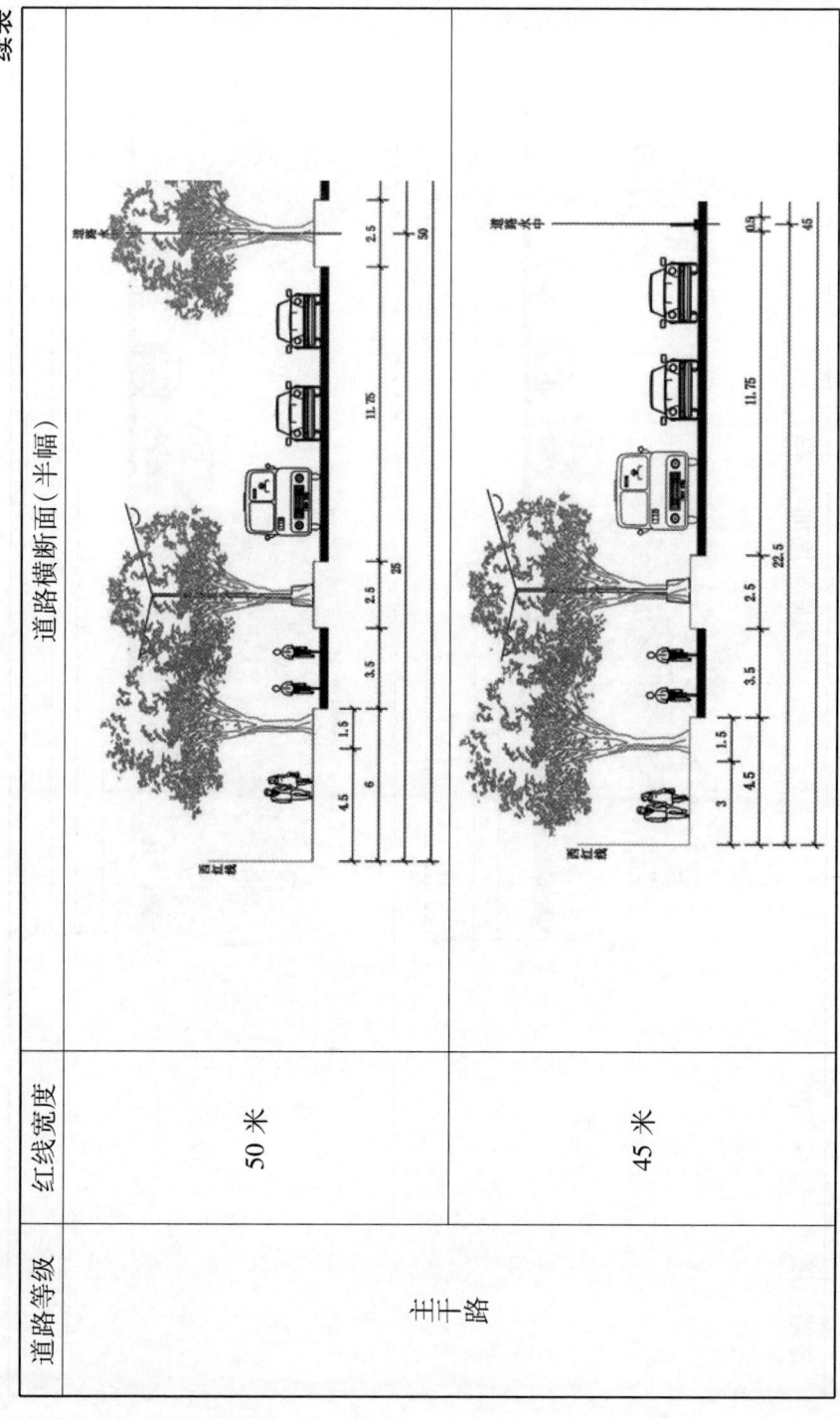
主干路	45米	

续表

道路等级	红线宽度	道路横断面（半幅）
主干路	45 米	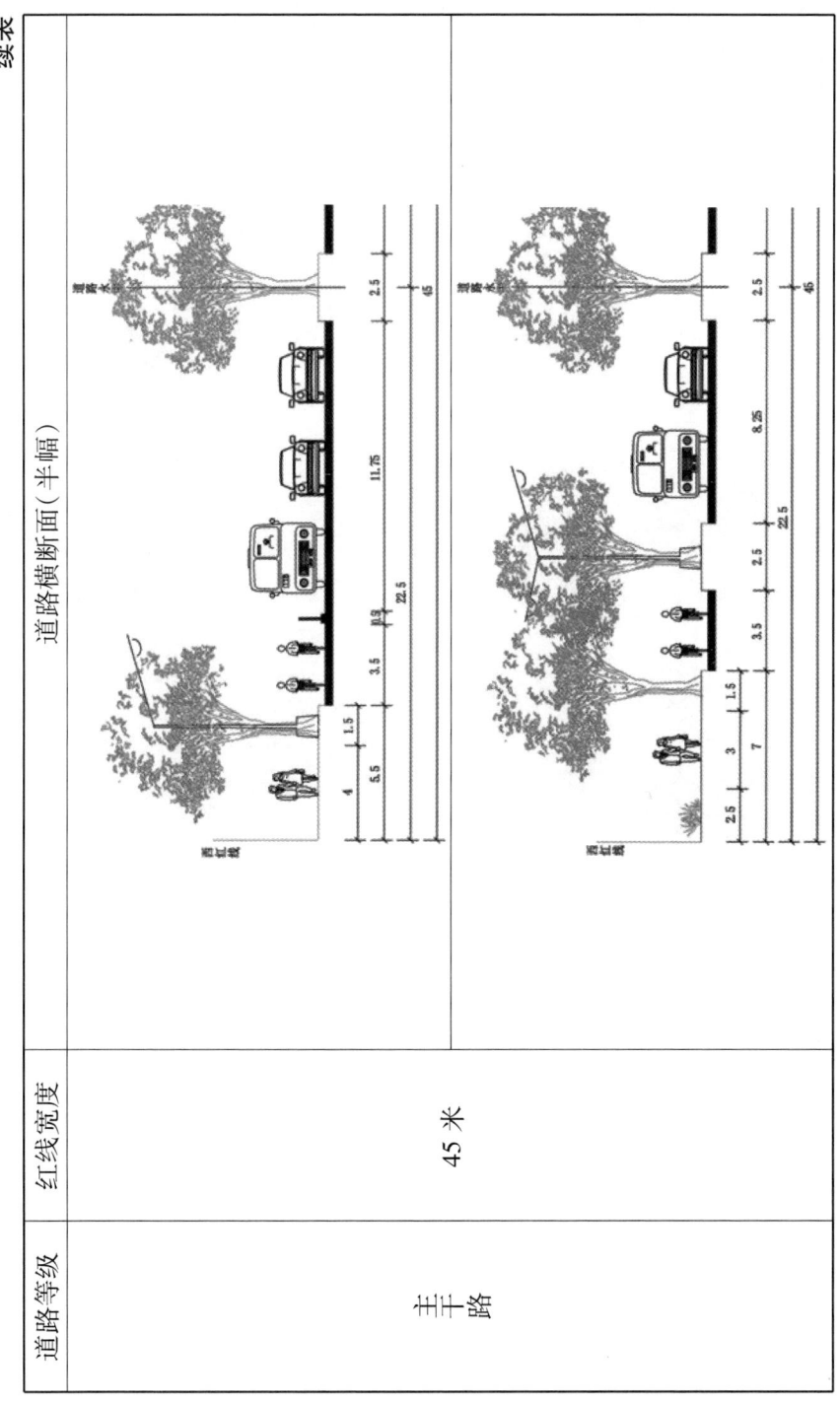

续表

道路等级	红线宽度	道路横断面（半幅）
主干路	45 米	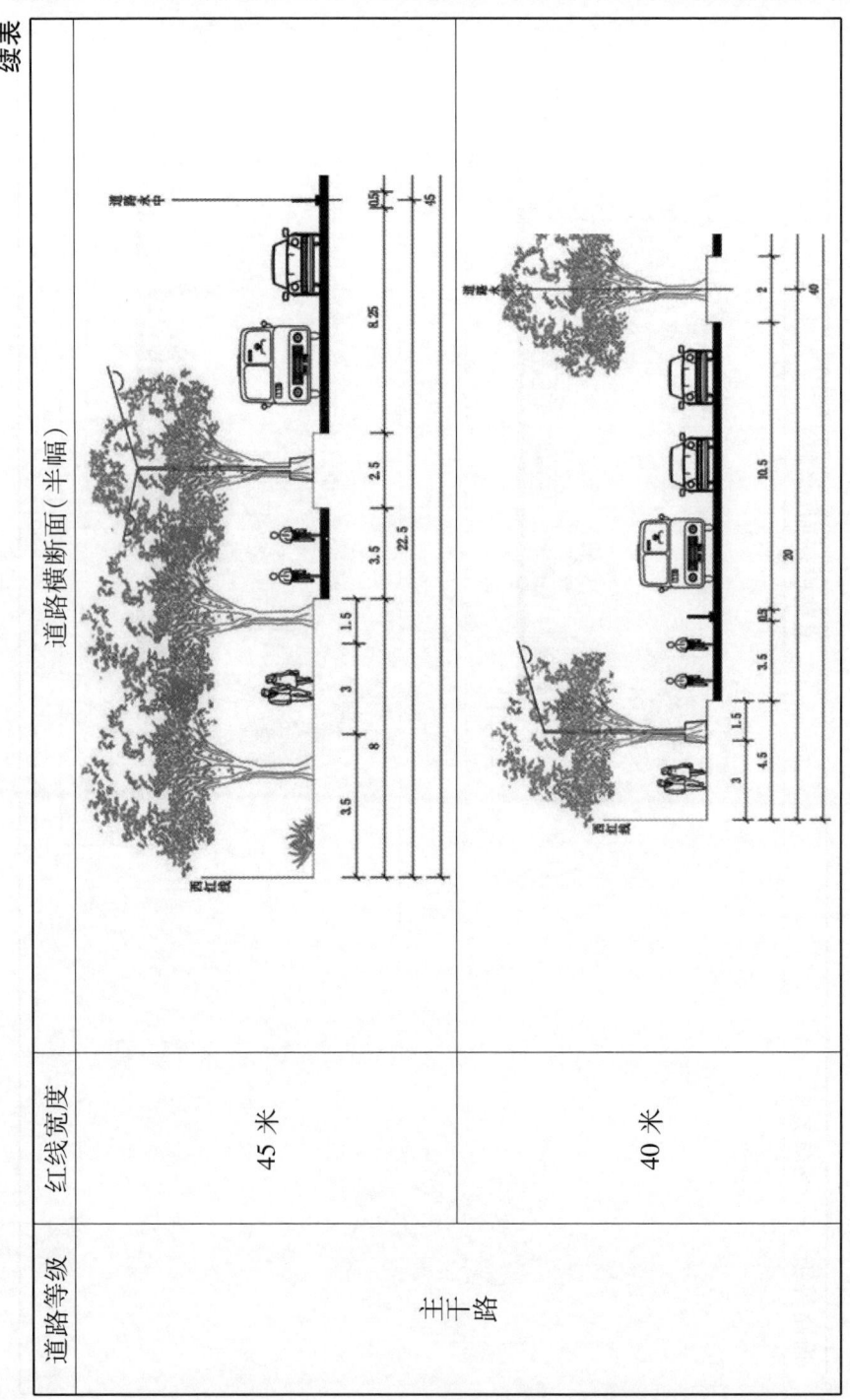
主干路	40 米	

续表

道路等级	红线宽度	道路横断面（半幅）
主干路	40米	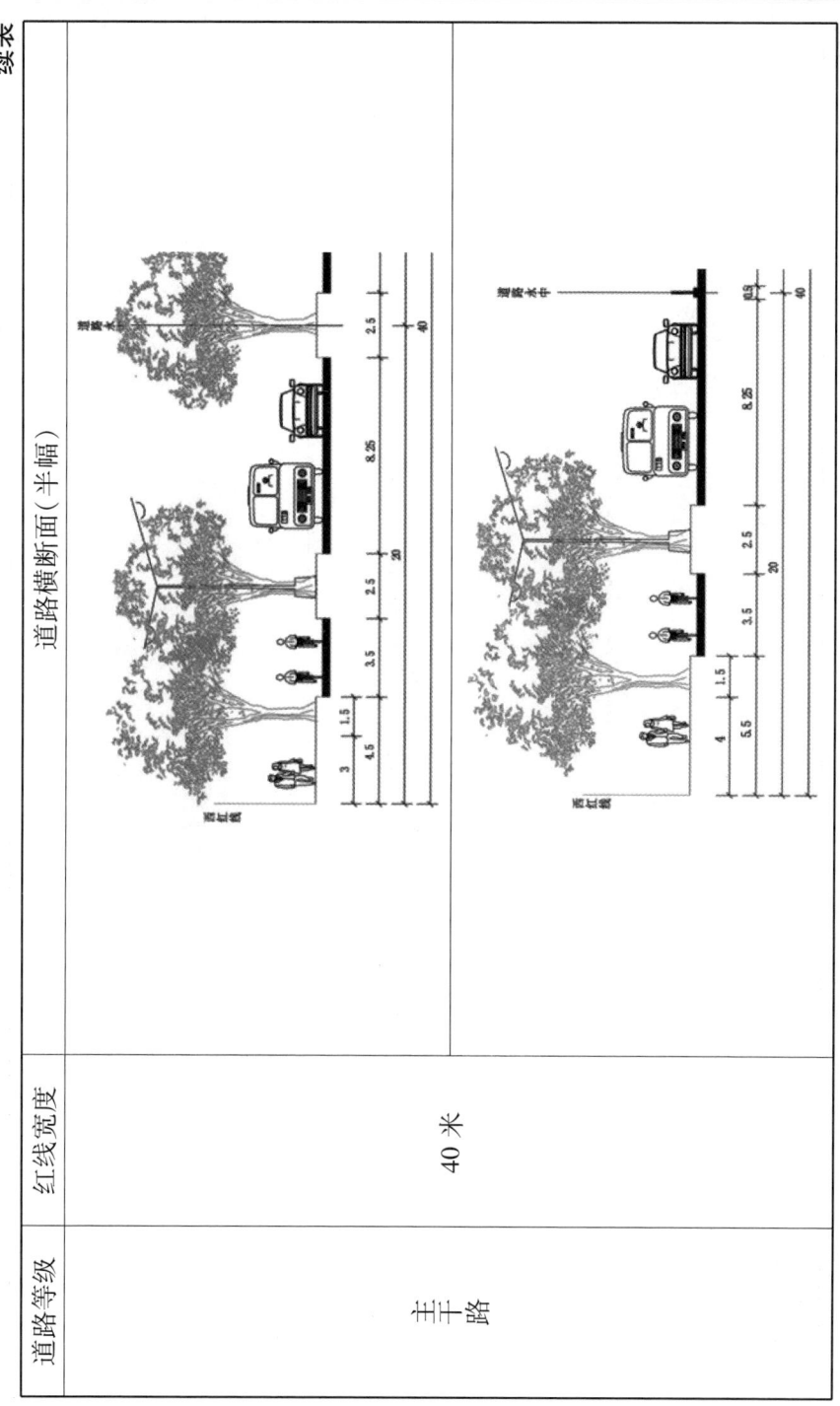

续表

道路等级	红线宽度	道路横断面（半幅）
次干路	40米	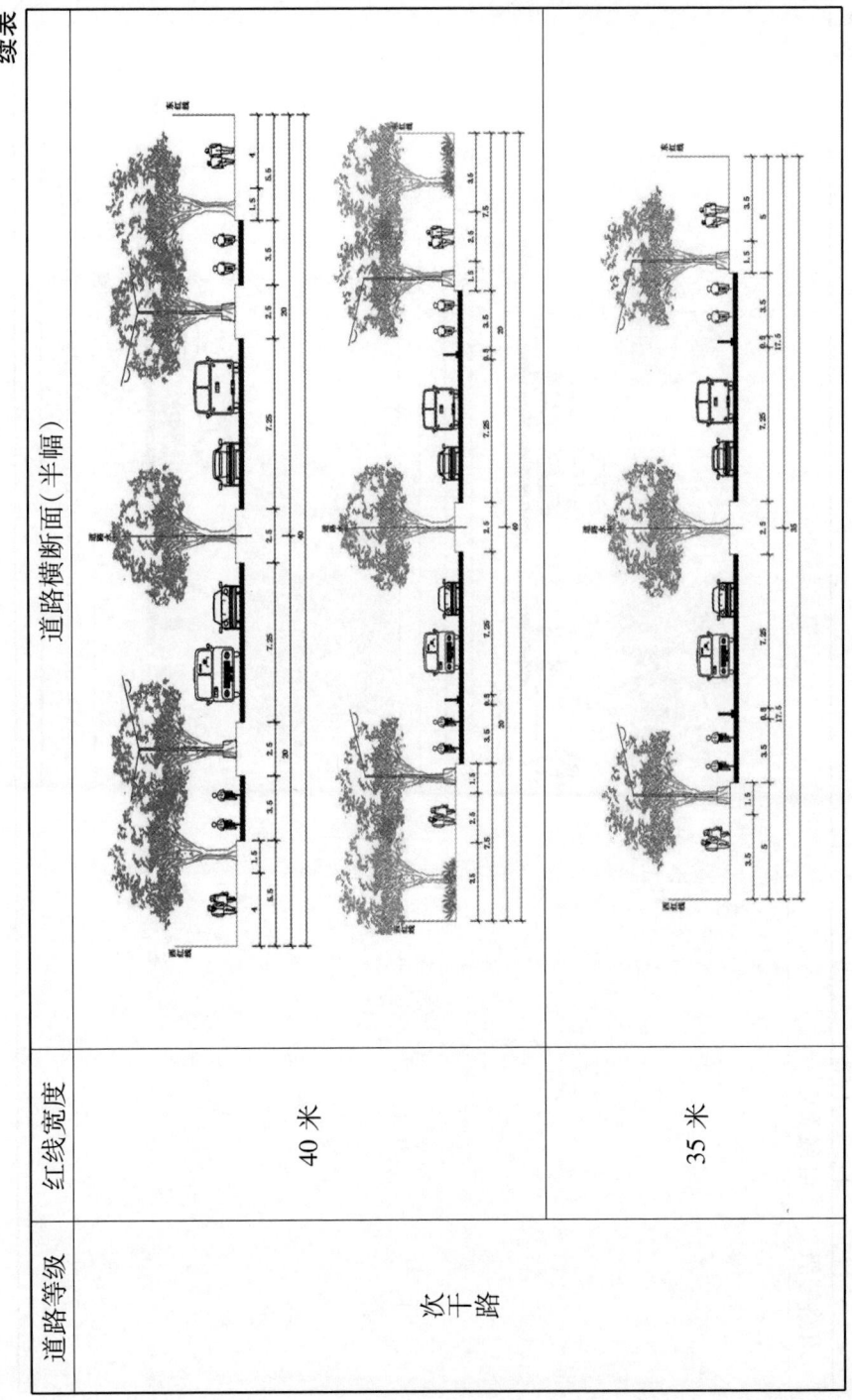
次干路	35米	

续表

道路等级	红线宽度	道路横断面（半幅）
次干路	30 米	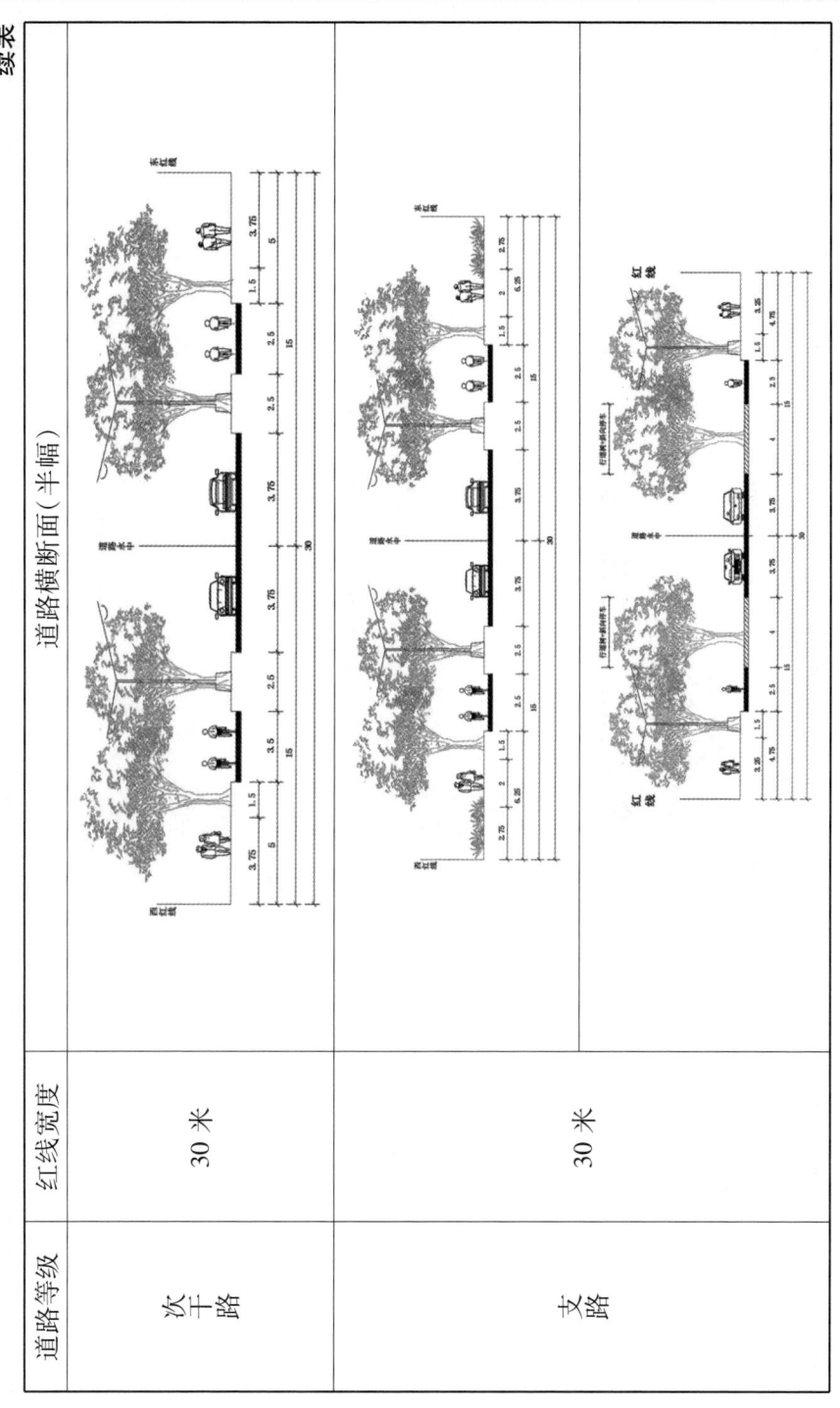
支路	30 米	

道路等级	红线宽度	道路横断面（半幅）
支路	30米	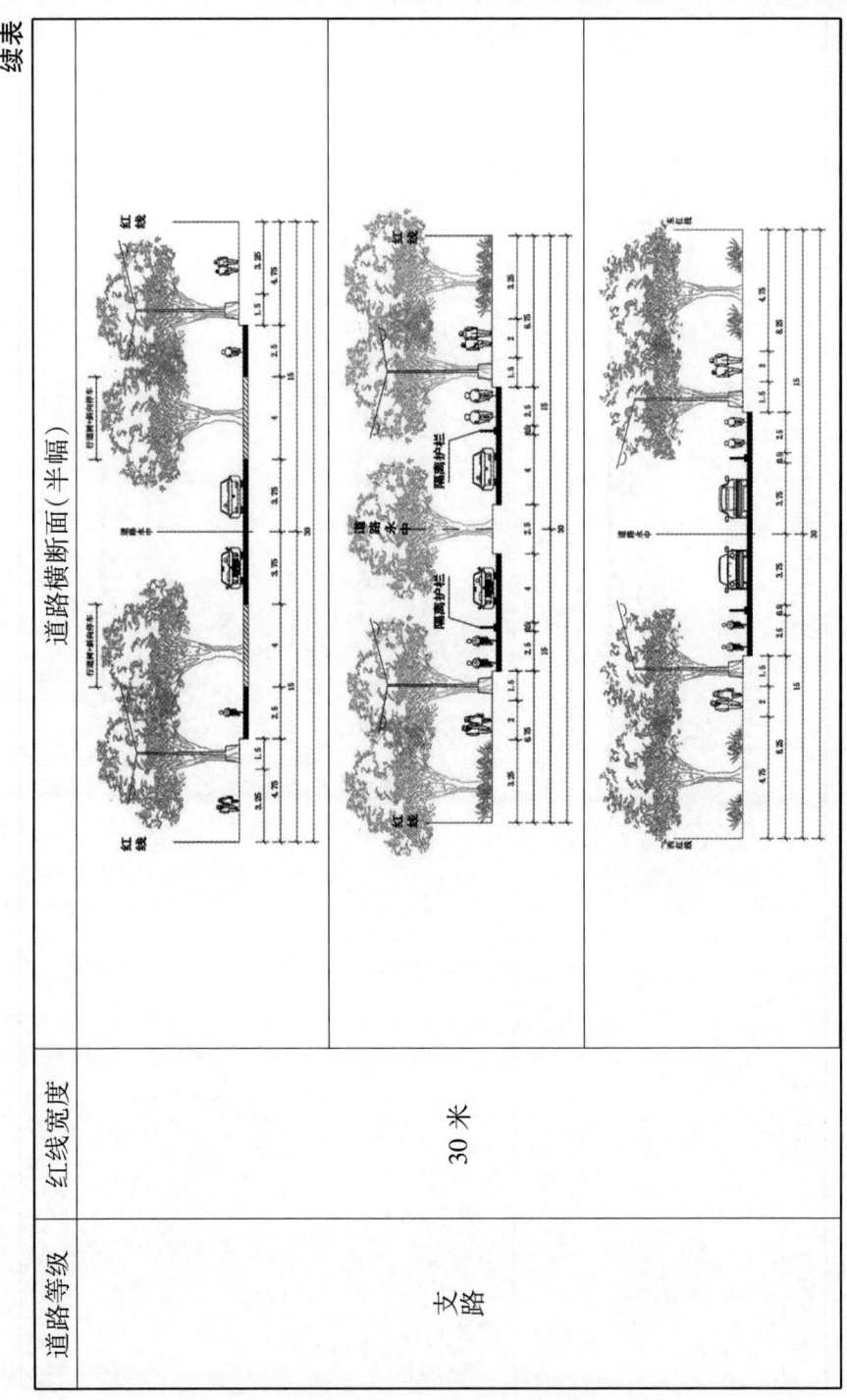

续表

续表

道路等级	红线宽度	道路横断面（半幅）
支路	25 米	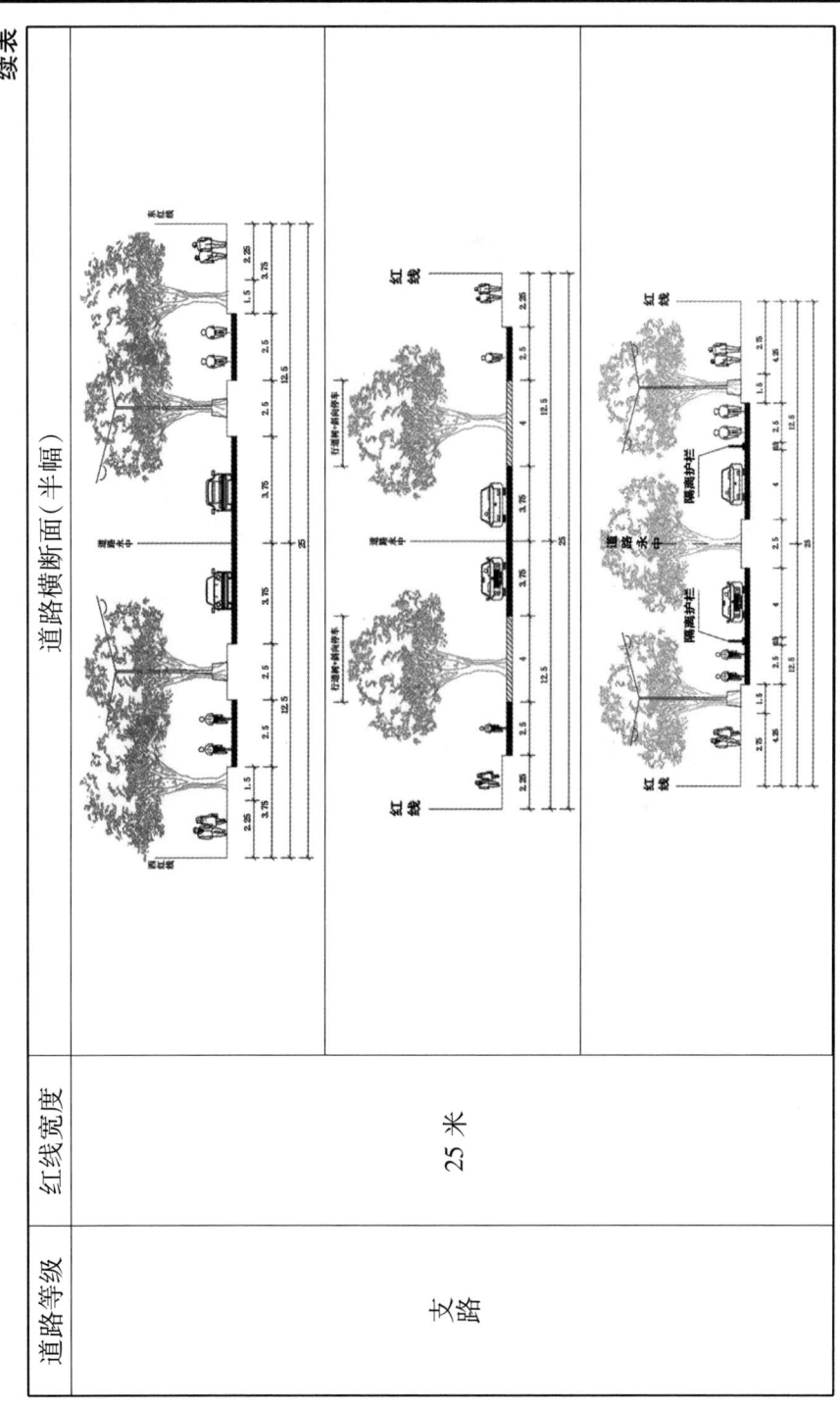

续表

道路等级	红线宽度	道路横断面（半幅）
支路	25 米	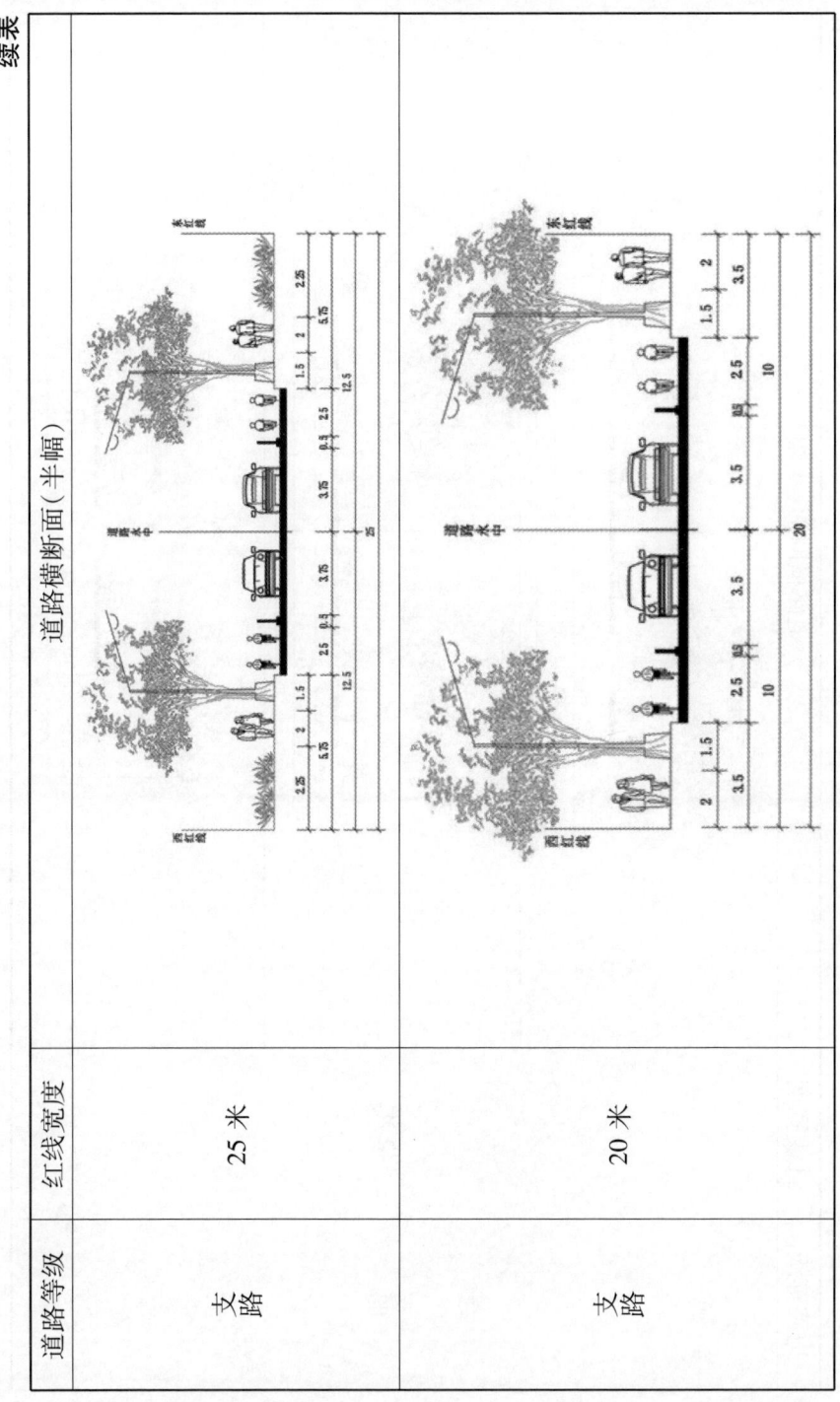
支路	20 米	

续表

道路等级	红线宽度	道路横断面（半幅）
支路	15米	

注:以上道路横断面均为对称式横断面。道路横断面基本取值如下：

人行道宽度：图中采用的是北京地标的最小值，在实际工作中应尽可能采用更高的值。
- 快速路、主干路：3米
- 次干路：2.5米
- 支路：2米

自行车道宽度：图中采用的是北京地标的规定值。
- 快速路、主干路：3.5米
- 次干路：3.5米，困难情况下可为3米
- 支路：2.5米

机动车道宽度：图中采用的是一般值，在实际工作中可根据道路交通的实际情况进行调整。
- 快速路、主干路：大型车或混行车道3.75米，小客车专用车道3.5米
- 次快速路、主干路：大型车或混行车道3.75米，小客车专用车道3.5米
- 行道树设施带1.5米；外侧分隔带2.5米；中央分隔带不宜小于2.5米，不应小于2米
- 机非隔离栏杆，中央隔离栏杆宽度0.5米；侧向净空：快速路、主干路为0.5米，次干路、支路为0.25米，双黄线宽度为1米。

北京市交通委员会关于北京市老旧小区停车位及其他交通设施改造工作的意见

京交规发〔2012〕76号

市老旧小区综合整治办、各区县交通主管部门：

为全面贯彻落实市政府对全市老旧小区开展综合整治的决策部署和《北京市老旧小区综合整治工作实施意见》（京政发〔2012〕3号）文件精神，我委会同市规划委及相关部门就做好老旧小区机动车和非机动车停车位及其他交通设施改造工作（以下简称老旧小区综合交通改造工作）进行了研究，现提出以下工作意见：

一、指导思想

老旧小区综合整治工作是市政府开展的一项重要民生工程，老旧小区综合交通改造工作作为老旧小区综合整治工作的重要一环，各单位要高度重视、明确目标、重点推进，保障交通畅通有序、优化停车资源配置、规范停车管理秩序、整治道路交通环境、完善非机动车和步行系统、改善小区出行条件，缓解老旧小区停车难及其他综合交通问题。

二、工作原则

老旧小区综合交通改造工作应按照政府主导、社会参与，市级统筹、属地负责，多措并举、因地制宜，着眼长远、标本兼治的原则，摸清实际情况，充分发掘小区内部停车资源，合理利用小区周边停车资源，改进小区内外部道路设施，优化小区内外交通组织，改善周边公交出行条件，完善步行和自行车系统，切实提升小区综合交通环境。

三、工作目标

老旧小区综合交通改造工作以增加机动车和非机动车停车位数量，规范小区停车秩序，改善小区交通设施水平，提升小区人居环境和出行条件为目标。在结合小区居民实际需求的基础上，通过各项综合措施，实施老旧小区停车及各类交通基础设施综合改造。改造后的老旧小区力争实现以下指标：

（一）停车位改造工作目标

1. 机动车停车位 0.3~0.5 个车位/户；非机动车停车位 1~2 个车位/户。

2. 新建、改建、扩建的各类机动车和非机动车停车设施应满足相应的设计标准和要求。

3. 有条件的小区要设专用自行车棚，不具备条件的小区应划定专用区域安装自行车架组。

4. 结合小区道路和停车设施改造，优化内外部组织，保障交通安全顺畅。

（二）其他交通设施改造工作目标

1. 按规划实现小区周边市政道路，保证至少有一条道路具备公交车通行条件。

2. 原则要求小区内部单向行驶机动车的道路宽度不小于5米,双向行驶机动车的道路宽度不小于6米。

3. 原则要求小区内外部道路路侧应设置人行步道,且宽度不小于1.5m,实现人车分离,并按相关规定设置无障碍设施。人行步道面层应采用防滑、渗水材料。

4. 完善小区内部道路排水系统,避免路面积水。

四、工作方案

根据小区实际情况,由各区县交通主管部门作为老旧小区综合交通改造工作的牵头部门,组织协调相关单位开展以下工作:

(一)现状情况调查摸底

1. 调查小区机动车和非机动车停车设施现状、机动车保有量、停车需求和缺口情况。

2. 调查小区内部和周边道路、公交场站、公共停车场现状及规划实现情况。

3. 调查小区内机动车、非机动车、行人交通组织和交通设施情况。

4. 积极听取小区居民关于机动车、非机动车停车问题及其他交通设施相关问题的意见和建议,取得居民对此项工作的支持和理解。

(二)制定小区综合交通设施改造方案

1. 充分利用小区待建土地、临时空闲场地,整合利用边角空地,通过内部挖潜,因地制宜地新建、扩建、改建机动车和非机动车停车位或立体停车设备。

2. 综合利用和结合小区内绿化用地,设置绿荫停车场。

3. 利用小区既有平面机动车和非机动车停车位,实行"平改立"改造,设置立体停车设备。

4. 优化小区内部交通组织,通过设置单行线、交通引导标志等,充分利用内部道路资源施划路侧停车位。

5. 完善小区周边路网,在道路两侧施划路侧停车位。同时,按照《关于加强本市居住区周边停车管理工作的指导意见》(京交运输发〔2011〕122号)的规定,在有条件的道路设置可供居民夜间使用的临时占用道路停车位。

6. 合理引导小区居民利用小区周边公共停车场;充分利用小区内和周边单位内部停车场相互提供错时使用。

7. 协调建设单位按规划实现小区周边市政道路及公交场站,为公交出行提供通行条件。

8. 结合小区内部和周边道路实际情况,设置人行步道,力争实现人车分离。

(三)加强停车管理及道路环境整治

1. 清理整顿小区内部机动车和非机动车乱停乱放现象,清理整治被占用或挪作他用的停车设施和用地。

2. 老旧小区机动车停车位改造后的经营管理工作应按相关管理规定执行,并报相关辖区停车管理部门备案。

3. 清理整顿小区内外部非法占道现象,恢复机动车和非机动车道通行功能。

五、工作保障

(一)市交通委会同市规划委、市交通委运输局作为老旧小区综合交通改造工作的技术指导部门,对老旧小区综合交通改造工作中的疑难技术问题给予研究解决。

(二)各区县交通主管部门作为各区县老旧小区综合交通改造工作的牵头组织单位,负责审查各小区制定的综合交通设施改造方案,协调推进改造和相关管理工作。

(三)各区县交通主管部门要加强与发展改革、规划、国土、园林等相关部门的沟通协调,在符合工程建设法律法规的前提下,简化审批手续。

二〇一二年四月六日

北京市交通委员会关于鼓励老旧居住区挖潜建设立体停车设施的意见

京交办发〔2013〕289号

城六区交通委、区财政局：

2012年市政府办公厅发布了《关于印发推动城六区居住区机动车停车设施新建工作的通知》(京政办函〔2012〕15号,以下简称15号文),通过实施"市奖区配"的鼓励政策,部分老旧居住区停车供需矛盾得到缓解。为进一步提高居住区内部及周边土地使用效率,鼓励老旧居住区平面停车设施进行立体化改造,特制定本意见。

一、奖励范围

本市五环路范围内,对投资新建或挖潜改造下列机动车立体停车设施的单位或组织,由市财政予以资金奖励,区财政予以配套奖励。各街道、乡镇也可参照本意见对投资建设、挖潜改造居住区立体停车设施的单位或组织予以奖励。

(一)利用居住区内部空间新建的服务于居住区的立体停车设施；

(二)利用居住区周边人防工程、废弃厂库、清理违章建筑腾退空间新建的,且按照居住区停车场备案并执行居住区停车收费价格的立体停车设施;

(三)市属、区属企事业单位利用自有场地新建的且对周边居住区夜间开放的立体停车设施。

二、设施标准

设置机械式立体停车设备应当符合《机械式停车场(库)工程建设规范》(DB11/T837—2011)要求,其安装、使用、维护和管理按照特种设备有关规定执行。建设地下停车库应当符合国家和本市停车场建设规范要求。

三、奖励标准

(一)利用居住区内部空间新建的服务于居住区的立体停车设施,由市财政按照每新增一个立体停车泊位5000元的标准对投资人给予一次性奖励。

(二)利用居住区周边人防工程、废弃厂库、清理违章建筑腾退空间新建的,且按照居住区停车场备案并执行居住区停车收费价格的立体停车设施,由市财政按照每新增一个立体停车泊位5000元的标准对投资人给予一次性奖励。

(三)市属、区属企事业单位利用自有场地新建的且对周边居住区夜间开放的立体停车设施,由市财政按照每开放一个立体停车泊位5000元的标准对开放停车资源的单位给予一次性奖励。

(四)上述立体停车设施的验收标准、补助原则和补助程序继续按照《北京市人民政府办公厅关于印发推进城六区居住区机动车停车设施新建工作的通知》(京政办函〔2012〕15号)执行。

(五)区财政应当按照不低于市财政奖励标准30%的比例安排配套奖励资金。

四、资金管理

(一)市区两级财政奖励资金应单独纳入每年预算管理,任何单位和个人不得截留、挤占和挪用。

(二)市区两级奖励资金的申报、审核和拨付程序,参照《城六区居住区机动车停车设施建设市级补助资金管理办法(试行)》(京财经一〔2012〕1320号)的有关规定执行。

(三)市区两级监察、审计部门要加强对奖励资金拨付、使用情况的监督管理,对在监督检查中发现的问题,按照有关规定进行处理。

本意见自2014年1月1日起施行。

北京市交通委员会　北京市财政局

2013年12月24日

关于规范机械式和简易自走式立体停车设备安装及使用的若干意见

京交运输发〔2014〕130号

各有关单位：

为缓解城市停车难，加快推进本市停车设施立体化改造和建设，规范机械式、简易自走式立体停车设备安装及使用，依据《北京市机动车停车管理办法》，特制定本意见。

一、本市鼓励多种渠道、多种方式投资设置机械式、简易自走式立体停车设备。鼓励停车场产权人对既有平面停车设施进行改造，设置机械式、简易自走式立体停车设备，增加停车设施供给。

本意见中机械式停车设备指利用地上空间，用来存取储放车辆的机械或机械设备系统。

简易自走式立体停车设备指利用地上空间，以钢结构为主体，车辆通过多层停车空间之间衔接通道直接驶入（出）停车泊位，从而实现车辆停放的停车设备。

二、利用居住区内业主共有的公共场地设置机械式、简易自走式立体停车设备，应当按照《中华人民共和国物权法》第七十六条的规定，事先征得规定比例的业主及利害关系人书面同意。利用其他单位自有土地设置机械式、简易自走式立体停车设备的,应当事先征得自有土地权属单位书面同意。设置机械式、简易自走式立体停车设备需要占用居住区绿地或单位附属绿地的,应当制定绿地置换补偿方案,置换或补偿绿地面积不得低于既有绿化率指标,并取得园林绿化部门批准。

三、设置机械式、简易自走式立体停车设备应当合理选择位置,采取有效隔声、减振措施,严格按照《北京市噪声污染防治办法》有关要求,做好设备安装和使用期间的噪声污染防治。对相邻建筑物通风、采光、日照或噪声有影响的,设置单位应当与利害关系人签订协议并协商予以合理补偿。

四、利用居住区和单位自有用地设置机械式、简易自走式立体停车设备按照机械设备安装管理,免予办理建设工程规划、用地、环评、施工等许可手续;利用城市公共设施用地设置机械式、简易自走式立体停车设备仍按照原有规定,须办理建设工程规划、用地、环评、施工等许可手续。

机械式停车设备的生产、经营、使用、检验、检测应当严格遵守《中华人民共和国特种设备安全法》的有关规定,经检验检测合格且按规定办理使用登记的,方可投入使用。设置简易自走式立体停车设备还应当参照《门式钢架轻型房屋钢结构技术规程》和《钢结构设计规范》进行设计,其停车位、引道、坡道等设计应当符合国家和本市机动车停车场库设计规范要求,其安装及验收应当遵守《机械设备安装工程施工及验收通用规范》,由设置单位组织设计、安装、监理单位验收合格后方可投入使用。

五、出于城市景观、安全防护、减排降噪需要,设置机械式、简易自走式立体停车设备允许对临街立面进行封闭,其他立面和顶部可以做半封闭处理,但封闭面积不宜超过顶面与全部立面面积总和的3/5;临街立面的样式应与周边建筑物外立面和市容环境相协调,并参照《北京市施工围挡容貌景观设计规范》进行统一规范,不得利用临街立面设置户外广告,悬挂标语横幅和其他宣传品。设施产权单位应按照《北京市市容环境卫生条例》要求,对临街立面进行保洁维护。

六、机械式、简易自走式立体停车设备投资可以纳入固定资产进行管理,并依据固定资产管理有关规定,按照设备使用年限计提折旧。设置单位或者经营管理单位应当建立设备定期检验和维护制度,确保设备正常完好、使用安全。鼓励机械式、简易自走式立体停车设备设置单位或者经营管理单位投保公共责任险。

七、机械式、简易自走式立体停车设备属于临时停车资源,设置单位应当在设备验收合格后10日内,凭设置方案及车位示意图、土地权属单位同意设置的意见、利害关系人补偿协议、园林绿化部门批准意见以及设备验收合格证明向所在区县停车管理部门办理停车设施资源登记。对外收费经营的,应当依法办理停车设施经营备案、价格核定、专用发票领用等手续。

北京市交通委员会　　　　北京市规划委员会
北京市国土资源局　　　　北京市住房和城乡建设委员会
北京市园林绿化局　　　　北京市环境保护局
北京市市政市容管理委员会　北京市质量技术监督局
北京市城市管理综合行政执法局

2014年9月27日

北京市交通委员会关于印发《北京市建设项目交通影响评价管理办法》的通知

京交规发〔2013〕224号

各有关单位：

为促进城市交通与城市建设的协调、健康、有序发展，缓解城市交通拥堵，加强对交通影响评价工作的管理，依据《中华人民共和国道路交通安全法实施条例》、《北京市实施〈中华人民共和国道路交通安全法〉办法》、《北京市道路运输条例》、《北京市人民政府关于优化完善本市固定资产投资项目办理流程及相关工作机制的通知》，我委制定了《北京市建设项目交通影响评价管理办法》，现印发给你们，自2014年1月1日起实施。

附件：北京市建设项目交通影响评价管理办法

北京市交通委员会

2013年7月31日

附件

北京市建设项目交通影响评价管理办法

第一条 为促进城市交通与城市建设的协调、健康、有序发展,缓解城市交通拥堵,加强对交通影响评价工作的管理,依据《中华人民共和国道路交通安全法实施条例》、《北京市实施〈中华人民共和国道路交通安全法〉办法》、《北京市道路运输条例》,制定本办法。

第二条 交通影响评价是指分析和评价建设项目投入使用后新生成交通需求对周围交通系统运行的影响程度,并对建设项目性质、规模、评价范围内的交通设施和交通组织管理等提出相应的调整意见或改善措施,优化交通资源分配和布局,减少建设项目对周边交通系统的影响,使土地利用与交通系统协调发展。

第三条 北京市域范围内符合以下条件的新建、改建、扩建项目应按政府相关办理流程规定进行交通影响评价。

(一)四环路以内新建、改建建筑规模超过5000平方米,扩建新增建筑规模超过1000平方米的项目;

(二)中心城(四环路外)或城六区(四环路外)、顺义新城、通州新城、亦庄新城、大兴新城、房山新城、昌平新城、门城新城建筑规模超过1万平方米的公建类及超过3万平方米的居住类项目;

(三)怀柔新城、平谷新城、密云新城、延庆新城及其他地区内建筑规模超过2万平方米的公建类及超过5万平方米的居住类

项目;

（四）交通枢纽、场站、公共停车场（库）等交通设施项目；

（五）对城市交通产生显著影响的其他建设项目。

第四条 凡需进行交通影响评价的建设项目,建设单位应委托具有与交通专业相关的城市规划、工程设计、工程咨询乙级及以上资质的中介机构编制交通影响评价报告。

第五条 建设项目交通影响评价应以城市和镇总体规划、土地利用总体规划、详细规划等规划文件以及相关的交通规划为依据。

第六条 交通影响评价报告编制应符合国家现行相关标准、规范的规定以及《建设项目交通影响评价报告编制规范》（DB11/T787）的要求。

交通影响评价报告应包括:建设项目概述,现状分析,规划条件,背景交通需求分析,建设项目交通需求分析,交通影响程度评价,改善措施方案及评价,结论与建议等内容。

第七条 评价内容主要包括:项目建设产生的交通需求与交通设施供给是否匹配;项目交通生成对交通设施的影响是否在可接受范围内;项目出入口通行能力是否满足进出交通需求;内外部交通组织是否合理;交通改善措施是否有效可行。

第八条 凡需进行交通影响评价的项目,建设单位应按照政府相关办理流程规定申报审查材料。

市交通主管部门应当组织对交通影响评价申报材料进行技术审核。技术审核通过的项目由市交通主管部门组织市规划、公安交通管理、路政、运输管理等相关部门联审,建设规模较大、地处交通敏感地区或重点区域的项目需要组织专家论证。技术审核、部门联审或专家论证未通过的交通影响评价报告,建设单位应按照市交通主管部门的要求重新修改完善,并重新申报。

第九条 市交通主管部门按政府相关固定资产投资项目办理流程规定时限出具交通影响评价审查意见。技术审核和专家论证所需时间不计算在上述时限内。

第十条 地块控制性详细规划编制或修改,改变使用功能的项目(包括规划建筑使用性质调整的项目和建成后改变原有使用功能的项目)应参照上述规定进行交通影响评价。

街区或功能区等区域性控制性详细规划编制或修改,应当参照本办法进行区域交通影响评价。

上述类型交通影响评价审查应在规划方案公示前完成。交通影响评价成果和评审结论应纳入详细规划编制或详细规划修改工作,作为确定规划性质、规模和布局的基本依据之一。

第十一条 建设项目交通影响评价审查意见有效期为两年。

第十二条 本办法自二〇一四年一月一日起实施。

北京市交通委员会办公室　2013 年 7 月 31 日印发

北京市人民政府关于印发《北京市居住公共服务设施配置指标》和《北京市居住公共服务设施配置指标实施意见》的通知

京政发〔2015〕7号

各区、县人民政府,市政府各委、办、局,各市属机构:

现将新的《北京市居住公共服务设施配置指标》和《北京市居住公共服务设施配置指标实施意见》印发给你们,并自印发之日起施行,《北京市人民政府关于印发本市新建改建居住区公共服务设施配套建设指标的通知》(京政发〔2002〕22号)、经市政府同意由市规划委印发的《北京市居住公共服务设施规划设计指标》(市规发〔2006〕384号)同时废止。市政府有关部门要做好相关政策的衔接工作,施行中的具体问题由市规划委负责协调解决。

北京市人民政府

2015年2月2日

北京市居住公共服务设施配置指标实施意见

为认真落实《北京市居住公共服务设施配置指标》，做好本市城镇地区(历史文化街区除外)各类居住项目公共服务设施的配置、补充和完善工作，进一步提高居住公共服务设施规划建设和管理水平，为广大群众提供更加适宜的居住环境，现提出以下意见。

一、总体思路

规划建设和管理好居住公共服务设施，关系广大群众的日常生活和切身利益，各级政府及其有关部门要切实履行公共服务职责，加强统筹协调，积极筹措资金，加快规划建设，严格实施监管，满足群众对居住公共服务设施的新需求。要加快转变政府职能，创新体制机制，正确处理政府和市场的关系，政府要加大公共财政投入，担负起"保基本、兜底线"的责任，同时还要采取多种方式积极引导社会资本参与居住公共服务设施的投资、建设和运营管理。各区县政府、市有关部门和各市政公用服务单位要加强协作，形成合力，为实现居住公共服务设施全覆盖、建设国际一流的和谐宜居之都创造良好条件。

二、基本原则

(一)坚持集约用地

采取集中与分散相结合的方式统一规划居住公共服务设施，

除供电、供水、排水等具有特殊专业技术要求的设施外，在合理的服务半径内将使用性质相近或可兼容的公共服务设施集中安排，并鼓励独立占地且与住宅分开配置。独立占地集中建设居住公共服务设施的，可采用划拨方式供地。

(二)坚持规模合理

在保证正常运营需要的前提下，为提高配置规模的合理性，对各类居住公共服务设施实行最低配置规模限制，另外对配套商业服务设施还应同时实行最高配置规模限制。

(三)坚持均等布局

规划配置街区级、社区级居住公共服务设施时，应充分考虑方便居民生活，合理确定服务范围，尽量避免跨越城市主干路和快速路。街区级居住公共服务设施如跨街道办事处、社区居委会配置，特别是若干社区共用"一刻钟社区服务圈"设施的，要兼顾资源情况和实施条件，注重公平，合理安排。

三、工作要求

(一)加强规划统筹

街区级、社区级居住公共服务设施在编制控制性详细规划过程中确定。市规划部门要对各区县政府提出的街区级、社区级居住公共服务设施配置初步核算结果和实施计划进行统筹研究，配合区县政府在编制控制性详细规划时确定独立占地设施用地的位置和指标，在地块控制性详细规划中明确非独立占地设施的内容、规模等要求，为项目建设时的同步审核提供依据。建设项目级居住公共服务设施在编制住宅项目规划设计方案时确定。

(二)完善土地储备条件

在实施土地储备项目(尤其是住宅项目)时，区县政府要会同市有关部门,依据控制性详细规划,研究项目所在地区街区级、社区级居住公共服务设施随项目同步配置实施的方案,明确需同期配置居住公共服务设施的名录、规模、位置、是否独立占地、建设标准、建设时序、资金来源、建设主体、具体实施方式和移交时限等内容,并纳入土地储备整理阶段的规划条件或土地公开交易条件中。市有关部门按照优先安排居住公共服务设施的原则,可待拆迁等工作完成后,将居住公共服务设施地块另行划拨交由政府相关部门组织建设。

(三)严格建设验收

各区县政府、市有关部门要按照"查漏补缺、先批设施、后批住宅"的原则,确保街区级、社区级居住公共服务设施与住宅建设同步实施,其中社区综合管理服务类、教育类、医疗卫生类公共服务设施应在住宅总规模完成50%前,其他公共服务设施应在住宅总规模完成80%前完成建设,并同步验收、同步交付使用。建设单位建设住宅项目,特别是分期、分区域建设的,要合理安排建设时序,确保建设项目级居住公共服务设施在住宅总规模完成80%前完成建设,并同步验收。新建改建扩建居住建设项目,未按照时序建设、验收、交付居住公共服务设施的,规划部门可对竣工的住宅建设工程不予规划核验,并对该建设项目其他建设工程暂缓核发规划许可;住房城乡建设部门不予办理竣工验收备案手续,暂停商品房预售和现房合同网上签约。

(四)及时交付使用

建设主体与建成后的产权单位不同的居住公共服务设施,建设单位应在居住公共服务设施竣工验收后一个月内,向区县政府、市有关部门及市政公用服务单位移交。有关单位应及时办理土地和房屋权属登记手续,保证设施正常使用。居住公共服务设施未经所在区县政府和市有关部门批准,不得改变使用性质或转让。

四、保障措施

(一)切实落实责任

各区县政府要坚持属地为主的原则,及时统计和掌握本行政区域居住项目建设、人口动态和公共服务设施配置的整体情况,进行初步核算,编制控制性详细规划,制定实施计划,统筹组织街区级、社区级居住公共服务设施的投资、建设、交付和使用。市规划、发展改革、财政、国土、住房城乡建设等部门要研究制定相关政策,加强对居住公共服务设施规划布局、项目投资、建设时序、验收交用、权属登记等工作的指导和监督。市教育、卫生计生、民政、人力社保、商务、文化、体育、公安、交通、市政市容及邮政等部门要制定居住公共服务设施的建设、验收标准,明确移交方式,配合做好相关设施的建设、验收、交付使用和日常运营监管工作。住宅项目建设单位要严格按照建设项目级指标规定,配置相关居住公共服务设施,并向所在区县政府及时报告配建情况。

(二)明确投资主体

各级政府及其有关部门要认真研究不同层级、不同类别居住公共服务设施建设和运行规律,明确投资主体,提高建设质量和运营管理效率。街区级、社区级公共服务设施,由市、区县政府统筹资金建设落实,其中:商业服务类设施原则上由建设单位投资建设;市政公用类设施中固定通信机房、宏蜂窝基站机房(室外一体化基站)、有线电视机房、固定通信汇聚机房、移动通信汇接机房、有线电视基站、开闭所,原则上由市政公用服务单位投资建设;其余各类设施原则上由市、区县政府按照现行固定资产投资方式投资建设,对于土地公开交易条件中明确由建设单位建设的,按照条件约定实施。政府投资和资金筹措的相关具体规定,由市发展改革和财政等部门制定。建设项目级各类公共服务设施,由住宅项目建设单位投资和建设。

(三)明晰产权归属

街区级教育类、医疗卫生类公共服务设施产权划归教育、卫生计生部门所有;商业服务类设施按照"谁投资建设谁所有"原则确定产权归属;交通类、市政公用类设施产权划归各相关专业单位所有;社会综合管理服务类设施,除由社会投资的机构养老服务设施按照"谁投资建设谁所有"原则确定产权归属外,统一划归区县政府或其有关部门所有。社区级教育类、医疗卫生类和市政公用类设施产权原则上分别归教育、卫生计生部门和市政公用服务单位所有,其余设施权属统一划归区县政府或其有关部门所有。街区级、社区级各类公共服务设施,由区县政府会同市有关部门和相应市政公用服务单位负责监督管理。建设项目级居住公共服务设施,除依法属于建筑区划内业主共有的设施之外,对机动车(非机动车)场(库)、小型便民超市等产权和监管主体另有规定的,按规定办理。

(四)加强公众参与和社会监督

在居住公共服务设施的规划编制、设计审批、建设施工、验收交付及日常运行管理等环节,各区县政府、市有关部门要组织乡镇政府(街道办事处)及社区居委会,广泛征求居民对设施配置和使用的意见,鼓励其参与设施的验收等工作;同时,主动公开规划、在建和建成的居住公共服务设施的性质、规模、布局、产权归属和监管主体等相关信息,接受社会监督。

北京市居住公共服务设施配置指标（节选）

类别	序号	层级	项目	千人指标 建筑面积 (m²)	千人指标 用地面积 (m²)	最小规模/一般规模 建筑面积 (m²/每处)	最小规模/一般规模 用地面积 (m²/每处)	内容	服务规模 (万人/处)(万m²/处)
交通	16	A	居民地车场库					旧城地区 0.3—1.1 车位/户；旧城以外一、二、三类地区 0.5—1.3 车位/户（含 0.1 车位/户的访客车位；含比例为 18% 的电动车车位；需考虑残疾人车位的便利性）	

《北京市居住公共服务设施配置指标》说明（节选）

1 前　言

1.1　2002年，市政府印发实施了《北京市新建改建居住区公共服务设施配套建设指标》（京政发〔2002〕22号）；2006年，经市政府同意＆市规划委印发实施了《北京市居住公共服务设施规划设计指标》（市规发〔2006〕384号，以下简称"384号文"）。随着城乡经济社会快速发展和居民物质文化水平的提高，随着居住人口数量、结构、居住区位的变化，随着不同公共服务设施投资建设体制的变化，居民对居住公共服务设施提出了新的需求，原有指标已无法适应新形势。鉴于此，市规划委组织相关单位在分析现有居住公共服务设施（以下简称配套设施）配置和实施情况的基础上，对下阶段发展需求进行了深入研究，提出了《北京市居住公共服务设施配置指标》（以下简称本指标）。

1.2　本指标优化和调整了配套设施指标框架，共分为六大类52项指标，是保障居民生活的基本标准。本指标完善了社区管理服务、养老、医疗、教育、文化体育等直接关系居民利益的相关指标，增设了雨水调蓄设施等市政公用设施指标，为提升广大居民的生活品质、建设绿色生态的宜居环境创造了条件。

3 分类说明

3.16 居民汽车场库

大幅增加居民汽车场库指标,指标为0.3—1.3户车位/户(含0.1车位/户的访客车位)。按旧城地区和一类、二类、三类地区级商品房、保障性住房(销售类和租赁类)等不同住房情况分别配置,配置标准中含电动车停车位配件指标。访客车位主要是来访车辆临时停放而设置,可结合居民停车场库安排,不得作为固定专用车位使用,数量级位置在修建性详细规划阶段予以明确。居民汽车场库的设置还应充分考虑残疾人停车位使用的便利性。

北京市新建改建居住项目配建机动车停车泊位设置标准

类别		单位	旧城地区		一类地区	二类地区	三类地区
			下限	上限	下限	下限	下限
商品房		车位/户	0.8	1.1	1.1	1.2	1.3
保障性	销售类	车位/户	0.5	0.8	0.8	1.0	1.1
	租赁类	车位/户	0.3	0.5	0.5	0.6	0.9

注:1. 不适用于历史文化街区和平房区,处于历史文化街区和平房区内居住项目的配建停车位规模,可结合具体情况,单独论证研究。

2. 旧城地区(除历史文化街区和平房区)建筑物配建指标不应超出上表规定的上限值,其他地区配建停车场不得低于上表规定的下限值,且一般不高于规定下限值的20%。若按照高于规定下限值20%以上建设配建停车场的,应开展停车方面论证工作并对社会开放使用。

3. 销售类保障性住房包括两限房、经济适用房、回迁安置房和其他政策性住房;租赁类保障性住房包括公共租赁房和廉租房,其中廉租房配建机动车停车位指标可结合项目实际条件下浮40%—60%。

4. 居住类建筑物配建车位中包含每户0.1个访客车位。

5. 地上居民停车场(库)应满足《北京市生活居住建筑间距暂行规定》的距离要求,与邻近的住宅保持适当距离,避免干扰居民生活。

6. 地面停车泊位应集中安排用地并设置专用停车场和通道,不得在建筑物间任意设置和占用小区出入口通道设置停车位,地面停车率(小汽车地面单层停车位与居住户数地比率)按不大于10%控制。

7. 建筑物配建停车场应设置无障碍车位。

8. 居住类建筑应将18%的配建机动车停车位作为电动车停车位。

9. 建筑物配建停车场需设置机械停车设备的,机械停车泊位数不得超过停车泊位总数的90%。采用二层升降式或二层升降横移式机械停车设备的,停车场净空不得低于3.8米。

10. 建筑应按各类性质和规模分别计算并求和,多功能、综合性的建筑、配建停车场泊位的数量可考虑停车设施的共享,按各单项标准总和的80%计算。

11. 审批的重点功能区,当规划平均容积率大于2.0时,居住类建筑物建停车位指标建可按照上一级别分区管理。

12. 距离轨道交通站点出入口500米内的居住类建筑物配建停车位指标可按照上一级别分区管理。

13. 差别化分区范围说明。

北京市人民政府办公厅关于印发《北京市路侧停车管理改革方案》的通知

指标级别	范围
旧城地区	二环路以内
一类地区	二环路至三环路之间
二类地区	三环路至五环路之间,五环路以外边缘集团,海淀山后、丰台河西集中建设区及新城建设区
三类地区	五环路以外除二类地区以外的其他地区

北京市人民政府办公厅关于印发《北京市路侧停车管理改革方案》的通知

京政办字〔2017〕20号

各区人民政府，市政府各委、办、局，各市属机构：

经市政府同意，现将《北京市路侧停车管理改革方案》印发给你们，请结合实际认真贯彻执行。

北京市人民政府办公厅

2017年4月27日

北京市路侧停车管理改革方案

为加强本市静态交通治理,有效利用道路资源,规范路侧停车行为,保障城市交通安全、有序,根据《中华人民共和国道路交通安全法》等法律法规的有关规定,制定本方案。

一、总体思路和主要目标

(一)总体思路

以习近平总书记视察北京重要讲话精神为根本遵循,牢固树立和贯彻落实新发展理念,坚持深化改革,坚持问题导向,坚持试点先行,按照"停车有位、合理付费、依规有序、公开透明"的原则,综合施策、标本兼治,通过改革路侧停车管理体制、收费管理方式、服务管理模式、执法监督机制,提高路侧停车管理水平和服务能力。

(二)主要目标

经过3年努力,实现路侧停车管理统一标准、统一技术、统一平台,全市路侧停车秩序得到明显改善,城市道路交通环境和通行效率明显提升。

——到2017年底,健全完善市、区两级停车管理机构,理顺路侧停车管理体制;完成市级路侧停车动态监测和电子收费管理系统开发建设。

——到 2018 年底,在总结试点经验基础上,实现城六区和通州区路侧停车电子收费全覆盖;制定出台路侧停车管理相关配套政策。

——到 2019 年底,实现全市路侧停车电子收费全覆盖,路侧停车秩序得到明显改善,路侧停车管理水平和服务能力显著提高。

二、主要任务

1. 完善路侧停车管理体制。本市路侧停车管理按照"市级统筹、区级主责"的原则实施,市有关部门负责制定路侧停车管理的相关政策和规范标准,并做好协调指导和督查考核等工作;各区政府负责组织实施本行政区域内路侧停车管理工作。

2. 完善路侧停车位设置机制。设置道路停车泊位要综合考虑行人、车辆通行条件和安全等因素,统筹兼顾机动车、非机动车以及行人的通行权利;中心城区特别是核心区路侧停车泊位要按照减量化原则进行设置,对已有的路侧停车泊位,根据区域交通运行状况和周边停车设施等实际情况统筹调整安排。市公安交通管理部门负责路侧停车泊位设置、调整以及标线、编号初划工作;各区政府负责组织实施本行政区域内路侧停车泊位标线、编号的复划工作,复划周期为一年。

3. 改革路侧停车管理模式。取消路侧停车管理特许经营,由各区政府采取购买服务方式,通过招标委托 1 至 2 家有规模、有实力、规范经营的专业化停车管理企业,负责本行政区域内路侧停车管理工作。

4. 改革路侧停车收费方式。路侧停车收费属政府非税收入,实行政府定价和收支两条线管理,停车收入全额上缴区财政。改革路侧停车人工现场收付现金的收费方式,由停车管理人员指导停车人利用银行卡、市政交通一卡通卡、电子不停车收费卡(ETC)、移动支付客户端等进行缴费,实现人钱分离。各区政府负责按照全市统一的技术标准建设、运营和管理本行政区域内路侧停车电子收费系统。

5. 严格路侧停车收费管理。市交通行政管理部门会同市财政部门研究制定路侧停车电子收费管理办法,严格规范收费管理工作;依托本市电子政务云平台建设路侧停车动态监测和电子收费信息监管平台,通过对路侧停车泊位使用和收费情况的实时监控、查询和统计分析,对停车收费管理工作进行全方位监督。市发展改革部门负责研究完善差别化停车收费政策,引导市民降低机动车使用强度。各区政府负责组织停车管理部门监督、指导停车服务企业按规定开展电子收费工作,严肃查处未按规定标准收费等违法违规行为,并研究建立停车人逃费追缴机制。

6. 强化路侧停车监督执法。市公安交通管理、城管执法等部门要按照各自职责,加大对无照经营停车场、非法设置路侧停车位以及未按规定对停车泊位备案等违法违规行为的执法力度;各区政府负责建立违规停放车辆清理拖移工作机制,对因违法停放妨碍其他车辆、行人通行的车辆实施拖移。

7. 加强信用体系建设。健全完善路侧停车管理信用体系,将路侧停车管理企业和从业人员的行为信息纳入本市信用信息共享平台和企业信用信息公示系统,作为其准入退出的重要依据,促进行业服务能力和诚信水平提升。

三、工作要求

全市路侧停车管理改革工作由市缓解交通拥堵工作推进小组统筹领导、综合协调,市有关部门要主动沟通、密切协作,加强对各区工作的指导、督查和考核。各区政府要将深化路侧停车管理改革工作纳入重要议事日程,成立由主要领导牵头,分管领导具体负责,各有关部门及街道办事处(乡镇政府)共同参与的改革工作小组,确保改革稳妥有序推进。

市交通行政管理部门要会同宣传部门,充分利用各类媒介,加强对深化路侧停车管理改革的宣传,做好政策解读和舆论引导,及时回应社会关切,努力争取人民群众的理解和支持,最大限度凝聚共识,营造良好改革氛围。

北京市缓解交通拥堵推进小组办公室关于印发《关于政府购买路侧停车管理服务的指导意见(试行)》的通知

京缓堵办函〔2017〕27号

各区人民政府：

  为保障本市路侧停车管理改革顺利实施，指导各区采取政府购买服务方式、通过招标选取专业化停车管理企业开展路侧停车管理，我们制定了《关于政府购买路侧停车管理服务的指导意见(试行)》，现印发你们，请结合实际认真贯彻执行。

北京市缓解交通拥堵工作推进小组

2017年9月30日

关于政府购买路侧停车管理服务的指导意见(试行)

为贯彻落实北京市人民政府办公厅关于印发《北京市路侧停车管理改革方案》的通知(京政办字〔2017〕20号)中提出的"改革路侧停车管理模式"的要求,依据政府采购法律法规及政府购买服务有关规定,结合工作实际,特制定本指导意见。

一、主要任务

改革路侧停车管理模式,取消路侧停车管理特许经营,由各区采取政府购买服务方式,通过招投标委托有规模、有实力、规范经营的专业化停车管理企业,负责本行政区域内路侧停车管理工作。

二、基本原则

(一)权责明确,统筹协调。按照"市级统筹,各区主责"的原则,建立协调合作机制,共同做好政府购买服务工作。

(二)严格程序,竞争择优。积极引入竞争机制,按照公平、公正、公开的原则,通过"公开透明、竞争择优"的方式选择承接主体,确保符合条件的社会力量享有平等参与竞争的权利。

(三)监督评价,强化管理。建立政府购买服务的有效监督机制,广泛接受社会监督,切实加强绩效管理和科学评估。

三、购买服务工作内容

(一)购买主体

各区政府停车管理部门。

（二）承接主体

承接主体的具体条件由各区政府停车管理部门会同区财政部门根据路侧停车管理服务的内容确定，但必须满足如下基本条件：

1. 在本市行政范围内已办理工商登记的停车管理企业，具有独立法人资格；

2. 具备健全的治理结构，内部管理和监督制度完善；

3. 具有独立、健全的财务管理、会计核算和资产管理制度，具有依法缴纳税收和社会保险的良好记录；

4. 具有履行项目所必须的人员和实施电子收费的信息化应用能力；

5. 近三年内无重大违法记录，按要求履行年度报告公示义务，依法取得相关资质并持续符合资质认定条件，社会信誉、商业信誉良好；

6. 各区政府确定的其他相关条件。

（三）购买程序

1. 项目购买。各区停车管理部门要将购买路侧停车服务事项列入本部门政府购买服务指导性目录。购买工作应按照政府采购法的有关规定，采用公开招标、邀请招标等方式依法确定承接主体。

2. 合同管理。购买主体要按照合同管理要求，与承接主体签订合同，明确购买服务内容、对象、服务范围、期限、数量、质量考核标准、资金总额及支付方式、购买主体和承接主体双方的权利、义务及违约责任等内容，并将项目绩效评价结果作为结算项目经费的依据。购买主体要跟踪监管服务全过程，督促承接主体严格履行合同，同时，应及时了解掌握购买项目实施进度及资金使用情况，开展相关调查，并根据实际需求积极帮助承接主体做好与政府相关部门、服务对象的沟通、协调。承接主体要严格履行合同义务，按时完成服务项目任务，保证服务数量、质量和效果，严禁转包行为。

3. 经营服务期限。各区根据区域特点和管理要求,设定经营服务期限,最长不超过3年。

(四)购买内容

政府购买路侧停车管理服务内容包括但不限于:

1. 电子收费:引导停车人停车入位,维护停车秩序,协助停车人电子缴费;

2. 运维管理:维护管理设备正常运转,维护停车位标志标线和收费标牌清晰,做好管辖区域电子收费运行监测和统计分析;

3. 监督管理:对不听劝阻违法停车、严重影响交通秩序的现象需向执法部门进行举报和取证,协助实施清理拖移,并受理停车人举报投诉;

4. 宣传引导:宣传路侧停车管理政策;

5. 购买主体规定的其他涉及路侧停车管理服务内容。

(五)预算保障

各区政府购买路侧停车管理服务所需资金坚持"以事定费",按照现行预算管理办法列入购买主体部门预算,统筹管理。

(六)绩效和监督管理

各区政府要建立政府购买服务绩效管理机制,将绩效管理的要求贯穿于购买路侧停车管理服务预算编制、执行、监督、评价和问责的全过程,并作为以后年度编制购买服务预算、购买计划和选择承接主体的重要参考依据。

各区政府停车管理部门要对承接主体提供服务的数量、质量、服务对象满意度等进行绩效评价,同时,要把绩效评价结果、履约情况作为对承接主体考核评价的依据,将承接主体履约情况纳入企业信用体系。

占道停车经营服务规范(试行)

1 范围

1.1 本规范适用于本市行政区域内临时占道停车经营企业和占道停车收费员的经营服务行为。桥下停车场的经营服务适用《公共停车场运营服务规范》(DB11/T596-2008),不适用本规范。出租汽车泊位等专用占道停车泊位的管理不适用本规范。

1.2 实施特许经营的临时占道停车经营企业,除遵守本规范要求外,还应遵守特许经营协议中有关经营服务的特别约定。

2 企业经营规范

2.1 占道停车经营企业应当建立并执行劳动用工、财务管理、收费巡查、岗位责任、人员培训、信息公示、安全应急、纠纷处理等管理制度。

2.2 占道停车经营企业应当依法经营,不得采取转包、转租、挂靠经营等方式将占道停车泊位转交他人经营。

2.3 占道停车经营企业应当遵守劳动用工规定,与停车管理员签订劳动合同并依法为停车管理员缴纳社会保险。

2.4 占道停车企业应当建立健全财务管理制度,严格执行会计准则,接受市、区审计部门审计,不得违反财务管理规定。

2.5 占道停车经营企业应当建立岗位责任制,明确岗位职责、工作流程,并对各岗位人员履行职责情况进行检查。

2.6 占道停车经营企业应当遵守收费价格管理规定,严格执行收费标准和计费方式,不得擅自涂改收费公示牌,不得多收费、议价收费或者擅自将计时收费改为计次收费。

2.7 占道停车经营企业应当遵守税收管理规定,依法申报纳税,妥善保管专用发票并建立领用、核销台账,不得使用他人发票,不得使用假发票,不得出租、转借、转让本单位发票。

2.8 占道停车经营企业应当按照备案经营的路段、车位数量经营,不得私划占道停车泊位,不得在道路上设置地桩地锁,不得擅自涂改备案停车泊位标线,不得超越备案路段和车位范围收费经营。

2.9 占道停车经营企业应当建立健全人员培训和管理制度,并对停车管理员就停车相关政策、法律、法规、车场制度、安全措施、消防知识、停车引导、收费管理、纠纷处理、应急预案等进行培训,不得使用无上岗证人员或非本单位人员收费。

2.10 占道停车经营企业应为停车管理员提供统一的工装,并在工装醒目位置标注企业名称及标识。

2.11 占道停车经营企业应建立和执行信息公示制度。

2.11.1 长度不超过300米的路段,应当在收费起止车位处设置规定样式的收费公示牌;同一路段中含12米及以上宽度十字路口的,应当在路口两侧起止车位处分别增设收费公示牌。长度超过300米的路段,应当在路段中间位置增设收费公示牌。道路两侧均有占道停车泊位的路段,应在道路两侧分别设置收费公示牌,并分别公示相应信息。

2.11.2 收费公示牌应统一公示企业名称、备案编号、备案路段、区域类别、车位数量、起止编号、收费标准、监督举报电话等内容,并在收费公示牌指定位置张贴二维码标识(收费公示牌具体样式及规格见附录)。

2.12 占道停车经营企业应建立设施设备巡视维护制度,建立设施设备档案及维修保养记录台账,建立设施设备的交接班检查记录台账,对达到使用期限或者损耗严重的设施设备应及时更换,对关键设施设备应由专人负责保养维护,确保设施设备完好、标志标线、车位编号清晰。常温施划的占道停车泊位标线及编号原则上每半年由经营管理单位重新施划一次,采用热熔技术施划的占道停车泊位标线及编号原则上每年由经营管理单位重新施划一次。

2.13 占道停车经营企业应当建立并执行安全应急管理制度,明确报告程序、应急指挥、应急设备的储备及处置措施等内容。建立并执行火警、交通事故、刑事案件、爆炸、防汛、公共卫生防疫等方面的应急处置预案,并定期进行培训和演练。

2.14 占道停车经营企业应当按照规定的时间、标准、数额和方式缴纳行政规费。

2.15 占道停车经营企业应建立并执行服务纠纷处理制度,明确纠纷处理程序和时限要求,公布企业服务纠纷处理电话并设专人处理服务纠纷。

2.16 占道停车经营企业经营电子收费路段,还应遵守本规范3.1-3.5电子收费服务规范的要求。

3 电子收费服务规范

3.1 经营电子收费路段的占道停车经营企业应当遵守电子收费有关规定,并使用电子收费设备刷卡收费。

3.2 占道停车经营企业不得以任何理由拒绝停车人使用电子收费设备兼容的卡介缴费。停车人采取现金缴费的,占道停车经营企业应当在收取现金后刷停车管理员专用卡结算,并向停车人开具停车发票。

3.3 占道停车经营企业应当统一安装占道停车电子收费信息管理软件,并对停车管理员执行电子收费情况进行巡查和在线监控。

3.4 占道停车经营企业应当妥善保管、维护电子收费设备,定期对收费终端设备进行检测,确保电子收费设备正常使用。

3.5 占道停车经营企业应当对停车管理员进行电子收费相关政策、操作流程、设备使用管理的培训,确保停车管理员正确、规范使用电子收费设备。

4 停车管理员服务规范

4.1 停车管理员应经专业机构考试合格并取得上岗证后方可上岗收费。

4.2 停车管理员上岗时应着工装、佩戴上岗证,并保持工装干净、整洁,不与其他服装混穿。

4.3 停车管理员应行为端庄,举止文明,用语规范。

4.4 停车管理员应严格遵守以下操作规程:

4.4.1 引导车辆入位规程

4.4.1.1 车辆入位时,应对车辆履行检查职责。发现带有易燃、易爆、剧毒或污染品等不符合停放要求的车辆时,应制止其停放。

4.4.1.2 车辆入位时,应以语言或手势引导车辆行进路线。

4.4.1.3 车辆入位时,指挥车辆在停车泊位内顺向停放。

4.4.2 告知及计费规程

4.4.2.1 出示上岗证,向停车人告知经营企业名称、车辆所在停车位编号、收费标准、计费方式信息;

4.4.2.2 车辆入位停稳后,人工计时的停车场,填写停车凭证(卡、单),并告知停车人计时起始时间。电子收费的停车场,打印计时凭证,并告知停车人计时起始时间。

4.4.2.3 向停车人发放计时凭证,并告知计时凭证放于车辆前风挡左侧位置备查,提醒停车人关好车窗、锁好车门,不在车内存放贵重财物。

4.4.3 收费及引导车辆出场规程

4.4.3.1 收回计时凭证,核定车辆停放时间,并告知停车人停放时间及收费金额。

4.4.3.2 向停车人收取停车费并支付相应数额发票(电子收费的,应刷卡收费并打印收费凭条)。

4.4.3.3 引导车辆安全驶离车位,提醒司机出场路线。

4.5 停车管理员不得引导车辆逆向停放或斜向、垂直车位停放,不得引导车辆在备案停车泊位以外路段或区域停放。

4.6 停车管理员不得多收费、议价收费或者擅自将计时收费改为计次收费,将后付费改为预付费。实行人工计时收费的,停车管理员收费后应主动提供发票。

5　管理责任

5.1　因占道停车经营企业未履行停车设施设备维护责任或未尽到管理服务义务,造成停放车辆损坏或停车人经济损失的,占道停车经营企业应当承担相应责任。

5.2　因占道停车经营企业或其停车管理员原因,造成车辆未停车入位且被公安交管部门处罚的,占道停车经营企业应当承担相应责任。

6　服务纠纷处理

6.1　占道停车经营企业应当保证公布的服务纠纷处理电话24小时畅通并有人值守接听,随时处理服务纠纷事件。

6.2　占道停车经营企业应当遵守停车行业服务纠纷处理规定,对停车人提出的服务质量问题应及时调查处理,并在5个工作日内答复停车人。

6.3　占道停车经营企业应配合相关政府部门开展投诉调查处理,并在5个工作日内将调查处理结果反馈相关政府部门和投诉人。

7　其他要求

7.1　占道停车经营企业经营服务中有关消防安全、环境保护、拾遗处理、巡查、服务终止的要求,按照《公共停车场运营服务规范》(DB11/T 596—2008)规定执行。

北京市缓解交通拥堵推进小组办公室关于印发《北京市路侧停车动态监测和电子收费管理系统技术要求》的通知

京缓堵办函〔2017〕25号

各区人民政府：

  为落实我市路侧停车管理改革工作，指导各区开展路侧停车电子收费系统建设，市缓解交通拥堵工作推进小组停车工作办公室研究制定了《北京市路侧停车动态监测和电子收费管理系统技术要求》，现印发你们，请结合实际认真贯彻执行。

北京市缓解交通拥堵工作推进小组

2017年9月29日

北京市路侧停车动态监测和电子收费管理系统技术要求

第一章 总 则

1.1 根据《北京市路侧停车管理改革方案》和《北京市缓解交通拥堵工作推进小组关于印发〈北京市路侧停车管理改革工作实施方案〉和〈北京市路侧停车电子收费系统建设三年工作计划〉的通知》(京缓堵函〔2017〕3号)中的要求,按照全市统一的技术标准,安装路侧停车位外场设备,建设北京市路侧停车动态监测和电子收费管理系统(以下简称市级平台)。

1.2 为了更好地推进我市市级平台建设,指导各个区在外场设备选型、技术方案选择、外场设备安装实施等方面的工作,特制定本技术要求。

1.3 本技术要求由总则、技术路线、设备要求、检测要求和附则五部分构成。

1.4 本技术要求适用于各区停车管理部门、外场设备供应商、系统集成商等相关单位。

第二章 技术路线

2.1 市级平台具备资源管理、运营管理、资金管理、发票管理、清分结算、巡查稽查、调度指挥、数据分析、权限管理九大功能,可满足市级停车管理部门、区级停车管理部门、停车管理企业三级路侧停车管理的业务需求。

2.2 由各区停车管理部门按照全市统一的技术要求购置并实施辖区内的外场设备,确保与市级平台的联调和对接,满足停车管理与服务的要求。

2.3 外场设备技术选型原则上以视频识别技术为主,视频识别技术是通过对高清摄像头采集的图像进行分析处理,获取车位状态、车辆号牌等信息的先进技术。在具备安装条件的路段宜优先选择高位视频检测设备进行安装;不具备安装高位视频检测设备条件的路段可选择矮桩视频检测设备;原则上不选用地磁设备,在不具备安装视频检测设备的路段,可选用地磁检测设备作为补充。在符合安装条件的路段,建议各区积极采用视频识别与 ETC、RFID、卫星导航定位等技术的融合解决方案,以提高车位状态识别准确率。当出现停电、断网等极端情况,可使用手持收费设备作为应急收费方式。

2.4 外场设备的选型应综合考虑全市统一的电子收费工作部署、外场设备安装环境、设备设施的工作特点及安装施工要求等多种因素,根据不同路段特点选择合适的设备类型:

2.4.1 高位视频检测设备适合安装在停车泊位附近树冠较高,

净空高度可达 3 米以上,不存在树枝遮挡且具备施工安装条件的机非隔离带或人行步道,设备安装高度不得低于 3 米。设备安装高度在 3 – 4 米之间的,设备支架不得设置横臂;

2.4.2 当高位视频检测设备的检测范围存在严重树枝遮挡,不具备安装条件时,应选择矮桩视频检测设备。该设备适合安装在停车泊位紧邻路缘石,人行步道宽度大于 1.5 米,且无公租自行车架、花坛、人行护栏等市政、绿化设施影响安装施工的路段;

2.4.3 仅在高位、矮桩视频检测设备不具备安装条件的情况下,可考虑地磁检测设备作为补充。

2.5 各区若选用矮桩视频或地磁设备,需将具体的选型和实施方案提报北京市停车管理事务中心。

第三章 设备要求

外场设备包括车位检测、违停抓拍、手持收费和手持稽查设备,其中车位检测设备主要包括高位视频、矮桩视频和地磁设备。

3.1 高位视频检测设备

3.1.1 功能要求

(1)高位视频检测设备应确保单杆管理不少于(含)8 个泊位。

(2)可采集泊位车辆驶入信息、车辆驶离信息;可对泊位空闲或占用状态进行实时检测;可实现车牌号码和颜色识别、停车特写和全景图片采集。

(3)可对跨位停车、半侧位停车、反复入位停车和斜位停车等异常停车进行判别。

(4)具备自动对时校时、故障自查、抗干扰和软件模块远程控制升级及自检状态定时上报。

3.1.2 性能要求

(1)支持 H.264 编码标准,视频码率可调;支持超低照度,CMOS 图像传感器不小于 200 万像素,支持 1920×1080 分辨率的高清画面输出。

(2)车位状态检测时间不超过 30 秒;视频图像存储时长不少于 30 天。

(3)支持 IP/TCP 协议,具备 RJ45 网络接口,可防水、防尘、防压、耐高低温,安全防护等级达到 IP65 防护标准。

(4)当前时刻最大同步误差 ≤ ±1min,显示时刻误差 ≤ ±5min。

3.1.3 安装施工要求

(1)设备安装应首先考虑与其他设备设施杆体复用;当无法复用时,可考虑自行立杆,自行立杆可根据车位位置、绿化树木的茂密程度等因素进行设置。

(2)设备安装固件连接必须可靠牢固,防风防雷击,总体整齐美观,不妨碍行人安全通行。

(3)地面施工应由具有工程勘探资质的第三方机构进行物探检测,并出具书面检测报告。

(4)若复用现有设备设施杆体,则应由具有检测资质的第三方机构进行安全性检测,并出具书面检测报告。若自行立杆应符合相关设计施工规范要求。

3.2 矮桩视频检测设备

3.2.1 功能要求

（1）可采集泊位车辆驶入、车辆驶离信息；可对泊位空闲或占用状态进行实时检测；具备车牌号码和颜色识别、停车特写图片采集。

（2）可对跨位停车、半侧位停车、反复入位停车和斜位停车等异常停车进行判别。

（3）具有自动对时校时、故障自查、抗干扰和软件模块远程控制升级及自检状态定时上报。

3.2.2 性能要求

（1）支持 H.264 编码标准，视频码率可调；CMOS 图像传感器不小于 200 万像素，支持 1920×1080 分辨率的高清画面输出。

（2）车位状态检测时间不超过 30 秒；图片存储不少于 90 天。

（3）支持 IP/TCP 协议，具备 RJ45 网络接口，可防水、防尘、防压、耐高低温，安全防护等级达到 IP66 防护标准；镜头、补光灯、指示灯防爆等级达到 IK5 标准，金属外壳防爆等级达到 IK10 标准。

（4）支持 LED 补光，补光灯距离、亮度可调。

（5）当前时刻最大同步误差 ≤ ±1min。

3.2.3 安装施工要求

（1）矮桩视频检测设备的设置应距路缘石 0.4m 以内，整体安装高度不高于 1m，顶端应位于同一水平线上，整齐美观。

（2）配套中继设备若采用落地方式安装，周围应不存在大型金属遮挡物，方便维护，确保行人安全。

（3）设备安装固件连接必须可靠牢固，防风防雷击，不妨碍行人安全通行。

（4）地面施工应由具有工程勘探资质的第三方机构进行物探检测，并出具书面检测报告。

（5）若复用现有设备设施杆体，则应由具有检测资质的第三方机构进行安全性检测，并出具书面检测报告。若自行立杆应符合相关设计施工规范要求。

3.3 地磁设备

3.3.1 功能要求

（1）可采集泊位车辆驶入、车辆驶离信息；可对泊位空闲或占用状态进行实时检测。

（2）具有自动对时校时、故障自查、抗干扰和软件模块远程控制升级及自检状态定时上报。

3.3.2 性能要求

（1）支持磁场自动校正，可自动适应周围磁场变化。

（2）车位检测反应时间小于 5 秒。

（3）地磁使用寿命 ≥ 5 年。

（4）设备直径应不大于 100mm，高度不大于 70mm。

（5）可防水、防尘、防压、耐高低温，安全防护等级达到 IP68 防护标准。

（6）当前时刻最大同步误差 $\leq \pm 1\text{min}$。

3.3.3 安装施工要求

（1）采用地埋方式安装，垂直地面打孔，打孔直径不大于 120mm，深度不超过 80mm，安装完成后设备上表面应与地面齐平，无视觉障碍，不影响车辆及行人通行。

（2）地面施工应由具有工程勘探资质的第三方机构进行物探

检测,并出具书面检测报告。

(3)配套中继设备应采用挂杆方式安装;若复用现有设备设施杆体则应由具有检测资质的第三方检测机构进行安全性检测,并出具书面检测报告。若自行立杆应符合相关设计施工规范要求。

3.4 违停抓拍设备

3.4.1 功能要求

(1)可对违停的机动车辆进行检测和抓拍取证,可实现车牌、车型识别。

(2)可自动记录车辆通过时间、地点、所在车道、违法类型等信息,能够清晰地反映车辆的颜色、车辆类型、运动轨迹。

(3)具备云台、焦距变换、高清录像。

(4)具备自动对时、故障自查、抗干扰和软件模块远程控制升级及自检状态定时上报。

3.4.2 性能要求

(1)支持 H.264 编码标准,视频码率可调;支持星光级超低照度,CMOS 图像传感器不小于 200 万像素。

(2)视频图像存储不少于 30 天。

(3)可防水、防尘、防压,耐高低温,安全防护等级达到 IP65 防护标准。

(4)当前时刻最大同步误差 $\leqslant \pm 2min$,显示时刻误差 $\leqslant \pm 5min$。

3.4.3 安装施工要求

(1)设备安装应首先考虑与其他设备设施杆体复用;当无法复用时,可考虑自行立杆。

（2）设备安装固件连接必须可靠牢固,防风防雷击,总体整齐美观,不妨碍行人安全通行。

（3）地面施工应由具有工程勘探资质的第三方机构进行物探检测,并出具书面检测报告。

（4）若复用现有设备设施杆体,则应由具有检测资质的第三方检测机构进行安全性检测,并出具书面检测报告。若自行立杆应符合相关设计施工规范要求。

3.5 手持收费设备

3.5.1 功能要求

（1）可支持支付宝、微信、一卡通、ETC、银联卡等多种支付方式实现停车费用缴纳。

（2）支持热敏打印。

（3）具备自动对时校时,软件模块远程控制升级及自检状态定时上报。

（4）具备本地存储,读写灵敏,可保证存储数据的完整性、安全性和准确性。

3.5.2 性能要求

（1）读写卡时间不超过 10 毫秒。

（2）交易处理和网络传输时延在 100 毫秒以内。

（3）宜采用锂电池供电,功率应不低于 3200mAh,支持待机 12 小时以上。

（4）内存需不低于 1GB,存储容量应不低于 8GB。

（5）当前时刻最大同步误差 ≤ ±2min,显示时刻误差 ≤ ±5min。

3.6 手持稽查设备

3.6.1 功能要求

(1) 可实现拍照、录像、录音。

(2) 具备本地存储,可保证存储数据的完整性、安全性和准确性。

(3) 支持脱机离线工作,网络恢复后,可自动进行数据的上传下载。

3.6.2 性能要求

(1) 稽查处理和网络传输时延应在 100 毫秒以内。

(2) 宜采用锂电池供电,电池功率不低于 3200mAh,待机时间在 12 小时以上。

(3) 内存不低于 1GB,存储容量不低于 8GB。

3.7 数据接口及网络传输要求

3.7.1 数据接口

(1) 高位视频检测设备数据接口交换内容应至少包含泊位号、设备 ID、车辆驶入、驶离泊位时间、驶入确认时间、驶离确认时间,泊位状态、车牌号码、车牌颜色,停车特写图片、停车全景图片,无牌车停入车位报警信息、异常停车(跨位停车、半侧位停车、反复入位停车、斜位停车和遮挡号牌等)报警信息、当前时刻、时钟同步校验等数据。

(2) 矮桩视频检测设备数据接口交换内容应至少包含泊位号、设备 ID、车辆驶入、驶离泊位时间、驶入确认时间、驶离确认时间,泊位状态、车牌号码、车牌颜色,停车特写图片、无牌车停入车位报警信息、异常停车(跨位停车、半侧位停车、反复入位停车、斜位停车和遮挡号牌等)报警信息、当前时刻、时钟同步校验等数据。

(3)地磁设备数据接口交换内容应至少包含交易流水号、地磁设备编号、泊位状态、地磁剩余电量、驶入时间、驶离时间、时钟同步等数据。

3.7.2 网络传输

与市级系统之间的网络带宽应满足数据传输要求,支持政务物联数据专网和移动运营商4G网络传输,可升级兼容下一代无线网络技术。

第四章 检测要求

4.1 检测类别

检测分为试验场检测、上线前检测和跟踪检测。

4.2 检测范围

被测设备包括:地磁、矮桩视频和高位视频等具有车位检测功能的设备及路侧停车收费系统、违停抓拍、手持稽查和手持收费设备。

4.3 试验场检测

试验场检测是在试验场测试环境下对被测设备的主要技术指标进行实车停车检测。

4.3.1 检测流程

试验场检测分为信息采集、前置审核、实车检测和出具报告四个阶段。

信息采集阶段:申请检测的厂商,须提供如下材料,包括:产品说明书,包括产品型号、附配件列表、主要技术规格、注意事项等;

设备信息表,包括外观尺寸、通信性能、数据接口、供电方式、软件版本、硬件版本、联系人等。

前置审核:对申请检测的设备进行资料审查和预检测,审查资料包括但不限于纸质和电子版的自测或第三方检测报告、计量检测证书等。审查内容有:申请检测设备和中继器箱体的防护等级,设备的工作电压、电流、功耗、电池性能、摄像机像素、存储容量等。审查项应符合第三章相关设备功能和性能要求。

实车检测:被测方在第三方检测机构的试验场安装车位检测设备,由第三方检测机构根据制定的检测方案进行实车停车检测。地磁、矮桩视频和高位视频等具有车位检测功能的设备必须进行实车检测,其他设备可根据需要选择进行实车检测。

出具报告:根据检测结果,出具检测报告。

4.3.2 检测指标

检测指标有:车位状态检测准确率、车位状态检测误报率、车位状态检测综合准确率、车位状态检测反应时间、车牌识别准确率、设备+系统总体检测准确率、跨位停车、半侧位停车、斜位停车和遮挡号牌等异常停车识别和报警功能。

4.3.3 检测指标认定标准

(1)车位状态检测准确率大于98%;

(2)车位状态检测误报率小于5%;

(3)车位状态检测综合准确率大于95%;

(4)设备+系统总体检测准确率大于95%;

(5)车位状态检测反应时间小于30秒;

(6)车牌识别准确率光照良好情况下大于95%,光照不佳情况下大于90%；

（7）正确检测异常停车（跨位停车、半侧位停车、斜位停车和遮挡号牌）并及时发出报警。

4.3.4 检测指标计算方法

（1）车位状态检测准确率

车位状态检测准确率 P_c 反映车位检测设备对车位状态正确检测的能力。计算公式如下：

$$P_c = \frac{K}{M} \times 100\%$$

式中：

R——车位检测设备正确检测的次数；

M——车位状态检测的总次数。

（2）车位状态检测误报率

车位状态检测误报率 P_e 是指在无车辆出入停车泊位的情况下，车位检测设备显示车位状态变化的情况。该指标反映车位检测设备对环境干扰的适应能力。计算公式如下：

$$P_e = \frac{F}{M+F} \times 100\%$$

式中：

F——车位检测设备将无车误报为有车的次数；

M——车位状态检测的总次数。

（3）车位状态检测综合准确率

车位状态检测综合准确率 P 是综合反映车位检测设备对车位状态正确检测的能力和对环境干扰的适应能力。计算公式如下：

$$P = \frac{P}{M+F} \times 100\%$$

式中：

R——车位检测设备正确检测的次数；

F——车位检测设备将无车误报为有车的次数；

M——车位状态检测的总次数。

(4) 车位状态检测反应时间

车位状态检测反应时间 T 反映了车位检测设备对车位状态变化获取的灵敏程度。计算公式如下：

$$T_i = T_{x,i} - T_{r,i}$$
$$T = max\{T_i | i = 1, 2, \cdots, n\}$$

式中：

T_i——第 i 次停车的车位状态检测反应时间；

$T_{x,i}$——第 i 次停车系统采集的车位状态变化时刻；

$T_{r,i}$——第 i 次停车人工记录的车位状态变化时刻；

n——检测反应时间检测总次数。

(5) 车牌识别正确率

车牌识别正确率 C_z 反映车位检测设备正确获得车辆车牌信息的能力。计算公式如下：

$$C_z = \frac{A_z}{A} \times 100\%$$

式中：

A_z——车位检测设备正确检测的车牌次数；

A_n——全部检测的车牌次数。

(6) 异常停车识别正确率

异常停车识别正确率 E_{yc} 反映车位检测设备正确检测车辆异常停车状态的能力。计算公式如下：

$$E_{yc} = \frac{R_{yc}}{M} \times 100\%$$

式中：

R_{yc}——正确检测异常停车的次数；

M_{yc}——异常停车检测的总次数。

(7) 设备+系统总体检测准确率

设备+系统总体检测准确率 E_{zt} 反应车位检测设备接入后台系统后，系统整体性能。计算公式如下：

$$E_{zt} = \frac{R_{cz} + R_{pz} + R_{yz}}{M_{ct} + M_{pt} + M_{yt}} \times 100\%$$

式中：

R_{cz}——车位检测设备正确检测的次数；

R_{pz}——车位检测设备正确检测的车牌次数；

R_{yz}——正确检测异常停车的次数；

M_{ct}——车位状态检测的总次数；

M_{pt}——全部检测的车牌次数；

M_{yt}——异常停车检测的总次数。

4.3.5 检测频次

每款产品在试验场只进行一个批次的检测。除因检测单位自身的因素导致的问题外，原则上不进行重复检测。试验场被测设备安装数量：高位视频至少2套设备，矮桩视频和地磁至少3套设备。

4.4 上线前检测

上线前检测是在生产环境下的车位检测设备安装完毕后投入运行前,进行的现场实车检测。

4.4.1 检测流程

检测流程分检测准备、数据采集和出具报告三个阶段。

4.4.2 检测指标

包括车位状态检测准确率、车位状态检测综合准确率、车位状态检测反应时间、车牌识别准确率、设备+系统总体检测准确率。

4.4.3 检测指标认定标准

同4.3.3试验场检测通过标准要求。

4.4.4 检测指标计算方法

同4.3.4试验场检测指标计算方法。

4.4.5 检测频次

原则上每条路段的每款设备类型只进行1次现场检测。每条路段的车位抽检比例不低于5%,单项检测抽检比例不低于2%。

4.5 跟踪检测

跟踪检测是对投入实际运营的车位检测设备进行定期检测。

4.5.1 检测流程

检测流程分为数据采集、统计分析和出具报告三个阶段。

4.5.2 检测指标

同4.3.2试验场检测指标。根据实际道路情况,开展异常停车检测。

4.5.3 检测指标认定标准

同4.3.3试验场检测指标认定标准要求。

4.5.4 检测指标计算方法

同 4.3.4 检测指标计算方法。

4.5.5 检测频次

按照月/季度进行检测,每条路段开通后 1 年内检测次数不低于 300 次。抽样比例:每条路段的车位抽检比例不低于 10%,单项检测抽检比例不低于 2%。

4.6 检测报告

4.6.1 检测报告内容

检测报告至少包含如下内容:报告编号、被测设备名称、被测设备型号、被测设备批号、送检样本数量、申请检测的设备厂商、检测时间、检测地点、检测项目、检测指标值、检测结论、检测人、复核人、签发人、报告日期等。

4.6.2 检测报告的签发

检测报告应完整,无缺页损角,检测数据和计算单位无漏项、无涂改、字迹清晰、书写规范。

检测报告应有检测人、复核人、签发人的签名,签名应写全名,并加盖检测机构的公章。

4.6.3 检测报告的管理

检测报告应与检测申请单、检测记录一并保存,保存期为五年。

第五章 附 则

5.1 本技术要求由北京市交通委员会颁布实施。

5.2 本技术要求自 2018 年 1 月 1 日开始实施。

北京市交通综合治理领导小组办公室关于印发《关于加强停车协管员力量 强化道路停车监督管理的指导意见（试行）》的通知

京交综治办发〔2018〕7号

市交通综合治理领导小组各成员单位：

按照市交通综合治理领导小组第二次会议要求，为维护好全市道路停车秩序，市交通委、市公安局公安交通管理局根据《北京市实施〈中华人民共和国道路交通安全法〉办法》和《北京市机动车停车条例》等法规的有关规定，结合本市实际情况共同研究制定了《关于加强停车协管员力量 强化道路停车监督管理的指导意见（试行）》，现印发给你们。

请各区尽快组建协管员队伍，分期分批推进停车综合治理工作。东城区、西城区、通州区应于2018年9月底前完成组建工作，其他各区原则上应于2018年12月底前完成组建工作。

特此通知。

附件：《关于加强停车协管员力量 强化道路停车监督管理的指导意见（试行）》

北京市交通综合治理领导小组办公室

2018年7月11日

附件

关于加强停车协管员力量强化道路停车监督管理的指导意见
（试行）

　　根据《北京市实施〈中华人民共和国道路交通安全法〉办法》和《北京市机动车停车条例》等法规的有关规定，为维护好道路停车秩序，劝阻、告知道路停车违法行为，结合本市实际情况，制定本指导意见。

　　一、充分认识加强道路停车监督管理工作的重要性

　　市委、市政府高度重视停车管理工作，各区、各有关部门不断采取措施加强停车秩序、服务、收费等管理执法工作，取得了一定成效。但是全市停车特别是道路停车还存在停车不入位、影响交通通行等突出问题。各区政府、各有关部门必须充分认识加强停车治理、严格规范停车秩序工作的重要性，加强巡查执法力量，强化道路停车监督管理，坚持"有偿使用、共享利用、严格执法、社会共治"，遵循"停车入位、停车付费、违停受罚"的基本要求，促进城市综合交通体系协调、可持续发展。

　　二、组建区级停车协管员队伍

　　停车协管员属于道路交通安全协管员，是协助公安机关交通管理部门维护道路停车秩序，劝阻、告知道路停车违法行为的专门力量，是停车秩序管理的前端巡查人员。

组建停车协管员队伍的基本要求是"区招区管、队训队认"和"三统一、一纳入"。"区招区管"是指由各区停车管理部门按照现行协管员劳务派遣的用工方式,招募组建本辖区停车协管员队伍,并负责协管员队伍的日常管理,各区政府财政预算保障。"队训队认"是指由交通支队进行培训和考核认定。

"三统一、一纳入",即按照公安机关交通管理部门的标准统一培训、统一服装、统一装备,并纳入公安机关交通管理部门的执法体系,形成全市一支停车协管员队伍,具体由各区停车管理部门会同各交通支队组织实施。"统一培训"是指由各交通支队会同各区停车管理部门负责本辖区组建的停车协管员队伍业务培训工作,培训内容包括道路交通安全法律法规、职责任务、工作纪律、业务基础知识、职业道德和执勤礼仪等方面。停车协管员岗前培训一般不少于20天,参训人员须经培训、考核合格后上岗。"统一服装"是指各区组建的停车协管员队伍应按现行道路交通安全协管员服装式样配备服装。"统一装备"是指各区组建的停车协管员队伍拍照取证设备应参照公安机关交通管理部门设备标准要求配备。

停车协管员巡查贴条告知重点是支路以上道路停车、路外空间停车、支路及以下道路(含胡同)停车等。

招募组建辖区停车协管员由各区按照规定确定劳务派遣单位,根据辖区内道路长度、严管街数量、停车位分布、治理过程中不同阶段的巡查频次等因素测算人员数量,分期分批进行招录。

停车协管员应当面向社会公开招考,择优聘用。招聘对象应当具备以下基本条件:身体健康;思想品德良好,无违法犯罪记录;初中毕业以上文化程度,年龄在18周岁至50周岁之间;具有一定的交通管理法律法规和基础业务知识。聘用停车协管员,要按照《劳动法》

等有关规定和程序，由劳务派遣单位与聘用人员签订聘用合同。

停车协管员是交通管理的重要辅助力量，专业性强，工作环境较为艰苦，劳动强度较大，各区应适当提高停车协管员工资等待遇，同时设立绩效考核奖励资金。

三、依法明确停车协管员工作权限

按照《北京市实施〈中华人民共和国道路交通安全法〉办法》第七十八条第四款"市和区、县人民政府组建的道路交通安全协管员队伍，协助交通警察维护道路交通秩序，劝阻、告知道路交通安全违法行为"等相关规定，各区组建的停车协管员队伍，是道路交通安全协管员队伍的组成部分，具有相应工作职责，可依法对违停车辆张贴《北京市交通协管员道路停车记录告知单》，并拍照取证，向所在地公安机关交通管理部门报告。

四、加强停车协管员管理

（一）区停车管理部门应与劳务派遣单位签订服务合同，明确购买劳务的内容、对象、服务范围、期限（原则上一年一签）、人员数量、企业管理制度要求、质量考核标准、资金总额及支付方式、双方的权利、义务及违约责任、争议解决等内容，并将项目绩效评价结果作为结算项目经费的依据。同时，本指导意见所规定的工作职责、巡查要求、奖惩措施等基本要求的细则须在合同中进行约定。

区停车管理部门应定期对劳务派遣单位进行质量信誉考核，并加强对停车协管员的考核、奖惩等管理工作。可参照公安机关交通管理部门制定的协管员管理考核办法，对辖区停车协管员的作风纪律、违停车辆劝阻告知数量等岗位履职情况实施量化考核，按季度根据考核结果对停车协管员进行奖惩。

停车协管员队伍组建所需经费坚持"以事定费"，按照预算管理要求列入区级部门预算。

（二）公安机关交通管理部门提供停车协管员的招录参考标准，负责对停车协管员的业务培训、考核和登记编号，提出停车协管员配备服装式样和装备标准要求，做好业务指导工作，定期向各区反馈停车协管员贴条告知取证采纳率，并提出停车协管员工作改进建议。

（三）劳务派遣单位按照合同约定招录停车协管员，组织参加公安机关交通管理部门的统一培训，经考核合格，依法签订用人合同，配备服装和装备后上岗，并将停车协管员同步在区停车管理部门登记，严格履行合同义务。监督停车协管员履行岗位职责，按时完成劳务项目任务，保证劳务数量、质量和效果，严禁转包、分包。

（四）停车协管员第 1 次被发现违规行为，劳务派遣单位要对其进行警告；第 2 次被发现违规行为，由劳务派遣单位将其开除，且 3 年内不得在本市从事公安辅警及道路交通安全协管员、道路停车等相关工作。以上内容要纳入各区与劳务派遣单位签订的《劳务派遣服务协议》。

劳务派遣单位派遣的停车协管员被发现违规行为的，由各区停车管理部门视情节轻重等情况，依据合同约定对该单位进行处理。

五、停车协管员工作职责及巡查要求

（一）停车协管员工作职责

宣传交通和停车方面的法律、法规、规章和政策，协助公安机关交通管理部门维护道路停车秩序，劝阻、告知道路停车违法行为。

1. 对机动车驾驶人在现场的违停车辆进行劝离，劝导其停车入位，对违法停车行为严重影响交通安全和道路通行的情形应当及时向公安机关交通管理部门报告。

2. 对机动车驾驶人不在现场的违停车辆张贴北京市公安局公

安交通管理局统一制式的《北京市交通协管员道路停车记录告知单》，并拍照取证，向所在地公安机关交通管理部门报告。

3. 完成公安机关交通管理部门和区停车管理部门交办的工作任务，全面履行合同约定的职责。

（二）巡查要求

对停车的巡查时间原则上为全天 24 小时。

7:00—19:00，原则上支路以上道路巡查频次为每 15 分钟 1 次，路外空间、支路及以下道路（含胡同）巡查频次每小时不少于 1 次。各区可根据实际情况调整巡查频次安排。

19:00—次日 7:00，各区根据实际情况制定巡查频次安排。

六、切实加强道路停车管理工作的监督检查

（一）市交通综合治理领导小组办公室协调各有关部门，统筹指导各区开展停车治理工作，每月对停车协管员工作数据和公安机关交通管理部门执法数据进行统计、分析和通报。

（二）市交通委会同市公安局公安交通管理局，对各区道路停车监督管理工作进行检查指导和督促考核。

（三）各区政府要建立绩效管理机制，将绩效管理的要求贯穿于招募组建停车协管员预算编制、执行、监督、评价和问责的全过程，把绩效评价结果、履约情况作为对劳务派遣单位考核评价的依据，纳入信用体系。各区停车管理部门要建立监督检查机制，每日抽查 2 条以上道路停车情况，每月定期汇总辖区停车协管员工作数据，报市交通综合治理领导小组办公室和区政府。

（四）各区、各有关部门要积极研究、开发和应用摄像头、执法巡查车等科技手段，提高巡查执法效果，充分运用科技手段补充和完善现有传统巡查执法方式，提高违法停车巡查和执法力度。

北京市交通综合治理领导小组办公室关于印发《北京市地面停车位规划与施划工作指南(试行)》的通知

京交综治办发〔2018〕8号

市交通综合治理领导小组各成员单位：

按照市交通综合治理领导小组第一次和第二次会议有关要求，为规范本市停车秩序，指导各区做好地面停车规划和车位施划工作，现将《北京市地面停车位规划与施划工作指南(试行)》印发给你们，请各成员单位遵照执行。执行过程中有何问题和建议，请及时反馈市交通委(停车处)、市公安局公安交通管理局(秩序处)。

特此通知。

北京市交通综合治理领导小组办公室
2018年7月11日

北京市地面停车位规划与施划工作指南(试行)

一、工作背景

2017年11月16日,市政府专题会议提出制定全市地面停车规划,要求明确停车区、临停区、禁停区,做好总量控制,2018年2月1日,北京市交通综合治理领导小组第一次会议进一步要求有关部门组建工作专班,统筹研究编制地面停车规划。

自2018年4月10日开始,在东城区、西城区的两个试点片区(东城区东四片区、西城区金融街片区)开展了相关规划编制和车位施划工作,取得了一定的成效。但也还存在一些亟需解决的问题,如成果形式不统一、施划标准不明确等。

为了更好地开展后续的地面停车位规划与施划工作,在总结前期工作相关经验的基础上,进一步完善形成本工作指南(试行)。

二、工作任务

由各区停车管理部门统筹,对路内、路外、胡同停车位进行规划与车位施划。对支路以上道路、支路及以下道路(含胡同)、路外空间和未移交的代建道路停车位进行规划与施划,同时设置相应的标志标线,具体见《地面停车位规划与施划导则(试行)》(附件1)、《停车标志标线设置图集》(附件2)。

（一）支路以上道路停车规划与车位施划

由各区停车管理部门组织，梳理道路停车现状，根据各街道的实际停车需求，依据相关的规范标准，形成停车位、限时停车位和禁停区设置方案，经交管部门确认后，按照方案组织设置标志标线，并由各区停车管理部门组织做好后续停车管理和车位复划、标志养护管理等工作。

（二）支路及以下道路（含胡同）停车规划与车位施划

由各区停车管理部门统筹考虑各类停车资源，在满足消防安全等前提下，对支路及以下道路（含胡同）进行停车规划，组织设置相应的标志标线，并由各区停车管理部门组织做好后续停车管理和车位复划、标志养护管理等工作。

（三）路外空间停车规划与车位施划

由各区停车管理部门组织对管辖范围内的路外空间进行梳理，结合空间条件和建筑功能进行停车规划，按照相关的规范标准设置停车位，并由各区停车管理部门组织做好后续停车管理和车位复划、标志养护管理等工作。

（四）未移交的代建道路停车规划与车位施划

由各区停车管理部门商代建道路开发商，组织开展对未移交的代建道路进行停车规划及车位施划工作。在代建道路未移交前，暂按支路及以下道路（含胡同）管理。移交后，按照其实际道路等级纳入规范管理。

在开展地面停车规划的过程中，各区停车管理部门要统筹考虑自行车特别是共享自行车停放，按照相关的技术要求，合理设置自行车停放区。

市发展改革、规划国土、交通、公安交管等部门要按照各自职责支持、指导各区做好地面停车规划编制和车位施划、相关标志设置等工作。

三、成果形式

在区政府领导下,各区停车管理部门统筹汇总形成辖区最终的规划成果地图和权属清单。

规划成果地图应为 GIS 形式,以不低于 1:2000 的测绘图为底图,规划成果应包含停车位、限时停车位、禁停区、自行车停放区、停车场出入口、相关标志标牌以及各类停车位编码信息(停车位编码规则另行印发),将上述各类单独建立 GIS 文件,并在属性中标明基本信息。

权属清单应为 EXCEL 形式,应包括路外空间的名称、地址、车位数、产权单位、管理主体、收费方式及收费标准等相关信息。

四、进度要求

东城区、西城区、通州区于 2018 年 8 月底前完成辖区内的地面停车规划工作,于 2018 年 9 月底前完成车位施划和标志标线设置工作。朝阳区、海淀区、丰台区、石景山区于 2019 年 1 月底前完成辖区内的地面停车规划工作,于 2019 年 3 月底前完成车位施划和标志标线设置工作。其他各区于 2019 年 6 月底前完成辖区内的地面停车规划工作,于 2019 年 8 月底前完成车位施划和标志标线设置工作。

附件:1. 地面停车位规划与施划导则(试行)
　　　2. 停车标志标线设置图集

附件 1

地面停车位规划与施划导则(试行)

1 总 则

1.1 为指导编制地面停车位规划,明确停车规则,服务停车管理,改善停车秩序,特制订《地面停车位规划与施划导则(试行)》,以下简称《导则》。

1.2 本《导则》可以作为各区编制上述停车规划方案的指引,适用于城市支路以上道路、支路及以下道路(含胡同)、未移交的代建道路、路外空间停车位设置。

1.3 地面停车规划编制的目的是服务于停车管理,规范停车秩序,而不是简单地增加车位供给。长远来看,中心城的道路停车位数量仍需控制。

1.4 本《导则》没有规定的,应按国家和我市相关规范和标准执行。

2 基本规定

2.1 停车位的设置应充分调研,考虑周边区域停车供需情况。能够通过路外停车资源实现供需平衡的,不宜增加道路停车位。

2.2 交通拥堵及严重拥堵的路段不宜设置停车位。

2.3 停车位的设置不得影响行人和非机动车的正常通行。

3 设置规则

3.1 支路以上道路停车位设置规则

3.1.1 停车位施划应统筹道路红线内、外空间,统筹各种交通方式的需求,着眼街道整体环境的提升。

3.1.2 停车位施划应以优先保障行人、非机动车交通功能为前提,兼顾考虑道路现状并结合周边停车位供需情况,近远期相结合。

3.1.3 停车位设置的位置次序

多条机动车道的最外侧车道→设置后不影响非机动车正常通行的、较宽的非机动车道→设置后不影响行人正常通行的、较宽的路侧带或人行道。

3.1.4 停车位施划应保障非机动车和行人连续的通行空间。

3.1.5 以下路段和区域不应设置停车位:

a)人行横道,人行道(依《道路交通安全法》第三十三条规定施划的停车位除外);

b)交叉路口、铁路道口、急弯路、宽度不足4米的窄路、桥梁、陡坡、隧道以及距离上述地点50米以内的路段;

c)公共汽车站、急救站、加油站、消防栓或者消防队(站)门前

以及距离上述地点 30 米以内的路段,除使用上述设施的;

d)距路口渠化区域 20 米以内的路段;

e)水、电、气等地下管道工作井以及距离上述地点 1.5 米以内的路段。

3.2 支路及以下道路(含胡同)停车位设置规则

3.2.1 出于历史风貌保护、消防安全、环境改善等考虑,本市不鼓励胡同内停车,现有居住停车的刚性需求应通过整合周边单位停车泊位、新建立体停车设施等渠道逐步予以解决。

3.2.2 停车位应在满足消防安全等前提下,根据实际需要进行设置。

3.2.3 规划为"文化探访路"的胡同、设置为步行街的道路、道路交叉口及拐角处、距街角 6.0 米以内等的路段不应设置停车位。

3.3 未移交的代建道路停车位设置暂按支路及以下道路(含胡同)规定执行。

3.4 路外空间停车位设置规则

3.4.1 路外空间是指道路红线范围以外至建筑外立面或围墙之间的区域,如底商、单位、写字楼门前区域等。对于在实际过程中不易辨别红线位置或未按规划实现的道路,认定为人行道或绿化设施带外侧边缘至建筑外立面或围墙之间的区域。

3.4.2 路外空间停车位设置应优先利用共享车位、边角地;或通过现状车场立体化等方式。确需施划的,需在满足老城保护、风貌协调、预留基础设施廊道、地下空间统筹利用等要求下,取得权属单位意见。

3.4.2 国家级、市级、区级文保单位和历史建筑周边,文化探访线路沿线的路外空间不宜设置机动车停车位。

3.4.3 与人行道相邻的公共建筑场地内布置有停车场时,应设置安全通道,安全通道的宽度不应小于3.0米。

3.4.4 同一基地在同一道路的机动车出入口不应超过1个;一般基地的车辆出入口宽度单向应为5.0米,双向应为7.0米。

3.4.5 路外空间设置停车位,在机动车出入口处应确保人行道的连续性和完整性,避免隔离设施、收费设施等占用人行道空间。有条件的,应在机动车出入口处保持与人行道一致的高程,铺设与人行道统一的铺装,尽量避免对行人通行体验带来影响。

3.4.6 路外空间设置停车位,应保证人行道与建筑出入口的便捷联系,以免降低建筑出入口的可达性。

3.4.7 路外空间停车场出入口距离人行过街天桥、地道和桥梁、隧道引道须大于50米,距离交叉口停车线应大于100米。

3.4.8 路外空间停车场出入口应符合行车视距要求,安全视角不小于120°,宜右转驶入临近道路。出口、入口宜分开设置,不应布置在主要道路上。

3.4.9 路外空间停车场用地面积或建筑面积按标准车停车位计算,地面停车场(不包括路侧停车场)用地面积为25平方米/标准车停车位~30平方米/标准车停车位。

3.4.10 当车位大于50个时,出入口不应少于2个。出入口之间的净距须大于10米,出入口宽度不应小于7米。

4 参考文献

4.1 《城市道路路内停车泊位设置规范》(GA/T850-2009)

4.2 《城市公共空间设计建设指导性图集》(首规办、首环办,2016年)

4.3 《核心区背街小巷环境整治提升设计管理导则》(市城管委、市规划国土委,2017年)

4.4 《城市道路空间规划技术规范》(DB11/1116-2014)

4.5 《城市步行和自行车交通系统规划设计导则》(住建部,2013年)

4.6 《步行和自行车交通设施改善技术指南》(北京市交通委员会路政局、北京市公安局公安交通管理局,2016年)

4.7 《公共停车场工程建设规范》(DB11_T 595-2008)

4.8 《停车场规划设计规范》(1989)

附件2

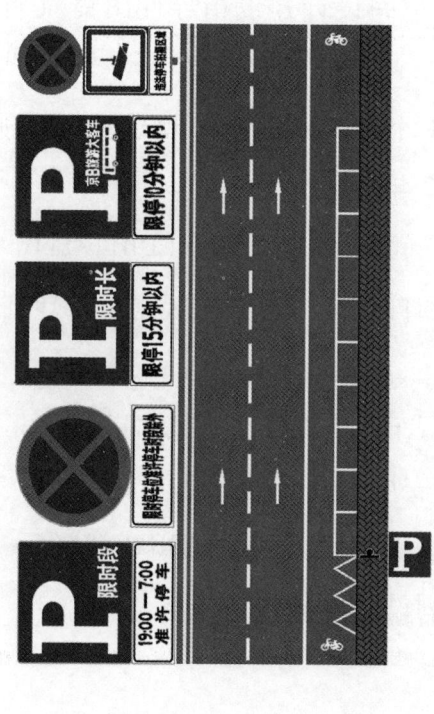

停车标志标线设置图集

北京市交通委员会
北京市公安局公安交通管理局

2018年7月

目录

一、支路以上道路停车标志标线

1. 小客车停车标志标线 …… 1
2. 小客车内嵌式停车标志标线 …… 2
3. 小客车限时停车标志标线 …… 3
4. 禁止停车标志标线 …… 8
5. 旅游大客车停车标志标线 …… 10
6. 出租车停车标志标线 …… 12
7. 特殊标线示例 …… 14

二、支路及以下道路（含胡同）停车标志标线

1. 小客车停车标志标线 …… 15

三、路外空间停车标志标线

1. 小客车停车标志标线 …… 16
2. 旅游大客车专用停车标志标线 …… 17

一、支路以上道路停车标志标线

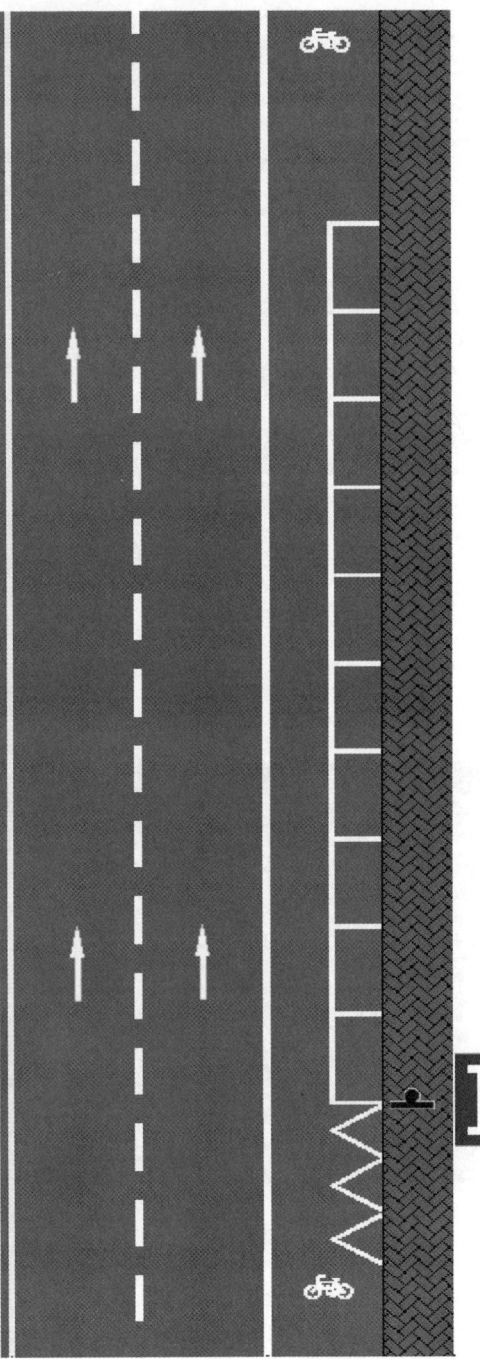

1. 小客车停车标志标线

停车位设置及施划工作由社区停车管理部门负责统筹，其他部门应给予协助配合。

停车位标志：表示机动车允许停放的区域。标志版面朝向来车方向，应和停车位标线配合使用。边长80cm。施划停车泊位路段较长时，宜根据需要重复设置，间隔宜为100m~200m。

停车位标线：1. 停车位标线为白色实线边框，尺寸长为600cm、宽为200cm~250cm，标线的宽度为10cm。
2. 路内停车泊位直采用平行式，停车位标线靠路缘右一侧可不施划边框。
3. 注意前方路面状况标记依据《道路交通标志和标线》（GB 5768.3）要求施划。

2. 小客车内嵌式停车标志标线

倾斜设置

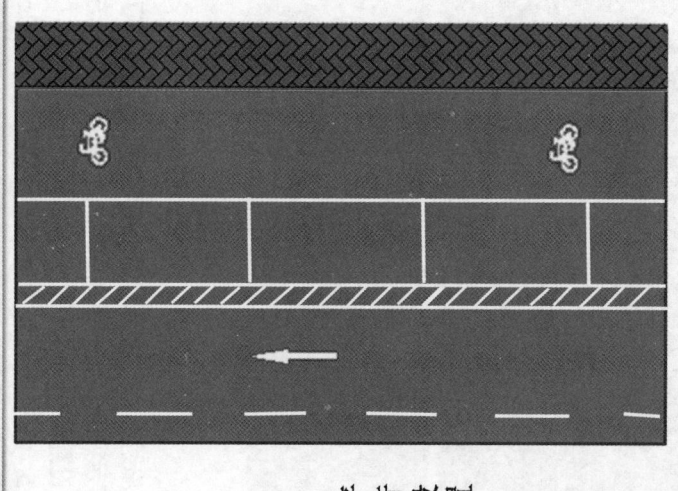

平行设置

平行设置的内嵌式停车位靠近行车道一侧宜设置0.75m缓冲带。
内嵌式停车位标志：与道路停车标志版面内容相同，边长80cm。
内嵌式停车位标线：停车位尺寸长为600cm，宽为200cm～250cm，停车位标线为白色实线边框，标线的宽度为10cm。

3. 小客车限时停车标志标线—限时段（1）

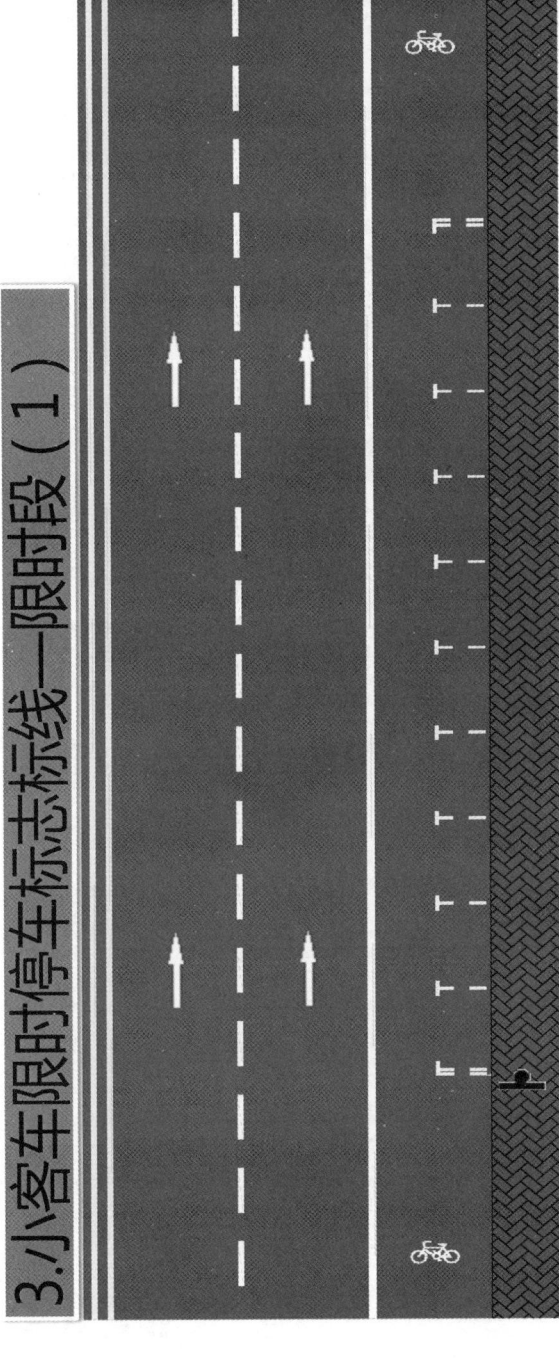

限时段停车位标志：边长80cm。施划停车泊位路段较长时，宜根据需要重复设置，间隔宜为100m~200m。

限时段停车位标线：停车位尺寸长为600cm，宽为200cm～250cm，停车位标线为白色虚线边框，实线长60cm，间隔60cm，线宽10cm。

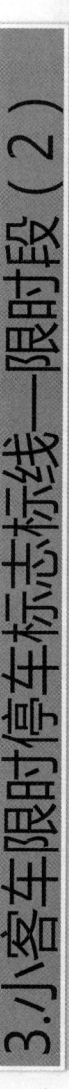

3.小客车限时停车标志标线—限时段（2）

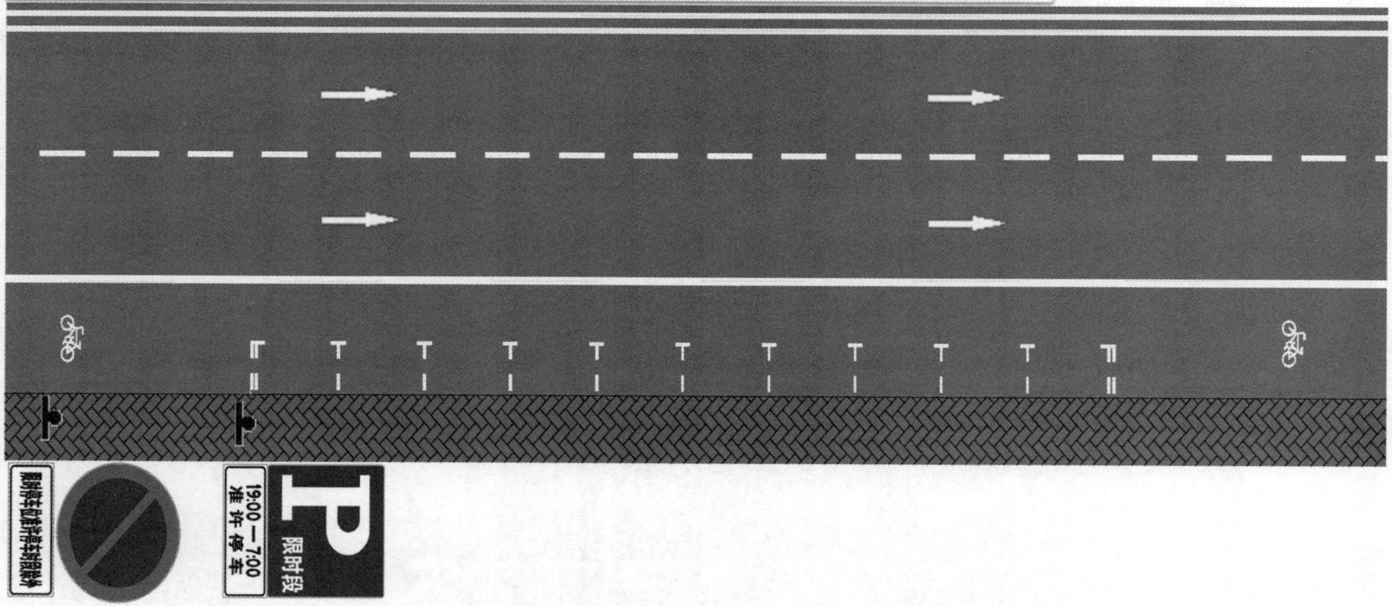

禁止长时停车标志：标志为蓝底红圈红斜红。直径（边长）80cm。禁停路段较长时，直根据需要重复设置，间隔宜为100m~200m。

限时段停车位标志：边长80cm。施划停车位沿路段较长时，直根据需要重复设置，间隔宜为100m~200m。

限时段停车位标线：停车位尺寸长为600cm，宽为200cm～250cm，停车位标线为白色虚线边框，实线长60cm，间隔60cm，线宽10cm。

3. 小客车限时停车标志标线—限时段（3）

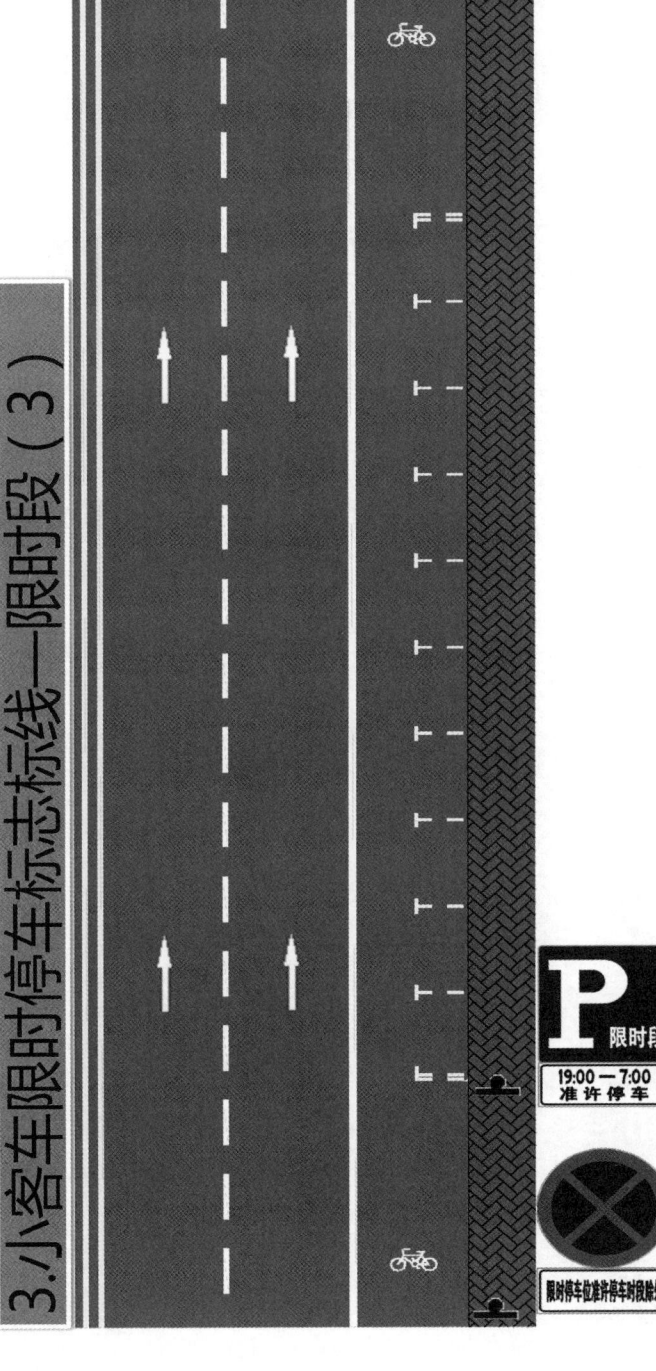

禁止停车标志：标志为蓝底红圈红斜杠。直径（边长）80cm。禁停路段较长时，宜根据需要重复设置，间隔宜为100m～200m。

限时段停车位标志：边长80cm。施划停车泊位路段较长时，宜根据需要重复设置，间隔宜为100m～200m。

限时段停车位标线：停车位尺寸长600cm，宽为200cm～250cm，停车位标线为白色虚线边框，实线长60cm，间隔60cm，线宽10cm。

3. 小客车限时停车标志标线—限时长（1）

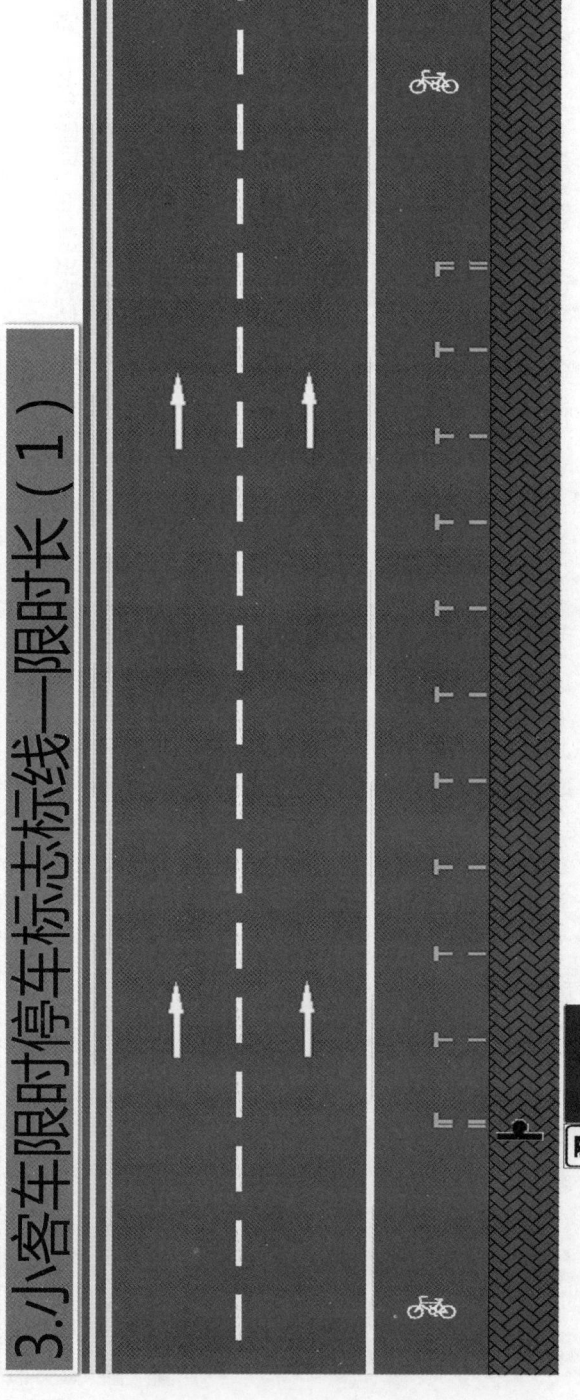

限时长停车位标志：边长80cm。施划停车泊位路段较长时，宜根据需要重复设置，间隔宜为100m~200m。

限时长停车位标线：停车位尺寸长为600cm，宽为200cm~250cm，停车位标线为蓝色虚线边框，实线长60cm，间隔60cm，线宽10cm。

3. 小客车限时停车标志标线—限时长（2）

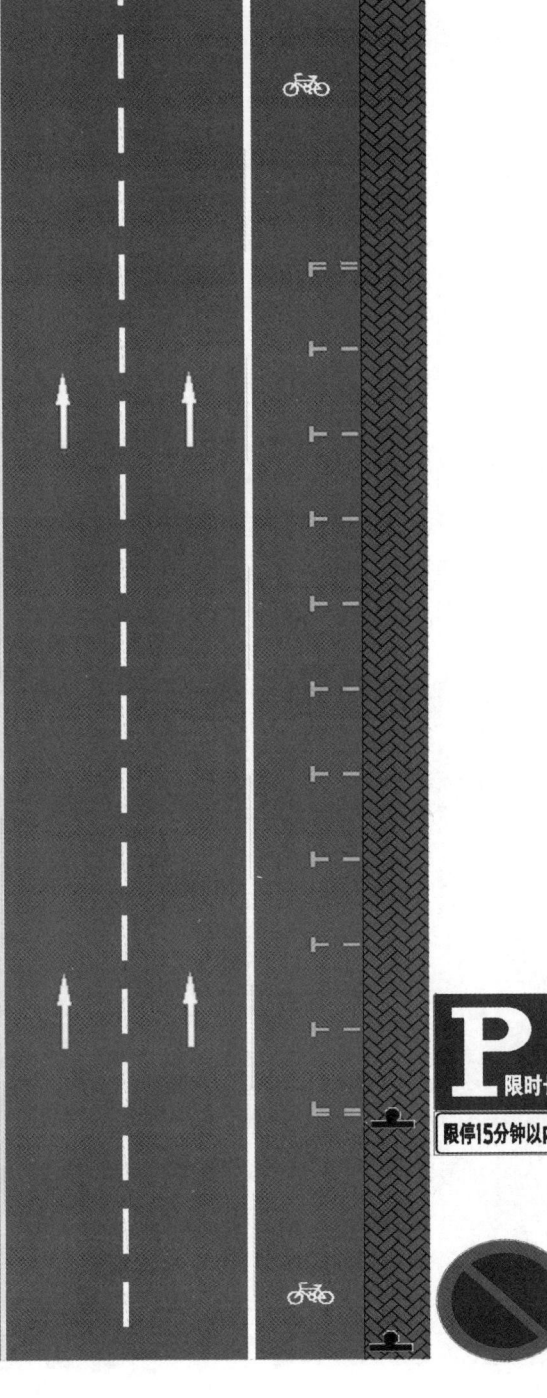

禁止长时停车标志：标志为蓝底红圈红斜杠。直径（边长）80cm。禁停路段较长时，直根据需要重复设置，间隔直为100m~200m。

限时长停车位标志：边长80cm。施划停车泊位路段较长时，直根据需要重复设置，间隔直为100m~200m。

限时长停车位标线：停车位尺寸长为600cm，宽为200cm~250cm，停车位标线为蓝色虚线边框，实线长60cm，间隔60cm，线宽10cm。

4. 禁止停车标志标线（2）

禁止停车标志：标志为蓝底红圈红斜杠。表示该区域范围内禁止车辆停泊与停靠。当设置"非现场执法设备"时，应配合违停抓拍标志设置。直径（边长）80cm。禁停路段较长时，宜根据需要重复设置，间隔宜为100m~200m。

禁止停车标线：为黄色实线，施划于道路缘石正面及顶面，黄色实线的宽度为15cm，或与缘石宽度相同，施划的长度表示禁停的范围。

应配合禁止停车标志使用。禁止停车标线应根据管理需要由公安交通管理部门施划。

4. 禁止停车标志标线（1）

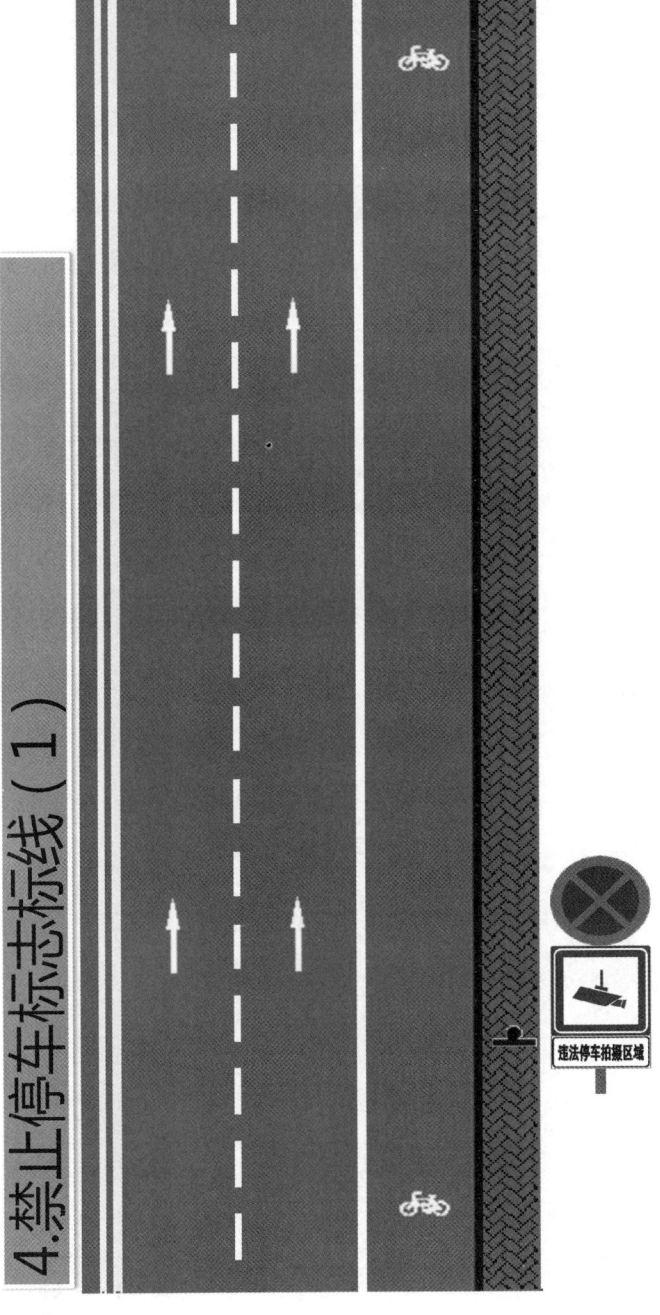

禁止停车标志：标志为蓝底红圈红斜杠，表示该区域范围内禁止车辆停泊与停靠。当设置"非现场执法设备"时，应配合违停抓拍标志设置。直径（边长）80cm。禁停路段较长时，宜根据需要重复设置，间隔宜为100m～200m。

5. 旅游大客车停车标志标线——临时上下客

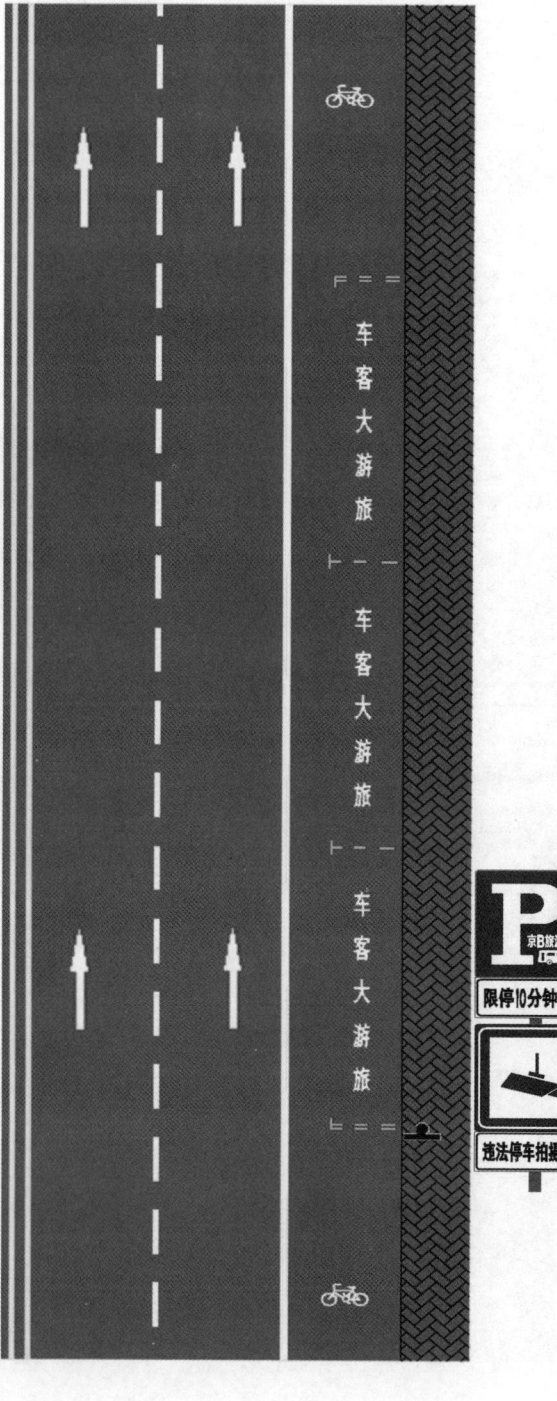

旅游大客车临时上下客停车标志：表示仅允许旅游大客车停放，应配合违停抓拍标志设置。标志版面朝向来车方向，应和旅游大客车专用停车标线配合使用。边长80cm。施划停车位沿路段较长时，应重复设置，间隔宜为100m~200m。

旅游大客车临时上下客停车位标线：停车位尺寸长为1560cm，宽为325cm。停车位标线为蓝色虚线边框，实线长60cm，间隔60cm，线宽10cm。停车位内可附加"旅游大客车"文字，字高150cm，字宽100cm，字间距100cm。

5. 旅游大客车停车标志标线——限时段

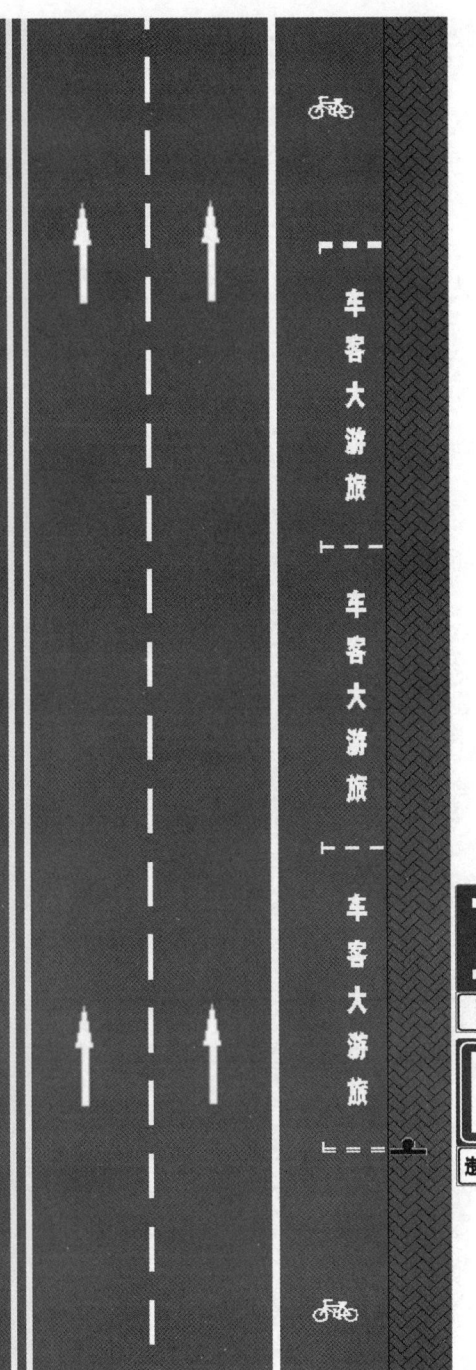

旅游大客车限时段停车位标志：表示区允许旅游大客车限时段停放，应配合违停抓拍标志设置。标志版面朝向来车方向，应和旅游大客车专用限时段停车标线配合使用。边长80cm。施划停车泊位路段较长时，应重复设置，间隔宜为100m~200m。

旅游大客车限时段停车位标线：停车位尺寸长为1560cm，宽为325cm。停车位标线为白色虚线边框，实线长60cm，间隔60cm，线宽10cm。停车位内可附加"旅游大客车"文字，字高150cm，字宽100cm，字间距100cm。

6. 出租车停车标志标线—固定

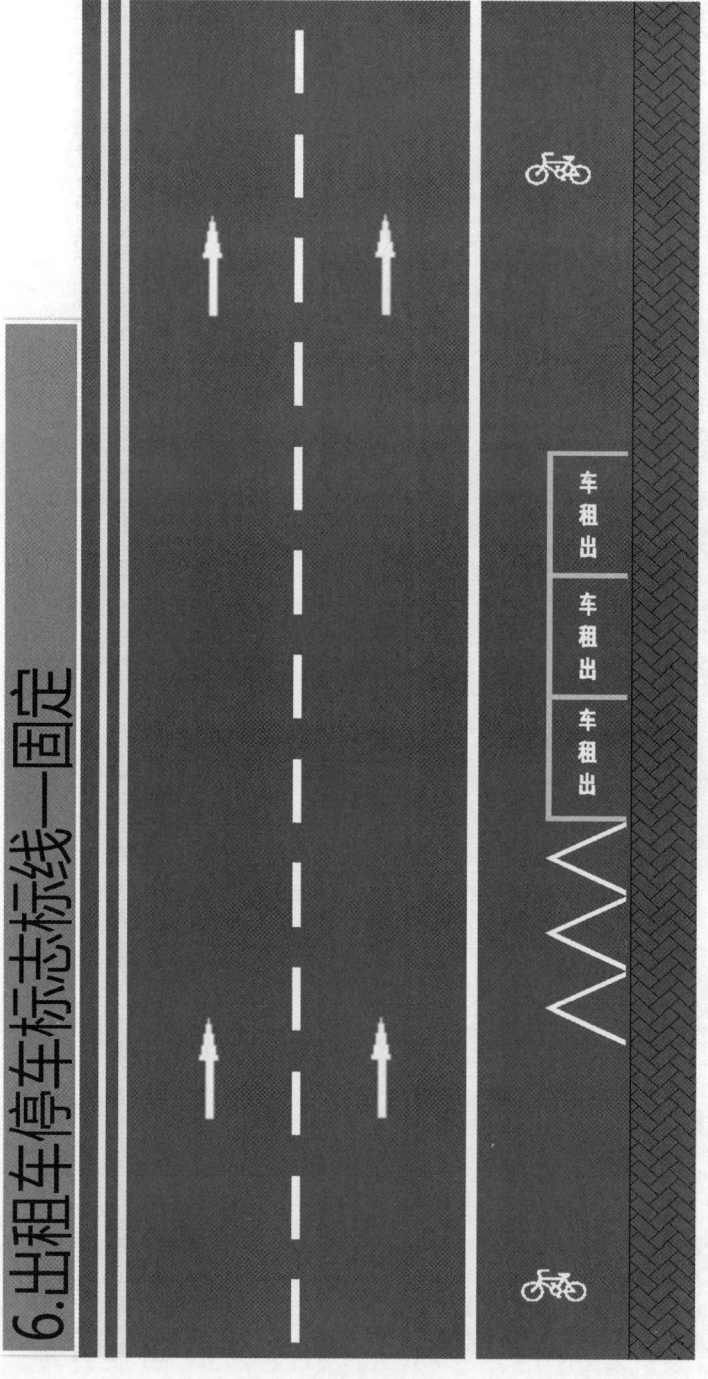

出租车固定停车位标线：停车位尺寸长为600cm，宽为200cm～250cm，停车位标线为蓝色实线边框，标线的宽度为10cm。停车位内附加"出租车"文字，字高120cm，字宽80cm，字间距50cm。

6. 出租车停车标志标线——临时上下客

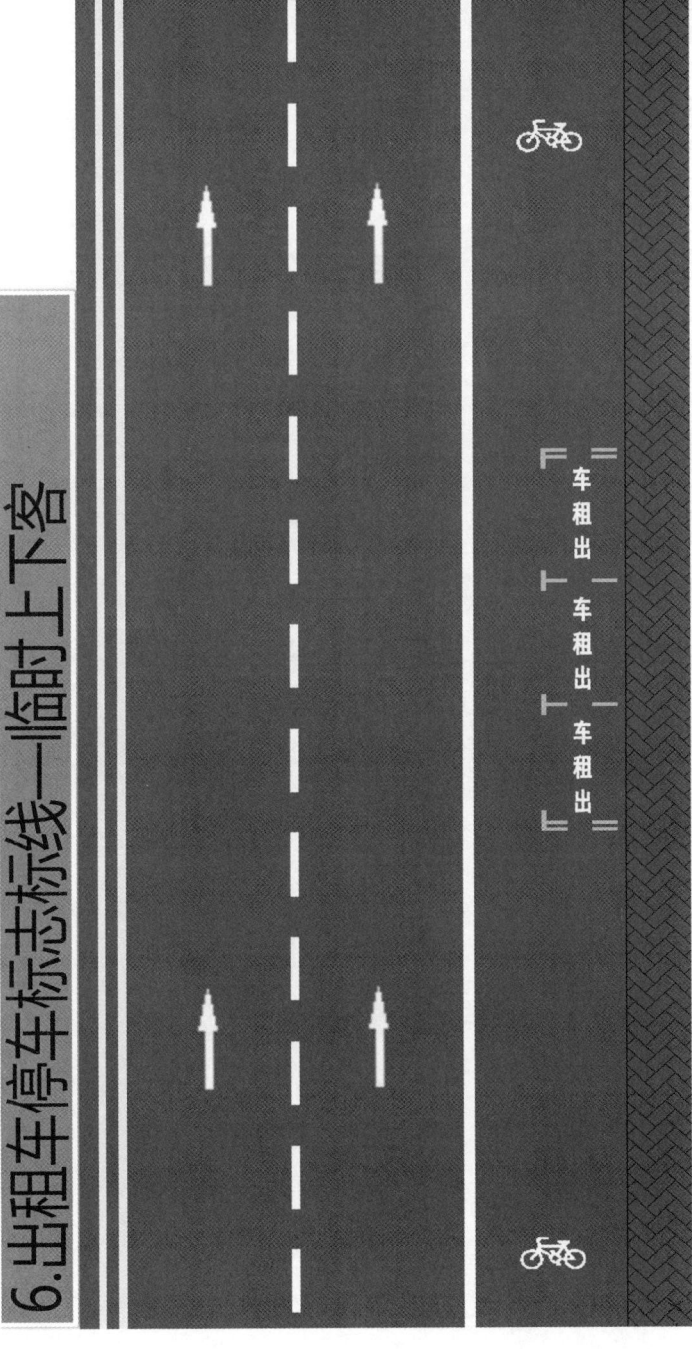

出租车临时上下客停车位标线：停车位尺寸长为600cm，宽为200cm～250cm，停车位标线为蓝色虚线边框，实线长60cm，间隔60cm，标线的宽度为10cm。停车位内附加"出租车"文字，字高120cm，字宽80cm，字间距50cm。

7. 特殊标线示例

禁止停车线：停车位应应避开消防栓及水、电、气等地下管道工作井，消防栓及工作井边缘距停车位边线不得小于1.5m，并在井盖两侧50cm区域内施划黄色网状线，黄色网状线外围线宽20cm，内部网格线与外边框夹角为45°，内部网格线线宽10cm。以禁止在该区域内停车。

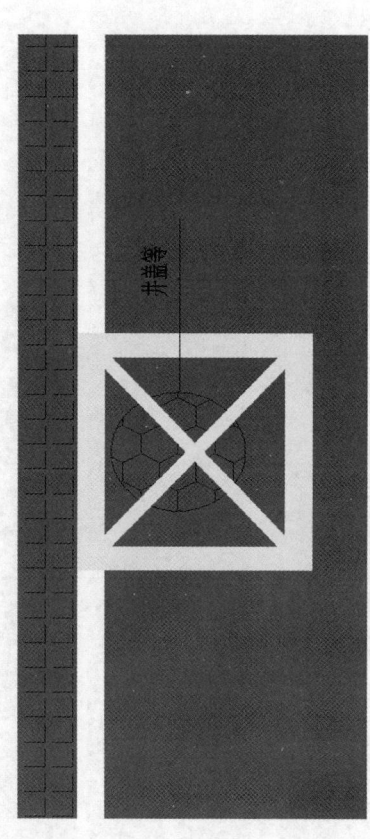

二、支路及以下道路（含胡同）停车标志标线

1. 小客车停车标志标线

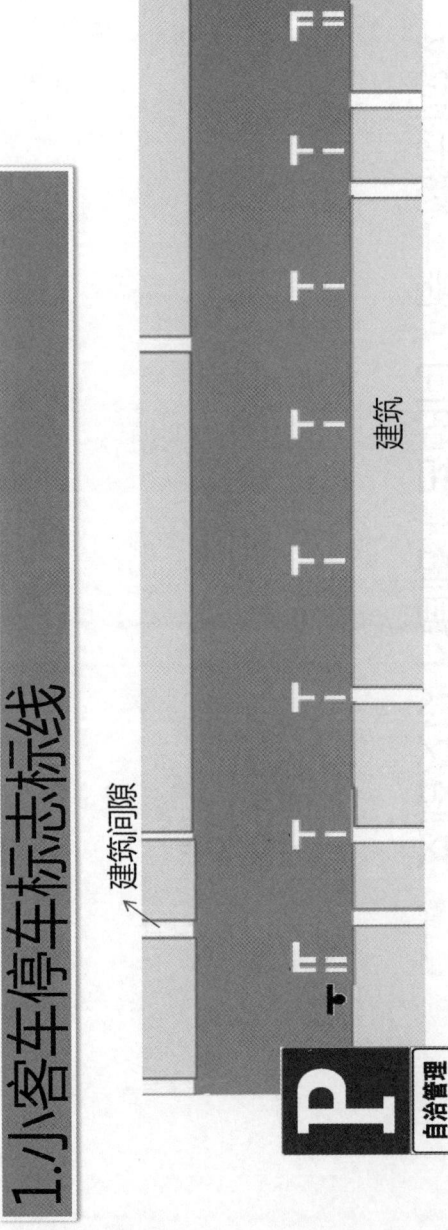

在满足消防安全等前提下，设置车位标线。未移交代建道路暨支路街支路及以下道路（含胡同）设置。

停车位标志：与停车位标线配合使用。附近有墙体依靠的可直接安装在墙体明显部位，无墙体依托的应设置独立标志牌。当用于居住车辆停放时，应配合设置相应告示标志。

停车位标线：采用白色虚线，停车位宽为200cm，线宽直为10cm。

在以下情况，禁止设置停车位：

① 胡同交叉口及拐角处，距街角6.0m以内；
② 居民四合院大门以及消火栓两则2.0m以内。

三、路外空间停车标志标线

1. 小客车停车标志标线

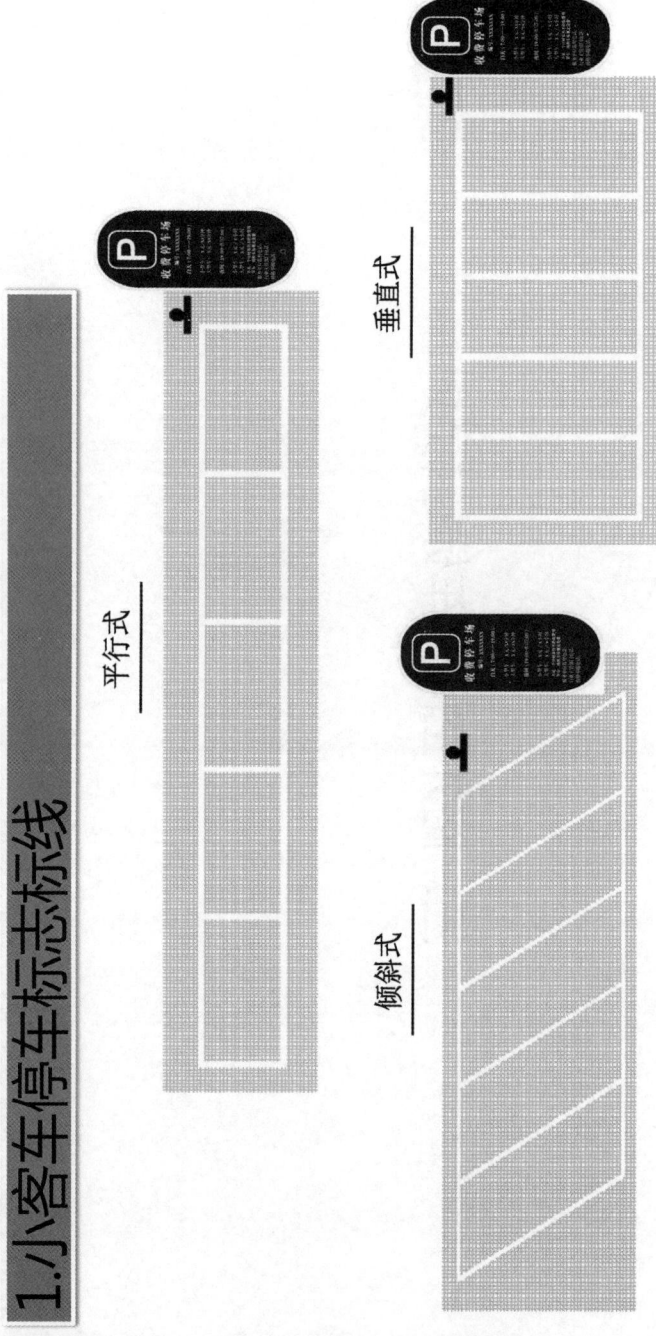

平行式

垂直式

倾斜式

停车位标志：按北京市发展和改革委员会发布的停车收费明码标价牌要求制作。

停车位标线：停车位尺寸长为600cm，宽为200cm～250cm，标线的宽度为10cm。停车位标线可根据公共空间区域现状设置为平行式、倾斜式及垂直式。

2. 旅游大客车停车标志标线

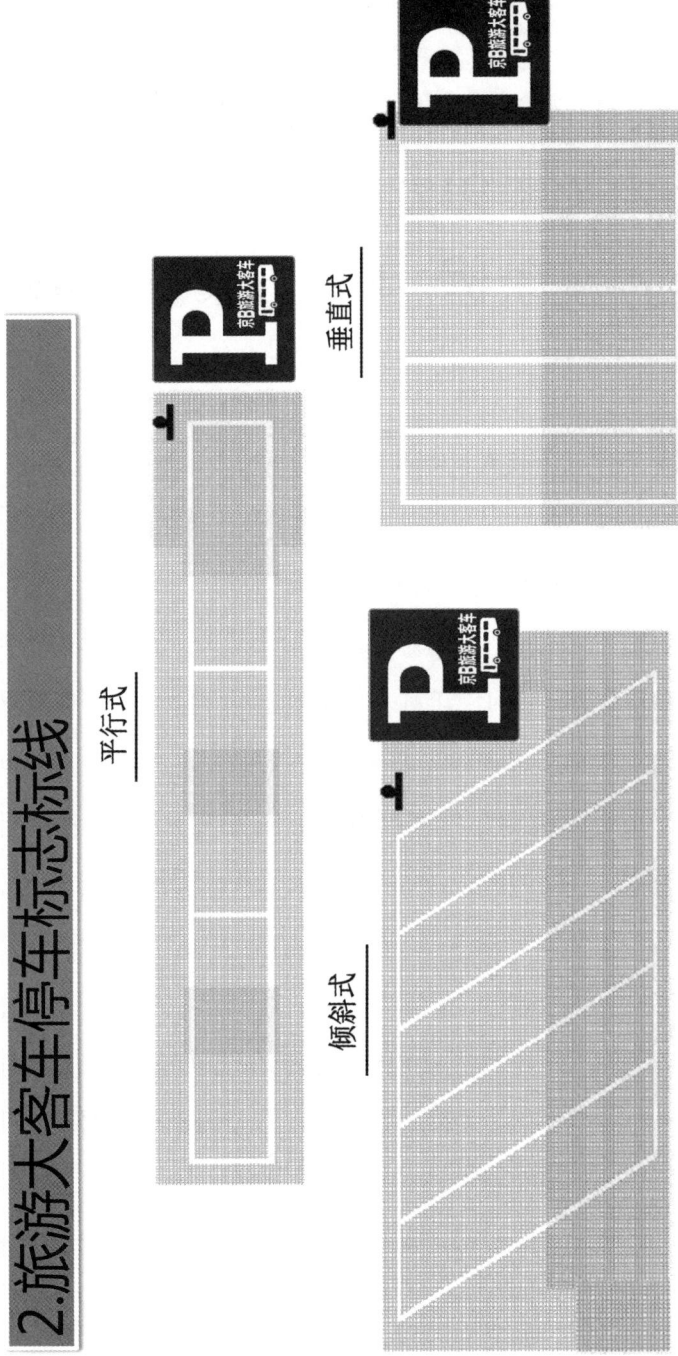

平行式

垂直式

倾斜式

旅游大客车停车位标志：边长80cm。

旅游大客车停车位标线：停车位尺寸长为1560cm，宽为325cm。停车位标线为白色实线。标线的宽度为10cm。停车位标线可根据路外停车场条件设置为平行式、倾斜式及垂直式。

北京市交通综合治理领导小组办公室关于印发《贯彻实施〈北京市机动车停车条例〉工作方案》的通知

京交发〔2018〕77号

各区人民政府,市政府各委、办、局,各市属机构:

《北京市机动车停车条例》已由北京市第十五届人民代表大会常务委员会第三次会议于2018年3月30日通过,自2018年5月1日起施行。

《贯彻实施〈北京市机动车停车条例〉工作方案》,已经市政府同意,现印发给你们。请各单位、各部门结合实际,按照职责分工,认真组织实施。

北京市交通综合治理领导小组办公室

2018年4月29日

贯彻实施《北京市机动车停车条例》工作方案

《北京市机动车停车条例》(以下简称《停车条例》)已由北京市第十五届人民代表大会常务委员会第三次会议于2018年3月30日通过,自2018年5月1日起施行。为做好《停车条例》的贯彻实施工作,特制定本方案。

一、指导思想

全面贯彻落实党的十九大精神,深入学习贯彻习近平新时代中国特色社会主义思想,以习近平总书记两次视察北京重要讲话精神为根本遵循,将《停车条例》的贯彻实施作为治理"大城市病"、治理城市交通拥堵、促进城市综合交通体系协调、可持续发展、提高城市精细化管理水平的重要工作来统筹安排,突出重点、有序推进,确保《停车条例》各项规定落实到位。

二、工作目标

通过贯彻实施《停车条例》,形成"有偿使用、共享利用、严格执法、社会共治"的停车治理格局,全社会共同构建和维护机动车停车秩序,实现"停车入位、停车付费、违停受罚"的基本要求。

三、工作安排

(一)宣传培训工作

1. 加强宣传,营造氛围

明确宣传的主体、目标、对象、渠道,对立法精神和内容进行全面解读。由市交通委会同相关部门制定宣传专项工作方案(见附件1),开展多种形式的宣传活动,既要开展面向车主、停车人的社会面宣传,也要在各管理部门和区、街乡镇及停车行业从业人员中进行广泛宣传,营造全社会知法、守法的良好氛围,促进各级管理部门依法行政、引导经营者依法规范经营、停车人依法有序停车。

2. 开展培训,广泛参与

市、区、街乡镇各级政府和管理部门通过集中培训、分级分类培训、专家解读、小组讨论等多种方式,开展自上而下的培训工作,并对培训的覆盖面和培训效果进行考核。区政府要培训到所属各部门、街道、社区、停车企业的管理人员;公安交管、城市综合执法、规划国土、住房城乡建设、发展改革、交通行政、税务、治安等部门对本系统管理执法人员进行业务培训;行业协会及停车企业要组织会员单位和本企业从业人员进行培训。培训考核结果报贯彻实施《停车条例》推进组办公室(市交通委)。

(二)管理与执法工作

从2018年5月1日起,各区政府、各市属相关部门要严格按照《停车条例》要求,全面履行法规赋予的各项职责,突出重点,按照本方案的工作分工制定本区、本部门具体的实施工作方案,有序推进各项停车管理与执法工作。原则上,按以下三个阶段做好工作(工作分工见附件2)。

1. 2018年12月底前,重点是:梳理完善法规配套文件及标准规范,抓好核心区停车治理、全市停车区域管理和路侧停车电子收费、严格执法等工作。

(1)梳理完善配套文件及标准规范

编制《北京市机动车停车条例实施指南》,梳理《停车条例》相关配套制度、标准、程序及机制,分阶段起草制订配套规范性文件35个。

（2）加强核心区停车治理(《停车条例》第4条)

由东城区、西城区政府牵头,在各相关部门支持配合下,按照《关于加强本市核心区停车管理的工作方案》,开展核心区二环路内主要大街和公共空间停车秩序整顿工作,综合运用法律、经济、行政、科技等方法,一个片区、一个片区的治理,压茬推进,通过梳理既有地面停车资源,加强执法力度,整治停车秩序,开展停车自治和错时共享,将《停车条例》的主要制度和要求在核心区贯彻落实。

（3）开展停车区域治理(《停车条例》第5、13、15、17、18、25、30、31条)

各相关区政府统筹协调、组织本行政区域内的停车管理工作和停车执法工作,推进停车区域治理,领导和支持区停车管理部门、各乡镇人民政府、街道办事处,做好辖区的机动车停车管理工作。结合背街小巷停车治理、老旧小区改造等工作,统筹推进停车设施规范设置、停车自治、居住停车区域认证、错时共享、门前停车管理责任区划定等工作。

（4）推进道路停车电子收费和纳入政府非税收入管理(《停车条例》第18、36—42条)。

做好全市道路停车由经营性收费调整为纳入政府非税收入管理的有关工作。分三批分步推进实施:2019年1月1日起,东城、西城、通州实施;2019年7月1日起,朝阳、海淀、丰台、石景山实施;2019年12月1日起,其他区实施,实现全市道路停车收费按照《停车条例》的规定纳入政府非税收入管理,实行收支两条线,收入全额上缴区级财政,并定期向社会公开。

各区政府在市有关部门的支持指导下,组织所属停车管理、财政、发展改革等部门,做好道路停车电子收费系统、行政事业收费征收系统、财政电子票据系统的建设和系统对接,以及更换道路停车收费标牌等工作。

各区政府要推进以高点视频为主的道路停车电子收费前端设备建设和安装工作,按计划完成并实现上线运行。在高点视频设备未安装到位的路段和泊位,要使用手持收费终端(POS机)开展道路停车电子收费。

各区政府要采取向社会购买服务的方式,委托专业化停车企业对道路停车进行管理。各区政府要使用市交通行政主管部门制定的协议示范文本,规范委托的停车企业管理行为,并监督协议执行情况。

(5)加大执法力度(《停车条例》第21—24、26、29、32、33、36、39—41条)

公安机关交通管理、城市综合执法、住房城乡建设、价格、交通行政、税务、治安、区停车管理部门等各执法部门根据《停车条例》赋予的执法权限调整权力清单,开展执法工作,持续加大巡查执法频率,强化执法高压态势,维护停车秩序。

各区政府、乡镇政府、街道办事处要以依照法规要求,统筹协调和组织辖区内的机动车停车秩序管理工作和停车执法工作,并监督检查停车执法事项。

(6)加快停车信息化建设(《停车条例》第23、24条)

市交通委加快推进市级停车综合管理服务系统立项,制定停车行业信息服务规范。各区要开展区域停车诱导系统建设,督促辖区经营性备案停车场和信息服务经营者完善系统,并将相关信息接入市级停车综合管理服务平台。

2. 2019年4月底前,总结前一阶段工作,继续完善配套制度,推进停车差别化供给、分层确权、网格化管理等工作,形成较为完善的停车管理与执法制度体系和工作格局。

(1) 继续完善配置制度文件

规划国土、财政、交通行政等相关部门按照分工继续完善公共建筑服务设施配建指标、利用地下空间资源独立建设公共停车设施核发规划用地许可证和权属证明管理办法、建设项目交通影响评价管理办法、鼓励老旧居住区挖潜建设立体停车设施的意见等配套制度文件。

(2) 推进停车泊位供给(《停车条例》第9—11、14、16、19、20条)

各区政府要制定本辖区停车设施专项规划及年度实施计划,并组织实施,同时推进公益性停车设施用地供给。各区、各街乡镇人民政府加强辖区内停车资源挖潜增效和统筹利用。

(3) 将停车纳入网格化管理范畴(《停车条例》第5、18、30、42条)

乡镇人民政府、街道办事处在区人民政府的领导下,做好本辖区内的停车管理工作,将停车纳入网格化管理范畴,建立长效监管机制。

(4) 停车信用信息管理(《停车条例》第9条)

市交通委会同公安机关交通管理、城市综合执法、住房城乡建设、价格、交通行政、税务、治安、区停车管理部门等各执法部门,以及市经信委等部门建立停车信用奖励和联合惩戒机制。行业协会组织建立行业自律制度。各区、各街乡镇、各部门要加强相关主体的信用管理工作,以及严重失信行为的公示、联合惩戒。

3. 2019年5月起,对《停车条例》实施一年的效果进行评估,要做好迎接市人大执法检查工作;2019年12月底前,完成全市道路停车电子收费建设工作,扎实推进停车区域综合治理,实现管理信息共享,全面巩固《停车条例》实施成果,不断提升停车资源精细化管理水平,形成共建、共治、共享的停车治理格局。

四、组织领导和督促考核

(一)组织领导

成立以主管副市长牵头,市委宣传部、市编办、市发展改革委、市经信委、市公安局、市司法局、市财政局、市规划国土委、市住房城乡建设委、市交通委、市工商局、市质监局、市国税局、市园林绿化局、市民防局、市政府法制办、市城管执法局、市社会办、首都精神文明办、市网信办有关领导和各区政府主管领导为成员的全市贯彻实施《停车条例》工作推进组,负责统筹推进各项工作,协调解决实施过程中的有关问题。

工作推进组办公室设在市交通委,主要负责贯彻实施《停车条例》的日常工作,会同相关部门对各区停车管理工作进行综合协调、检查指导、督促考核,组织制订、宣传贯彻停车管理相关政策、标准和服务规范。

各区政府按照有关要求成立以区政府主要领导为组长的区交通综合治理领导小组,并在该小组的领导下,成立由主管区长担任组长的区贯彻《停车条例》工作实施组,全面负责属地贯彻实施《停车条例》的宣传、培训、管理、执法、督查、评估等工作。

(二)督促考核

建立工作推进组办公室联席会议制度,每月召开贯彻实施例会,收集有关情况,协调有关问题;每季度进行总结分析,年底进行总评;重大问题提请工作推进组进行研究解决。

建立督促考核制度。各有关部门和各区政府每季度要向工作推进组办公室报送工作任务进展情况（各执法部门要报送执法数量和处罚情况），并纳入年度交通综合治理考核。

五、工作要求

（一）深入学习、提高认识

各有关部门和各区政府要充分认识《停车条例》颁布实施的重大意义，贯彻《停车条例》是今后一段时间内加强我市停车管理和服务工作的主要抓手。要结合实际，深入组织学习培训，领悟《停车条例》立法精神、掌握《停车条例》规范内容。

（二）高度重视、周密安排

贯彻实施《停车条例》工作量大、时间紧、任务重，各有关部门和各区政府要高度重视贯彻实施《停车条例》的有关工作，精心组织、周密安排，按照《停车条例》和本工作方案制定具体工作措施，对本部门本区域的贯彻实施工作进行全面部署，明确工作要求、细化工作进度、确保工作质量。

（三）突出重点、做好协调

各有关部门和各区政府要把制定配套规范性文件作为工作切入点，要把加强停车执法和管理作为贯彻实施《停车条例》的重中之重，持之以恒做好贯彻实施工作。工作中要主动加强沟通协调和配合，形成合力，推进《停车条例》的全面贯彻实施。

附件：1. 贯彻实施《北京市机动车停车条例》宣传培训工作方案

2. 贯彻实施《北京市机动车停车条例》任务分解

附件 1

贯彻实施《北京市机动车停车条例》宣传培训工作方案

为配合《北京市机动车停车条例》(以下简称《停车条例》)发布实施,营造良好舆论氛围、广泛发动社会参与,制定本方案。

一、宣传目的

精准宣传、深入解读,使《停车条例》的重要意义和条款措施为社会各界相关主体熟知。提升城市交通精细化管理水平,形成科学文明现代的停车理念,打造有序清新整洁的停车环境,提升市民停车满意度、促进和谐宜居城市建设。

二、宣传时间

4月1日至年底

三、宣传重点

针对不同利益相关方,细分宣传对象,分主题、系列深度解读《停车条例》的重要意义和重点内容,推动《停车条例》深入实施。

(一)面向停车人普及"停车入位、停车付费、违停受罚"的文明停车理念,宣传收费标准,如何缴费,辨识停车标识,宣传收费宣传停车人享受的权利、应履行的义务、承担的法律责任等。

(二)面向停车企业、停车管理员细致宣讲服务规范和收费政策等。

（三）面向社会公众重点解读停车设施的供给、停车秩序整治、道路停车改革等。宣传落实《停车条例》开展的核心区停车管理、规范核心区旅游客运秩序等重点工作。

（四）面向企事业单位、小区居民重点解读门前停车管理责任、错时和自治停车等。

四、职责分工

在市委宣传部统一领导下：

市交通委负责制定宣传工作方案，统筹推进各项宣传工作，开展宣传策划、媒体组织、稿件起草、宣传品制作等工作。

首都精神文明建设委员会办公室、市司法局调度全市精神文明和法制宣贯资源和渠道，开展宣贯，扩大覆盖，形成声势。

市公安交管局、市城管执法局等执法部门负责开展停车秩序执法方面新闻宣传工作，开展相关宣传策划、媒体组织、稿件起草、宣传品制作等工作。

各区政府及时报送提供本区停车服务管理工作的典型案例和经验做法，按照《停车条例》宣传整体工作安排，接受媒体采访；负责组织本区域落实《停车条例》工作情况的宣传。

市网信办负责对《停车条例》实施的网络宣传工作，协助开展网络监测、舆情引导，并按要求进行网络调控。

五、宣传形式

通传新闻稿件、专题节目、媒体座谈会、现场采访、新媒体解读文章、海报、宣传片等。

六、宣传步骤

拟分两个阶段：

第一阶段:《停车条例》出台至实施前(2018年4月)

重点:发布解读《停车条例》,为《停车条例》实施做好舆论准备。

(一)通传《停车条例》公布新闻稿件并组织采访报道,形成第一轮宣传

3月30日,向媒体通传《〈北京市机动车停车条例〉发布》新闻稿件,组织中央电视台、北京交通广播等媒体对委法制处相关负责人进行采访,就《停车条例》出台背景、目的、内容和下一步具体工作等内容进行报道。

4月7日,北京日报刊登《停车条例》全文。

(二)召开媒体座谈会,启动第二轮宣传

4月下旬,召开媒体座谈会。市交通委、市公安交管局相关负责同志、相关专家学者、属地网站等参加会议,借《停车条例》即将实施,向主要中央及市属媒体介绍《停车条例》主要内容、实施保障、怎样严格执法、停车位供需矛盾怎么解决等内容,掀起一轮报道和社会关注热潮。

(三)策划两期专题节目、《都市交通报》开设专栏,深化宣传效果

4月17日,由委法制处负责,在首都之窗开展政务网站在线访谈宣传活动,对《停车条例》进行深度解读。

4月25日,策划北京交通广播"治堵大家谈"栏目《停车条例》解读专题节目,邀请委法制处参与节目,对《停车条例》进行深度解读,同时对市民疑惑进行实时解答,与市民增强互动交流。

4月下旬,《都市交通》报开设宣传专栏,刊登《停车条例》全

文,解读重点内容。

(四)自媒体平台开展多渠道、多方式宣传

4月下旬开始,市交通委、市司法局、市公安交管局官方微博、微信、APP等新媒体全文刊登《停车条例》,以图文并茂的形式对《停车条例》原文逐条解读,确保宣传效果连贯、长期、有效。

利用微信公众号平台,制作适用于手机等移动终端传播的解读文章,比如"一图读懂《北京市机动车停车条例》"、北京市机动车停车管理措施解读H5等,市交通委组织各区、街道、居委会、停车管理单位等官方微博、微信公众号进行同步宣传,确保达到精准宣传、下沉基层的效果。

(五)网络平台开设专题互动网页,壮大宣传声势

在网易、腾讯大燕网等合作媒体、委官方网站及其他属地网站上开设宣传专栏,公示《停车条例》全文,并以图文并茂的方式对《停车条例》重点内容进行解读,同时设置网友问答区,与网友展开互动,利用网络平台营造共治共建共享氛围。

(六)开展管理部门和从业人员培训

结合领导干部学法、大讲堂等形式开展自上而下的全员培训工作,对管理人员进行培训考核;区政府要培训到所属各部门、社区、街道;行业协会及企业组织开展从业人员培训。

(七)加强网络舆情监测和引导调控

全程密切监测《停车条例》发布相关舆情,全面搜集各方反应,及时回应社会和舆论关切,根据舆情情况适时引导舆论。

第二阶段:实施阶段(2018年5月1日后,持续宣传)

重点:细化宣传对象和内容,分专题开展宣传解读,助力《停车

条例》实施;跟进《停车条例》实施进展,策划宣传报道,推进停车服务和管理工作。

(一)召开全市宣贯大会,做好《停车条例》实施动员和宣传

适时组织召开全市宣传贯彻《停车条例》电视电话会,邀请市政府主管领导出席。全市各相关委办局、区政府、主要停车企业等参加。通传新闻稿件,解读《停车条例》立法精神和主要内容、动员部署《停车条例》贯彻落实工作。

(二)确立"文明停车宣传周"

将每年"五一劳动节"后一周确定为"文明停车宣传周",由市交通委组织,首都精神文明建设委员会办公室、市司法局调度全市精神文明和法制宣贯资源和渠道,开展生动鲜活的主题宣传活动,张贴宣传海报、发放宣传品、播放宣传片,将《停车条例》精神和内容传播到城市各个角落、送到市民身边。

1. 北京电视台、北京电台制作片花宣传提示

北京电视台飞字幕,北京新闻广播、北京交通广播制作宣传片花,滚动宣传提示《停车条例》5月1日起实施。

2. 停车场、公交、轨道交通站点、小区张贴宣传标语和海报

各区组织停车企业在各停车场明显位置张贴《停车条例》全文、宣传海报和贴画,悬挂宣传标语,为停车主发放印有停车人应履行权利义务等内容的宣传手册、停车卡等宣传品,多措并举强化市民共识,提高市民有序停车、文明停车的意识。

在主要交通枢纽场站以及小区设立宣传展台,利用宣传海报、宣传折页等形式对《停车条例》理念及涉及市民应履行的义务等重点内容进行宣传,并免费发放印有《停车条例》重点内容的毛巾、纸

抽等宣传品,设计相关问答或游戏的小程序,鼓励市民以扫二维码的方式参与并进行互动。

3. 在公交、轨道车载电视播放宣传片

利用公交、地铁的广播、车载媒体等,循环播报、播放《停车条例》宣传片,在公交、地铁站点张贴宣传海报,对市民进行《停车条例》知识的普及,进一步形成"停车入位、停车付费、违停受罚"的理念共识。

4. 利用道路宣传资源广泛告知和引导

在全市路政、高速公路可变情报板和电子显示屏循环播放"《北京市机动车停车条例》5月1日实施"、"停车入位、停车付费、违停受罚"等宣传标语。

5. 开展以文明停车为主题的精神文明活动

请首都文明办、市交管局支持,通过交通协管员、交通志愿者、公共文明引导员、街道治安员等基层宣传力量向公众大力宣传,整治违规停车等活动,推动错时共享、居民自治、停车秩序改善。

(三)配合《停车条例》实施,开展系列宣传活动

1. 组织开展2018年停车行动计划社会宣传。向社会发布2018年停车管理与服务任务和计划等内容新闻稿件。

2. 组织开展核心区停车管理第一阶段社会宣传。向社会发布核心区停车管理区域、路段、措施等内容新闻稿件。

3. 组织开展规范核心区旅游客运秩序社会宣传。向社会发布规范核心区旅游客运秩序措施、目标、步骤等内容新闻稿件。

(四)开展贯彻《停车条例》停车秩序整治专题宣传

市交管局就落实《停车条例》中关于"严格执法"有关要求组

织系列宣传报道。

（五）策划贯穿全年系列专题节目，深化宣传效果

以停车设施的供给、停车秩序整治、错时和自治停车推进、停车服务标准、道路停车改革等为主题，策划10期（暂定）"治堵大家谈"节目，邀请业务部门负责人、专家、试点区（街道、小区）负责人和居民代表等参加，推进《停车条例》落地实施。

2018年"治堵大家谈节目"宣传《条例》计划表

时间	主题	嘉宾
5月9日	停车入位、停车付费、违停受罚	专家、治堵观察员
5月16日	核心区停车管理第一阶段工作情况	停车处
5月23日	《停车条例》关于错时停车措施	专家、错时停车案例
5月30日	《停车条例》关于居民自治措施	专家、居民自治案例
6月	规范核心区旅游客运秩序	综合运输处、运输局、交通执法总队
7月	《停车条例》关于停车泊位供给	停车处、专家
8月	路侧停车改革推进情况	停车中心
9月	核心区停车管理工作情况	东城区
10月	核心区停车管理工作情况	西城区
11月	规范核心区旅游客运秩序	综合运输处、运输局、交通执法总队
12月	全年停车管理工作	停车处、停车中心

各期节目由宣传处负责整体策划、媒体协调、起草节目提纲。综合运输处、停车处、停车中心负责提供素材，推荐协调嘉宾参加节目。

（六）媒体陆续发表评论文章，持续引导社会舆论

大力宣传"停车入位、停车付费、违停受罚"理念。加强与媒体的深度交流和沟通，使媒体理解"停车入位、停车付费、违停受罚"理念，在相关新闻报道中运用科学的理念解读事件；与新华社、中国交通广播、北京日报等媒体深度合作，开展主题宣传采访活动，撰写深度解读文章，促进理念落地生根。

针对路侧停车电子收费管理制度改革、鼓励社会资本投资建设停车设施，鼓励停车设施管理单位开展停车泊位有偿错时共享、鼓励居民小区停车自治等具体内容，组织协调媒体撰写深度评论文章，从不同角度对《停车条例》进行深度解读。

（七）利用多媒体渠道开展立体宣传

通过各单位官方微博、微信、APP、官方网站等渠道，注重运用数字化、图标图解、音频视频、H5 等方式，以图文并茂的形式提炼出《停车条例》实施阶段具体治理措施和治理成效，提升市民获得感。同时，发布举报电话，鼓励市民对违法停车、违法从事停车经营、擅自设置障碍物等行为进行举报，便于有关部门严格执法。

（八）发挥 APP 作用，加强交通出行信息引导和服务

由市交通委、市公安交管局负责，实现北京交通 APP、北京交警 APP 与停车综合管理服务系统、区域停车诱导系统信息共享，明确停车区与禁停路段等具体范围，为市民提供停车信息引导和服务，引导市民有序停车、规范停车。同时，由市公安交管局负责，在严格执法处罚的同时，融入对停车人应履行的权利义务方面宣传。

（九）各区合力宣传

由各区政府负责，通过区属媒体、各类宣传发动渠道和载体，

宣传《停车条例》内容，推广错时停车、居民自治、停车设施挖潜等方面的经验，提升市民参与度和获得感。

（十）组织开展《停车条例》宣讲，走进社区和居民

市委讲师团百姓宣讲团、首都文明办"文明出行"宣讲团开展《停车条例》宣讲。充分发挥"绿色出行、畅通北京"交通宣讲团作用，进街道，深入基层，重点是东、西城的街道、居委会、停车管理单位等，使《停车条例》的主要内容能够深入人心并落到实处。

（十一）加大舆情监测和引导调控

全程密切监测相关舆情，全面搜集各方反应，及时回应社会和舆论关切，根据舆情情况适时引导舆论。同时，官方微博、微信、APP等新媒体全程配合做好舆论调控引导工作。

七、工作要求

（一）高度重视，精心组织

各单位、部门要做好准备，高度重视，确保高质量完成宣传报道和舆论引导任务。宣传工作中要明确重点、把握步骤，落实具体宣传方案。

（二）统一口径，有序实施

要统筹安排，形成既有分工、又有合作的工作机制。统一宣传口径，统一对外发布相关信息，统一安排新闻报道，统一应急宣传，形成前后呼应、形式多样的报道态势。

（三）加强统筹，形成合力

各单位要明确任务，密切协作，加强策划、精心组织，用好各类社会宣传手段，力求取得最佳宣传效果，有力推进工作开展。

附件2

贯彻实施《北京市机动车停车条例》任务分解表

序号	工作项目	主要任务内容	责任单位	完成时限	备注
1	制定宣传工作方案	制定宣传专项工作方案,并组织实施。	主责单位:市交通委 配合单位:市发展改革委、市公安交管局、市城管执法局、市政府法制办、市委宣传部、市网信办等相关部门,各区政府	2018.4	
2	召开宣贯大会	组织召开全市宣传贯彻《停车条例》电视电话会。	主责单位:市交通委 配合单位:市发展改革委、市公安交管局、市城管执法局、市政府法制办、市委宣传部、市网信办等相关部门,各区政府	2018.5	
3	确定"文明停车宣传周"	拟定新闻通稿,组织专题访谈。确立每年的"5.1劳动节"后一周为"文明停车宣传周",并宣传"停车入位、停车付费、违停受罚"的理念。	主责单位:市交通委 配合单位:市发展改革委、市公安交管局、市城管执法局、市政府法制办、市委宣传部、市网信办等相关部门,各区政府	每年5月	

续表

序号	工作项目	主要任务内容	责任单位	完成时限	备注
4	政府部门多种渠道解读	公示《停车条例》正文及举报投诉渠道，开展在线访谈宣传活动；开设宣传专栏，解读重点制度。	牵头单位：市交通委 配合单位：市司法局、市公安交管局等部门	2018.12	
5	管理部门和从业人员培训	市、区、街乡镇各级政府和管理部门通过集中培训，分级分类培训，专家解读，小组讨论等多种方式，开展自上而下的培训工作，并对培训的覆盖面和培训效果进行考核。区政府要培训到所属各部门、街道、社区，停车企业的管理人员；公安交管、城市综合执法、规划国土、住房城乡建设、发展改革、交通行政、税务、治安等部门对本系统管理执法人员进行培训；行业协会及停车企业要组织会员单位和本企业从业人员进行培训。培训考核结果报贯彻实施《停车条例》推进组办公室（市交通委）。	主责单位：市、区、街乡镇各级政府和管理部门，停车行业协会组织	2018.6	

第三部分 配套文件

续表

序号	工作项目	主要任务内容	责任单位	完成时限	备注
6	梳理完善配套文件及标准规范	梳理《停车条例》实施所需配套的相关制度、标准、程序及机制;分阶段起草制定一系列配套规范性文件。	主责单位:见附件2.3	见附件2.3	
7	加强核心区停车治理	由东城区、西城区政府牵头,在各相关部门配合下,开展核心区二环路内主要大街和公共空间停车秩序整顿工作。	主责单位:东城区、西城区政府 配合单位:市交通委、市公安局公安交管局、市规划和国土委	2019.6	第4条
8	开展停车区域治理	各相关区政府统筹协调,组织本行政区域内的停车管理工作和停车执法工作,推进停车区域治理,监督有关部门开展停车执法,领导和支持区停车管理部门、各乡镇人民政府、街道办事处,做好辖区的机动车停车管理工作。结合背街小巷停车治理、老旧小区改造等工作,统筹推进居住停车设施规范设置,停车自治,居民共享、门前共享等工作。	主责单位:各区政府 配合单位:市交通委、市公安交管局、市城管执法局、市民防局、市政局、市住房城乡建设委、市质监局、市社会办	持续推进	第13、15、17、18、25、30、31条

· 457 ·

续表

序号	工作项目	主要任务内容	责任单位	完成时限	备注
9	道路临时停车泊位设置	负责设置、维护、调整道路停车泊位，确定停车泊位允许停放的时段。	主责单位：市公安交管局 配合单位：各区政府、市交通委	2019.4	第18、36条
10	道路停车收费纳入政府非税管理，实施电子收费	分批分步推进实现全市道路停车收费按照《停车条例》的规定纳入政府非税收入管理，实行收支两条线，收入全额上缴财政，并定期向社会公开。各区政府道路停车电子收费推进以高点视频为主的道路停车电子收费前端设备建设和安装工作，确保2019年11月底前分期分批全面完成。各区政府在市有关部门的支持指导下，组织所属部门、发展改革、财政、停车管理、电子收费系统、行政事业收费票据的建设和系统对接，财政电子票系统对接，以及更换道路停车收费标牌等工作。	主责单位：各区政府 配合单位：市交通委、市园林绿化局、市公安交管局、市城管执法局	东城、西城、通州2019年1月；朝阳、海淀、丰台、石景山2019年7月；其他区2019年12月	第37、38、39条

第三部分 配套文件

续表

序号	工作项目	主要任务内容	责任单位	完成时限	备注
10	道路停车收费纳入政府非税收入管理,实施电子收费	各区政府可以采取向社会购买服务的方式,委托专业化停车企业对道路停车进行管理。各区人民政府使用市交通委委托的停车企业管理行为,并监督协议执行情况。			
11	开展市级停车综合管理服务系统建设	建立停车综合管理服务系统,对停车设施实行动态管理,向社会提供信息服务。	主责单位:市交通委 配合单位:市发展改革委、市住房城乡建设委、市公安交管局、市城管执法局,各区政府	2019.4	第23条
12	开展区级停车诱导系统建设	根据本市停车综合管理服务系统,建立区域停车诱导系统,实时公布分布位置、使用状况、泊位数量等停车设施动态信息,引导车辆有序停放。	主责单位:各区政府 配合单位:市交通委、市公安交管局	2019.4	第24条
13	制定执法权力清单	各执法部门根据《停车条例》赋予的执法权限调整权力清单。	主责单位:公安机关交通管理部门、城市综合执法部门、住房城乡建设管理部门、交通行政主管部门、税务部门、公安机关,各区停车管理部门	2018.12	第21—24、26、29、32、33、36、39—41条

续表

序号	工作项目	主要任务内容	责任单位	完成时限	备注
14	加大执法力度	对道路范围内擅自设置固定或者可移动障碍物的行为,占用电动汽车泊位的行为,占用、设置、撤除道路停车泊位或者擅自将停车泊位改为专用泊位的行为依法处罚;对违法停车行为依法处罚,依法拖移。	主责单位:公安机关交通管理部门	持续推进	第26、36、39、40条
		对违反第21条,未如实报送停车设施设置情况的行为依法处罚;对违反第22条,未按照规定时限设置或者未如实报送停车设施配建停车诱导设施,对接入车辆号牌识别系统,进出车辆信息采集及号牌识别系统、停车诱导系统实时对接的公共停车设施经营者依法处罚;对其他公共区域擅自设置固定或者移动障碍物的行为依法处罚;对中心城区经营性停车设施未24小时开放的行为依法处罚;对改变停车设施用途的行为依法处罚。	主责单位:城市综合执法管理部门	持续推进	第21、22、24、26、32、33条

续表

序号	工作项目	主要任务内容	责任单位	完成时限	备注
14	加大执法力度	对未按规定程序调整居住小区停车收费价格的行为,实行物业管理的居住区域内营业内擅自设置固定或者可移动障碍物的行为依法处罚。	主责单位:住房城乡建设部门	持续推进	第26、29条
		未按照规定进行价格核定及明码标价牌编码的,对违反价格管理规定的行为依法处罚。	主责单位:价格管理部门	持续推进	第21、32条
		对信息服务的经营者未将相关信息接入停车综合管理服务系统的行为依法处罚。	主责单位:交通行政主管部门	持续推进	第23条
		对未出具专用票据的路外停车经营行为依法处罚。	主责单位:税务部门	持续推进	第32条
		对擅自挪移、破坏或者拆除道路停车电子收费设施行为依法处理,构成犯罪的,依法追究刑事责任。	主责单位:公安机关	持续推进	第39条
		对道路停车收费逃费行为依法追缴并处罚。	主责单位:各区停车管理部门	持续推进	第41条

续表

序号	工作项目	主要任务内容	责任单位	完成时限	备注
14	加大执法力度	各区政府、乡镇政府、街道办事处要以依照法规要求，统筹协调本辖区内的机动车停车秩序管理工作和停车执法，组织开展停车执法事项，检查督导停车执法事项。	主责单位：各区政府 配合单位：公安机关交通管理部门、城市综合执法部门、住房城乡建设管理部门、交通行政主管部门、公安机关、各区停车管理部门	持续推进	第5条
15	停车设施专项规划	组织编制全市机动车停车设施专项规划，明确控制目标和建设时序。把经依法批准后的停车设施专项规划纳入控制性详细规划。各区政府根据本市机动车停车设施专项规划，制定辖区停车设施规划及年度实施计划，并组织实施。	主责单位：市交通委、市规划国土委、各区政府	2019.4	第10条
16	建立和完善停车配建标准和客车泊位标准，明确落实区设置要点	制定新建、改建、扩建公共建筑和居住小区等配建停车泊位的标准，明确上限、下限，并建立动态调整机制。新建、改建、扩建交通客运换乘场站、中小学校、医院及其他客流集中的公共场所，在项目用地内设置落客区。	主责单位：市规划国土委 配合单位：市交通委、各区政府	2019.4	第11、19条

续表

序号	工作项目	主要任务内容	责任单位	完成时限	备注
16	建立和完善配建停车泊位标准和落实区设置要点	新建、改建、扩建公共建筑、居住小区、应当按照国家有关规定和本市确定的泊位配建标准、规划指标，配建的停车设施。配套建设的停车设施应当与主体工程同步设计、同步施工、同时验收、同时交付使用。	主责单位：市规划国土委 配合单位：市交通委、各区政府	2019.4	第11、19条
17	停车交通影响评价	公安机关交通管理部门应当在客流集中的公共场所周边道路设置临时停靠上下乘客专用车位，并明示临时停靠时长。 对独立设置的停车设施进行交通影响评价，重大建设项目的配建停车设施影响评价应当一并纳入项目的交通影响评价，并向社会公示交通影响评价结果。	主责单位：市住房城乡建设委 配合单位：市规划国土委、市交通委、各区政府 主责单位：市交通委 配合单位：各区政府	2019.4 2019.4	第11条 第14条
18	停车场备案及信息报送	组织开展经营性停车场备案和停车设施信息报送工作。	主责单位：各区政府 配合单位：市交通委、城管执法部门	2019.4	第21、22条

续表

序号	工作项目	主要任务内容	责任单位	完成时限	备注
19	推进停车场分层确权和公益性停车设施用地供给试点	各区政府按照市规划国土委制定的单独核发规划用地许可证(试行),根据辖区停车供需情况,试点开展利用地下空间资源单独选址建设停车设施的试点工作;组织规划国土部门、交通行政部门推进公益性停车设施用地供给,按照土地管理规定实行划拨或者协议出让。	主责单位:各区政府 配合单位:市规划国土委、市交通委	2019.4	第14、16条
20	将停车纳入网格化管理范畴	乡镇人民政府、街道办事处在区人民政府的领导下,做好本辖区内的停车管理工作,将停车纳入网格化管理范畴,建立长效监管机制。	主责单位:各区政府 配合单位:市公安交管局、市城管执法局、市住房城乡建设委、市发展改革委、市交通委	2019.4	第5、42条
21	建立行业自律制度	建立健全行业自律制度,维护会员合法权益,组织开展诚信建设,组织会员开展行业服务质量评价和培训,提高停车服务质量。	主责单位:停车行业协会组织	2019.4	第35条

续表

序号	工作项目	主要任务内容	责任单位	完成时限	备注
22	管理部门互相共享管理信息	市交通委、公安机关交通管理、城市管理综合执法、规划国土、住房城乡建设等部门相互共享管理信息。	主责单位:市交通委配合单位:市公安交管局、市城管执法局、市规划国土委、市住房城乡建设委、各区政府	2019.4	第23条
23	停车信用信息管理	建立本市停车信用奖励和联合惩戒机制。	主责单位:市交通委配合单位:市发展改革委、市经信委、市公安局、市财政局、市工商局、市国税局、市质监局、市城管执法局	2019.4	第8条
24	停车差别化收费	对驻车换乘停车设施和道路停车实行政府定价,道路停车收费应当按照中心城区高于外围区域、重点区域高于非重点区域、拥堵时段高于空闲时段的原则确定,并根据高于周边非道路停车收费价格的原则动态调节。依法加强对停车收费价格的监督。	主责单位:市发展改革委配合单位:市交通委、市财政局、各区政府	2019.4	第28条

续表

序号	工作项目	主要任务内容	责任单位	完成时限	备注
25	开展督察督办	建立工作推进组办公室联席会议制度,每月召开贯彻实施例会,收集有关情况,协调有关问题;每季度进行总结进行总评,年底进行总评,重大问题提请工作推进组进行研究解决。建立督促考核制度。各有关部门和各区政府每季度要向工作推进组办公室报送工作推进情况和(各执法部门要报送执法数量和处罚情况),并纳入年度交通综合治理考核。	主责单位:市交通委 配合单位:各区政府、各相关部门	每年年底	
26	开展实施评估,迎接市人大执法检查	对《停车条例》实施一年的效果进行评估,要做好迎接市人大执法检查工作	主责单位:市交通委 配合单位:各区政府、各相关部门	2019.4	

第四部分 相关法规及文件

中华人民共和国道路交通安全法(节选)

主席令第四十七号

(2003年10月28日第十届全国人民代表大会常务委员会第五次会议通过,根据2007年12月29日中华人民共和国主席令第八十一号《关于修改〈中华人民共和国道路交通安全法〉的决定》第一次修正,根据2011年4月22日中华人民共和国主席令第四十七号《关于修改〈中华人民共和国道路交通安全法〉的决定》第二次修正。)

第二十九条 道路、停车场和道路配套设施的规划、设计、建设,应当符合道路交通安全、畅通的要求,并根据交通需求及时调整。

公安机关交通管理部门发现已经投入使用的道路存在交通事故频发路段,或者停车场、道路配套设施存在交通安全严重隐患的,应当及时向当地人民政府报告,并提出防范交通事故、消除隐患的建议,当地人民政府应当及时作出处理决定。

第三十三条 新建、改建、扩建的公共建筑、商业街区、居住区、大(中)型建筑等,应当配建、增建停车场;停车泊位不足的,应当及时改建或者扩建;投入使用的停车场不得擅自停止使用或者改作他用。

在城市道路范围内,在不影响行人、车辆通行的情况下,政府有关部门可以施划停车泊位。

第五十六条 机动车应当在规定地点停放。禁止在人行道上停放机动车;但是,依照本法第三十三条规定施划的停车泊位除外。

在道路上临时停车的,不得妨碍其他车辆和行人通行。

第九十三条 对违反道路交通安全法律、法规关于机动车停放、临时停车规定的,可以指出违法行为,并予以口头警告、令其立即驶离。

机动车驾驶人不在现场或者虽在现场但拒绝立即驶离,妨碍其他车辆、行人通行的,处20元以上200元以下罚款,并可以将该机动车拖移至不妨碍交通的地点或者公安机关交通管理部门指定的地点停放。公安机关交通管理部门拖车不得向当事人收取费用,并应当及时告知当事人停放地点。

因采取不正确的方法拖车造成机动车损坏的,应当依法承担补偿责任。

第一百一十九条 本法中下列用语的含义:

(一)"道路",是指公路、城市道路和虽在单位管辖范围但允许社会机动车通行的地方,包括广场、公共停车场等用于公众通行的场所。

中华人民共和国物权法(节选)

主席令第六十二号

(2007年3月16日第十届全国人民代表大会第五次会议通过。)

第七十四条 建筑区划内,规划用于停放汽车的车位、车库应当首先满足业主的需要。

建筑区划内,规划用于停放汽车的车位、车库的归属,由当事人通过出售、附赠或者出租等方式约定。

占用业主共有的道路或者其他场地用于停放汽车的车位,属于业主共有。

第七十六条 下列事项由业主共同决定:

(一)制定和修改业主大会议事规则;

(二)制定和修改建筑物及其附属设施的管理规约;

(三)选举业主委员会或者更换业主委员会成员;

(四)选聘和解聘物业服务企业或者其他管理人;

(五)筹集和使用建筑物及其附属设施的维修资金;

(六)改建、重建建筑物及其附属设施;

(七)有关共有和共同管理权利的其他重大事项。

决定前款第五项和第六项规定的事项,应当经专有部分占建筑物总面积三分之二以上的业主且占总人数三分之二以上的业主同意。决定前款其他事项,应当经专有部分占建筑物总面积过半数的业主且占总人数过半数的业主同意。

第一百三十六条　建设用地使用权可以在土地的地表、地上或者地下分别设立。新设立的建设用地使用权,不得损害已设立的用益物权。

第一百三十七条　设立建设用地使用权,可以采取出让或者划拨等方式。

工业、商业、旅游、娱乐和商品住宅等经营性用地以及同一土地有两个以上意向用地者的,应当采取招标、拍卖等公开竞价的方式出让。

严格限制以划拨方式设立建设用地使用权。采取划拨方式的,应当遵守法律、行政法规关于土地用途的规定。

中华人民共和国城乡规划法(节选)

(2007年10月28日第十届全国人民代表大会常务委员会第三十次会议通过,中华人民共和国主席令第七十四号公布,自2008年1月1日起施行。根据2015年4月24日中华人民共和国主席令第二十三号《全国人民代表大会常务委员会关于修改〈中华人民共和国港口法〉等七部法律的决定》修正。)

第四十三条 建设单位应当按照规划条件进行建设;确需变更的,必须向城市、县人民政府城乡规划主管部门提出申请。变更内容不符合控制性详细规划的,城乡规划主管部门不得批准。城市、县人民政府城乡规划主管部门应当及时将依法变更后的规划条件通报同级土地主管部门并公示。

建设单位应当及时将依法变更后的规划条件报有关人民政府土地主管部门备案。

第四十四条 在城市、镇规划区内进行临时建设的,应当经城市、县人民政府城乡规划主管部门批准。临时建设影响近期建设规划或者控制性详细规划的实施以及交通、市容、安全等的,不得批准。

临时建设应当在批准的使用期限内自行拆除。

临时建设和临时用地规划管理的具体办法,由省、自治区、直辖市人民政府制定。

第四十八条 修改控制性详细规划的,组织编制机关应当对修改的必要性进行论证,征求规划地段内利害关系人的意见,并向原审批机关提出专题报告,经原审批机关同意后,方可编制修改方案。修改后的控制性详细规划,应当依照本法第十九条、第二十条规定的审批程序报批。控制性详细规划修改涉及城市总体规划、镇总体规划的强制性内容的,应当先修改总体规划。

修改乡规划、村庄规划的,应当依照本法第二十二条规定的审批程序报批。

第四十九条 城市、县、镇人民政府修改近期建设规划的,应当将修改后的近期建设规划报总体规划审批机关备案。

第六十四条 未取得建设工程规划许可证或者未按照建设工程规划许可证的规定进行建设的,由县级以上地方人民政府城乡规划主管部门责令停止建设;尚可采取改正措施消除对规划实施的影响的,限期改正,处建设工程造价百分之五以上百分之十以下的罚款;无法采取改正措施消除影响的,限期拆除,不能拆除的,没收实物或者违法收入,可以并处建设工程造价百分之十以下的罚款。

第六十六条 建设单位或者个人有下列行为之一的,由所在地城市、县人民政府城乡规划主管部门责令限期拆除,可以并处临时建设工程造价一倍以下的罚款:

(一)未经批准进行临时建设的;

(二)未按照批准内容进行临时建设的;

(三)临时建筑物、构筑物超过批准期限不拆除的。

中华人民共和国土地管理法(节选)

主席令第二十八号

(1986年6月25日第六届全国人民代表大会常务委员会第十六次会议通过,根据1988年12月29日第七届全国人民代表大会常务委员会第五次会议《关于修改〈中华人民共和国土地管理法〉的决定》第一次修正,1998年8月29日第九届全国人民代表大会常务委员会第四次会议修订,根据2004年8月28日第十届全国人民代表大会常务委员会第十一次会议《关于修改〈中华人民共和国土地管理法〉的决定》第二次修正。)

第五十三条 经批准的建设项目需要使用国有建设用地的,建设单位应当持法律、行政法规规定的有关文件,向有批准权的县级以上人民政府土地行政主管部门提出建设用地申请,经土地行政主管部门审查,报本级人民政府批准。

第五十四条 建设单位使用国有土地,应当以出让等有偿使用方式取得;但是,下列建设用地,经县级以上人民政府依法批准,可以以划拨方式取得:

(一)国家机关用地和军事用地;

(二)城市基础设施用地和公益事业用地;

(三)国家重点扶持的能源、交通、水利等基础设施用地;

(四)法律、行政法规规定的其他用地。

第五十五条 以出让等有偿使用方式取得国有土地使用权的建设单位,按照国务院规定的标准和办法,缴纳土地使用权出让金等土地有偿使用费和其他费用后,方可使用土地。

自本法施行之日起,新增建设用地的土地有偿使用费,百分之三十上缴中央财政,百分之七十留给有关地方人民政府,都专项用于耕地开发。

第五十六条 建设单位使用国有土地的,应当按照土地使用权出让等有偿使用合同的约定或者土地使用权划拨批准文件的规定使用土地;确需改变该幅土地建设用途的,应当经有关人民政府土地行政主管部门同意,报原批准用地的人民政府批准。其中,在城市规划区内改变土地用途的,在报批前,应当先经有关城市规划行政主管部门同意。

中华人民共和国消防法(节选)

主席令第六号

(1998年4月29日第九届全国人民代表大会常务委员会第二次会议通过,2008年10月28日第十一届全国人民代表大会常务委员会第五次会议修订。)

第十六条 机关、团体、企业、事业等单位应当履行下列消防安全职责:

(四)保障疏散通道、安全出口、消防车通道畅通,保证防火防烟分区、防火间距符合消防技术标准;

第六十条 单位违反本法规定,有下列行为之一的,责令改正,处五千元以上五万元以下罚款:

(三)占用、堵塞、封闭疏散通道、安全出口或者有其他妨碍安全疏散行为的;

(五)占用、堵塞、封闭消防车通道,妨碍消防车通行的;

个人有第三项、第五项行为之一的,处警告或者五百元以下罚款。

有本条第一款第三项、第五项行为,经责令改正拒不改正的,强制执行,所需费用由违法行为人承担。

中华人民共和国道路交通安全法实施条例(节选)

国务院令第 405 号

(2004 年 4 月 28 日国务院第 49 次常务会议通过,自 2004 年 5 月 1 日起施行。)

第三十三条　城市人民政府有关部门可以在不影响行人、车辆通行的情况下,在城市道路上施划停车泊位,并规定停车泊位的使用时间。

第六十三条　机动车在道路上临时停车,应当遵守下列规定:

(一)在设有禁停标志、标线的路段,在机动车道与非机动车道、人行道之间设有隔离设施的路段以及人行横道、施工地段,不得停车;

(二)交叉路口、铁路道口、急弯路、宽度不足 4 米的窄路、桥梁、陡坡、隧道以及距离上述地点 50 米以内的路段,不得停车;

(三)公共汽车站、急救站、加油站、消防栓或者消防队(站)门前以及距离上述地点 30 米以内的路段,除使用上述设施的以外,不得停车;

(四)车辆停稳前不得开车门和上下人员,开关车门不得妨碍其他车辆和行人通行;

(五)路边停车应当紧靠道路右侧,机动车驾驶人不得离车,上下人员或者装卸物品后,立即驶离;

(六)城市公共汽车不得在站点以外的路段停车上下乘客。

城市道路管理条例

国务院令第 198 号

第一章 总 则

第一条 为了加强城市道路管理,保障城市道路完好,充分发挥城市道路功能,促进城市经济和社会发展,制定本条例。

第二条 本条例所称城市道路,是指城市供车辆、行人通行的,具备一定技术条件的道路、桥梁及其附属设施。

第三条 本条例适用于城市道路规划、建设、养护、维修和路政管理。

第四条 城市道路管理实行统一规划、配套建设、协调发展和建设、养护、管理并重的原则。

第五条 国家鼓励和支持城市道路科学技术研究,推广先进技术,提高城市道路管理的科学技术水平。

第六条 国务院建设行政主管部门主管全国城市道路管理工作。

省、自治区人民政府城市建设行政主管部门主管本行政区域内的城市道路管理工作。

县级以上城市人民政府市政工程行政主管部门主管本行政区域内的城市道路管理工作。

第二章 规划和建设

第七条 县级以上城市人民政府应当组织市政工程、城市规划、公安交通等部门,根据城市总体规划编制城市道路发展规划。

市政工程行政主管部门应当根据城市道路发展规划,制定城市道路年度建设计划,经城市人民政府批准后实施。

第八条 城市道路建设资金可以按照国家有关规定,采取政府投资、集资、国内外贷款、国有土地有偿使用收入、发行债券等多种渠道筹集。

第九条 城市道路的建设应当符合城市道路技术规范。

第十条 政府投资建设城市道路的,应当根据城市道路发展规划和年度建设计划,由市政工程行政主管部门组织建设。

单位投资建设城市道路的,应当符合城市道路发展规划,并经市政工程行政主管部门批准。

城市住宅小区、开发区内的道路建设,应当分别纳入住宅小区、开发区的开发建设计划配套建设。

第十一条 国家鼓励国内外企业和其他组织以及个人按照城市道路发展规划,投资建设城市道路。

第十二条 城市供水、排水、燃气、热力、供电、通信、消防等依附于城市道路的各种管线、杆线等设施的建设计划,应当与城市道路发展规划和年度建设计划相协调,坚持先地下、后地上的施工原则,与城市道路同步建设。

第十三条 新建的城市道路与铁路干线相交的,应当根据需要在城市规划中预留立体交通设施的建设位置。

城市道路与铁路相交的道口建设应当符合国家有关技术规范,并根据需要逐步建设立体交通设施。建设立体交通设施所需投资,按照国家规定由有关部门协商确定。

第十四条 建设跨越江河的桥梁和隧道,应当符合国家规定的防洪、通航标准和其他有关技术规范。

第十五条 县级以上城市人民政府应当有计划地按照城市道路技术规范改建、拓宽城市道路和公路的结合部,公路行政主管部门可以按照国家有关规定在资金上给予补助。

第十六条 承担城市道路设计、施工的单位,应当具有相应的资质等级,并按照资质等级承担相应的城市道路的设计、施工任务。

第十七条 城市道路的设计、施工,应当严格执行国家和地方规定的城市道路设计、施工的技术规范。

城市道路施工,实行工程质量监督制度。

城市道路工程竣工,经验收合格后,方可交付使用;未经验收或者验收不合格的,不得交付使用。

第十八条 城市道路实行工程质量保修制度。城市道路的保修期为一年,自交付使用之日起计算。保修期内出现工程质量问题,由有关责任单位负责保修。

第十九条 市政工程行政主管部门对利用贷款或者集资建设的大型桥梁、隧道等,可以在一定期限内向过往车辆(军用车辆除外)收取通行费,用于偿还贷款或者集资款,不得挪作他用。

收取通行费的范围和期限,由省、自治区、直辖市人民政府规定。

第三章 养护和维修

第二十条 市政工程行政主管部门对其组织建设和管理的城市道路,按照城市道路的等级、数量及养护和维修的定额,逐年核定养护、维修经费,统一安排养护、维修资金。

第二十一条 承担城市道路养护、维修的单位,应当严格执行城市道路养护、维修的技术规范,定期对城市道路进行养护、维修,确保养护、维修工程的质量。

市政工程行政主管部门负责对养护、维修工程的质量进行监督检查,保障城市道路完好。

第二十二条 市政工程行政主管部门组织建设和管理的道路,由其委托的城市道路养护、维修单位负责养护、维修。单位投资建设和管理的道路,由投资建设的单位或者其委托的单位负责养护、维修。城市住宅小区、开发区内的道路,由建设单位或者其委托的单位负责养护、维修。

第二十三条 设在城市道路上的各类管线的检查井、箱盖或者城市道路附属设施,应当符合城市道路养护规范。因缺损影响交通和安全时,有关产权单位应当及时补缺或者修复。

第二十四条 城市道路的养护、维修工程应当按照规定的期限修复竣工,并在养护、维修工程施工现场设置明显标志和安全防围设施,保障行人和交通车辆安全。

第二十五条　城市道路养护、维修的专用车辆应当使用统一标志;执行任务时,在保证交通安全畅通的情况下,不受行驶路线和行驶方向的限制。

第四章　路政管理

第二十六条　市政工程行政主管部门执行路政管理的人员执行公务,应当按照有关规定佩戴标志,持证上岗。

第二十七条　城市道路范围内禁止下列行为:

(一)擅自占用或者挖掘城市道路;

(二)履带车、铁轮车或者超重、超高、超长车辆擅自在城市道路上行驶;

(三)机动车在桥梁或者非指定的城市道路上试刹车;

(四)擅自在城市道路上建设建筑物、构筑物;

(五)在桥梁上架设压力在4公斤/平方厘米(0.4兆帕)以上的煤气管道、10千伏以上的高压电力线和其他易燃易爆管线;

(六)擅自在桥梁或者路灯设施上设置广告牌或者其他挂浮物;

(七)其他损害、侵占城市道路的行为。

第二十八条　履带车、铁轮车或者超重、超高、超长车辆需要在城市道路上行驶的,事先须征得市政工程行政主管部门同意,并按照公安交通管理部门指定的时间、路线行驶。

军用车辆执行任务需要在城市道路上行驶的,可以不受前款限制,但是应当按照规定采取安全保护措施。

第二十九条 依附于城市道路建设各种管线、杆线等设施的,应当经市政工程行政主管部门批准,方可建设。

第三十条 未经市政工程行政主管部门和公安交通管理部门批准,任何单位或者个人不得占用或者挖掘城市道路。

第三十一条 因特殊情况需要临时占用城市道路的,须经市政工程行政主管部门和公安交通管理部门批准,方可按照规定占用。

经批准临时占用城市道路的,不得损坏城市道路;占用期满后,应当及时清理占用现场,恢复城市道路原状;损坏城市道路的,应当修复或者给予赔偿。

第三十二条 城市人民政府应当严格控制占用城市道路作为集贸市场。

确需占用城市道路作为集贸市场的,应当经县级以上城市人民政府批准;未经批准,擅自占用城市道路作为集贸市场的,市政工程行政主管部门应当责令限期清退,恢复城市道路功能。

本条例施行前未经县级以上城市人民政府批准已经占用城市道路作为集贸市场的,应当按照本条例的规定重新办理审批手续。

第三十三条 因工程建设需要挖掘城市道路的,应当持城市规划部门批准签发的文件和有关设计文件,到市政工程行政主管部门和公安交通管理部门办理审批手续,方可按照规定挖掘。

新建、扩建、改建的城市道路交付使用后 5 年内、大修的城市道路竣工后 3 年内不得挖掘;因特殊情况需要挖掘的,须经县级以上城市人民政府批准。

第三十四条 埋设在城市道路下的管线发生故障需要紧急抢

修的,可以先行破路抢修,并同时通知市政工程行政主管部门和公安交通管理部门,在 24 小时内按照规定补办批准手续。

第三十五条 经批准挖掘城市道路的,应当在施工现场设置明显标志和安全防围设施;竣工后,应当及时清理现场,通知市政工程行政主管部门检查验收。

第三十六条 经批准占用或者挖掘城市道路的,应当按照批准的位置、面积、期限占用或者挖掘。需要移动位置、扩大面积、延长时间的,应当提前办理变更审批手续。

第三十七条 占用或者挖掘由市政工程行政主管部门管理的城市道路的,应当向市政工程行政主管部门交纳城市道路占用费或者城市道路挖掘修复费。

城市道路占用费的收费标准,由省、自治区人民政府的建设行政主管部门、直辖市人民政府的市政工程行政主管部门拟订,报同级财政、物价主管部门核定;城市道路挖掘修复费的收费标准,由省、自治区人民政府的建设行政主管部门、直辖市人民政府的市政工程行政主管部门制定,报同级财政、物价主管部门备案。

第三十八条 根据城市建设或者其他特殊需要,市政工程行政主管部门可以对临时占用城市道路的单位或者个人决定缩小占用面积、缩短占用时间或者停止占用,并根据具体情况退还部分城市道路占用费。

第五章 罚 则

第三十九条 违反本条例的规定,有下列行为之一的,由市政工程行政主管部门责令停止设计、施工,限期改正,可以并处3万元以下的罚款;已经取得设计、施工资格证书,情节严重的,提请原发证机关吊销设计、施工资格证书:

(一)未取得设计、施工资格或者未按照资质等级承担城市道路的设计、施工任务的;

(二)未按照城市道路设计、施工技术规范设计、施工的;

(三)未按照设计图纸施工或者擅自修改图纸的。

第四十条 违反本条例第十七条规定,擅自使用未经验收或者验收不合格的城市道路的,由市政工程行政主管部门责令限期改正,给予警告,可以并处工程造价2%以下的罚款。

第四十一条 承担城市道路养护、维修的单位违反本条例的规定,未定期对城市道路进行养护、维修或者未按照规定的期限修复竣工,并拒绝接受市政工程行政主管部门监督、检查的,由市政工程行政主管部门责令限期改正,给予警告;对负有直接责任的主管人员和其他直接责任人员,依法给予行政处分。

第四十二条 违反本条例第二十七条规定,或者有下列行为之一的,由市政工程行政主管部门或者其他有关部门责令限期改正,可以处以2万元以下的罚款;造成损失的,应当依法承担赔偿责任:

(一)未对设在城市道路上的各种管线的检查井、箱盖或者城市道路附属设施的缺损及时补缺或者修复的;

(二)未在城市道路施工现场设置明显标志和安全防围设施的;

(三)占用城市道路期满或者挖掘城市道路后,不及时清理现场的;

（四）依附于城市道路建设各种管线、杆线等设施，不按照规定办理批准手续的；

（五）紧急抢修埋设在城市道路下的管线，不按照规定补办批准手续的；

（六）未按照批准的位置、面积、期限占用或者挖掘城市道路，或者需要移动位置、扩大面积、延长时间，未提前办理变更审批手续的。

第四十三条　违反本条例，构成犯罪的，由司法机关依法追究刑事责任；尚不构成犯罪，应当给予治安管理处罚的，依照治安管理处罚条例的规定给予处罚。

第四十四条　市政工程行政主管部门人员玩忽职守、滥用职权、徇私舞弊，构成犯罪的，依法追究刑事责任；尚不构成犯罪的，依法给予行政处分。

第六章　附　则

第四十五条　本条例自1996年10月1日起施行。

中华人民共和国城镇国有土地使用权出让和转让暂行条例

国务院令第 55 号

第一章 总 则

第一条 为了改革城镇国有土地使用制度,合理开发、利用、经营土地,加强土地管理,促进城市建设和经济发展,制定本条例。

第二条 国家按照所有权与使用权分离的原则,实行城镇国有土地使用权出让、转让制度,但地下资源、埋藏物和市政公用设施除外。前款所称城镇国有土地是指市、县城、建制镇、工矿区范围内属于全民所有的土地(以下简称土地)。

第三条 中华人民共和国境内外的公司、企业、其他组织和个人,除法律另有规定者外,均可依照本条例的规定取得土地使用权,进行土地开发、利用、经营。

第四条 依照本条例的规定取得土地使用权的土地使用者,其使用权在使用年限内可以转让、出租、抵押或者用于其他经济活动,合法权益受国家法律保护。

第五条 土地使用者开发、利用、经营土地的活动,应当遵守国家法律、法规的规定,并不得损害社会公共利益。

第六条 县级以上人民政府土地管理部门依法对土地使用权的出让、转让、出租、抵押、终止进行监督检查。

第七条 土地使用权出让、转让、出租、抵押、终止及有关的地上建筑物、其他附着物的登记,由政府土地管理部门、房产管理部门依照法律和国务院的有关规定办理。

登记文件可以公开查阅。

第二章 土地使用权出让

第八条 土地使用权出让是指国家以土地所有者的身份将土地使用权在一定年限内让与土地使用者,并由土地使用者向国家支付土地使用权出让金的行为。

土地使用权出让应当签订出让合同。

第九条 土地使用权的出让,由市、县人民政府负责,有计划、有步骤地进行。

第十条 土地使用权出让的地块、用途、年限和其他条件,由市、县人民政府土地管理部门会同城市规划和建设管理部门、房产管理部门共同拟定方案,按照国务院规定的批准权限批准后,由土地管理部门实施。

第十一条 土地使用权出让合同应当按照平等、自愿、有偿的原则,由市、县人民政府土地管理部门(以下简称出让方)与土地使用者签订。

第十二条 土地使用权出让最高年限按下列用途确定：

（一）居住用地七十年；

（二）工业用地五十年；

（三）教育、科技、文化、卫生、体育用地五十年；

（四）商业、旅游、娱乐用地四十年；

（五）综合或者其他用地五十年。

第十三条 土地使用权出让可以采取下列方式：

（一）协议；

（二）招标；

（三）拍卖；

依照前款规定方式出让土地使用权的具体程序和步骤，由省、自治区、直辖市人民政府规定。

第十四条 土地使用者应当在签订土地使用权出让合同后六十日内，支付全部土地使用权出让金。逾期未全部支付的，出让方有权解除合同，并可请求违约赔偿。

第十五条 出让方应当按照合同规定，提供出让的土地使用权。未按合同规定提供土地使用权的，土地使用者有权解除合同，并可请求违约赔偿。

第十六条 土地使用者在支付全部土地使用权出让金后，应当依照规定办理登记，领取土地使用证，取得土地使用权。

第十七条 土地使用者应当按照土地使用权出让合同的规定和城市规划的要求，开发、利用、经营土地。

未按合同规定的期限和条件开发、利用土地的，市、县人民政府土地管理部门应当予以纠正，并根据情节可以给予警告、罚款直至无偿收回土地使用权的处罚。

第十八条 土地使用者需要改变土地使用权出让合同规定的土地用途的,应当征得出让方同意并经土地管理部门和城市规划部门批准,依照本章的有关规定重新签订土地使用权出让合同,调整土地使用权出让金,并办理登记。

第三章 土地使用权转让

第十九条 土地使用权转让是指土地使用者将土地使用权再转移的行为,包括出售、交换和赠与。未按土地使用权出让合同规定的期限和条件投资开发、利用土地的,土地使用权不得转让。

第二十条 土地使用权转让应当签订转让合同。

第二十一条 土地使用权转让时,土地使用权出让合同和登记文件中所载明的权利、义务随之转移。

第二十二条 土地使用者通过转让方式取得的土地使用权,其使用年限为土地使用权出让合同规定的使用年限减去原土地使用者已使用年限后的剩余年限。

第二十三条 土地使用权转让时,其地上建筑物、其他附着物所有权随之转让。

第二十四条 地上建筑物、其他附着物的所有人或者共有人,享有该建筑物、附着物使用范围内的土地使用权。土地使用者转让地上建筑物、其他附着物所有权时,其使用范围内的土地使用权随之转让,但地上建筑物、其他附着物作为动产转让的除外。

第二十五条 土地使用权和地上建筑物、其他附着物所有权转让,应当按照规定办理过户登记。土地使用权和地上建筑物、其他附着物所有权分割转让的,应当经市、县人民政府土地管理部门和房产管理部门批准,并依照规定办理过户登记。

第二十六条 土地使用权转让价格明显低于市场价格的,市、县人民政府有优先购买权。土地使用权转让的市场价格不合理上涨时,市、县人民政府可以采取必要的措施。

第二十七条 土地使用权转让后,需要改变土地使用权出让合同规定的土地用途的,依照本条例第十八条的规定办理。

第四章 土地使用权出租

第二十八条 土地使用权出租是指土地使用者作为出租人将土地使用权随同地上建筑物、其他附着物租赁给承租人使用,由承租人向出租人支付租金的行为。未按土地使用权出让合同规定的期限和条件投资开发、利用土地的,土地使用权不得出租。

第二十九条 土地使用权出租,出租人与承租人应当签订租赁合同。租赁合同不得违背国家法律、法规和土地使用权出让合同的规定。

第三十条 土地使用权出租后,出租人必须继续履行土地使用权的出让合同。

第三十一条 土地使用权和地上建筑物、其他附着物出租,出租人应当依照规定办理登记。

第五章　土地使用权抵押

第三十二条　土地使用权可以抵押。

第三十三条　土地使用权抵押时,其地上建筑物、其他附着物随之抵押。地上建筑物、其他附着物抵押时,其使用范围内的土地使用权随之抵押。

第三十四条　土地使用权抵押,抵押人与抵押权人应当签订抵押合同。抵押合同不得违背国家法律、法规和土地使用权出让合同的规定。

第三十五条　土地使用权和地上建筑物、其他附着物抵押,应当按照规定办理抵押登记。

第三十六条　抵押人到期未能履行债务或者在抵押合同期间宣告解散、破产的,抵押权人有权依照国家法律、法规和抵押合同的规定处分抵押财产。因处分抵押财产而取得土地使用权和地上建筑物、其他附着物所有权的,应当依照规定办理过户登记。

第三十七条　处分抵押财产所得,抵押权人有优先受偿权。

第三十八条　抵押权因债务清偿或者其他原因而消灭的,应当依照规定办理注销抵押登记。

第六章　土地使用权中止

第三十九条　土地使用权因土地使用权出让合同规定的使用年限届满、提前收回及土地灭失等原因而终止。

第四十条　土地使用权期满,土地使用权及其地上建筑物、其他附着物所有权由国家无偿取得。土地使用者应当交还土地使用证,并依照规定办理注销登记。

第四十一条　土地使用权期满,土地使用者可以申请续期。需要续期的,应当依照本条例第二章的规定重新签订合同,支付土地使用权出让金,并办理登记。

第四十二条　国家对土地使用者依法取得的土地使用权不提前收回。在特殊情况下,根据社会公共利益的需要,国家可以依照法律程序提前收回,并根据土地使用者已使用的年限和开发、利用土地的实际情况给予相应的补偿。

第七章　划拨土地使用权

第四十三条　划拨土地使用权是指土地使用者通过各种方式依法无偿取得的土地使用权。前款土地使用者应当依照《中华人民共和国城镇土地使用税暂行条例》的规定缴纳土地使用税。

第四十四条　划拨土地使用权,除本条例第四十五条规定的情况外,不得转让、出租、抵押。

第四十五条　符合下列条件的,经市、县人民政府土地管理部门和房产管理部门批准,其划拨土地使用权和地上建筑物、其他附着物所有权可以转让、出租、抵押:

(一)土地使用者为公司、企业、其他经济组织和个人;

(二)领有国有土地使用证;

(三)具有地上建筑物、其他附着物合法的产权证明;

（四）依照本条例第二章的规定签订土地使用权出让合同，向当地市、县人民政府补交土地使用权出让金或者以转让、出租、抵押所获效益抵交土地使用权出让金。

转让、出租、抵押前款划拨土地使用权的，分别依照本条例第三章、第四章和第五章的规定办理。

第四十六条 对未经批准擅自转让、出租、抵押划拨土地使用权的单位和个人，市、县人民政府土地管理部门应当没收其非法收入，并根据情节处以罚款。

第四十七条 无偿取得划拨土地使用权的土地使用者，因迁移、解散、撤销、破产或者其他原因而停止使用土地的，市、县人民政府应当无偿收回其划拨土地使用权，并可依照本条例的规定予以出让。

对划拨土地使用权，市、县人民政府根据城市建设发展需要和城市规划的要求，可以无偿收回，并可依照本条例的规定予以出让。

无偿收回划拨土地使用权时，对其地上建筑物、其他附着物，市、县人民政府应当根据实际情况给予适当补偿。

第八章 附 则

第四十八条 依照本条例的规定取得土地使用权的个人，其土地使用权可以继承。

第四十九条 土地使用者应当依照国家税收法规的规定纳税。

第五十条 依照本条例收取的土地使用权出让金列入财政预算,作为专项基金管理,主要用于城市建设和土地开发。具体使用管理办法,由财政部另行制定。

第五十一条 各省、自治区、直辖市人民政府应当根据本条例的规定和当地的实际情况选择部分条件比较成熟的城镇先行试点。

第五十二条 外商投资从事开发经营成片土地的,其土地使用权的管理依照国务院的有关规定执行。

第五十三条 本条例由国家土地管理局负责解释;实施办法由省、自治区、直辖市人民政府制定。

第五十四条 本条例自发布之日起施行。

物业管理条例(节选)

国务院令第 504 号

(2003 年 6 月 8 日中华人民共和国国务院令第 379 号公布,根据 2007 年 8 月 26 日《国务院关于修改〈物业管理条例〉的决定》修订。)

第二条 本条例所称物业管理,是指业主通过选聘物业服务企业,由业主和物业服务企业按照物业服务合同约定,对房屋及配套的设施设备和相关场地进行维修、养护、管理,维护物业管理区域内的环境卫生和相关秩序的活动。

第六条 房屋的所有权人为业主。

业主在物业管理活动中,享有下列权利:

(一)按照物业服务合同的约定,接受物业服务企业提供的服务;

(二)提议召开业主大会会议,并就物业管理的有关事项提出建议;

(三)提出制定和修改管理规约、业主大会议事规则的建议;

(四)参加业主大会会议,行使投票权;

（五）选举业主委员会成员,并享有被选举权;

（六）监督业主委员会的工作;

（七）监督物业服务企业履行物业服务合同;

（八）对物业共用部位、共用设施设备和相关场地使用情况享有知情权和监督权;

（九）监督物业共用部位、共用设施设备专项维修资金(以下简称专项维修资金)的管理和使用;

（十）法律、法规规定的其他权利。

第七条 业主在物业管理活动中,履行下列义务:

（一）遵守管理规约、业主大会议事规则;

（二）遵守物业管理区域内物业共用部位和共用设施设备的使用、公共秩序和环境卫生的维护等方面的规章制度;

（三）执行业主大会的决定和业主大会授权业主委员会作出的决定;

（四）按照国家有关规定交纳专项维修资金;

（五）按时交纳物业服务费用;

（六）法律、法规规定的其他义务。

第八条 物业管理区域内全体业主组成业主大会。

业主大会应当代表和维护物业管理区域内全体业主在物业管理活动中的合法权益。

第九条 一个物业管理区域成立一个业主大会。

物业管理区域的划分应当考虑物业的共用设施设备、建筑物规模、社区建设等因素。具体办法由省、自治区、直辖市制定。

第十条 同一个物业管理区域内的业主,应当在物业所在地的区、县人民政府房地产行政主管部门或者街道办事处、乡镇人民政府的指导下成立业主大会,并选举产生业主委员会。但是,只有一个业主的,或者业主人数较少且经全体业主一致同意,决定不成立业主大会的,由业主共同履行业主大会、业主委员会职责。

第十一条　下列事项由业主共同决定:

(一)制定和修改业主大会议事规则;

(二)制定和修改管理规约;

(三)选举业主委员会或者更换业主委员会成员;

(四)选聘和解聘物业服务企业;

(五)筹集和使用专项维修资金;

(六)改建、重建建筑物及其附属设施;

(七)有关共有和共同管理权利的其他重大事项。

第十二条　业主大会会议可以采用集体讨论的形式,也可以采用书面征求意见的形式;但是,应当有物业管理区域内专有部分占建筑物总面积过半数的业主且占总人数过半数的业主参加。

业主可以委托代理人参加业主大会会议。

业主大会决定本条例第十一条第(五)项和第(六)项规定的事项,应当经专有部分占建筑物总面积 2/3 以上的业主且占总人数 2/3 以上的业主同意;决定本条例第十一条规定的其他事项,应当经专有部分占建筑物总面积过半数的业主且占总人数过半数的业主同意。

业主大会或者业主委员会的决定,对业主具有约束力。

业主大会或者业主委员会作出的决定侵害业主合法权益的,受侵害的业主可以请求人民法院予以撤销。

第二十二条 建设单位应当在销售物业之前,制定临时管理规约,对有关物业的使用、维护、管理,业主的共同利益,业主应当履行的义务,违反临时管理规约应当承担的责任等事项依法作出约定。

建设单位制定的临时管理规约,不得侵害物业买受人的合法权益。

第四十九条 物业管理区域内按照规划建设的公共建筑和共用设施,不得改变用途。

业主依法确需改变公共建筑和共用设施用途的,应当在依法办理有关手续后告知物业服务企业;物业服务企业确需改变公共建筑和共用设施用途的,应当提请业主大会讨论决定同意后,由业主依法办理有关手续。

第五十条 业主、物业服务企业不得擅自占用、挖掘物业管理区域内的道路、场地,损害业主的共同利益。

因维修物业或者公共利益,业主确需临时占用、挖掘道路、场地的,应当征得业主委员会和物业服务企业的同意;物业服务企业确需临时占用、挖掘道路、场地的,应当征得业主委员会的同意。

业主、物业服务企业应当将临时占用、挖掘的道路、场地,在约定期限内恢复原状。

第五十一条 供水、供电、供气、供热、通信、有线电视等单位,应当依法承担物业管理区域内相关管线和设施设备维修、养护的责任。

前款规定的单位因维修、养护等需要,临时占用、挖掘道路、场地的,应当及时恢复原状。

第五十四条 利用物业共用部位、共用设施设备进行经营的，应当在征得相关业主、业主大会、物业服务企业的同意后，按照规定办理有关手续。业主所得收益应当主要用于补充专项维修资金，也可以按照业主大会的决定使用。

第五十七条 违反本条例的规定，建设单位擅自处分属于业主的物业共用部位、共用设施设备的所有权或者使用权的，由县级以上地方人民政府房地产行政主管部门处 5 万元以上 20 万元以下的罚款；给业主造成损失的，依法承担赔偿责任。

第六十三条 违反本条例的规定，有下列行为之一的，由县级以上地方人民政府房地产行政主管部门责令限期改正，给予警告，并按照本条第二款的规定处以罚款；所得收益，用于物业管理区域内物业共用部位、共用设施设备的维修、养护，剩余部分按照业主大会的决定使用：

（一）擅自改变物业管理区域内按照规划建设的公共建筑和共用设施用途的；

（二）擅自占用、挖掘物业管理区域内道路、场地，损害业主共同利益的；

（三）擅自利用物业共用部位、共用设施设备进行经营的。

个人有前款规定行为之一的，处 1000 元以上 1 万元以下的罚款；单位有前款规定行为之一的，处 5 万元以上 20 万元以下的罚款。

城市绿化条例(节选)

国务院第 100 号令

(根据中华人民共和国国务院令第 588 号《国务院关于废止和修改部分行政法规的决定》将本文第二十七条、第三十二条第二款中引用的"治安管理处罚条例"修改为"治安管理处罚法",自 2011 年 1 月 8 日起实施。)

第十七条 城市的公共绿地、风景林地、防护绿地、行道树及干道绿化带的绿化,由城市人民政府城市绿化行政主管部门管理;各单位管界内的防护绿地的绿化,由该单位按照国家有关规定管理;单位自建的公园和单位附属绿地的绿化,由该单位管理;居住区绿地的绿化,由城市人民政府城市绿化行政主管部门根据实际情况确定的单位管理;城市苗圃、草圃和花圃等,由其经营单位管理。

第十八条 任何单位和个人都不得擅自改变城市绿化规划用地性质或者破坏绿化规划用地的地形、地貌、水体和植被。

第十九条 任何单位和个人都不得擅自占用城市绿化用地;占用的城市绿化用地,应当限期归还。

因建设或者其他特殊需要临时占用城市绿化用地,须经城市人民政府城市绿化行政主管部门同意,并按照有关规定办理临时用地手续。

停车场建设和管理暂行规定

(88)公(交管)字90号

(1988年公安部、建设部印发,自1989年1月1日起施行。)

第一条 为加强停车场的建设和管理,改善道路交通状况,保障交通安全畅通,根据《中华人民共和国道路交通管理条例》和《城市规划条例》的有关规定,制定本规定。

第二条 本规定适用于城市、重点旅游区停车场的建设和管理。

第三条 停车场是指供各种机动车和非机动车停放的露天或室内场所。

停车场分为专用停车场和公共停车场。专用停车场是指主要供本单位车辆停放的场所和私人停车场所;公共停车场是指主要为社会车辆提供服务的停车场所。

第四条 停车场的建设,必须符合城市规划和保障道路交通安全畅通的要求,其规划设计须遵守《停车场规划设计规则(试行)》。

停车场的设计方案（包括有关的主体工程设计方案），须经城市规划部门审核，并征得公安交通管理部门同意，方可办理施工手续；停车场竣工后，须经公安交通管理部门参加验收合格方可使用。

第五条 新建、改建、扩建的大型旅馆、饭店、商店、体育场（馆）、影（剧）院、展览馆、图书馆、医院、旅游场所、车站、码头、航空港、仓库等公共建筑和商业街（区），必须配建或增建停车场；有条件的小型公共建筑须配建自行车停车场。停车场应与主体工程同时设计、同时施工、同时使用；大型公共建筑工程设计没有停车场规划的，城市规划部门不予批准施工。

规划和建设居民住宅区，应根据需要配建相应的停车场。

机关、团体、企业、事业单位应根据需要配建满足本单位车辆使用的停车场。

应当配建停车场而未配建或停车场地不足的，应逐步补建或扩建。

第六条 单位或者个人需要临时占用停车场作为非停车之用时，应征得当地公安交通管理部门同意。

改变停车场的使用性质，须经当地公安交通管理部门和城市规划部门批准。

第七条 需要利用街道、公共广场作为临时停车场地的，应由公安交通管理部门会同城市规划部门统一规划，由公安交通管理部门统一管理。

第八条 公共停车场可以收取停车管理费，有条件为社会车辆提供服务的专用停车场，也可以收取停车管理费。在停车场停车者，必须服从管理人员的指挥。

鼓励单位、个人投资兴建公共停车场，建设者可按当地人民政府有关规定收取停车管理费。

第九条 公安交通管理部门应当协同城市规划部门制订停车场的规划，并对停车场的建设和管理实行监督。

第十条 对违反本规定者，公安交通管理部门和城市规划部门予以制止纠正，并视其情节轻重，根据有关规定给予警告、罚款、吊销建筑许可证的处罚。

第十一条 各省、自治区、直辖市公安交通管理部门和城市规划部门可以根据本规定，结合当地实际情况制定具体管理办法，报当地人民政府批准实施，并报公安部和建设部备案。

第十二条 本规定由公安部和建设部负责解释。

第十三条 本规定自一九八九年一月一日起施行。

停车场规划设计规则(试行)

(88)公(交管)字90号

(1988年公安部、建设部印发,自1989年1月1日起施行。)

第一条 本规则适用于大、中城市和重点旅游区停车场的规划设计,小城市可参照执行。

第二条 专用和公共建筑配建的停车场原则上应在主体建筑用地范围之内。

第三条 机动车停车场内必须按照国家标准 GB5768—86《道路交通标志和标线》设置交通标志,施划交通标线。

第四条 机动车停车场的出入口应有良好的视野。出入口距离人行过街天桥、地道和桥梁、隧道引道须大于五十米;距离交叉路口须大于八十米。

第五条 机动车停车场车位指标大于五十个时,出入口不得少于二个;大于五百个时,出入口不得少于三个。出入口之间的净距须大于十米,出入口宽度不得小于七米。

公共建筑配建的机动车停车场车位指标,包括吸引外来车辆和本建筑所属车辆的停车位指标。

第六条 机动车停车场内的停车方式应以占地面积小、疏散方便、保证安全为原则。主要停车方式见图一。

第七条　机动车停车场车位指标,以小型汽车为计算当量。设计时,应将其他类型车辆按表一所列换算系数换算成当量车型,以当量车型核算车位总指标。

第八条　机动车停车场主要设计指标应不小于表二规定。

第九条　在停车场内停放的机动车之间的净距应不小于表三规定。

第十条　机动车停车场内的主要通道宽度不得小于六米。

第十一条　机动车停车场通道的最小平曲线半径应不小于表四规定。

第十二条　机动车停车场通道的最大纵坡度应不大于表五规定。

第十三条　自行车停车场原则上不设在交叉路口附近。出入口应不少于二个。宽度不小于二点五米。

第十四条　自行车停车方式应以出入方便为原则。主要停车方式见图二。

第十五条　自行车停车场主要设计指标应不小于表六规定。

第十六条　公共自行车停车场的停车位指标是指吸引外来自行车的停车位指标。专用自行车停车场的停车位指标应不小于本单位职工人数的30%。

第十七条　各类建筑配建的停车场车位指标应不小于表七至表十八规定。

第十八条　各省、自治区、直辖市公安交通管理部门和城市规划部门可结合当地实际情况制定细则,报当地人民政府批准,并报公安部和建设部备案。

第十九条　本规则由公安部和建设部负责解释。

第二十条　本规则自一九八九年一月一日施行。(图表略)

机动车驾驶证申领和使用规定(节选)

公安部令第 123 号

(2012 年 8 月 21 日公安部部长办公会议通过,2012 年 9 月 12 日中华人民共和国公安部令第 123 号发布,自 2013 年 1 月 1 日起施行,第五章第四节自发布之日起施行。)

附件2:道路交通安全违法行为记分分值

三、机动车驾驶人有下列违法行为之一,一次记3分:

(八)驾驶机动车违反禁令标志、禁止标线指示的;

划拨用地目录

国土资源部令第9号

(2001年10月18日国土资源部第9次部务会议通过,自发布之日起施行。)

一、根据《中华人民共和国土地管理法》和《中华人民共和国城市房地产管理法》的制定,制定本目录。

二、符合本目录的建设用地项目,由建设单位提出申请,经有批准权的人民政府批准,方可以划拨方式提供土地使用权。

三、对国家重点扶持的能源、交通、水利等基础设施用地项目,可以以划拨方式提供土地使用权。对以营利为目的,非国家重点扶持的能源、交通、水利等基础设施用地项目,应当以有偿方式提供土地使用权。

四、以划拨方式取得的土地使用权,因企业改制、土地使用权转让或者改变土地用途等不再符合本目录的,应当实行有偿使用。

五、本目录施行后,法律、行政法规和国务院的有关政策另有规定的,按有关规定执行。

六、本目录自发布之日起施行。原国家土地管理局颁布的《划拨用地项目目录》同时废止。

国家机关用地和军事用地

(一)党政机关和人民团体用地

1. 办公用地。

2. 安全、保密、通讯等特殊专用设施。

(二)军事用地

1. 指挥机关、地面和地下的指挥工程、作战工程。

2. 营区、训练场、试验场。

3. 军用公路、铁路专用线、机场、港口、码头。

4. 军用洞库、仓库、输电、输油、输气管线。

5. 军用通信、通讯线路、侦察、观测台站和测量、导航标志。

6. 国防军品科研、试验设施。

7. 其他军事设施。

城市基础设施用地和公益事业用地

(三)城市基础设施用地

1. 供水设施:包括水源地、取水工程、净水厂、输配水工程、水质检测中心、调度中心、控制中心。

2. 燃气供应设施:包括人工煤气生产设施、液化石油气气化站、液化石油气储配站、天然气输配气设施。

3. 供热设施:包括热电厂、热力网设施。

4. 公共交通设施:包括城市轻轨、地下铁路线路、公共交通车辆停车场、首末站(总站)、调度中心、整流站、车辆保养场。

5. 环境卫生设施:包括雨水处理设施、污水处理厂、垃圾(粪便)处理设施、其他环卫设施。

6. 道路广场:包括市政道路、市政广场。

7. 绿地:包括公共绿地(住宅小区、工程建设项目的配套绿地除外)、防护绿地。

(四)非营利性邮政设施用地

1. 邮件处理中心、邮政支局(所)。

2. 邮政运输、物流配送中心。

3. 邮件转运站。

4. 国际邮件互换局、交换站。

5. 集装容器(邮袋、报皮)维护调配处理场。

(五)非营利性教育设施用地

1. 学校教学、办公、实验、科研及校内文化体育设施。

2. 高等、中等、职业学校的学生宿舍、食堂、教学实习及训练基地。

3. 托儿所、幼儿园的教学、办公、园内活动场地。

4. 特殊教育学校(盲校、聋哑学校、弱智学校)康复、技能训练设施。

(六)公益性科研机构用地

1. 科学研究、调查、观测、实验、试验(站、场、基地)设施。

2. 科研机构办公设施。

(七)非营利性体育设施用地

1. 各类体育运动项目专业比赛和专业训练场(馆)、配套设施(高尔夫球场除外)。

2. 体育信息、科研、兴奋剂检测设施。

3. 全民健身运动设施(住宅小区、企业单位内配套的除外)。

（八）非营利性公共文化设施用地

1. 图书馆。

2. 博物馆。

3. 文化馆。

4. 青少年宫、青少年科技馆、青少年（儿童）活动中心。

（九）非营利性医疗卫生设施用地

1. 医院、门诊部（所）、急救中心（站）、城乡卫生院。

2. 各级政府所属的卫生防疫站（疾病控制中心）、健康教育所、专科疾病防治所（站）。

3. 各级政府所属的妇幼保健所（院、站）、母婴保健机构、儿童保健机构、血站（血液中心、中心血站）。

（十）非营利性社会福利设施用地

1. 福利性住宅。

2. 综合性社会福利设施。

3. 老年人社会福利设施。

4. 儿童社会福利设施。

5. 残疾人社会福利设施。

6. 收容遣送设施。

7. 殡葬设施。

国家重点扶持的能源、交通、水利等基础设施用地

（十一）石油天然气设施用地

1. 油（气、水）井场及作业配套设施。

2. 油（气、汽、水）计量站、转接站、增压站、热采站、处理厂（站）、联合站、注水（气、汽、化学助剂）站、配气（水）站、原油（气）

库、海上油气陆上终端。

3. 防腐、防砂、钻井泥浆、三次采油制剂厂(站)、材料配制站(厂、车间)、预制厂(车间)。

4. 油(气)田机械、设备、仪器、管材加工和维修设施。

5. 油、气(汽)、水集输和长输管道、专用交通运输设施。

6. 油(气)田物资仓库(站)、露天货场、废旧料场、成品油(气)库(站)、液化气站。

7. 供排水设施、供配电设施、通讯设施。

8. 环境保护检测、污染治理、废旧料(物)综合处理设施。

9. 消防、安全、保卫设施。

(十二)煤炭设施用地

1. 矿井、露天矿、煤炭加工设施,共伴生矿物开采与加工场地。

2. 矿井通风、抽放瓦斯、煤层气开采、防火灌浆、井下热害防治设施。

3. 采掘场与疏干设施(含控制站)。

4. 自备发电厂、热电站、输变电设施。

5. 矿区内煤炭机电设备、仪器仪表、配件、器材供应与维修设施。

6. 矿区生产供水、供电、燃气、供气、通讯设施。

7. 矿山救护、消防防护设施。

8. 中心试验站。

9. 专用交通、运输设施。

(十三)电力设施用地

1. 发(变)电主厂房设施及配套库房设施。

2. 发(变)电厂(站)的专用交通设施。

3. 配套环保、安全防护设施。

4. 火力发电工程配电装置、网控楼、通信楼、微波塔。

5. 火力发电工程循环水管(沟)、冷却塔(池)、阀门井水工设施。

6. 火力发电工程燃料供应、供热设施,化学楼、输煤综合楼,启动锅炉房、空压机房。

7. 火力发电工程乙炔站、制氢(氧)站,化学水处理设施。

8. 核能发电工程应急给水储存室、循环水泵房、安全用水泵房、循环水进排水口及管沟、加氯间、配电装置。

9. 核能发电工程燃油储运及油处理设施。

10. 核能发电工程制氢站及相应设施。

11. 核能发电工程淡水水源设施,净水设施,污水、废水处理装置。

12. 新能源发电工程电机,厢变、输电(含专用送出工程)、变电站设施,资源观测设施。

13. 输配电线路塔(杆),巡线站、线路工区,线路维护、检修道路。

14. 变(配)电装置,直流输电换流站及接地极。

15. 输变电、配电工程给排水、水处理等水工设施。

16. 输变电工区、高压工区。

(十四)水利设施用地

1. 水利工程用地:包括挡水、泄水建筑物、引水系统、尾水系统、分洪道及其附属建筑物,附属道路、交通设施,供电、供水、供风、供热及制冷设施。

2. 水库淹没区。

3. 堤防工程。

4. 河道治理工程。

5. 水闸、泵站、涵洞、桥梁、道路工程及其管护设施。

6. 蓄滞洪区、防护林带、滩区安全建设工程。

7. 取水系统:包括水闸、堰、进水口、泵站、机电井及其管护设施。

8. 输(排)水设施(含明渠、暗渠、隧道、管道、桥、渡槽、倒虹、调蓄水库、水池渠系建筑物)、加压(抽、排)泵站、水厂。

9. 防汛抗旱通信设施,水文、气象测报设施。

10. 水土保持管理站、科研技术推广所(站)、试验地设施。

(十五)铁路交通设施用地

1. 铁路线路、车站及站场设施。

2. 铁路运输生产及维修、养护设施。

3. 铁路防洪、防冻、防雪、防风沙设施(含苗圃及植被保护带)、生产防疫、环保、水保设施。

4. 铁路给排水、供电、供暖、制冷、节能、专用通信、信号、信息系统设施。

5. 铁路轮渡、码头及相应的防风、防浪堤、护岸、栈桥、渡船整备设施。

6. 铁路专用物资仓储库(场)。

7. 铁路安全守备、消防、战备设施。

(十六)公路交通设施用地

1. 公路线路、桥梁、交叉工程、隧道和渡口。

2. 公路通信、监控、安全设施。

3. 高速公路服务区(区内经营性用地除外)。

4. 公路养护道班(工区)。

5. 公路线路用地界外设置的公路防护、排水、防洪、防雪、防波、防风沙设施及公路环境保护、监测设施。

(十七)水路交通设施用地

1. 码头、栈桥、防波堤、防沙导流堤、引堤、护岸、围堰水工工程。

2. 人工开挖的航道、港池、锚地及停泊区工程。

3. 港口生产作业区。

4. 港口机械设备停放场地及维修设施。

5. 港口专用铁路、公路、管道设施。

6. 港口给排水、供电、供暖、节能、防洪设施。

7. 水上安全监督(包括沿海和内河)、救助打捞、港航消防设施。

8. 通讯导航设施、环境保护设施。

9. 内河航运管理设施、内河航运枢纽工程、通航建筑物及管理维修区。

(十八)民用机场设施用地

1. 机场飞行区。

2. 公共航空运输客、货业务设施:包括航站楼、机场场区内的货运库(站)、特殊货物(危险品)业务仓库。

3. 空中交通管理系统。

4. 航材供应、航空器维修、适航检查及校验设施。

5. 机场地面专用设备、特种车辆保障设施。

6. 油料运输、中转、储油及加油设施。

7. 消防、应急救援、安全检查、机场公用设施。

8. 环境保护设施：包括污水处理、航空垃圾处理、环保监测、防噪声设施。

9. 训练机场、通用航空机场、公共航运机场中的通用航空业务配套设施。

法律、行政法规规定的其他用地

(十九)特殊用地

1. 监狱。

2. 劳教所。

3. 戒毒所、看守所、治安拘留所、收容教育所。

北京市实施《中华人民共和国道路交通安全法》办法(节选)

市人大常委会第 28 号公告

(北京市第十二届人民代表大会常务委员会第十五次会议于 2004 年 10 月 22 日通过,自 2005 年 1 月 1 日起施行。)

第二十八条 公共停车场的建设,应当根据道路状况,本着安全、畅通的原则,合理规划并实施。公共停车场建设工程的设计,应当符合国家和本市的设计标准和规范。已经建成或者投入使用的公共停车场,不得擅自停止使用或者改作他用。

第二十九条 根据本市道路停车泊位设置规划或者在不影响道路交通安全、畅通的情况下,公安机关交通管理部门可以在道路范围内确定道路停车泊位,并设置道路交通标志、标线。其他单位和个人不得设置、占用、撤销道路停车泊位。

第三十七条 出租汽车上下站、出租汽车停靠站为出租汽车专用停车地点,其他车辆不得占用。

在设置出租汽车上下站的地点,出租汽车可以临时停车上下乘客,上下乘客后应当立即驶离。

在设置出租汽车停靠站的地点,出租汽车可以临时停车上下乘客或者顺序排队等候。

第四十九条 机动车停放应当遵守下列规定:

(一)在停车场或者交通标志、标线规定的道路停车泊位内停放;

(二)在道路停车泊位内,按顺行方向停放,车身不得超出停车泊位;

(三)借道进出停车场或者道路停车泊位的,不得妨碍其他车辆或者行人正常通行。

第五十条　机动车在道路上临时停车时,应当遵守下列规定:

(一)按顺行方向,车身右侧紧靠道路边缘,不得超过30厘米,同时开启危险报警闪光灯;

(二)夜间或者遇风、雨、雪、雾等低能见度气象条件时,开启示廓灯、后位灯、雾灯。

第八十九条　驾驶机动车有下列情形之一的,处50元罚款:

(一)未按照规定使用安全带的;

(二)驾驶摩托车未按照规定佩戴安全头盔的;

(三)车门、车厢未关好时行车的;

(四)未配备有效的灭火器具、反光的故障车警告标志的;

(五)进出停车场或者道路停车泊位妨碍其他车辆或者行人正常通行的。

第九十九条　驾驶机动车有下列情形之一的,处200元罚款:

(一)违反规定停放车辆的;

(二)违反规定临时停车的;

(三)出租汽车违反规定停车上下乘客的;

(四)出租汽车违反规定在道路上停车待客、揽客的;

(五)公共汽车、电车违反驶入停靠站规定的。

第一百零三条　违反本办法第二十九条规定的,由公安机关交通管理部门责令停止违法行为,恢复原状。

北京市城市基础设施特许经营条例

北京市人民代表大会常务委员会公告第42号

(2005年12月1日北京市第十二届人民代表大会常务委员会第二十四次会议通过,自2006年3月1日起施行。)

第一章 总 则

第一条 为了规范本市城市基础设施特许经营活动,扩大融资渠道,保障社会公共利益和公共安全,保证公共产品和服务的质量,保护特许经营者的合法权益,根据有关法律、法规,制定本条例。

第二条 本条例所称城市基础设施特许经营,是指中华人民共和国境内外的企业和其他经济组织依法取得政府授予的特许经营权,在一定期限和范围内经营城市基础设施,提供公共产品或者公共服务。

第三条 本市城市基础设施实施特许经营的,适用本条例。

下列城市基础设施项目可以实施特许经营：

（一）供水、供气、供热；

（二）污水和固体废物处理；

（三）城市轨道交通和其他公共交通；

（四）市人民政府确定的其他城市基础设施。

第四条 城市基础设施特许经营可以采取下列方式：

（一）在一定期限内，城市基础设施项目由特许经营者投资建设、运营，期限届满无偿移交回政府；

（二）在一定期限内，城市基础设施由政府移交特许经营者运营，期限届满无偿移交回政府；

（三）市人民政府同意的其他方式。

第五条 城市基础设施实施特许经营，应当遵循公平、诚信和公共利益优先原则。

第六条 市发展改革部门负责本市城市基础设施特许经营的总体规划、综合平衡、协调和监督。

市城市基础设施行业主管部门，区、县人民政府，以及市或者区、县人民政府指定的部门（以下统称实施机关）负责本市城市基础设施项目的具体实施和监督管理工作。

规划、土地、建设、环保、财政、审计、监察等相关行政部门在各自职责范围内依法履行监督管理职责。

第二章 特许经营权的授予

第七条 拟实施特许经营的城市基础设施项目，可以由市发展改革部门、市城市基础设施行业主管部门或者区、县人民政府提出。

第八条 城市基础设施特许经营项目应当符合本市经济和社会发展规划、城市总体规划、城市基础设施行业发展规划和城市发展需要。

市发展改革部门确定市级实施特许经营的城市基础设施项目。重大项目应当报市人民政府批准。

区、县人民政府在固定资产投资项目审批权限范围内确定本区、县实施特许经营的城市基础设施项目。

第九条 城市基础设施特许经营项目确定后,实施机关应当拟定实施方案。

城市基础设施特许经营项目实施方案应当包括下列内容:

(一)项目名称;

(二)项目的实施机关;

(三)特许经营者应当具备的条件及选择方式;

(四)项目基本经济技术指标;

(五)选址和其他规划条件;

(六)特许经营权条款及特许经营期限;

(七)投资回报和价格的测算;

(八)特许经营权使用费及其减免;

(九)保障措施;

(十)其他政府承诺。

第十条 市发展改革部门组织市规划、土地、建设、环保、财政等有关行政主管部门依照各自职责对市级城市基础设施特许经营项目的实施方案进行审查,有关行政主管部门应当分别出具审定意见。市发展改革部门会同实施机关将修改审定的实施方案报市人民政府批准。

区、县城市基础设施特许经营项目的实施方案由区、县人民政府确定。

重大的城市基础设施特许经营项目的实施方案,应当组织专家进行可行性论证。

第十一条 实施机关按照实施方案,通过招标等公平竞争方式确定特许经营者并与之签订特许经营协议。

第十二条 特许经营协议应当包括下列内容:

(一)项目名称、内容;

(二)特许经营方式、区域、范围、期限;

(三)是否成立项目公司以及项目公司的经营范围、注册资本、股东出资方式、出资比例、股权转让等;

(四)产品或者服务的数量、质量和标准;

(五)投融资期限和方式;

(六)投资回报方式以及确定、调整机制;

(七)特许经营权使用费及其减免;

(八)特许经营者的权利和义务;

(九)履约担保;

(十)特许经营期内的风险分担;

(十一)政府承诺和保障;

(十二)应急预案;

(十三)特许经营期满后,项目移交的方式、程序;

(十四)违约责任;

(十五)争议解决方式;

(十六)需要约定的其他事项。

特许经营协议内容应当符合城市基础设施特许经营项目实施方案。

第十三条 特许经营协议中约定的特许经营期限根据行业特点、经营规模、经营方式等因素确定,但最长不得超过三十年。

第十四条 依据特许经营协议需要成立项目公司的,特许经营者应当在规定的期限内注册成立项目公司,并由实施机关确认其承担特许经营者的权利和义务。

特许经营协议可以约定限制项目公司的股权变更。

第十五条 特许经营协议可以约定特许经营者通过下列方式取得回报:

(一)对提供的公共产品或者服务收费;

(二)政府授予与城市基础设施相关的其他开发经营权益;

(三)政府给予相应补贴;

(四)市人民政府同意的其他方式。

第十六条 对于微利或者享受财政补贴的项目,特许经营协议中可以约定减免特许经营权使用费。

第十七条 特许经营协议中政府承诺的内容可以涉及与特许经营项目有关的土地使用、相关城市基础设施的提供、防止不必要的重复性竞争项目建设、必要合理的补贴、产品或者服务的政府采购,但政府不承诺商业风险分担、固定投资回报率及法律、法规禁止的其他事项。

第十八条 特许经营协议签订后,特许经营者应当持特许经营协议和其他有关文件到有关行政主管部门办理相关手续。

有关行政主管部门在办理特许经营项目相关手续时,对已经出具审定意见的内容,不再作重复审查;对其他内容的审查结果不应当导致特许经营协议内容的实质性变更。

第三章 权利和义务

第十九条 实施机关应当按照特许经营协议履行相关义务。

有关行政主管部门按照各自职责范围履行特许经营协议中的相关政府承诺。

特许经营者应当按照特许经营协议提供安全、合格的产品和优质、持续、高效的服务。

第二十条 特许经营者应当按照规划,在特许经营协议约定的服务区域内向消费者普遍地、无歧视地提供公共产品或者服务。

特许经营者不得对新增用户连接特许经营的供水、供气、供热、污水处理等设施收取设施投资补偿费等接入费用。

第二十一条 按照市和区、县人民政府的决定或者特许经营协议约定由实施机关接管城市基础设施的,特许经营者应当在完成接管前善意履行看守职责,维持正常的经营服务。

第二十二条 特许经营期限届满一年前,特许经营者可以向实施机关申请延期,经实施机关组织评审并报本级人民政府批准后,可以延期。

第二十三条 特许经营者向公众提供产品或者服务的价格应

当执行由价格主管部门制定的政府定价或者政府指导价。

第二十四条 特许经营者应当按照特许经营协议的约定缴纳特许经营权使用费。

第二十五条 未经实施机关同意,特许经营者不得擅自转让、出租、质押、抵押或者以其他方式处分特许经营权和特许经营项目资产。

在特许经营期限内,特许经营者不得将特许经营项目的设施及相关土地用于特许经营项目之外。

第二十六条 特许经营者应当对城市基础设施定期检修保养和更新改造,保证设施良好运转,并将运行情况报告实施机关。

第二十七条 特许经营者应当对城市基础设施建设、运营、维修、保养过程中的有关资料进行收集、归类、整理和归档,并按照协议约定的方式、程序和期限完整移交给实施机关。

第二十八条 特许经营者应当将年度经营报告、年度财务报告以及其他重大事项的报告,及时、完整地报送实施机关备案。

第二十九条 实施机关及其工作人员对在实施特许经营活动和监督管理工作中知悉的特许经营者的商业秘密、技术秘密负有保密义务。

第三十条 因政策调整损害特许经营者预期利益的,政府应当给予相应补偿。

第三十一条 特许经营期限内,特许经营协议的任何一方不得擅自变更或者解除原协议。一方认为需要变更或者解除协议的,应当与另一方进行协商。经双方协商一致的,可以变更或者解除协议;协商不一致产生争议的,可以按照协议约定的争议解决方式处理。

第三十二条　任何单位或者个人不得违反法律、法规以及本条例的规定收回或者限制特许经营者的特许经营权。

确因公共利益需要，政府可以收回特许经营权、终止特许经营协议、征用实施特许经营的城市基础设施、指令特许经营者提供公共产品或者服务，但是应当按照特许经营协议的约定给予相应补偿。

第三十三条　特许经营者对市和区、县人民政府及其有关行政主管部门作出的具体行政行为，认为侵犯其合法权益的，有陈述、申辩的权利，并可以依法申请行政复议或者提起行政诉讼。

第三十四条　实施机关与特许经营者应当制定应急预案，在突发自然灾害、战争灾害、事故灾害以及公共卫生、社会治安等公共事件时，最大限度保证城市基础设施的正常运转。

第四章　监督管理

第三十五条　特许经营期限内，有关行政主管部门应当按照各自职责对特许经营项目进行检查、评估、审计，对特许经营者违反法律、法规、规章规定的行为予以纠正并依法处理。

第三十六条　实施机关应当建立并保存城市基础设施特许经营项目档案。

实施机关应当及时监测、分析城市基础设施特许经营项目实施情况，并定期会同有关部门组织专业机构对项目实施情况进行综合评估。评估周期一般不短于两年，必要时可以实施年度评估。

监测、评估不得妨碍特许经营项目的正常经营活动。

第三十七条 政府价格主管部门制定的特许经营项目政府定价或者政府指导价应当遵循补偿成本、合理收益、节约资源和与社会承受力相适应的原则。与特许经营产品、服务无关的费用,不得列入特许经营成本。

第三十八条 价格主管部门应当建立定期审价制度,建立成本资料数据库,对产品或者服务价格进行有效的监督管理。

第三十九条 特许经营者应当将城市基础设施特许经营项目的质量、技术标准以及其他关系公共利益、公共安全的信息及时向社会公告。

第五章 法律责任

第四十条 特许经营者有下列情形之一的,由实施机关责令限期改正;拒不改正的,可以收回特许经营权、终止特许经营协议,并实施临时接管:

(一)违反法律、法规的规定或者特许经营协议的约定,情节严重的;

(二)不履行检修保养和更新改造义务,危害公共利益和公共安全的;

(三)擅自转让、出租、质押、抵押或者以其他方式擅自处分特许经营权或者特许经营项目资产的;

(四)擅自停业、歇业的;

(五)法律、法规规定或者特许经营协议约定的其他情形。

第四十一条 以欺骗、贿赂等不正当手段获得特许经营权的,实施机关应当撤销特许经营权,终止特许经营协议。

被撤销特许经营权的企业或者其他经济组织,三年内不得参与竞争本市城市基础设施特许经营权。

第四十二条 有关行政主管部门及其工作人员违反本条例规定,不履行法定职责、干预特许经营者正常经营活动、徇私舞弊、滥用职权的,由监察机关依法追究有关责任人员的行政责任;构成犯罪的,依法追究刑事责任。

第六章　附　则

第四十三条 本条例自2006年3月1日起施行。2003年8月28日市人民政府公布的《北京市城市基础设施特许经营办法》同时废止。

北京市城乡规划条例(节选)

北京市人民代表大会常务委员会公告第 4 号

(2009 年 5 月 22 日北京市第十三届人民代表大会常务委员会第十一次会议通过。)

第十三条 本市应当有计划地组织编制城乡规划。

各类城乡规划应当在上层次城乡规划的基础上编制。在城市总体规划的基础上编制中心城和新城的规划;在中心城和新城规划的基础上编制乡和镇的规划;在乡和镇规划的基础上编制村庄规划;在相关城乡规划的基础上,根据需要编制特定地区的规划和专项规划,补充、深化有关内容,与控制性详细规划相衔接。

中心城和新城、乡和镇应当编制总体规划和控制性详细规划。在控制性详细规划的基础上,可以根据规划实施的需要编制修建性详细规划。

第十五条 城乡规划按照以下规定组织编制:

(一)城市总体规划由市人民政府组织编制;

(二)中心城、新城的总体规划和控制性详细规划由市规划行政主管部门会同相关区、县人民政府组织编制；

（三）乡、镇总体规划和控制性详细规划由所在区、县人民政府组织编制，乡、镇人民政府按照区、县人民政府的要求负责具体工作；

（四）村庄规划由所在乡、镇人民政府组织编制；

（五）特定地区规划由所在区、县人民政府或者市规划行政主管部门组织编制；

（六）专项规划由相关行政主管部门或者市规划行政主管部门组织编制。

第十七条 城乡规划按照以下规定进行审批和备案：

（七）专项规划由市规划行政主管部门组织编制的，报市人民政府审批；由相关行政主管部门组织编制的，经市规划行政主管部门组织审查后报市人民政府审批。

第四十九条 经依法批准的城乡规划不得擅自修改。

城市总体规划和中心城、新城、乡和镇总体规划确需修改的，应当依照法定程序和权限进行；特定地区规划、专项规划、村庄规划确需修改的，应当按照原审批程序报批。

第五十条 城市总体规划的组织编制机关，应当组织有关部门和专家每五年对总体规划的实施情况进行评估，采取论证会、听证会或者其他方式征求公众意见，形成评估报告，并将评估报告及征求意见情况报送本级人民代表大会常务委员会和原审批机关。

北京市绿化条例(节选)

北京市人民代表大会常务委员会公告第7号

(2009年11月20日北京市第十三届人民代表大会常务委员会第十四次会议通过。)

第二十条　建设工程应当按照规划安排绿化用地。

规划行政主管部门在办理相关审批手续时,应当按照绿地系统规划和详细规划确定建设工程附属绿化用地面积占建设工程用地总面积的比例。其中,新建居住区、居住小区绿化用地面积比例不得低于30%,并按照居住区人均不低于2平方米、居住小区人均不低于1平方米的标准建设集中绿地;成片开发或者改造的地区应当按照规划要求建设集中绿地,绿地建设费用纳入开发建设总投资。

建设单位报送的建设工程设计方案应当包括附属绿化用地平面图并标明绿化用地的面积和位置。

第二十六条　露天停车场地面应当按照技术规范进行绿化,种植可以达到遮阳效果的树木。

第三十九条 加强对绿地、树木的管理和保护(以下简称管护)。绿地、树木的管护责任按照下列规定确定:

(三)居住区、居住小区内依法属于业主所有的绿地由业主负责,业主可以委托物业服务企业进行管护;

第四十六条 开发利用绿地地下空间的,应当符合国家和本市有关建设规范,不得影响树木正常生长和绿地使用功能。

第五十七条 任何单位和个人不得擅自改变绿地的性质和用途。中心城、新城、建制镇范围内,因基础设施建设等特殊原因需要改变公共绿地性质和用途的,应当经市人民政府批准。需要改变其他绿地性质和用途的,应当经市绿化行政主管部门审核、市规划行政主管部门批准。

因前款情形造成公共绿地面积减少的,建设单位应当在该绿地周边补建相应面积的绿地。

第五十八条 严格限制移植树木。因城市建设、居住安全和设施安全等特殊原因确需移植树木的,应当经绿化行政主管部门批准。移植许可证应当在移植现场公示,接受公众监督。

同一建设项目移植树木不满50株的,由区、县绿化行政主管部门批准;一次或者累计移植树木50株以上的,由市绿化行政主管部门批准。

第六十条 未经批准不得临时占用绿地。因特殊情况确需临时占用绿地的,应当经绿化行政主管部门批准。其中临时占用中心城公共绿地的,由市绿化行政主管部门批准;临时占用其他绿地的,由区、县绿化行政主管部门批准。临时占用期限最长不得超过2年。临时占用绿地期满后,占用人应当按照规定恢复原状。

第六十六条 违反本条例第四十六条规定,未按照国家和本市有关建设规范开发利用绿地地下空间,影响树木正常生长或者绿地使用功能的,责令限期改正;逾期不改正的,处 2 万元以上 10 万元以下罚款。

第六十八条 违反本条例第五十七条规定,未经许可擅自改变绿地性质和用途的,责令限期改正、恢复原状,并按照改变的面积处取得该处土地使用权地价款 3 至 5 倍的罚款。

第六十九条 违反本条例第五十八条规定移植树木的,责令限期改正;无法改正的,责令在规定地点补种移植株数 5 倍的树木,并可以处所移植树木价值 3 至 5 倍的罚款。

第七十一条 违反本条例第六十条规定,未经许可临时占用绿地的,责令限期改正、恢复原状,并可按照占用面积处取得该处土地使用权地价款 3 至 5 倍的罚款。临时占用绿地期满后不按照规定恢复原状的,按照擅自改变绿地性质予以处理。

北京市机动车停车管理办法

市政府令第 252 号

（2013 年 11 月 5 日市人民政府第 20 次常务会议审议通过，2013 年 11 月 18 日北京市人民政府令第 252 号公布，自 2014 年 1 月 1 日起施行。）

第一条　为了加强本市机动车停车管理，规范停车秩序，提升停车服务水平，促进城市交通环境改善，引导公众绿色出行，根据有关法律、法规，结合本市实际情况，制定本办法。

第二条　本市行政区域内停车场的规划、设置、使用、管理和机动车停放管理适用本办法。

公共交通、道路客货运输车辆等专用停车场的规划、建设、管理和危险化学品运输车辆的停放管理，适用国家和本市其他有关规定。

第三条　本办法所称停车场是指供机动车停放的场所，包括独立建设的停车场、配建停车场、临时停车场。

独立建设的停车场，是指根据规划独立建设并向社会开放的停放机动车的场所。

配建停车场,是指为公共建筑、居住区配套建设的停放机动车的场所。

临时停车场,是指临时设置的用于停放机动车的场所,包括道路停车泊位和利用街坊路、胡同以及待建土地、临时空闲场地设置的停车场。

第四条 机动车停车是静态交通体系,机动车停车场坚持统筹规划建设,实行差别化管理,逐步形成配建停车场为主、独立建设的停车场为辅、临时停车场为补充的格局。

本市鼓励社会多元化参与停车场建设,鼓励社会单位对外开放停车场。

第五条 市交通行政主管部门主管本市的停车管理工作,负责组织制定本市机动车停车管理的相关政策,并会同相关部门对机动车停车管理工作进行综合协调、检查指导、督促考核。

发展改革行政主管部门负责本市独立建设的停车场的项目审批、核准和备案工作,统筹安排政府投资项目建设资金,制定机动车停车收费标准,并对机动车停车收费标准执行情况进行监督检查。

公安机关交通管理部门负责本市道路停车秩序管理和道路停车泊位的设置。

规划、住房城乡建设、财政、国土资源、质量技术监督、工商行政管理、税务、民防、城市管理综合执法等行政主管部门按照各自职责,依法负责机动车停车管理相关工作。

第六条 区、县人民政府负责本行政区域内停车场的规划、设置、管理及机动车停放管理的统筹协调。区、县停车管理部门负责本行政区域内机动车停车管理的具体工作。

街道办事处、乡镇人民政府在区、县人民政府的领导下做好本辖区内的停车管理工作,指导居民委员会、村民委员会在辖区内通过建立停车管理委员会等形式,依法进行机动车停车的自我管理。

第七条 市交通行政主管部门应当会同市规划等行政主管部门,依据城市总体规划和城市综合交通体系规划,结合城市建设发展和道路交通安全管理的需要,组织编制停车场专项规划,与控制性详细规划相衔接,经依法批准后实施。

停车场专项规划应当确定城市停车总体发展策略、停车场供给体系及引导政策,统筹地上地下空间资源与布局,明确建设时序,并将停车场与城市交通枢纽、城市轨道交通换乘站紧密衔接。

区、县人民政府根据本市机动车停车场专项规划,制定本行政区域的实施方案,并组织实施。

第八条 驻车换乘停车场和为改善交通管理秩序建设的公益性停车场,是城市交通基础设施,建设用地实行划拨,按照政府主导、社会参与、企业运作的方式进行建设与管理。

在以划拨方式供地的医院、政府机关、博物馆、展览馆、大中小学、幼儿园及公共服务性设施用地内独立建设的停车场,建设用地实行划拨。

第九条 本市鼓励单位和个人利用地下空间资源开发建设公共停车场。

开发利用卫生、教育、文化、体育设施及道路、广场、绿地地下空间资源单独选址建设停车场的,建设单位应当进行安全论证,征求地面设施所有权人意见,提出建设方案,由市交通行政主管部门或者区、县停车管理部门会同发展改革、规划、国土资源、住房城乡建设、市政市容、民防、园林绿化等行政主管部门按照鼓励建设的原则,依法办理相应手续。

依照前款规定建设停车场,应当符合国家和本市有关建设标准和规范,不得影响道路、广场、绿地以及原有设施的使用功能和安全。

第十条 新建、改建、扩建公共建筑、居住区等,应当按照国家和本市有关规定和规划指标,配建机动车停车场。配套建设的停车场应当与主体工程同步设计、同步施工、同时验收、同时交付使用。

本市核心区的新建、改建、扩建项目,规划行政主管部门应当统筹考虑其所在区域内的居住停车需求,鼓励建设单位在配建指标基础上利用地下空间增建停车场。建设单位应当将增建的停车场对周边居民开放。

第十一条 既有居住区配建的停车场不能满足业主停车需求的,按照物业管理的规定经业主同意,可以统筹利用业主共有场地设置临时停车场;居住区不具备场地条件的,区、县人民政府可以组织相关部门按照规定在居住区周边街坊路或者胡同设置临时停车场。

第十二条 不能满足居民停车需求的区域,区、县人民政府可以组织相关单位利用待建土地、空闲厂区、边角空地等场所,设置临时停车场。

设置临时停车场,不得占用消防车通道及地下管线检查井等市政基础设施,不得妨碍消防设施和市政基础设施的正常使用,不得影响已批开发项目建设的进度。

第十三条 设置停车场,应当符合国家和本市停车场设置标准和设计规范,并按照标准设置无障碍停车泊位。设置立体停车设备,应当符合特种设备的有关规定。停车场设置后10日内,设置单位应当将停车位情况报送区、县停车管理部门。

停车场向社会开放并收费的,应当配建停车诱导系统以及停车诱导标识。

第十四条 任何单位和个人不得擅自停止使用停车场,不得将停车场改作他用,因实现原规划用途将临时停车场停止使用的除外。

临时停车场停止使用的,停车场管理单位应当在停止使用前一个月向社会公示,并到有关部门办理相关手续。

第十五条 本市建立统一的停车场信息管理和发布系统,对停车泊位进行编号,对停车场信息实行动态管理,并实时公布向社会开放的停车场分布位置、使用状况、泊位数量等情况。

区、县人民政府应当根据本市停车场动态信息管理和发布系统,建设区域停车诱导设施,并负责运行、维护和管理。

停车场向社会开放并收费的,应当将配建的停车诱导系统接入所在区域停车诱导设施,但单位将配建停车场向社会开放的除外。

第十六条 本市停车收费遵循城市中心区域高于外围区域、道路停车高于路外停车的原则。具体区域划分及标准由市发展改革行政主管部门会同市交通行政主管部门确定,报市人民政府批准后实施。

在居住区周边街坊路或者胡同设置临时停车场,小区居民凭有效证明停车时,其临时停放或者按月、按年租用停车位收费标准按照居住区露天停车场收费标准执行。

市发展改革行政主管部门应当会同交通、住房城乡建设行政主管部门制定办法,规范居住区地下停车场收费,提高居住区地下停车场利用率。

第十七条　居住区的配建停车场应当优先满足业主的停车需要。实行停车收费的,应当执行价格管理的规定,并公示本办法第二十一条第一款第一项、第二项、第五项和第八项等服务内容。

第十八条　本市鼓励单位和居住区在满足本单位、本居住区居民停车需求的情况下将配建停车场向社会开放;鼓励有条件的单位将配建停车场在非工作时间向社会开放;鼓励单位和个人实行错时停车。

依照前款规定将配建停车场向社会开放的,可以按照核定的价格对社会车辆收取停车费,但不适用本办法第十三条第二款的规定。

第十九条　单位或者个人错时合作停车的,停车场管理单位应当予以支持和配合,并为停车人提供便利。

在单位配建停车场错时停车的停车人,应当按照约定的时段停车;超过约定时段拒不驶离、影响停车场正常运行的,停车场有权终止错时停车约定。

第二十条　停车场向社会开放并收费的,停车场管理单位应当依法办理工商登记、税务登记、价格核定、明码标价牌编号等手续,在工商登记后 15 日内到区、县停车管理部门办理备案。

办理备案时,应当提交下列材料:

(一)法人登记证明及复印件;

(二)委托经营的提供委托经营协议;

(三)竣工验收文件;

(四)停车泊位平面示意图和方位图;

(五)符合规定的停车场设备清单;

(六)经营、服务、安全管理制度,突发事件应急预案等;

(七)停车诱导系统建设技术说明书及管理运行方案。

依照本办法第十一条、第十八条第一款规定设置的停车场提交的备案材料不包括前款第三项、第五项和第七项。

第二十一条 停车场向社会开放的,停车场管理单位应当遵守下列规定:

(一)在停车场显著位置明示停车场名称、服务项目、收费标准、车位数量及监督电话;

(二)按照核定的价格收费,并出具专用发票;

(三)配置完备的停车设施标志标识,为停车人进出提供明确的引导,为残疾人提供必要服务;

(四)指挥车辆按序进出和停放,维护停车秩序;

(五)制定停放车辆、安全保卫、消防、环境卫生等管理制度;

(六)对停车管理员进行专业培训、考核;

(七)不得在停车区域从事影响车辆安全停放的其他经营活动;

(八)建立投诉处理制度;

(九)国家和本市其他相关停车管理服务规范和标准。

中心城范围内的停车场向社会开放并收费的,应当24小时开放;按照规定实行限时的临时停车场除外。

第二十二条 市交通行政主管部门和区、县停车管理部门应当对向社会开放的停车场的运营服务实行质量信誉考核,考核结果向社会公布。

第二十三条 公安机关交通管理部门可以根据道路交通状况、周边停车需求情况,在城市道路上依法设置和调整道路停车泊位,并予以公示。

除前款和本办法第十一条规定的情形外,其他单位和个人不得擅自在城市道路上设置和调整道路停车泊位。

第二十四条 区、县停车管理部门应当与道路停车泊位的管理单位签订协议。协议应当包括双方权利义务、期限、终止协议的情形等内容。

道路停车泊位管理单位有下列情形之一的,区、县停车管理部门可以终止协议:

(一)发生服务质量纠纷,影响恶劣的;

(二)未按原承诺标准提供服务的;

(三)未按期足额缴纳占道费的;

(四)质量信誉考核不合格的;

(五)擅自转租转包、挂靠经营的;

(六)多次实施违法行为,拒不改正的;

(七)双方约定的其他可以终止协议的行为;

(八)法律、法规规定的其他情形。

第二十五条 市交通行政主管部门和区、县停车管理部门有计划地对道路停车泊位内的停车实行电子计时收费。

第二十六条 公安机关交通管理部门根据道路实际状况以及维护交通秩序的需要,可以在道路上加装隔离桩等设施,其他任何单位和个人不得损坏、挪移或者拆除。

第二十七条 任何单位和个人不得擅自在道路上和其他公共区域内设置地桩、地锁等障碍物阻碍机动车停放和通行,不得在未取得所有权的停车位上设置地桩、地锁;物业服务企业应当在物业管理协议和车位租赁协议中予以明示。

任何单位和个人发现擅自在道路上设置地桩、地锁等障碍物的,有权予以制止并举报。

第二十八条 机动车应当在停车场内停放,并不得超过规定时间。

在停车场内停放机动车的,停车人应当遵守下列规定:

(一)服从引导;

(二)停车入位且车身不得超出停车泊位;

(三)做好驻车制动;

(四)不得损坏停车设备;

(五)按照规定缴纳停车费用;

(六)进出停车场、停车泊位的,不得妨碍其他车辆或者行人正常通行。

停车人不遵守本条第二款规定的,停车场管理单位有权劝阻;造成损害的,停车场管理单位可以依法提起诉讼。停车人有权对停车管理中的违法行为进行投诉、举报。

第二十九条 举办大型群众性活动,承办者应当协调活动周边停车场,提供停车服务,并在票证上标示活动周边公共交通线路、行车路线及停车场位置;停车场地不能满足停车需求的,承办者应当在票证及其他宣传媒体上提示活动参与者选择公共交通前往活动地点。

举办大型群众性活动,需要公安机关交通管理部门采取交通管制措施的,公安机关交通管理部门应当在采取管制措施 3 日前向社会公告。周边道路有条件的,公安机关交通管理部门可以在活动场地周边道路设置一定数量的临时停车泊位。

第三十条 交通客运换乘场站、医院及其他客流集中的公共场所的管理单位应当设置出租车上下客车位。周边道路有条件的,公安机关交通管理部门应当在上述公共场所周边道路设置出租车专用上下客车位,其他车辆不得占用。

第三十一条 违反本办法第十四条的规定,将停车场擅自停止使用或者将停车场改作他用的,由城市管理综合执法部门责令限期改正,恢复原状。

第三十二条 违反本办法第二十条第一款的规定,未依法办理工商登记擅自从事停车场经营活动的,由城市管理综合执法部门或者工商行政管理部门根据职责分工依照《无照经营查处取缔办法》予以处理。

违反本办法第二十条第一款的规定,停车场管理单位未按照规定对停车泊位进行备案的,由城市管理综合执法部门处 1 万元罚款。

第三十三条 违反本办法第二十一条第一款第一项、第二项的规定,停车场管理单位未明码标价、擅自提高或者降低收费标准的,由发展改革行政主管部门依法处理。

违反本办法第二十一条第一款第三项、第四项、第六项、第七项、第八项、第九项规定之一的,由城市管理综合执法部门给予警告,并责令限期改正;逾期未改正的,处 1000 元罚款;造成严重后果的,处 5000 元以上 1 万元以下罚款。

第三十四条 违反本办法第二十一条第二款的规定,停车场未实行 24 小时开放的,由城市管理综合执法部门责令限期改正,并处 5000 元以上 1 万元以下罚款。

第三十五条 违反本办法第二十三条第二款的规定,擅自在城市道路上设置和调整道路停车泊位的,由公安机关交通管理部门责令停止违法行为,恢复原状。

第三十六条 违反本办法第二十六条的规定,擅自损坏、挪移、拆除隔离桩等设施的,由公安机关交通管理部门依法进行处罚。

第三十七条 违反本办法第二十七条的规定,擅自在道路上设置地桩、地锁等障碍物的,由公安机关交通管理部门责令停止违法行为,迅速恢复交通;擅自在居住区公共区域内设置地桩、地锁等障碍物的,由住房城乡建设行政主管部门依据《物业管理条例》的相关规定进行处罚;擅自在道路、居住区以外的其他公共场所设置地桩、地锁等障碍物的,由城市管理综合执法部门责令停止违法行为,恢复原状,并处 500 元以上 5000 元以下罚款。

公安机关交通管理部门应当会同城市管理综合执法部门具体划定各自在道路及道路、居住区以外其他公共场所相应的职责范围;对尚未明确划定执法管辖权的公共场所擅自设置地桩、地锁等障碍物的,由公安机关交通管理部门依照本条第一款的规定先行对违法行为予以处理。

第三十八条 对擅自设置的地桩、地锁等障碍物,属于《中华人民共和国行政强制法》第五十二条规定的情形的,相关部门可以决定立即实施代履行。

第三十九条 违反本办法第二十八条第一款的规定,机动车在道路上违反规定停放的,由公安机关交通管理部门依法进行处罚。

第四十条 违反本办法,属于违反规划、建设、税务、质量监督、民防、消防等其他相关法律、法规规定的,由相关行政主管部门依法处理。

行政机关在依法查处违法行为过程中,应当按照规定将涉嫌犯罪的案件移交公安机关。

违反本办法,有扰乱公共秩序、招摇撞骗、诈骗、妨碍公务等违反治安管理的行为的,由公安机关依照《中华人民共和国治安管理处罚法》予以处理;构成犯罪的,依法追究刑事责任。

第四十一条 行政机关在停车管理中不依法履行监督职责或者监督不力,造成严重后果的,由其上级行政机关或者监察机关责令改正,对直接负责的主管人员和其他直接责任人员依法给予行政处分;构成犯罪的,依法追究刑事责任。

行政机关的工作人员在停车管理中滥用职权、玩忽职守、徇私舞弊、索贿受贿,构成犯罪的,依法追究刑事责任;尚不够刑事处罚的,依法给予行政处分。

第四十二条 本办法自2014年1月1日起施行。2001年3月28日经北京市人民政府第33次常务会议通过的《北京市机动车公共停车场管理办法》同时废止。

北京市城市道路管理办法

市政府令第 156 号

（2005 年 5 月 8 日市人民政府第 38 次常务会议审议通过，自 2005 年 8 月 1 日起施行。）

第一章 总 则

第一条 为了加强本市城市道路管理，保障城市道路完好，充分发挥城市道路功能，根据《城市道路管理条例》，结合本市实际情况，制定本办法。

第二条 本市行政区域内城市道路的规划建设、养护维修及其监督管理，适用本办法。

本办法所称城市道路包括城市快速路、主干路、次干路、支路及其附属桥梁。

第三条 市交通行政管理部门主管本市城市道路管理工作。
市交通路政部门具体负责城市快速路、主干路及其附属桥梁的建设、养护维修的监督管理,并指导区、县城市道路管理工作;区、县交通路政部门具体负责本行政区域内城市次干路和支路及其附属桥梁的建设、养护维修的监督管理。

规划、发展改革、建设、市政管理、园林、水务、公安交通等行政管理部门依据各自职责,依法负责城市道路相关的管理工作。

第四条 本市城市道路管理实行统筹规划、配套建设、协调发展和建设与养护并重的原则。

第五条 本市鼓励城市道路科学技术研究,推广先进技术和工艺,提高城市道路管理的科学技术水平。

第六条 保护城市道路,人人有责。一切单位和个人有权对危害城市道路安全的行为进行检举和报告。

对保护城市道路做出显著成绩的单位和个人,交通路政部门应当予以表彰。

第二章 规划建设

第七条 市规划、市交通行政管理部门会同有关部门根据城市总体规划,组织编制本市城市道路网规划。

市交通行政管理部门会同有关部门根据本市城市道路网规划,组织编制城市道路年度建设计划,报市发展改革行政管理部门综合平衡后实施。

城市道路年度建设计划应当在上一年年底前编制完成。

第八条 新建城市道路的地下管线,应当与城市道路同步规划,并按照先地下、后地上的施工原则,与城市道路同步建设。有条件的,应当同步建设共用管廊。

市政行政管理部门综合协调编制的地下管线年度建设计划,应当与城市道路年度建设计划衔接。

第九条 承担城市道路建设的工程勘察、设计、施工、监理单位,应当具有与承担任务相适应的资质,遵守国家和本市法律、法规、规章的规定,执行规定的技术标准和规范。

第十条 城市道路工程完工后,建设单位应当依法组织竣工验收并办理备案手续。经竣工验收合格的,建设单位应当按照规定交付交通路政部门组织养护维修,并移交相应的竣工资料。

附设于城市道路的地下管线的建设单位,应当根据本市有关规定,依法向有关部门移交地下管线工程档案资料,并提供地下管线信息数据。

第十一条 新建城市道路与铁路、城市轨道交通线路相交或者新建铁路、城市轨道交通线路与城市道路相交的,应当建设立体交叉设施,费用由建设单位承担。

现有平面交叉铁路道口,应当逐步改建为立体交叉。改建费用的承担由铁路部门和城市道路建设单位按照国家有关规定协商确定。

第三章 养护维修

第十二条 养护维修责任人应当保证城市道路完好。

使用政府投资资金建设的城市道路,应当采取招标等竞争方式,选择具有相应能力的专业养护维修单位作为养护维修责任人进行养护维修。

使用非政府投资资金建设的城市道路,养护维修责任由投资建设单位承担,但投资建设单位与专业养护维修单位另有约定的,从其约定。

交由专业养护维修单位养护维修的,应当签订合同,明确双方的权利、义务和责任。

第十三条　城市道路使用政府资金养护维修的,由交通路政部门依照职责按照城市道路等级、数量、状况及养护维修定额编制年度养护维修计划,所需养护维修费用纳入同级年度财政预算。

第十四条　养护维修责任人应当建立巡查和检测评估制度,并及时按照养护维修技术标准和规范对城市道路进行养护维修,排除隐患,确保城市道路完好。

第十五条　进行城市道路养护维修作业时,应当设置安全警示标志,采取安全防护措施。养护维修车辆和机械设备应当使用统一的作业标志。养护维修人员应当穿着统一的安全服饰。

第十六条　城市桥梁结构承载能力下降尚未构成危桥的,养护维修责任人应当及时变更承载能力标志和设置警示标志,采取措施加固桥梁。

城市桥梁结构承载能力下降构成危桥,或者城市道路出现塌陷、断裂以及其他影响通行安全的突发情形的,养护维修责任人应当立即设置警示标志,采取紧急措施,并报告公安交通管理部门和交通路政部门。

第十七条　养护维修责任人应当建立健全城市道路养护维修信息档案,全面、及时记录养护维修作业、巡查、检测以及其他相关信息,妥善保存,并如实向交通路政部门提供。

第十八条　附设于城市道路的地下管线的检查井及其井盖、雨箅,应当符合城市道路养护规范。因井盖、雨箅缺损、移位、下沉等影响交通和安全的,有关产权单位应当及时补缺或者修复。

第四章　监督管理

第十九条　一切单位和个人都有维护城市道路安全的义务并享有通行的权利。

任何单位和个人不得改变城市道路规划用途。除依法实施交通管制外,任何单位和个人不得封闭城市道路或者限制车辆、行人通行。

第二十条　禁止下列行为:

(一)擅自拆改、移动城市道路设施或者设置障碍物;

(二)擅自在城市道路上建设建筑物、搭建构筑物;

(三)机动车在桥梁或者非指定的城市道路上试刹车;

(四)利用城市桥梁进行牵拉、吊装等施工作业;

(五)其他损害、侵占城市道路的行为。

第二十一条　交通路政部门应当建立城市道路检测评估制度,定期组织对城市道路的可靠性进行检测评估。经检测评估,确定城市道路结构承载能力下降或者构成危桥的,应当及时通知养护维修责任人限期排除隐患。

城市道路的检测评估,应当由专业检测机构承担。检测机构及其有关人员对检测结果承担相应的法律责任。

第二十二条　确需占用、挖掘城市道路或者跨越、穿越城市桥梁架设、增设管线设施,符合下列条件的,在取得交通路政部门许可后,在许可的范围和期限内进行;影响交通安全的,还应当征得公安交通管理部门的同意。但本办法第二十三条另有规定的,从其规定。

(一)符合占用、挖掘城市道路管理计划;

(二)有最大限度减少对车流量影响的交通分流、疏导方案;

(三)挖掘道路的,采用夜间施工等减轻对交通产生影响的作业方案;

(四)有保障道路通行安全、城市道路及附设管线安全的防护措施方案;

(五)具有必要的应急准备;

(六)符合法律、法规、规章规定的其他条件。

前款第(一)项规定的占用、挖掘城市道路管理计划,由市交通路政部门制定并向社会公布后执行。

第二十三条 新建、改建、扩建后交付使用未满5年或者大修竣工后未满3年的城市道路,不得挖掘。因特殊情况确需挖掘的,由交通路政部门审核后报同级人民政府批准。

因事故紧急抢修地下管线需要挖掘城市道路的,抢修单位可以先行抢修,同时报告公安交通管理部门和交通路政部门,并在24小时内补办挖掘道路许可手续。

第二十四条 经许可占用城市道路的,应当向交通行政管理部门交纳城市道路占用费。

经许可挖掘城市道路的,挖掘单位应当在批准期限届满前委托该城市道路的养护维修单位及时修复完毕,并向养护维修单位交纳城市道路挖掘修复费。养护维修单位对修复质量负责。

城市道路占用费、挖掘修复费收费标准,按照《城市道路管理条例》的规定执行。

第二十五条　履带车、铁轮车或者超重、超高、超长车辆需要在城市道路上行驶的,应当制定通行预案,经交通路政部门许可,按照公安交通管理部门指定的时间、路线、速度行驶,并悬挂明显标志。

第二十六条　在城市桥梁外侧50米内,从事河道疏浚、挖沙、爆破和其他可能影响桥梁安全的作业的,作业单位应当制定城市桥梁安全保护和监测措施工作方案,并经专家和交通路政、公安交通管理等有关部门进行安全论证通过。

第二十七条　挖掘城市道路或者依据本办法第二十六条规定作业时,出现影响城市道路安全情形的,作业单位应当立即停止作业,采取应急措施防止危害扩大,并通知城市道路养护维修单位,报告公安交通管理部门和交通路政部门;出现影响附设管线安全的情形的,还应当向管线产权单位和有关管理部门报告。

第二十八条　交通行政管理部门应当协调规划、建设、市政管理、公安交通、交通路政等行政管理部门,实现城市道路管理信息共享。

交通路政部门应当建立和完善城市道路承载能力以及养护维修、占用、挖掘信息数据库,定期发布城市道路养护维修和占用、挖掘等信息。

第五章　法律责任

第二十九条　行政机关及其工作人员违法实施行政许可和行政处罚,或者未履行安全生产监督管理职责造成安全责任事故,或者对安全生产事故拖延报告、谎报、隐瞒不报的,以及其他不依法履行职责的,由其上级机关责令改正;情节严重的,对直接负责的主管人员和其他直接责任人员依法给予行政处分;构成犯罪的,依法追究刑事责任。

第三十条 违反本办法第十四条规定,养护维修责任人不建立巡查和检测评估制度的,由交通路政部门责令限期改正,予以警告;情节严重的,并处1万元以上3万元以下罚款。

第三十一条 违反本办法第二十条、第二十二条第一款、第二十五条规定的,依照《城市道路管理条例》予以处罚。

第三十二条 城市道路养护维修单位的违法行为和处理结果及其改正情况,将依法记入企业信用信息系统。

第三十三条 违反本办法对城市道路造成损害的,有关当事人应当依法承担修复、赔偿等责任。

损害责任人不履行修复责任的,城市道路养护维修单位应当先行组织修复,所需费用由损害责任人承担。

第六章 附 则

第三十四条 本办法自2005年8月1日起施行。1986年1月24日市人民政府发布的《北京市城市道路桥梁管理暂行办法》和1993年11月18日市人民政府发布、1997年12月31日修改的《北京市临时占用道路管理办法》以及1988年10月13日市人民政府发布、2001年8月27日修改的《关于加强人行过街桥、人行地下过街通道管理的规定》第三条、第四条、第六条第(二)项、第(三)项、第(四)项和第七条同时废止。

北京市机动车公共停车场经营者监督管理暂行规定

第一条 为维护本市停车秩序,缓解交通拥堵,加强机动车公共停车场经营者管理,根据《北京市人民政府关于进一步推进首都交通科学发展加大力度缓解交通拥堵工作的意见》、《北京市机动车公共停车场管理办法》及有关法律、法规规定,制定本暂行规定。

第二条 本市对机动车公共停车场经营者实施备案管理,从事机动车公共停车场经营的经营者,应当依据本暂行规定的条件和程序向区县停车管理部门申报备案。

第三条 市道路运输管理机构负责指导、监督本市机动车公共停车场经营者管理工作;区县停车管理部门在本辖区具体实施机动车公共停车场经营者管理工作。

第四条 市、区规划、发展改革、建设、工商、公安交管、城管执法等部门按照各自职责,依法对公共停车场经营者实施监督管理。

第五条 本市机动车公共停车场经营者应当具备下列条件:

(一)具备自有产权的停车场或受委托经营的停车场,有符合消防和安全管理部门规定的消防及安全监控设施设备、警示标志、标线和相关的停车经营管理设施设备;

（二）有电子计时收费设施并有核准的明码标价牌；

（三）有符合规定配比的停车服务管理员；

（四）有符合规定的经营管理和服务规范制度；

（五）持有工商部门核发的有效期内的企业营业执照；

（六）有相应的信息网络管理系统。

本市机动车路侧临时占道停车场经营者，除具备第（二）、（三）、（四）、（五）、（六）项条件外，还应当具有经公安交通管理部门负责许可施划的停车位标志、标线。

第六条 本市机动车公共停车场经营者，应当在取得工商营业执照之日起15日内，将机动车公共停车场（位）向辖区停车管理部门提出备案申请，并提交下列相关材料：

（一）工商营业执照、税务登记证及复印件；

（二）自有产权的停车场，需提供停车场产权材料（建设工程规划许可证，带附件和附图）；

（三）受委托经营的停车场，需提供委托经营协议；

（四）健全的经营管理制度和服务规范；

（五）健全的安全管理制度；

（六）符合国家标准的停车标志、标线和停车设施说明材料；

（七）企业从业人员（服务人员、设施维护人员和管理人员）名册；

（八）停车场车位平面示意图；

（九）经营企业填写《北京市机动车公共停车场开业备案申请表》一式两份，加盖经营企业公章；

（十）反映停车场现场全貌的照片；

（十一）已签订的《安全承诺书》；

（十二）经营占道停车的需签订《北京市占道停车场（位）委托经营协议》、经营路外停车场的需签订《北京市路外停车场（位）委托经营协议》；

（十三）停车管理信息网络系统证明材料。

机动车公共停车场在备案经营期限内，备案事项发生变更的，经营者应当自变更之日起15日内向原备案部门办理变更备案手续。

机动车占道停车场经营者，注册资金应在500万元以上。

第七条　区县停车管理部门应对机动车公共停车场经营者提交的备案材料进行审核，并对拟经营的停车场（位）进行现场勘查，符合规定条件及申报备案材料齐全的给予一年期限的备案，发放《北京市公共停车场经营备案证》；不符合规定条件的，将所申报的登记备案材料退回，不予备案。

机动车公共停车场经营者所登记备案的停车场（位），在有效期届满前一个月内，应当向辖区停车管理部门重新申请登记备案。

第八条　机动车公共停车场经营者，在办理完登记备案手续后，应持《北京市公共停车场经营备案证》到辖区发展改革、税务管理等部门办理经营的相关手续。

第九条　机动车公共停车场经营者应当遵守下列规定：

（一）国家和本市的有关法律、法规和规章；

（二）设置符合规定的机动车公共停车场经营管理标志标识牌、向社会公示收费标准和监督电话；

（三）制定并严格遵守车辆停放、安全防范、纠纷解决、投诉处理等管理制度；

（四）保持登记备案停车泊位标志标识的清晰和完整，维护停车泊位内机动车停放和驶入驶出的安全有序；

（五）配置完整的照明、电子计时收费等设施设备，保证相关的设施设备正常运行；

（六）每季度对所属管理和从业人员，进行岗上的业务和职业道德培训，自觉接受辖区停车管理部门的监督考核，停车管理人员应当着工装和佩戴停车管理部门制发的上岗证；

（七）不得从事影响车辆安全停放的经营活动；

（八）接受相关停车管理部门的监督检查，并予以积极配合；

（九）按照规定存储和传送登记备案停车场（位）信息；

（十）定时清点登记备案停车场内的车辆，对长时间停放或者可疑车辆，应当主动向公安机关报告；

（十一）应购买停车场（位）公共责任保险，为依法承担赔偿责任提供风险保障；

（十二）机械式立体车库的从业人员，还应按照国家和本市的有关规定，经相关的监督管理部门考核通过，取得特种作业人员证书；

（十三）占道停车场经营企业，应按规定向国家缴纳停车占道费；

（十四）不得擅自将登记备案的停车场（位）停止使用或挪作它用；

（十五）按规定使用停车电子收费系统；

（十六）路侧临时占道停车场，应禁止超高、超长、超重等可能造成道路和其他设施损坏的车辆停放；

（十七）尚不具备使用停车电子收费系统的停车场要逐步推广使用停车电子收费系统；

（十八）具备条件的停车场应配备机动车诱导系统及行人正向、反向诱导系统，包括灯箱、LED 显示屏、标志标识等内容；

（十九）按规定足额缴纳税款。

第十条 定期对机动车公共停车场经营者实行质量信誉考核，考核结果向社会发布（具体考核办法见附件）。

第十一条 政府投资建设的停车场经营者和路侧临时占道停车场经营者以及其他类型的停车场经营者有下列行为之一的，收回《北京市机动车占道停车场（位）委托经营协议》或《北京市机动车停车场经营协议》。

（一）未按规定办理备案变更手续的；

（二）擅自将登记备案的停车场（位）停止使用或擅自将停车场（位）挪作他用的；

（三）不按规定进行收费、擅自施划占道停车泊位的；

（四）被停车监督管理部门查出 10 天内同路段连续出现 2 次擅自打折或涨价行为的。经有关管理部门认定的有效社会投诉 2 次以上，给停车行业造成恶劣影响的；

（五）占道停车场经营者不按时缴纳停车占道费的，并经区县停车管理部门催缴后仍不缴纳的。

第十二条 机动车公共停车场经营者未办理备案手续、未取得《北京市公共停车场经营备案证》从事公共停车场经营的，或者被取消备案后继续从事公共停车场经营的，由城管、工商部门依法进行处罚。

第十三条 机动车公共停车场经营者违反规定标准收取停车费的，由价格管理部门依法予以处罚。

第十四条 本规定自 2011 年 4 月 1 日起施行。

中共中央国务院关于深入推进城市执法体制改革改进城市管理工作的指导意见

2015 年 12 月 24 日　中发〔2015〕37 号

改革开放以来,我国城镇化快速发展,城市规模不断扩大,建设水平逐步提高,保障城市健康运行的任务日益繁重,加强和改善城市管理的需求日益迫切,城市管理工作的地位和作用日益突出。各地区各有关方面适应社会发展形势,积极做好城市管理工作,探索提高城市管理执法和服务水平,对改善城市秩序、促进城市和谐、提升城市品质发挥了重要作用。但也要清醒看到,与新型城镇化发展要求和人民群众生产生活需要相比,我国多数地区在城市市政管理、交通运行、人居环境、应急处置、公共秩序等方面仍有较大差距,城市管理执法工作还存在管理体制不顺、职责边界不清、法律法规不健全、管理方式简单、服务意识不强、执法行为粗放等问题,社会各界反映较为强烈,在一定程度上制约了城市健康发展和新型城镇化的顺利推进。

深入推进城市管理执法体制改革,改进城市管理工作,是落实

"四个全面"战略布局的内在要求,是提高政府治理能力的重要举措,是增进民生福祉的现实需要,是促进城市发展转型的必然选择。为理顺城市管理执法体制,解决城市管理面临的突出矛盾和问题,消除城市管理工作中的短板,进一步提高城市管理和公共服务水平,现提出以下意见。

一、总体要求

(一)指导思想。深入贯彻党的十八大和十八届二中、三中、四中、五中全会及中央城镇化工作会议、中央城市工作会议精神,以"四个全面"战略布局为引领,牢固树立创新、协调、绿色、开放、共享的发展理念,以城市管理现代化为指向,以理顺体制机制为途径,将城市管理执法体制改革作为推进城市发展方式转变的重要手段,与简政放权、放管结合、转变政府职能、规范行政权力运行等有机结合,构建权责明晰、服务为先、管理优化、执法规范、安全有序的城市管理体制,推动城市管理走向城市治理,促进城市运行高效有序,实现城市让生活更美好。

(二)基本原则

——坚持以人为本。牢固树立为人民管理城市的理念,强化宗旨意识和服务意识,落实惠民和便民措施,以群众满意为标准,切实解决社会各界最关心、最直接、最现实的问题,努力消除各种"城市病"。

——坚持依法治理。完善执法制度,改进执法方式,提高执法素养,把严格规范公正文明执法的要求落实到城市管理执法全过程。

——坚持源头治理。增强城市规划、建设、管理的科学性、系统性和协调性,综合考虑公共秩序管理和群众生产生活需要,合理安排各类公共设施和空间布局,加强对城市规划、建设实施情况的评估和反馈。变被动管理为主动服务,变末端执法为源头治理,从源头上预防和减少违法违规行为。

——坚持权责一致。明确城市管理和执法职责边界,制定权力清单,落实执法责任,权随事走、人随事调、费随事转,实现事权和支出相适应、权力和责任相统一。合理划分城市管理事权,实行属地管理,明确市、县政府在城市管理和执法中负主体责任,充实一线人员力量,落实执法运行经费,将工作重点放在基层。

——坚持协调创新。加强政策措施的配套衔接,强化部门联动配合,有序推进相关工作。以网格化管理、社会化服务为方向,以智慧城市建设为契机,充分发挥现代信息技术的优势,加快形成与经济社会发展相匹配的城市管理能力。

(三)总体目标。到2017年年底,实现市、县政府城市管理领域的机构综合设置。到2020年,城市管理法律法规和标准体系基本完善,执法体制基本理顺,机构和队伍建设明显加强,保障机制初步完善,服务便民高效,现代城市治理体系初步形成,城市管理效能大幅提高,人民群众满意度显著提升。

二、理顺管理体制

(四)厘定管理职责。城市管理的主要职责是市政管理、环境管理、交通管理、应急管理和城市规划实施管理等。具体实施范围包括:市政公用设施运行管理、市容环境卫生管理、园林绿化管理等方面的全部工作;市、县政府依法确定的,与城市管理密切相关、需要纳入统一管理的公共空间秩序管理、违法建设治理、环境保护管理、交通管理、应急管理等方面的部分工作。城市管理执法即是在上述领域根据国家法律法规规定履行行政执法权力的行为。

（五）明确主管部门。国务院住房和城乡建设主管部门负责对全国城市管理工作的指导，研究拟定有关政策，制定基本规范，做好顶层设计，加强对省、自治区、直辖市城市管理工作的指导监督协调，积极推进地方各级政府城市管理事权法律化、规范化。各省、自治区、直辖市政府应当确立相应的城市管理主管部门，加强对辖区内城市管理工作的业务指导、组织协调、监督检查和考核评价。各地应科学划分城市管理部门与相关行政主管部门的工作职责，有关管理和执法职责划转城市管理部门后，原主管部门不再行使。

（六）综合设置机构。按照精简统一效能的原则，住房城乡建设部会同中央编办指导地方整合归并省级执法队伍，推进市县两级政府城市管理领域大部门制改革，整合市政公用、市容环卫、园林绿化、城市管理执法等城市管理相关职能，实现管理执法机构综合设置。统筹解决好机构性质问题，具备条件的应当纳入政府机构序列。遵循城市运行规律，建立健全以城市良性运行为核心，地上地下设施建设运行统筹协调的城市管理体制机制。有条件的市和县应当建立规划、建设、管理一体化的行政管理体制，强化城市管理和执法工作。

（七）推进综合执法。重点在与群众生产生活密切相关、执法频率高、多头执法扰民问题突出、专业技术要求适宜、与城市管理密切相关且需要集中行使行政处罚权的领域推行综合执法。具体范围是：住房城乡建设领域法律法规规章规定的全部行政处罚权；

环境保护管理方面社会生活噪声污染、建筑施工噪声污染、建筑施工扬尘污染、餐饮服务业油烟污染、露天烧烤污染、城市焚烧沥青塑料垃圾等烟尘和恶臭污染、露天焚烧秸秆落叶等烟尘污染、燃放烟花爆竹污染等的行政处罚权;工商管理方面户外公共场所无照经营、违规设置户外广告的行政处罚权;交通管理方面侵占城市道路、违法停放车辆等的行政处罚权;水务管理方面向城市河道倾倒废弃物和垃圾及违规取土、城市河道违法建筑物拆除等的行政处罚权;食品药品监管方面户外公共场所食品销售和餐饮摊点无证经营,以及违法回收贩卖药品等的行政处罚权。城市管理部门可以实施与上述范围内法律法规规定的行政处罚权有关的行政强制措施。到2017年年底,实现住房城乡建设领域行政处罚权的集中行使。上述范围以外需要集中行使的具体行政处罚权及相应的行政强制权,由市、县政府报所在省、自治区政府审批,直辖市政府可以自行确定。

(八)下移执法重心。按照属地管理、权责一致的原则,合理确定设区的市和市辖区城市管理部门的职责分工。市级城市管理部门主要负责城市管理和执法工作的指导、监督、考核,以及跨区域及重大复杂违法违规案件的查处。按照简政放权、放管结合、优化服务的要求,在设区的市推行市或区一级执法,市辖区能够承担的可以实行区一级执法,区级城市管理部门可以向街道派驻执法机构,推动执法事项属地化管理;市辖区不能承担的,市级城市管理部门可以向市辖区和街道派驻执法机构,开展综合执法工作。派驻机构业务工作接受市或市辖区城市管理部门的领导,日常管理以所在市辖区或街道为主,负责人的调整应当征求派驻地党(工)

委的意见。逐步实现城市管理执法工作全覆盖,并向乡镇延伸,推进城乡一体化发展。

三、强化队伍建设

(九)优化执法力量。各地应当根据执法工作特点合理设置岗位,科学确定城市管理执法人员配备比例标准,统筹解决好执法人员身份编制问题,在核定的行政编制数额内,具备条件的应当使用行政编制。执法力量要向基层倾斜,适度提高一线人员的比例,通过调整结构优化执法力量,确保一线执法工作需要。区域面积大、流动人口多、管理执法任务重的地区,可以适度调高执法人员配备比例。

(十)严格队伍管理。建立符合职业特点的城市管理执法人员管理制度,优化干部任用和人才选拔机制,严格按照公务员法有关规定开展执法人员录用等有关工作,加大接收安置军转干部的力度,加强领导班子和干部队伍建设。根据执法工作需要,统一制式服装和标志标识,制定执法执勤用车、装备配备标准,到2017年年底,实现执法制式服装和标志标识统一。严格执法人员素质要求,加强思想道德和素质教育,着力提升执法人员业务能力,打造政治坚定、作风优良、纪律严明、廉洁务实的执法队伍。

(十一)注重人才培养。加强现有在编执法人员业务培训和考试,严格实行执法人员持证上岗和资格管理制度,到2017年年底,完成处级以上干部轮训和持证上岗工作。建立符合职业特点的职务晋升和交流制度,切实解决基层执法队伍基数大、职数少的问题,确保部门之间相对平衡、职业发展机会平等。完善基层执法人员工资政策。研究通过工伤保险、抚恤等政策提高风险保障水平。

鼓励高等学校设置城市管理专业或开设城市管理课程,依托党校、行政学院、高等学校等开展岗位培训。

(十二)规范协管队伍。各地可以根据实际工作需要,采取招用或劳务派遣等形式配置城市管理执法协管人员。建立健全协管人员招聘、管理、奖惩、退出等制度。协管人员数量不得超过在编人员,并应当随城市管理执法体制改革逐步减少。协管人员只能配合执法人员从事宣传教育、巡查、信息收集、违法行为劝阻等辅助性事务,不得从事具体行政执法工作。协管人员从事执法辅助事务以及超越辅助事务所形成的后续责任,由本级城市管理部门承担。

四、提高执法水平

(十三)制定权责清单。各地要按照转变政府职能、规范行政权力运行的要求,全面清理调整现有城市管理和综合执法职责,优化权力运行流程。依法建立城市管理和综合执法部门的权力和责任清单,向社会公开职能职责、执法依据、处罚标准、运行流程、监督途径和问责机制。制定责任清单与权力清单工作要统筹推进,并实行动态管理和调整。到2016年年底,市、县两级城市管理部门要基本完成权力清单和责任清单的制定公布工作。

(十四)规范执法制度。各地城市管理部门应当切实履行城市管理执法职责,完善执法程序,规范办案流程,明确办案时限,提高办案效率。积极推行执法办案评议考核制度和执法公示制度。健全行政处罚适用规则和裁量基准制度、执法全过程记录制度。严格执行重大执法决定法制审核制度。杜绝粗暴执法和选择性执法,确保执法公信力,维护公共利益、人民权益和社会秩序。

(十五)改进执法方式。各地城市管理执法人员应当严格履行执法程序,做到着装整齐、用语规范、举止文明,依法规范行使行政检查权和行政强制权,严禁随意采取强制执法措施。坚持处罚与教育相结合的原则,根据违法行为的性质和危害后果,灵活运用不同执法方式,对情节较轻或危害后果能够及时消除的,应当多做说服沟通工作,加强教育、告诫、引导。综合运用行政指导、行政奖励、行政扶助、行政调解等非强制行政手段,引导当事人自觉遵守法律法规,及时化解矛盾纷争,促进社会和谐稳定。

(十六)完善监督机制。强化外部监督机制,畅通群众监督渠道、行政复议渠道,城市管理部门和执法人员要主动接受法律监督、行政监督、社会监督。强化内部监督机制,全面落实行政执法责任制,加强城市管理部门内部流程控制,健全责任追究机制、纠错问责机制。强化执法监督工作,坚决排除对执法活动的违规人为干预,防止和克服各种保护主义。

五、完善城市管理

(十七)加强市政管理。市政公用设施建设完成后,应当及时将管理信息移交城市管理部门,并建立完备的城建档案,实现档案信息共享。加强市政公用设施管护工作,保障安全高效运行。加强城市道路管理,严格控制道路开挖或占用道路行为。加强城市地下综合管廊、给排水和垃圾处理等基础设施管理,服务入廊单位生产运行和市民日常生活。

(十八)维护公共空间。加强城市公共空间规划,提升城市设计水平。加强建筑物立面管理和色调控制,规范报刊亭、公交候车亭等"城市家具"设置,加强户外广告、门店牌匾设置管理。加强城市街头流浪乞讨人员救助管理。严查食品无证摊贩、散发张贴小广告、街头非法回收药品、贩卖非法出版物等行为。及时制止、严肃查处擅自变更建设项目规划设计和用途、违规占用公共空间以及乱贴乱画乱挂等行为,严厉打击违法用地、违法建设行为。

（十九）优化城市交通。坚持公交优先战略,着力提升城市公共交通服务水平。加强不同交通工具之间的协调衔接,倡导步行、自行车等绿色出行方式。打造城市交通微循环系统,加大交通需求调控力度,优化交通出行结构,提高路网运行效率。加强城市交通基础设施和智能化交通指挥设施管理维护。整顿机动车交通秩序。加强城市出租客运市场管理。加强静态交通秩序管理,综合治理非法占道停车及非法挪用、占用停车设施,鼓励社会资本投入停车场建设,鼓励单位停车场错时对外开放,逐步缓解停车难问题。

（二十）改善人居环境。切实增加物质和人力投入,提高城市园林绿化、环卫保洁水平,加强大气、噪声、固体废物、河湖水系等环境管理,改善城市人居环境。规范建筑施工现场管理,严控噪声扰民、施工扬尘和渣土运输抛洒。推进垃圾减量化、资源化、无害化管理。加强废弃电器电子产品回收处理和医疗垃圾集中处理管理。大力开展爱国卫生运动,提高城市卫生水平。

（二十一）提高应急能力。提高城市防灾减灾能力,保持水、电、气、热、交通、通信、网络等城市生命线系统畅通。建立完善城市管理领域安全监管责任制,强化重大危险源监控,消除重大事故隐患。加强城市基础设施安全风险隐患排查,建立分级、分类、动态管理制度。完善城市管理应急响应机制,提高突发事件处置能力。强化应急避难场所、设施设备管理,加强各类应急物资储备。建立应急预案动态调整管理制度,经常性开展疏散转移、自救互救等综合演练。做好应对自然灾害等突发事件的军地协调工作。

(二十二)整合信息平台。积极推进城市管理数字化、精细化、智慧化,到2017年年底,所有市、县都要整合形成数字化城市管理平台。基于城市公共信息平台,综合运用物联网、云计算、大数据等现代信息技术,整合人口、交通、能源、建设等公共设施信息和公共基础服务,拓展数字化城市管理平台功能。加快数字化城市管理向智慧化升级,实现感知、分析、服务、指挥、监察"五位一体"。整合城市管理相关电话服务平台,形成全国统一的12319城市管理服务热线,并实现与110报警电话等的对接。综合利用各类监测监控手段,强化视频监控、环境监测、交通运行、供水供气供电、防洪防涝、生命线保障等城市运行数据的综合采集和管理分析,形成综合性城市管理数据库,重点推进城市建筑物数据库建设。强化行政许可、行政处罚、社会诚信等城市管理全要素数据的采集与整合,提升数据标准化程度,促进多部门公共数据资源互联互通和开放共享,建立用数据说话、用数据决策、用数据管理、用数据创新的新机制。

(二十三)构建智慧城市。加强城市基础设施智慧化管理与监控服务,加快市政公用设施智慧化改造升级,构建城市虚拟仿真系统,强化城镇重点应用工程建设。发展智慧水务,构建覆盖供水全过程、保障供水质量安全的智能供排水和污水处理系统。发展智慧管网,实现城市地下空间、地下综合管廊、地下管网管理信息化和运行智能化。发展智能建筑,实现建筑设施设备节能、安全的智能化管控。加快城市管理和综合执法档案信息化建设。依托信息化技术,综合利用视频一体化技术,探索快速处置、非现场执法等新型执法模式,提升执法效能。

六、创新治理方式

(二十四)引入市场机制。发挥市场作用,吸引社会力量和社会资本参与城市管理。鼓励地方通过政府和社会资本合作等方式,推进城市市政基础设施、市政公用事业、公共交通、便民服务设施等的市场化运营。推行环卫保洁、园林绿化管养作业、公共交通等由政府向社会购买服务,逐步加大购买服务力度。综合运用规划引导、市场运作、商户自治等方式,顺应历史沿革和群众需求,合理设置、有序管理方便生活的自由市场、摊点群、流动商贩疏导点等经营场所和服务网点,促创业、带就业、助发展、促和谐。

(二十五)推进网格管理。建立健全市、区(县)、街道(乡镇)、社区管理网络,科学划分网格单元,将城市管理、社会管理和公共服务事项纳入网格化管理。明确网格管理对象、管理标准和责任人,实施常态化、精细化、制度化管理。依托基层综合服务管理平台,全面加强对人口、房屋、证件、车辆、场所、社会组织等各类基础信息的实时采集、动态录入,准确掌握情况,及时发现和快速处置问题,有效实现政府对社会单元的公共管理和服务。

(二十六)发挥社区作用。加强社区服务型党组织建设,充分发挥党组织在基层社会治理中的领导核心作用,发挥政府在基层社会治理中的主导作用。依法建立社区公共事务准入制度,充分发挥社区居委会作用,增强社区自治功能。充分发挥社会工作者等专业人才的作用,培育社区社会组织,完善社区协商机制。推动制定社区居民公约,促进居民自治管理。建设完善社区公共服务设施,打造方便快捷生活圈。通过建立社区综合信息平台、编制城市管理服务图册、设置流动服务站等方式,提供惠民便民公共服务。

(二十七)动员公众参与。依法规范公众参与城市治理的范围、权利和途径,畅通公众有序参与城市治理的渠道。倡导城市管理志愿服务,建立健全城市管理志愿服务宣传动员、组织管理、激励扶持等制度和组织协调机制,引导志愿者与民间组织、慈善机构和非营利性社会团体之间的交流合作,组织开展多形式、常态化的志愿服务活动。依法支持和规范服务性、公益性、互助性社会组织发展。采取公众开放日、主题体验活动等方式,引导社会组织、市场中介机构和公民法人参与城市治理,形成多元共治、良性互动的城市治理模式。

(二十八)提高文明意识。把培育和践行社会主义核心价值观作为城市文明建设的根本任务,融入国民教育和精神文明创建全过程,广泛开展城市文明教育,大力弘扬社会公德。深化文明城市创建,不断提升市民文明素质和城市文明程度。积极开展新市民教育和培训,让新市民尽快融入城市生活,促进城市和谐稳定。充分发挥各级党组织和工会、共青团、妇联等群团组织的作用,广泛开展城市文明主题宣传教育和实践活动。加强社会诚信建设,坚持将公约引导、信用约束、法律规制相结合,以他律促自律。

七、完善保障机制

(二十九)健全法律法规。加强城市管理和执法方面的立法工作,完善配套法规和规章,实现深化改革与法治保障有机统一,发挥立法对改革的引领和规范作用。有立法权的城市要根据立法法的规定,加快制定城市管理执法方面的地方性法规、规章,明晰城市管理执法范围、程序等内容,规范城市管理执法的权力和责任。全面清理现行法律法规中与推进城市管理执法体制改革不相适应的内容,定期开展规章和规范性文件清理工作,并向社会公布清理结果,加强法律法规之间的衔接。加快制定修订一批城市管理和综合执法方面的标准,形成完备的标准体系。

（三十）保障经费投入。按照事权和支出责任相适应原则,健全责任明确、分类负担、收支脱钩、财政保障的城市管理经费保障机制,实现政府资产与预算管理有机结合,防止政府资产流失。城市政府要将城市管理经费列入同级财政预算,并与城市发展速度和规模相适应。严格执行罚缴分离、收支两条线制度,不得将城市管理经费与罚没收入挂钩。各地要因地制宜加大财政支持力度,统筹使用有关资金,增加对城市管理执法人员、装备、技术等方面的资金投入,保障执法工作需要。

（三十一）加强司法衔接。建立城市管理部门与公安机关、检察机关、审判机关信息共享、案情通报、案件移送等制度,实现行政处罚与刑事处罚无缝对接。公安机关要依法打击妨碍城市管理执法和暴力抗法行为,对涉嫌犯罪的,应当依照法定程序处理。检察机关、审判机关要加强法律指导,及时受理、审理涉及城市管理执法的案件。检察机关有权对城市管理部门在行政执法中发现涉嫌犯罪案件线索的移送情况进行监督,城市管理部门对于发现的涉嫌犯罪案件线索移送不畅的,可以向检察机关反映。加大城市管理执法行政处罚决定的行政和司法强制执行力度。

八、加强组织领导

（三十二）明确工作责任。加强党对城市管理工作的组织领导。各级党委和政府要充分认识推进城市管理执法体制改革、改进城市管理工作的重要性和紧迫性，把这项工作列入重要议事日程，按照有利于服务群众的原则，切实履行领导责任，研究重大问题，把握改革方向，分类分层推进。各省、自治区可以选择一个城市先行试点，直辖市可以全面启动改革工作。各省、自治区、直辖市政府要制定具体方案，明确时间步骤，细化政策措施，及时总结试点经验，稳妥有序推进改革。上级政府要加强对下级政府的指导和督促检查，重要事项及时向党委报告。中央和国家机关有关部门要增强大局意识、责任意识，加强协调配合，支持和指导地方推进改革工作。

（三十三）建立协调机制。建立全国城市管理工作部际联席会议制度，统筹协调解决制约城市管理工作的重大问题，以及相关部门职责衔接问题。各省、自治区政府应当建立相应的协调机制。市、县政府应当建立主要负责同志牵头的城市管理协调机制，加强对城市管理工作的组织协调、监督检查和考核奖惩。建立健全市、县相关部门之间信息互通、资源共享、协调联动的工作机制，形成管理和执法工作合力。

（三十四）健全考核制度。将城市管理执法工作纳入经济社会发展综合评价体系和领导干部政绩考核体系，推动地方党委、政府履职尽责。推广绩效管理和服务承诺制度，加快建立城市管理行政问责制度，健全社会公众满意度评价及第三方考评机制，形成公开、公平、公正的城市管理和综合执法工作考核奖惩制度体系。加强城市管理效能考核,将考核结果作为城市党政领导班子和领导干部综合考核评价的重要参考。

(三十五)严肃工作纪律。各级党委和政府要严格执行有关编制、人事、财经纪律,严禁在推进城市管理执法体制改革工作中超编进人、超职数配备领导干部、突击提拔干部。对违反规定的,要按规定追究有关单位和人员的责任。在职责划转、机构和人员编制整合调整过程中,应当按照有关规定衔接好人财物等要素,做好工作交接,保持工作的连续性和稳定性。涉及国有资产划转的,应做好资产清查工作,严格执行国有资产管理有关规定,确保国有资产安全完整。

(三十六)营造舆论环境。各级党委和政府要高度重视宣传和舆论引导工作,加强中央与地方的宣传联动,将改革实施与宣传工作协同推进,正确引导社会预期。加强对城市管理执法先进典型的正面宣传,营造理性、积极的舆论氛围,及时回应社会关切,凝聚改革共识。推进城市管理执法信息公开,保障市民的知情权、参与权、表达权、监督权。加强城市管理执法舆情监测、研判、预警和应急处置,提高舆情应对能力。

住房城乡建设部、中央编办、国务院法制办要及时总结各地经验,切实强化对推进城市管理执法体制改革、提高城市管理水平相关工作的协调指导和监督检查。重大问题要及时报告党中央、国务院。中央将就贯彻落实情况适时组织开展专项监督检查。

住房城乡建设部 国土资源部关于进一步完善城市停车场规划建设及用地政策的通知

建城〔2016〕193号

各省、自治区住房城乡建设厅、国土资源厅,北京市住房城乡建设委、规划国土委、交通委,天津市建委、规划局、国土房管局,上海市住房城乡建设委、规划国土局、交通委,重庆市建委、市政委、规划局、国土房管局:

为贯彻落实《中共中央国务院关于进一步加强城市规划建设管理工作的若干意见》和《节约集约利用土地规定》等文件要求,合理配置停车设施,提高空间利用效率,促进土地节约集约利用;充分挖潜利用地上地下空间,推进建设用地的多功能立体开发和复合利用;鼓励社会资本参与,加快城市停车场建设,逐步缓解停车难问题。现将有关事项通知如下:

一、强化城市停车设施专项规划调控

(一)科学编制城市停车设施专项规划。依据土地利用总体规划、城市总体规划和城市综合交通体系规划,城市停车行业主管部门要会同规划部门编制城市停车设施专项规划（以下简称专项规划），合理布局停车设施。专项规划应符合《城市停车规划规范》《城市停车设施规划导则》、充电基础设施建设等相关要求。编制专项规划同时，应对建设项目停车配建标准实施情况进行评估，并适时调整，调整后的停车配建标准应及时向社会公布。

（二）专项规划要突出重点。专项规划应坚持设施差别化供给原则，按照城市中不同区域的功能要求和城市综合交通发展策略，合理确定停车设施规模。对于老旧居住区等停车设施供需矛盾突出的重点区域，应结合片区停车综合改善方案，合理确定停车方式和停车规模；对于公共交通发达地区，应合理控制停车设施建设规模。

（三）分层规划停车设施。可充分结合城市地下空间规划，利用地下空间分层规划停车设施，在城市道路、广场、学校操场、公园绿地以及公交场站、垃圾站等公共设施地下布局公共停车场，以促进城市建设用地复合利用。

（四）严格实施专项规划。经依法批准的专项规划中有关要求应及时纳入控制性详细规划，并作为城市停车场建设和管理的依据，严格执行。城市新建建筑配建停车设施应符合相应的停车配建标准。

二、加强停车场建设项目的规划管理

（五）明确停车场用地性质。单独新建公共停车场用地规划性质为社会停车场用地。为鼓励停车产业化，在不改变用地性质、不减少停车泊位的前提下允许配建一定比例的附属商业面积，具体比例由属地城市政府确定，原则上不超过20%。通过分层规划，利用地下空间建设公共停车场的，地块用地规划性质为相应地块性质兼容社会停车场用地。

（六）鼓励超配建停车场。新建建筑超过停车配建标准建设停车场以及随新建项目同步建设并向社会开放的公共停车场（地下停车库和地上停车楼，配建附属商业除外），在规划审批时可根据总建筑面积、超配建的停车泊位建筑面积、公共停车场建筑面积等情况，给予一定的容积率奖励，具体规定由城市政府规划部门根据实际情况研究制定。其中，停车楼项目应符合日照、绿化、消防等相关标准。

（七）鼓励增建公共停车场。在符合土地利用总体规划和城市总体规划前提下，机关事业单位、各类企业利用自有建设用地增建公共停车场可不改变现有用地性质及规划用地性质。增建方式包括利用自有建设用地地下空间、既有建筑屋顶、拆除部分既有建筑新建、既有平面停车场改加建等，在符合日照、消防、绿化、环保、安全等要求的前提下增建后地块的建筑高度、建筑密度等指标可由城市政府有关部门按照程序依法进行调整。

（八）明确公共停车场规划审批条件。地下空间单独出让建设公共停车场的，项目出让规划条件应明确用地红线范围、公共停车场建筑面积等，有需要配建附属商业的公共停车场，还应明确商业建筑面积。利用现有城市公园绿地地下空间建设公共停车场的，在报城市政府规划部门审批时，应征求园林绿化部门及有关部门的意见，并符合国家和地方有关规范。地下停车库顶板上覆土最小厚度要保证停车场工程质量和安全，并满足绿化种植相关要求，其具体规定以及地下停车库面积占公园绿地面积的最大比例等规定，由城市政府有关部门根据实际情况研究制定。与其他功能的建筑结合开发的公共停车场应设置独立区域、单独出入口、明确的标志和诱导系统。

（九）简化停车场建设规划审批。在满足结构、消防安全等条件下，既有其他功能建筑改建为停车场的，可简化规划审批流程。临时公共停车设施（含平面及机械设备安装类）由城市政府建设和规划等相关部门通过联席会议（或相关综合协调制度）进行审定，不需要办理相关审批手续。机械停车设备应当按相关规定进行验收。居住区利用自有建设用地设置机械设备类停车设施，还应取得业主委员会同意（没有业主委员会的，街道办事处或社区居委会等要征求居民意见），且满足日照、消防、绿化、环保、安全等要求。

三、规范停车设施用地管理

（十）依法确定停车场土地使用年期。停车场用地以出让方式供应的，建设用地使用权出让年限按最高不超过50年确定。工业、商住用地中配建停车场的，停车场用地出让最高期限不得超过50年。以租赁方式供应的，租赁年限在合同中约定，最长租赁期限不得超过同类用途土地出让最高年期。

（十一）规范编制停车场供地计划。停车场用地供应应当纳入国有建设用地供应计划。新建建筑物配建停车场以及利用公园绿地、学校操场等地下空间建设停车场的，其建设规模应一并纳入建设用地供应计划。闲置土地依法处置后由政府收回、规划用途符合要求的，可优先安排用于停车场用地，一并纳入国有建设用地供应计划。

（十二）细化停车场供地政策。符合《划拨用地目录》的停车场用地，可采取划拨方式供地，不符合的，应依法实行有偿使用。对新建独立占地的、经营性的公共停车场用地，同一宗用地公告后只有一个意向用地者的，可以协议方式供应土地。协议出让价不得低于按国家规定确定的最低价标准。供应工业、商业、旅游、娱乐、商品住宅等经营性用地配建停车场用地的,应当以招标、拍卖或者挂牌方式供地。标底或者底价不得低于国家规定的最低价标准。鼓励租赁供应停车场用地,各地可以制定出租或先租后让的鼓励政策和租金标准。城市公共交通停车场用地综合开发配建商服设施,采取划拨方式供地的,配建的商服等用地可按市场价有偿使用。出让土地建设公共停车场的,可根据城市公共停车场客观收益情况评估并合理确定出让地价。在城市道路、广场、公园绿地等公共设施下建设停车场,以出让等有偿方式供地的,可按地表出让建设用地使用权价格的一定比例确定出让底价。具体比例由市、县政府根据当地实际情况确定,并向社会公示。

(十三)鼓励盘活存量用地用于停车场建设。对营利性机构利用存量建设用地从事停车场建设,涉及划拨建设用地使用权出让(租赁)或转让的,在原土地用途符合规划相关标准规范的前提下,可不改变土地用途,允许补缴土地出让金(租金),办理协议出让或租赁手续。在符合规划相关标准规范的前提下,在已建成的住宅小区内增加停车设施建筑面积的,可不增收土地价款。

(十四)加大停车场建设中节地技术和节地模式的政策支持力度。各地要及时总结有利于节约集约用地的停车场建设技术和利用模式,对节地效果明显、有推广价值的节地模式和节地技术,在划拨和出让土地时,可将节地模式、节地技术作为供地条件,写入供地方案,合理评估出让底价,在供地计划、供地方式、供地价格、开发利用等方面体现政策支持,逐步建立和完善节约集约用地的激励机制。对新建建筑充分利用地下空间,超过停车配建标准建设地下停车场,并作为公共停车场向社会开放的超配部分,符合规划的,可不计收土地价款。

四、加强停车场规划建设和用地监管

(十五)规范办理停车场产权手续。停车场权利人可以依法向停车场所在地的不动产登记机构申请办理不动产登记手续,不动产登记机构要依据《不动产登记暂行条例》及其实施细则等法规规章政策,积极做好停车场登记发证服务工作。

(十六)规范停车场土地供后管理。市、县国土资源管理部门应当在核发划拨决定书、签订出让合同和租赁合同时,明确规定或者约定:停车场建设用地使用权可以整体转让和转租,不得分割转让和转租;不得改变规划确定的土地用途,改变用途用于住宅、商业等房地产开发的,由市、县国土资源管理部门依法收回建设用地使用权;以出让或者租赁方式取得停车场建设用地使用权的,可以设定抵押权。以划拨方式取得停车场建设用地使用权设定抵押的,应当约定划拨建设用地使用权不得单独设定抵押权,设定房地产抵押权的停车建设用地使用权以划拨方式取得的,应当从拍卖所得的价款中缴纳相当于应缴纳的土地使用权出让金的款额后,抵押权人方可优先受偿。划拨决定书、出让合同和租赁合同要及时上传土地市场动态监测监管系统。

(十七)加强城市停车场建成后的监管。不符合规划、不满足配建标准、充电基础设施和有关工程建设标准的,不得通过规划核实。城市停车行业主管部门要会同城市规划、国土资源部门,加强停车场建成后的使用监管,对未经批准、挪作他用的停车设施,应限期进行整改,并恢复停车功能。

(十八)加强停车场经营管理。坚持市场化原则,鼓励路内停车泊位和政府投资建设的公共停车场实行特许经营,通过招标等竞争性方式,公开选择经营主体。鼓励各类配建停车场委托停车管理企业进行专业化管理,促进各类经营性停车场企业化、专业化经营。同时,各地要尽快研究制订停车场管理规定或运营服务规范,加强停车场运营监管。

(十九)强化停车行业管理。停车场规划、建设、运营、管理工作涉及多个部门,各省(自治区)住房城乡建设厅作为本地区停车行业主管部门,要充分认识加强停车场规划建设的重要性,统筹协调有关部门完善有关政策、做好项目储备,并督促、指导各城市加快停车场规划建设。各城市建设行政主管部门要主动作为、牵头协调,尽快开展停车资源普查,完善有关政策措施,充分发挥规划调控作用,建立基础数据库和项目库,统筹各类停车场建设,加强停车场经营管理,切实抓好停车有关工作。

统筹地上地下空间开发,充分挖潜、高效利用土地资源,加快停车场规划建设,既有利于缓解停车难问题、营造城市宜居环境,又有利于促进土地节约集约利用、促进经济发展方式转变,符合创新、协调、绿色、开放、共享五大发展理念。各级住房城乡建设(规划)、国土资源部门要高度重视、各司其职、加强协调、形成合力,依据本通知的要求开展有关工作,进一步加快城市停车场规划建设,促进停车行业健康发展。

中华人民共和国住房和城乡建设部
中华人民共和国国土资源部
2016 年 8 月 31 日

编　后　语

《〈北京市机动车停车条例〉实施指南》作为《北京市机动车停车条例》贯彻实施的工具用书、指导用书，由北京市交通委员会领导带队，组织市停车管理事务中心、市交通发展研究院的一线管理人员和法律专家及其他专业人员编写。可以说，本书凝聚了这些人员在机动车停车行业管理、服务中积累的丰富经验，凝聚了法律专家、学者的法学理论和实践功底。

本书从实践经验入手，对条文的立法原意、应有含义、关键名词进行了详细阐述，既有对法律理论、服务管理理念的解释说明，也有对实践中需要注意问题的详细指引。更重要的是，结合配套文件的制定，将《条例》设计的重点法律制度一一分解，提出操作办法，明确实施主体，理顺工作流程，将法律制度落到了实处。此外，本书还整理、收录了《条例》的立法说明、审议报告以及配套的规范性文件等法律资料。

本书由市交通委李先忠主任带队、孟桥副主任组织，多次专门封闭写稿，反复推敲文字，最后成型。市交通委员会蔡会国、李堃，市停车管理事务中心胡海鹤参加撰写。

囿于编者水平有限，本书如有不正确、不全面之处，敬请读者批评指正。

编委会

2018 年 5 月 20 日